Birgit Mandel (Hg.)
**Kulturvermittlung –
zwischen kultureller Bildung und Kulturmarketing**
Eine Profession mit Zukunft

Birgit Mandel (Hg.)

Kulturvermittlung – zwischen kultureller Bildung und Kulturmarketing

Eine Profession mit Zukunft

[transcript]

GEFÖRDERT VOM

Bibliografische Information der Deutschen Bibliothek
Die Deutsche Bibliothek verzeichnet diese Publikation in der Deutschen Nationalbibliografie; detaillierte bibliografische Daten sind im Internet über http://dnb.ddb.de abrufbar.

© 2005 transcript Verlag, Bielefeld

Umschlaggestaltung & Innenlayout: Kordula Röckenhaus, Bielefeld
Umschlagabbildung: Hassan Hakim
Projektmanagement: Andreas Hüllinghorst, Bielefeld
Druck: Majuskel Medienproduktion GmbH, Wetzlar
ISBN 3-89942-399-2

Gedruckt auf alterungsbeständigem Papier mit chlorfrei gebleichtem Zellstoff.

Besuchen Sie uns im Internet: *http://www.transcript-verlag.de*

Bitte fordern Sie unser Gesamtverzeichnis und andere Broschüren an unter: *info@transcript-verlag.de*

Inhalt

BIRGIT MANDEL
Vorwort 9

BIRGIT MANDEL
**Kulturvermittlung.
Zwischen kultureller Bildung und Kulturmarketing** 12

→ Kulturpolitik und Kulturvermittlung – Kultur für alle und von allen?

OLIVER SCHEYTT
**Kultur für alle und von allen –
ein Erfolgs- oder Auslaufmodell?** 25

MAX FUCHS
**Kulturvermittlung und kulturelle Teilhabe –
ein Menschenrecht** 31

WOLFGANG SCHNEIDER
**Kulturvermittlung braucht Kulturpolitik ... um neue Strategien
ästhetischer Kommunikation zu entwickeln** 40

→ Kulturnutzung und Kulturbegriff in Deutschland

SUSANNE KEUCHEL
**Das Kulturpublikum in seiner gesellschaftlichen Dimension.
Ergebnisse empirischer Studien** 51

→ Der Blick ins Ausland – Politische Steuerung kultureller Teilhabe

VIOLA VON HARRACH
Audience Development in England 65

Jean-Charles Bérardi und Julia Effinger
Kulturvermittlung in Frankreich 73

Ulrike Giessner
Ansätze der Kunst- und Kulturvermittlung in Österreich 84

→ Entwicklungsgeschichte und Zukunftsperspektiven des Berufsfeldes »Kulturvermittlung«

Wolfgang Zacharias
Kunst und Kultur bilden – und wie?!
Spekulationen zur Zukunft des Berufsfeldes
Kulturvermittlung/Kulturpädagogik 97

Gerd Dallmann
Perspektiven der Kulturvermittlung im
gemeinnützigen Kulturbereich 109

Uta Schnell
»Lücken schließen« – oder Bedingungen
und Kriterien professioneller Kulturvermittlung 114

Roy Schedler
Kulturvermittlung ist Aufmerksamkeitsmanagement 122

→ Studiengänge der Kulturvermittlung und ihr Bezug zur kulturellen Praxis

Bernd Wagner
Die Vermittlung der Vermittlung 133

Katharina Jedermann
»Art in Context«. Der Studiengang »Kunst im Kontext«
an der Universität der Künste, Berlin 143

VOLKER KIRCHBERG
**Kulturvermittlung und Kulturorganisation.
Der Studiengang »Angewandte Kulturwissenschaften«
an der Universität Lüneburg** 150

HAJO KURZENBERGER
**Kulturvermittlung ist (eine) Kunst.
Der Studiengang »Kulturwissenschaften und ästhetische
Praxis« an der Universität Hildesheim** 163

HERMANN VOESGEN
**»Vermittlungsprobleme«. Kulturmanager werden
eigentlich gebraucht, aber schlecht bezahlt –
Der Studiengang »Kulturarbeit«
an der Fachhochschule Potsdam** 172

→ **PRAXISFELDER UND NEUE ANSÄTZE
   DER KULTURVERMITTLUNG**

WOLF KÜHNELT
**Die domestizierte Neugierde.
Der Museumspädagogische Dienst Berlin** 183

THOMAS KÖHLER
**Events als Instrument der Kulturvermittlung.
Das Kunstmuseum Wolfsburg** 190

UTA PLATE
**Kulturvermittlung am Theater als kreativer Tauschhandel.
Die Schaubühne Berlin** 198

STEPHAN POROMBKA
**»Der Autor schaut direkt in die Kamera
(und damit dem Zuschauer in die Augen)«
Über alte und neue Formen der Literaturvermittlung** 205

CARMEN MÖRSCH
Außer Controlling. Künstlerinnen in der Kunstvermittlung ... 217

BURKHARD SIEVERS
**Neue Medien als Herausforderung für die Kulturvermittlung.
Der Modellversuch »sense & cyber«** 226

CHRISTOPH HONIG
**Kulturpädagogische Projektarbeit und Schule
am Beispiel von AKKI Düsseldorf** 232

WIEBKE RICHERT
**Den Strand unterm Pflaster entdeckt,
die Sterne aufs Parkdeck geholt ...
»Nigihaven na der Zen« –
ein Sommerprojekt mit offenem Ausgang** 239

MARKUS KISSLING
SPACEWALK – Kunst als Trainingsraum 244

BERNHARD KÖNIG
**Um den heißen Brei. Kulturvermittlung als Dienstleistung,
Konzertbüro Köln** 251

ANNE KRAUSE, TANJA SCHOMAKER, LENA ZIESE
Arthur Berlin: Eigene Wege gehen 260

→ **VORWORT**

Kulturvermittlung ist ein noch relativ junges Berufsfeld, das sich in Deutschland verstärkt seit den 1970er Jahren etabliert hat mit jeweils unterschiedlichen Zielsetzungen und Herangehensweisen: Von der musischen über die ästhetische bis zur kulturellen Bildung wandelten sich die Konzeptionen, von der Soziokultur über die Kulturpädagogik bis zum Kulturmarketing reicht das Spektrum der Kulturvermittlung. Ihre Entstehung ist eng verknüpft mit der gesellschaftlichen Neubewertung von Kunst und Kultur seit den 60er Jahren, mit der Forderung von »Kultur für Alle« und ihrer Umsetzung in vielen neuen Kulturinitiativen, später dann mit der Entdeckung von Kultur als Image- und Wirtschaftsfaktor und der zunehmenden Professionalisierung kultureller Dienstleistungen.

Ist Kulturvermittlung eine Profession? Von Profession lässt sich im Prinzip nur dann sprechen, wenn es geregelte Ausbildungsgänge, standardisierte Qualitätskriterien und ein klares Berufsbild gibt. Die Einstiege in die Kulturvermittlung sind jedoch vielfältig, ebenso wie die Tätigkeiten und Herangehensweisen. Wenn Kulturvermittlung hier als Profession bezeichnet wird, so ist damit weniger die Normierung auf einen national einheitlichen Beruf gemeint, als vielmehr die Notwendigkeit einer professionellen Ausbildung für das Tätigkeitsfeld der Kulturvermittlung, ebenso wie die Hoffnung auf eine breite Anerkennung der Kulturvermittlung als eingeständige, gesellschaftlich notwendige Profession.

Unter Kulturvermittlung werden sowohl Tätigkeiten verstanden, die zwischen künstlerischer Produktion und Rezeption vermitteln, von der Museumspädagogik bis zum Kulturmarketing, wie auch Tätigkeiten, die Laien zu eigenem künstlerischen und kulturellen Schaffen anregen in der kulturellen Bildung und der Soziokultur.

Kulturvermittlung baut Brücken zwischen Kunst, Künstlern, Kulturinstitutionen und Publikum, vermittelt zwischen unterschiedlichen Sprach- und Denkebenen und animiert eigenes ästhetisches und kulturelles Gestalten.

Das Spektrum der Beiträge in diesem Buch zeigt die vielfältigen Facetten eines Berufsfeldes, dessen Anfänge in kulturpädagogischen Ideen der Reformpädagogik zu Beginn des 20. Jahrhunderts liegen und die heute in einem immer ausdifferenzierteren Kulturbetrieb diverse Formen von publikums- und nutzerorientierten Dienstleistungen umfassen.

Kulturvermittlung mit einer pädagogischen Zielsetzung begann sich in Deutschland verstärkt seit den 70er Jahren zu etablieren. *Kulturpädagogik* soll zum einen den rezeptiven Zugang zu (öffentlich geförderten) Kulturveranstaltungen ermöglichen, indem zum Beispiel durch museums- und theaterpädagogische Angebote (Hoch-)Kulturproduktionen in ihren Inhalten und ihrer Ästhetik verständlich gemacht werden.

Zum anderen impliziert Kulturpädagogik auch die Idee, nicht nur die von Experten definierten Kulturleistungen zugänglich zu machen, sondern Menschen zu ermutigen, eigene kulturelle Ausdrucksweisen zu entdecken und im Sinne einer ›Kultur von allen‹ weiterzuentwickeln. Dies geschieht in Form einer Kulturpädagogik, die zum einen künstlerische Techniken vermittelt als Erweiterung der individuellen Ausdrucksmöglichkeiten, zum anderen animiert, eigene Wünsche und Ideen zu thematisieren und ästhetische Produktion als Mittel der Kommunikation zu nutzen, ebenso wie daran zu wachsen und sich selbst als bedeutsam zu erfahren.

Kulturpädagogik, die zu eigenem künstlerischen Gestalten motiviert, ist in Deutschland weitestgehend auf den Bereich der *kulturellen Bildung* mit Kindern und Jugendlichen beschränkt. Hier konnte sich, zusätzlich zu dem dichten Netz an Musikschulen, ein deutschlandweit verbreitetes Angebot von inzwischen gut 400 Jugendkunstschulen etablieren, die vielfältige interdisziplinäre außerschulische Möglichkeiten bieten, sich kreativ zu betätigen.

Kulturpädagogik und kulturelle Bildung gehen davon aus, dass durch die Beschäftigung mit den Künsten und kulturellen Phänomenen, wenn sie gezielt personal angeleitet wird, nachhaltige Bildungsprozesse angeregt werden – und zwar sowohl auf kognitiver wie auf emotionaler wie auf sozialer Ebene.

Auch die *Soziokultur* gründete sich Anfang der 70er Jahre im Zuge der so genannten ›Neuen Kulturpolitik‹ mit dem Anspruch, vor allem den Gegensatz zwischen Kultur und Alltag aufzuheben. Die Soziokultur basiert auf einem weiten, stark politisch definierten Kulturbegriff. Kulturvermittlung soll dort Anstöße geben, Menschen in einer demokratischen Gesellschaft zu aktiv Mitgestaltenden zu machen.

Seit den 80er Jahren entwickelten sich verstärkt eher indirekte Formen von Kulturvermittlung, etwa in Form von Öffentlichkeitsarbeit, Marketing und Management, bei denen es darum geht, die Kommunikation und die Rahmenbedingungen von Kulturangeboten und Kulturrezeptionsprozessen so zu gestalten, dass sie für unterschiedliche Zielgruppen attraktiv werden. Diese neuen Formen der Publikumsorientierung entstanden in Deutschland weniger aus kulturpädagogischer und kulturpolitischer Überzeugung als vielmehr aufgrund zunehmender ökonomischer Notwendigkeit. *Kulturmarketing als Kulturvermittlung* verfolgt in der Regel weniger pädagogisch motivierte Ziele, sondern möchte möglichst effizient Kulturangebote mit potentiellen Kulturnutzern zusammenbringen und das Potenzial von Kultur optimal ausschöpfen. Obwohl sich Kulturmarketing dabei zum Teil betriebswirtschaftlicher Methoden bedient, arbeitet es nicht zwangsläufig im monetären Sinne profitorientiert, vielmehr kann es auch dazu beitragen, öffentlich vorgegebene Ziele wie die Partizipation bestimmter Zielgruppen am Kulturleben umzusetzen. In einer sehr stark erlebnisorientierten Gesellschaft scheinen sich die Herangehensweisen des Marketings besser zu eignen, um breitenwirksame Kulturvermittlungsstrategien zu entwickeln, als nur didaktische Methoden, die in der Ansprache breiter Öffentlichkeiten kaum greifen.

Die Idee einer ›Kultur für alle‹ hat im Jahre 2005 eine andere Bedeutung als in den 1970er Jahren. Ging es damals um einen demokratieorientierten, partizipativen Zugang aller zu einem, vormals bildungsbürgerlichen Eliten vorbehaltenen öffentlichen Kulturleben, so lässt sich heute nur noch schwer ausmachen, wer Kultur definiert, welche Kunst wertvoller ist als andere, wo die Grenzen zwischen Kulturpolitik und Kulturmarkt, wo die Grenzen zwischen Bildungs- und Emanzipationskultur und zwischen Kulturindustrie und Unterhaltung verlaufen. Dementsprechend vielfältig sind auch die Ziele, Zielgruppen, Formen und Konzeptionen von Kulturvermittlung.

Diese ›Entgrenzung‹ von Kultur, die immer differenzierte Formen der Kulturvermittlung hervorbringt, spiegelt sich auch in den Beiträgen dieses Sammelbandes wieder:

Im ersten Teil der Publikation werden die politischen Rahmenbedingungen betrachtet, innerhalb derer Kulturvermittlung in Deutschland agiert. Darüber hinaus wird ein Blick in andere europäische Länder geworfen, um deutlich zu machen, wie dort aufgrund entschiedener kulturpolitischer Vorgaben die Kulturvermittlung einen sehr viel höheren Stellenwert im öffentlichen Kulturbetrieb einnehmen kann.

Die Beiträge im zweiten Teil befassen sich mit der Geschichte der Kulturvermittlung, Prognosen zur zukünftigen Entwicklung und allgemeinen theoretischen Positionen zur Kulturvermittlung. Im dritten Teil wird die Wechselwirkung zwischen den Studiengängen der Kulturvermittlung und der kulturellen Praxis diskutiert. Im vierten Teil werden praktische Ansätze der Kulturvermittlung anhand unterschiedlicher gesellschaftlicher Einsatzfelder und künstlerischer Disziplinen dargestellt.

Der Publikation vorangegangen ist eine Tagung, die unter dem gleichen Titel im Februar 2005 an der *Stiftungs-Universität Hildesheim* stattfand, ermöglicht durch die finanzielle Förderung des *Bundesministeriums für Bildung und Forschung* sowie der *Universitätsgesellschaft Hildesheim* und der Universitätsstiftung.

Ich danke allen Autoren für ihre engagierten Beiträge und dem Bundesministerium für Bildung und Forschung für seine finanzielle Unterstützung und hoffe, dass diese Publikation dazu beiträgt, die Aufmerksamkeit auf die zentrale Rolle der Kulturvermittlung für die Realisierung eines lebendigen, von vielen gestalteten und genutzten Kulturlebens zu lenken.

Hildesheim, im Juli 2005 *Birgit Mandel*

→ Kulturvermittlung.
Zwischen kultureller Bildung und Kulturmarketing
Birgit Mandel

Der Zugang zu Kunst und Kultur ist in Deutschland nach wie vor und immer mehr das Privileg einer Bildungselite. Einerseits beobachten wir eine zunehmende Ästhetisierung des Alltags ebenso wie eine Popularisierung bestimmter Event-Kulturbereiche: Warenkonsum, Erlebniskonsum und Kulturkonsum lassen sich kaum mehr voneinander trennen. Kultur scheint allgegenwärtig. Andererseits beteiligt sich ein Großteil der Bevölkerung nicht am öffentlich geförderten Kulturleben. Gerade einmal zehn Prozent der Bevölkerung, und zwar fast ausschließlich diejenigen mit hoher Bildung, gehören zu den Stammnutzern der (Hoch-)Kulturangebote. Ihren eigenen Angaben zufolge haben sich nur 19 Prozent der Bevölkerung schon einmal selbst außerhalb der Schule künstlerisch kreativ betätigt. Aktuelle Studien des Zentrums für Kulturforschung zeigen, dass die Schere zwischen den Hochgebildeten in der Bevölkerung, die aktiv am Kulturleben teilnehmen und den niedrig Gebildeten, die weder aktiv noch passiv mit Kultur in Berührung kommen und insgesamt kaum mobilisierbar sind, immer größer wird. Dies gilt in besonderem Maße für die jungen Menschen (vgl. Zentrum für Kulturforschung 2005).

Und zugleich weisen der Trend zum Event und die Tendenz zur Kommerzialisierung und Popularisierung von Kultur auch auf ein weit verbreitetes Bedürfnis nach Kulturerlebnissen hin.

Funktionen von Kulturvermittlung

Wenn auch komplexere kulturelle Produktionen und neue Kunstformen neben der Entertainmentindustrie auf einem expandierenden Freizeitmarkt ihren Platz behaupten wollen, muss vermittelt werden, worin für jeden Einzelnen der besondere Wert besteht, den Kunst zum Leben beitragen kann.

In einer Zeit, da öffentliche Kulturförderung zunehmend um ihre Legitimation kämpfen muss, erhält Kulturvermittlung neue Bedeutung, denn sie ist zugleich dringend benötigte Öffentlichkeitsarbeit für Kunst und Kultur.

Kunst versteht sich nicht von selbst – dies ist seit Bourdieu in kultursoziologischen Untersuchungen nachgewiesen. Kunstrezeption erfordert bestimmte Codes, damit sich ihre Bedeutung erschließt. »Kunst ist Geschmackssache, vorausgesetzt man hat Geschmack!«, so brachte es Bazon Brock auf den Punkt. Künstlerische Produktionen sind hochgradig komplexe und verschlüsselte Bedeutungsträger. In einer differenzierten Gesellschaft sind künstlerische Ausdrucksformen nicht mehr Allgemeingut, sondern setzen Expertenwissen voraus. Eine Funktion von Kulturvermittlung besteht darin, mit diesen

Codes vertraut zu machen und zugleich zu zeigen, dass Kunstdefinitionen immer gesellschaftliche Wertungen und als solche veränderbar sind.

Damit sich Menschen als Rezipienten für Kunst interessieren, damit sie sich eigene Urteile zutrauen und offen für die Anregungen sind, die Kunst bieten kann, müssen sie zu aktiven, geistig tätigen Kulturnutzern, im besten Falle zu selbst künstlerisch Tätigen werden. Wie Besucherforschungen zeigen, sind diejenigen, die selbst als Kunstamateure tätig sind, auch das aktivste Kulturpublikum (vgl. Zentrum für Kulturforschung 2002).

Eigene ästhetisch-künstlerische Tätigkeiten bilden zudem in besonderem Maße die überall postulierten Schlüsselkompetenzen heraus, so das Ergebnis einer Evaluation der Bundesvereinigung kulturelle Jugendbildung (vgl. www.bkj.de). Auch die neuere Hirnforschung hat die Intelligenz fördernde Wirkung künstlerischer Tätigkeiten bestätigt. Dies gilt vor allem für die Zielgruppe der Kinder und Jugendlichen, doch auch für die erwachsene Bevölkerung ist das kreative und persönlichkeitsstärkende Potential, das von Beschäftigung mit Kunst ausgeht, nachgewiesen. In einer Zeit, in der ernsthafte Zweifel am Bildungsstandort Deutschland aufkommen, liegen im Bildungspotential von Kultur wertvolle Ressourcen, die durch eine offensive, in allen Kulturbereichen tätige Kulturvermittlung besser genutzt werden könnten.

Die Beschäftigung mit Kunst und Kultur kann positive Auswirkungen auf die Reflexionsfähigkeit, Innovationsfähigkeit und den Zusammenhalt der Gesellschaft haben, jedoch nur dann, wenn diese über die kleine Gruppe des Kulturbetriebs, der Kunstöffentlichkeit und der ›Kernkulturinteressierten‹ hinaus reicht.

Kultur könnte dann für breitere Kreise der Bevölkerung zum Ort der Selbstverwirklichung und zur Teilhabe am gesellschaftlichen Leben jenseits der Arbeit werden und der zunehmenden sozialen Spaltung der Gesellschaft entgegenwirken, die durch die Krise des Arbeitsmarktes ausgelöst wurde.

Zusammenfassend lassen sich folgende vier zentrale Funktionen von Kulturvermittlung im Verhältnis zur Kunst festhalten:

- Zugänge zu Kunst schaffen im Sinne einer Übersetzungsleistung;
- künstlerisch-gestalterische Kompetenz vermitteln als Erweiterung der Ausdrucksmöglichkeiten;
- kulturelle Kompetenz vermitteln im Sinne von Deutungskompetenz und der Fähigkeit zu kreativem Querdenken, die in der Auseinandersetzung mit Kunst entwickelt wird;
- Kunst als Katalysator für soziale Problemlösungs-Prozesse nutzbar machen.

»Kultur für alle und von allen« – eine Herausforderung für die Kulturpolitik

»Zu den zentralen Anliegen unseres Jahrhunderts zählt die soziale Dimension der Kultur. Sie muss Menschen zueinander bringen, kommunikations- und dialogfähig machen. Insofern ist Kulturpolitik in diesem Verständnis mehr als bloße Ermöglichung von Kulturveranstaltungen. Kulturpolitik muss ein Klima der Offenheit und der bewussten Pluralität erzeugen«,

so Kulturstaatsministerin Christina Weiss in einer Rede über die Entwicklung der Kulturberufe (Weiss 2004 in: URL: www.bundesregierung.de). Mit über acht Milliarden Euro pro Jahr gehört Deutschland weltweit zu den Ländern, die am meisten Gelder für Kulturförderung bereitstellen. Der allergrößte Teil der öffentlichen Förderung wird zur Zeit für den Erhalt von staatlichen Kulturinstitutionen verwendet, für die Opern, Orchester, Theater und Museen. Für die Vermittlungsarbeit sowohl in den Institutionen wie bei freien Trägern der kulturellen Bildung und Soziokultur bleibt nur ein geringfügiger Teil mit abnehmender Tendenz (vgl. Arbeitskreis Kulturstatistik 2004 sowie www.kulturpolitik.de).

In anderen Ländern Europas hat die Kulturpolitik offensive Förderprogramme entwickelt, um mehr Menschen für Kultur zu gewinnen. Der Bezug öffentlicher Gelder für Kulturinstitutionen ist etwa in Großbritannien an Bemühungen und nachweisbare Erfolge geknüpft, die Angebote einer möglichst breiten Bevölkerung, und insbesondere sozial benachteiligten Gruppen zugänglich zu machen.

In Frankreich ist der »gleiche Zugang aller zur Kultur« gesetzlich verankert. In den Leitlinien öffentlicher Kulturförderung ist verbindlich festgelegt, »Aktionen zur Stärkung der Kunst-Erziehung und Kulturvermittlung zu ermöglichen« (vgl. www.culturalpolicies.de).

Was sind die Gründe dafür, dass in Deutschland die Kulturvermittlung einen eher geringen Stellenwert in der Kulturhierarchie hat? Hat das Ideal der 70er Jahre einer »Kultur für alle und von allen«, das sich die so genannte Neue Kulturpolitik, maßgeblich propagiert durch Hermann Glaser und Hilmar Hoffmann, auf ihre Fahnen geschrieben hatte, ausgedient?

Das Grundrecht der »Autonomie der Kunst« und die damit verbundene Zweckfreiheit und in gewisser Weise auch Entpolitisierung von Kunst, hat in Deutschland höchste Priorität. Die Freiheit der Kunst soll nicht durch Publikumsbedürfnisse und -wünsche tangiert werden. Zugleich führte die traditionelle Angebotsorientierung der öffentlichen Hand, also die Überzeugung, dass der Staat für seine Bürger Kulturangebote, ungeachtet deren Nachfrage, vorhalten muss, zu einer Vernachlässigung der Nutzerorientierung. Der Kulturbetrieb mutierte an vielen Stellen zum Selbstzweck und zum unbeweglichen Apparat; die Förderungstraditionen werden nicht hinterfragt, Ziele und Ergebnisse werden nicht überprüft. Angesichts des aus finanziellen Gründen unausweichlichen Strukturwandels des öffentlichen Kulturbetriebs müssen auch die Leitlinien der öffentlichen Förderung neu überlegt werden. Kulturpolitik muss klare Ziele vorgeben, was Kunst und Kultur zur Lebensqualität in der Gesellschaft beitragen sollen und finanzielle Anreize schaffen, damit Kulturanbieter Strategien entwickeln und durchsetzen, um unterschiedliche Zielgruppen zu erreichen. Dabei kann es keineswegs nur darum gehen, die bisherigen Angebote des Kulturbetriebs durch Erhöhung der Besucherzahlen aufrechtzuerhalten, sondern es muss vor allem auch Ziel sein, das Potential von Kunst und Kultur neu in den Alltag breiter Bevölkerungsgruppen einzubringen. Das Schlagwort »Kultur für alle« ist heute vermutlich kaum noch hilfreich, denn es könnte suggerieren, dass es damit um die Aufrechterhaltung der kulturellen Hegemonie einer Kulturelite geht. Ziel von Kulturvermittlung kann es nicht sein, Geschmacksbildung bei weniger gebildeten Gruppen zu betreiben, sondern die Transformationskräfte der Künste selbstverständlicher in unterschiedlichste Bereiche die Gesellschaft im Sinne einer ›Kultur von allen‹ zu integrieren.

Zeitgemäße Formen von Kulturvermittlung

Wie kann es Kulturvermittlung gelingen, das besondere Potential der Künste bestmöglich zur Entfaltung bringen und zugleich ›Ehrfurcht‹ (im Wortsinne) vor Kultur abzubauen? Auf welche Weise kann man Menschen für Kunst und Kultur begeistern und sie ermutigen, aktiv an der Gestaltung des kulturellen Lebens teilzunehmen?

Bislang gibt es nur wenige Projekte der Kulturvermittlung in Deutschland, über die in der Öffentlichkeit gesprochen, geschrieben, diskutiert wird. Kulturvermittlung ist, anders als in anderen europäischen Ländern, weder bei den Kulturschaffenden, in der Kulturpolitik noch in der Kulturberichterstattung ein populäres Thema.

Eines der wenigen Ausnahmen ist das Education-Projekt »Zukunft@BPhil« der Berliner Philharmoniker unter Leitung des Briten Simon Rattle. Gleich mit Beginn seines Amtes als Chefdirigent etablierte Rattle eine eigene Education-Abteilung, für deren Leitung er einen Experten aus Großbritannien mitbrachte. In dem bekanntesten Projekt »Rhythm is it« arbeiteten u.a. Hauptschüler über viele Wochen mit professionellen Tänzern und den Musikern der Berliner Philharmoniker an einer Tanz-Choreographie zu Strawinskis »Le Sacre du Printemps«, die sie dann gemeinsam mit den Berliner Philharmonikern auf die Bühne brachten. Der Film über dieses Projekt, der monatelang in deutschen Kinos Erfolge feierte, zeigt auf nachdrückliche Weise die großen persönlichen Entwicklungsschritte, die die Schüler in der künstlerischen Auseinandersetzung erfahren haben.

Nicht durch Zufall gelang diesem Kulturvermittlungsprojekt breite Aufmerksamkeit und große Zustimmung. Mehrere Dinge kommen hier zusammen: Simon Rattle, eine charismatische und zugleich sehr kommunikative Künstler-Persönlichkeit, jemand, der tatsächlich leidenschaftlich brennt für seine Kunst und zugleich ohne Arroganz Menschen aus unterschiedlichen gesellschaftlichen Milieus daran teilhaben lassen möchte; die Herkunft Rattles aus Großbritannien, einem Land, in dem es selbstverständlich ist, dass sich öffentlich geförderte Kulturinstitutionen intensiv um alle Bevölkerungsgruppen bemühen; und schließlich eine sehr professionelle Öffentlichkeitsarbeit sowohl in Richtung der avisierten Zielgruppen wie auch in Richtung einer breiten Öffentlichkeit, die Kulturvermittlung hier als ein mitreißendes, gesellschaftlich bereicherndes Projekt wahrnimmt.

Kulturvermittlung bewegt sich heute zwischen den Wissenschafts- und Bildungsansprüchen der so genannten Hochkulturinstitutionen und dem Erlebnishunger der breiten Bevölkerung. Kulturvermittler sind herausgefordert, diese kulturellen Präferenzen in der Bevölkerung und populäre Aneignungsformen zur Kenntnis zu nehmen und in ihre Arbeit einzubeziehen. Sie müssen vertraut sein mit professionellen Marketingmethoden, um in der Masse anderer Freizeitanbieter zu bestehen. Sie müssen Qualität sowohl in künstlerischen Produktionen als auch in ästhetischen Prozessen erkennen und durchsetzen – und zugleich dafür sorgen, das besondere Wissen der Künste wirksam werden zu lassen, ihre Fähigkeit, neben der kognitiven Ebene auch Raum für Imagination, Intuition, Sinneswahrnehmung und Emotion zu schaffen, Raum für produktive Irritation und Veränderungen.

»Jeder Mensch ist ein Künstler«, postulierte Joseph Beuys Ende der 60er Jahre und meinte damit, dass eine wirklich demokratische Gesellschaft davon lebt, dass alle Menschen aktiv und kreativ an ihrer Gestaltung teilhaben. Wie lassen sich auch diejenigen einbeziehen, die eher an den Rändern der Gesellschaft leben?

»Art makes life more interesting than art«, so formuliert es Markus Kissling, Leiter des Netzwerkes SPACEWALK, das u.a. über drei Jahre in einem Wolfsburger Problemstadtteil das Leben der dort lebenden Menschen, größtenteils Immigranten, mit künstlerischen Interventionen positiv veränderte.

Kulturvermittlung ist nicht nur Verständnishilfe zwischen Kunst und Publikum, sondern meint auch, die spezifischen Stärken der Künste für das Zusammenleben im Alltag zu nutzen, ihre Fähigkeit, kommunikative Prozesse in Gang zu setzen, die Wahrnehmung auf das Gewohnte zu verrücken, zu zeigen, dass alles auch ganz anders sein könnte. »Kultur für alle heißt, den Menschen Zugang zu verschaffen zu den Merkmalen und Qualitäten, die

Kunst ausmachen. Erst die künstlerische Dimension von Kulturangeboten kann den Bürger aus seiner Reserve holen«, so formulierte es Wibke Richert, die als Kulturamtsleiterin in der kleinen Stadt Vaihingen an der Enz mittels künstlerischer Umgestaltungen vier Wochen lang nicht nur das gewohnte Stadtbild auf den Kopf stellte, sondern auch die Bürger aller Altersgruppen dazu brachte mitzuspielen und selbst kreativ tätig zu werden.

Kulturelle Angebote müssen niedrigschwellig sein, sie müssen in den Alltag der Menschen hinein gehen und zugleich außeralltägliche Erlebnisse ermöglichen – auch das zeigen diese Beispiele.

In der ›Erlebnisgesellschaft‹ erwarten Menschen auch von Kultur nicht mehr nur Kontemplation und Bildung, sondern vor allem Unterhaltung, Spaß, Gemeinschaftserlebnisse. Der Freizeitforscher Horst Opaschowski prognostiziert gar das Ende der E-Kultur mit dem Aufkommen einer neuen Form von Freizeitkultur:

»In der Freizeitkultur wollen die Menschen Kultur hautnah begreifen und als direkte sinnliche Berührung erleben. Mit der Musik vibrieren, sich in Trance tanzen, sich beim Popkonzert bis zur Erschöpfung verausgaben, Zirkusluft schnuppern und immer ganz dicht, das heißt live dabei sein. Freizeitkultur bekommt existentielle Bedeutung – im Gegensatz zur traditionellen Hochkultur, die für viele Menschen schwer greif- und begreifbar war. Die wachsende Attraktivität zeigt zugleich die Schwachstellen traditioneller Kulturangebote. Kultur wünscht man sich näher und konkreter, anfassbarer und erfahrbarer […].« (Opaschowski 2001)

Was heißt das für die Kulturvermittlung? Wie lassen sich auch anspruchsvollere, komplexere, eigensinnigere Kunst- und Kulturangebote mit dem Bedürfnis breiter Bevölkerungsgruppen nach Unterhaltung, Spaß, Gemeinschaftlichkeit zusammenbringen?

Der privatwirtschaftliche Kulturbetrieb, allen voran die großen Musicalkonzerne, hat vorgeführt, dass sich Menschen massenhaft mobilisieren lassen, wenn mit einem Kulturbesuch das Versprechen eines umfassenden Erlebnis einhergeht, wenn zugleich Bedürfnisse nach besonderem Service in einem besonderen Ambiente, nach sozialer Interaktion befriedigt werden. Sie haben vorgemacht, wie sich mit systematischen Marketingstrategien und konsequenter Kundenorientierung auch kulturfernere Zielgruppen gewinnen lassen. Marketingstrategien müssen keineswegs auf profitorientierte Kulturangebote beschränkt sein, sondern lassen sich ebenso gut für jedes andere kulturelle Vorhaben nutzen. Kulturmarketing meint nicht die Anpassung von Kunst an den breiten Publikumsgeschmack, sondern bedeutet systematische Bemühungen um die avisierten Nutzer zur Realisierung der Ziele einer Kultureinrichtung. Im Kulturmarketing geht es nicht darum, die Kultur marktfähig zu machen, sondern den Markt kulturfähig. Auch mit unterhaltungs- und eventorientierten Vermittlungsformen lassen sich nachhaltige Vermittlungsprozesse initiieren, wenn diese an den jeweiligen Inhalten orientiert und nicht beliebiges Spektakel sind – das zeigen Beispiele etwa aus dem Kunstmuseum Wolfsburg, dem es immer wieder gelingt, über den Weg spektakulärer Events auch kunstfernere Gruppen für die Inhalte des Museums zu gewinnen. Und auch, wenn ein ganzes Dorf unter Anleitung von Theaterpädagogen und Künstlern ein großes Theaterspektakel inszeniert, wie es alljährlich bei den Heersumer Sommerfestspielen passiert, wird die Form des aus dem Alltag herausragenden Ereignisses genutzt, um neue Erfahrungen und Erkenntnisse zu ermöglichen (vgl. Mandel 2004).

Diese Beispiele zeigen, dass man den Integrationskräften der Künste mehr zutrauen und sie sehr viel stärker nutzen könnte, anstatt sie in Kunsttempeln zu isolieren. Dafür muss Kulturarbeit mehr als bisher mit anderen gesellschaftlichen Bereichen, mit Schule und Bildung, mit Stadtentwicklungsplanung, mit der Sozialarbeit, mit der Wirtschaft, zusammenwirken.

Vor allem die Schule bietet große Chancen, kulturelle Partizipation zu verwirklichen, denn hier lassen sich alle Kinder und Jugendliche, unabhängig von sozialen Unterschieden, erreichen. Damit ist keineswegs nur die Stärkung der musischen Fächer gemeint. Gerade in den geplanten Ganztagsschulen könnte es Zeit und Raum geben für kulturpädagogische Arbeit jenseits von Dreiviertelstunden-Rhythmen und dem üblichen Leistungsdruck, der für kreative Tätigkeit stark hinderlich ist. Dafür ist es notwendig, dass sich Schule für Kulturvermittler von außen öffnet. Erste Erfahrungen zeigen, dass es vor allem Künstler sind, die als authentische Kulturvermittler von Kindern und Jugendlichen mit besonderer Begeisterung angenommen werden.

Zwischen kultureller Bildung und Kulturmarketing sind eine Fülle neuer Ideen möglich, in deren Kern es immer darum geht, auf potentielle Nutzer zuzugehen, statt staatliche Angebote einfach nur vorzuhalten. »Wir dürfen nicht hinter dem Schalter sitzen bleiben und warten, dass die Leute kommen, wir müssen rausgehen und uns ein neues Publikum suchen. [...] Wir müssen eine Atmosphäre schaffen, in der sich jeder willkommen fühlt«, so brachte es Simon Rattle, Chefdirigent der Berliner Philharmoniker, im Sinne britischer Kulturpolitik auf den Punkt (Die Zeit vom 22.8.2002).

Der Kulturarbeitsmarkt

Eine Studie der EU prognostiziert den Kulturbereich als einen der zukunftsträchtigsten Arbeitsmärkte. Innerhalb von zehn Jahren von 2000 bis 2010 wird eine Verdoppelung der bisherigen Arbeitsplätze von 7 auf 14 Millionen geschätzt. Im EU-Vergleich weist Deutschland mit insgesamt 780.000 Beschäftigten die meisten Arbeitsplätze im Kulturbereich in absoluten Zahlen auf. Zwischen 1995 und 2003 stieg die Zahl der Erwerbstätigen in Kulturberufen in Deutschland um 31 Prozent, entgegen der allgemeinen Arbeitsmarktentwicklung. »Die wichtigste Triebfeder für die Wachstumsdynamik in den Kulturberufen sind die Selbständigen unter den Erwerbstätigen, 320.000 der Kulturschaffenden gehören dazu«, so Michael Söndermann in einer aktuellen Studie zum Kulturarbeitsmarkt in Deutschland (Söndermann 2004).

Seit den 70er Jahren wurden diverse Stellen für Theater-, Museums-, Musikpädagogen geschaffen, seit Anfang der 90er Jahre kamen Positionen für Öffentlichkeitsarbeit und Kulturmarketing hinzu. Die öffentliche Finanzierung weiterer Stellen in der Kulturvermittlung ist jedoch zur Zeit unwahrscheinlich – dazu bedürfte es radikaler Umverteilungen in den Kulturbudgets.

Vielmehr ist auch in der Kulturvermittlung der Trend zu beobachten, dass Vermittler ihre Leistungen sowohl für die Institutionen wie auch als Direktanbieter für ein allgemeines Publikum zunehmend als selbstständige Dienstleister, als so genannte »cultural entrepreneurs« (Hagoort 2001) anbieten, die ihre Etats größtenteils durch Einnahmen selbst erwirtschaften müssen. Es wächst die Zahl der Kleinagenturen, zum Teil als Ein-Personen-Unternehmen, die nach dem Prinzip des »Outsourcing« in den Institutionen das komplette Vermittlungsprogramm anbieten oder im Zwischenbereich von Kulturmanagement und Kulturpädagogik tätig sind. Das Dienstleistungsangebot reicht von kunstpädagogischen Workshops bis zu Marketing, PR, Eventmanagement sowie neuen Mischformen von Kultur und Unterhaltung im so genannten Kultur-Edutainment.

Kultur ist ein Wachstumsmarkt, doch das Ausmaß dieses Wachstums hängt entscheidend davon ab, inwieweit es zukünftigen Kulturvermittlern gelingt, neue Einsatzbereiche durch innovative Projekte zu erschließen und ihre Leistungen auf dem Markt zu positionieren.

Ausbildung für die Kulturvermittlung

In Deutschland gibt es ca. 100 Aus- und Weiterbildungsgänge für die außerschulische Kulturvermittlung im weitesten Sinne, wovon die meisten an Hochschulen angesiedelt sind. Wie bereiten diese ihre Absolventen auf das besonders stark von Eigeninitiative und Visionen abhängige Berufsfeld vor? Wird ein Überangebot an ausgebildeten Kulturvermittlern ›produziert‹ oder finden die Absolventen in ihren unterschiedlichen Profilen ihre Nischen? Was haben die Studiengänge der Kulturvermittlung zur Etablierung des Berufsfeldes beigetragen?

Die außerschulische Kulturvermittlung war zunächst keine akademische Erfindung, sondern wurde von engagierten Praktikern etabliert, darunter vor allem ehemalige Lehrer. Seit Mitte der 80er Jahre kamen die ersten Absolventen der neuen Studiengänge der Kulturvermittlung dazu. Die Studiengänge haben insofern einen nicht unerheblichen Einfluss auf den Kulturbetrieb, als dieser inzwischen deutschlandweit mit ihren Absolventen durchsetzt ist. Diese haben nicht nur Stellen in den bereits etablierten Institutionen eingenommen, sondern sich Positionen selbst erarbeitet, neue Einrichtungen und Dienstleistungen begründet, sich also keineswegs in ein oft prognostiziertes Arbeitslosenschicksal gefügt (vgl. Mandel 2001).

Doch nicht nur die Absolventen, auch die Kulturstudiengänge selbst sind gefordert, auf die Veränderungen des Kulturbetriebs zu reagieren, neue Konzepte von Kulturvermittlung zu entwickeln und ihre Absolventen auf den zunehmend weniger öffentlich finanzierten Kulturarbeitsmarkt vorzubereiten. Dabei gilt es die Balance zu halten zwischen pragmatischer Handlungskompetenz und der Befähigung zur Reflexion, zu visionärem Denken und zur Herausbildung eines kulturpolitischen Standpunktes.

Professionelle Kulturvermittlungsleistungen sind kein Beiwerk, sondern Notwendigkeit für ein lebendiges kulturelles Leben, das integrierend und nicht abgrenzend in die Gesellschaft wirkt. Es gibt zukunftsfähige, innovative Ansätze der Kulturvermittlung in unterschiedlichsten Feldern. Notwendig ist die offensive Präsentation dieser *Best-Practice*-Beispiele. Kulturvermittlung wirkt viel zu oft in verborgenen Nischen. Das Beispiel des *Education*-Projekts der Berliner Philharmoniker zeigt eindrucksvoll, wie sich Kulturvermittlungsarbeit in eine breite Öffentlichkeit hineintragen lässt und dort Akzeptanz, Sympathie und Unterstützung für die Kulturvermittlung entstehen kann. Es muss selbstverständlich werden, dass sich auch Kulturvermittlungsprojekte öffentlichkeitswirksam positionieren, dass sie Gesprächsstoff werden in der Kunstöffentlichkeit und darüber hinaus.

Kulturvermittlung ist eine Profession mit Zukunft! – Jedoch nur dann, wenn es gelingt, sie aus ihrer marginalisierten Position heraus ins Zentrum des Kulturbetriebs zu stellen.

Literatur

Hagoort, Giep (2001): *Art Management. Entrepreneurial Style*, Delft.
Mandel, Birgit (2001): »Kulturvermittlung als Beruf. Ergebnisse einer Befragung von Absolventen des Studiengangs Kulturwissenschaften und ästhetische Praxis der Universität Hildesheim«. In: *Kulturpolitische Mitteilungen* 95, IV/2001.
Mandel, Birgit (2004): *PR für Kunst und Kultur. Zwischen Event und Vermittlung*, Frankfurt/Main.
Mandel, Birgit/Prisor, Lothar/Witt, Kirsten (Hg.) (1998): *Kulturelle Berufsfelder im Wandel*, Unna.
Opaschowski, Horst W. (2001): *Deutschland 2010*, Hamburg, S. 209-221.
Söndermann, Michael (2004): *Kulturberufe. Statistisches Kurzporträt zu den erwerbstätigen Künstlern, Publizisten, Designern, Architekten und ver-

wandten Berufen im Kulturberufemarkt in Deutschland 1995-2003, Bonn: Arbeitskreis Kulturstatistik.
Zentrum für Kulturforschung (2002): *Kulturbarometer*.
Zentrum für Kulturforschung (2005): *Studie Jugendkultur*.

Dr. Birgit Mandel, geb. 1963, Kulturwissenschaftlerin und Kulturmanagerin; zuständig für den Bereich Kulturmanagement im Institut für Kulturpolitik des Studiengangs Kulturwissenschaften und ästhetische Praxis der Universität Hildesheim mit wissenschaftlichem Schwerpunkt in Kulturmarketing und Kultur-PR. Weitere Lehrtätigkeiten im Studiengang Kulturjournalismus der Universität der Künste Berlin, im Aufbaukurs Kulturmanagement der Universität Wien, im Studiengang Kulturmanagement der Hochschule für Wirtschaft und Politik in Hamburg und an der Bundesakademie Wolfenbüttel.

Zahlreiche Veröffentlichungen im Bereich Kultur und Kommunikation sowie Kultur und Arbeitsmarkt, zuletzt: »Lust auf Kultur. Karrierewege in das Berufsfeld Kulturvermittlung«, Nürnberg 2002, »PR für Kunst und Kultur. Zwischen Event und Vermittlung«, Frankfurt/Main 2004.

Langjährige Praxis-Erfahrungen im Kulturmanagement, u.a. Pressearbeit für die *Berliner Festspiele GmbH* (1987), PR für den Berliner Kultursenat im Rahmen des Kulturprogramms »Berlin Kulturstadt Europas 1988« (1988). 1996 bis 2001 Öffentlichkeitsarbeit für die *Bar jeder Vernunft*, ein privatwirtschaftlich betriebenes Theater in Berlin. 2001 bis 2002 Leitung der Kommunikation für die bundesweite GmbH *Wissenschaft im Dialog*, die u.a. verantwortlich war für den ersten Berliner Wissenschaftssommer; seit 2003 PR-Konzeption und Beratung für diverse Berliner Kultureinrichtungen.

→ **Kulturpolitik und Kulturvermittlung –
Kultur für alle und von allen?**

→ Kultur für alle und von allen – ein Erfolgs- oder Auslaufmodell?
Oliver Scheytt

»Die Formel ›Kultur für alle‹ geht leicht von der Zunge, weil sie eine überzeugende demokratische Forderung darstellt. Welcher Parlamentarier könnte auf sie verzichten? Welcher Kulturarbeiter in welcher Institution auch immer, der von den Mittelzuweisungen der Volksvertreter auf irgendeiner Ebene abhängig ist, könnte etwas Besseres anbieten als eine wenigstens verbal allen zugängliche Kultur? Schaut man genauer hin, so wird man sehr bald differenzieren müssen. ›Kultur für alle‹ ist in Wahrheit nichts anderes als eine Angebotspalette nur für einzelne Gruppen und Teile der Bevölkerung, sei es versteckt wegen der mit dem Angebot vorausgesetzten Kennerschaft, Gewohnheit und Bildung, sei es offen nach dem zynischen Motto ›Alternative Kultur‹ und unverbindliche Freizeitangebote für die Massen, traditionelle und professionelle Künste für die Elite!«

Mit diesen Sätzen beginnt das zum kulturpolitischen Standardwerk avancierte Buch von Hilmar Hoffmann »Kultur für alle« (Hoffmann 1979: 11).
    Und hierin wird sogleich deutlich: Der Anspruch, sich an ›alle‹ zu richten, ist ein uneinlösbarer. Wir haben es bei den öffentlichen Kulturangeboten mit ›wechselnden Minderheiten‹ zu tun. Gleichwohl geht es um Teilhabe und Chancengleichheit, um Zugänglichkeit und Verständnis. Davon handelt das Buch »Kultur für alle« auch. Ein Vierteljahrhundert später haben sich jedoch neue Chancen und neue Entwicklungen, aber auch neue Gefahren eingestellt.
    Hilmar Hoffmann hat die Fundierung der Kulturpolitik »mit empirisch abgesicherten Analysen des Kulturprozesses und eine systematische Erfolgskontrolle« gefordert. Ende der 70er Jahre schätzte er die Situation noch so ein:

»Heute haben wir noch keine Wissenschaftsdisziplin, die Derartiges leisten kann. Doch ist es an der Zeit, an den Universitäten Lehrstühle für solche Fragestellungen einzurichten, für Themen wie die internationale Diskussion über die Theorie der Kultur, die empirische Erforschung des gegenwärtigen (und vergangenen) Kulturprozesses, die Analyse der kulturellen Infrastruktur. [...] Kulturpolitik kann man auf die Dauer nicht unspezifisch ausgewählten Freizeit-Animateuren, kulturell dilettierenden Politikern oder angeblich politisch agierenden Kulturspezialisten überlassen.« (Ebd.: 12f.)

Auf diesem Feld haben wir deutliche Fortschritte erzielt: So führt etwa das Studienangebot »Kulturwissenschaften und ästhetische Praxis« an der Universität Hildesheim die Künste und die Wissenschaften, die Politik und das Management, das Produzieren, Vermitteln und Reflektieren zusammen.
    Indem wir heute an Universitäten, pädagogischen Hochschulen und

Fachhochschulen Studiengänge vorhalten, forschen und Studenten ausbilden, ist zwar der Auftrag einer »Kultur für alle« fundierter als früher in den Blick genommen. Wir haben damit eine andere wissenschaftliche, praktische und personelle Basis, um diesen Auftrag zu erfüllen. Doch die Grundsatzfrage, ob es sich bei dem Konzept »Kultur für alle« um ein Erfolgs- oder ein Auslaufmodell handelt, ist grundsätzlicher zu stellen und zu beantworten. Mit »Kultur für alle« und dem »Bürgerrecht Kultur« (Glaser 1979) sind Schlagworte einer »neuen Kulturpolitik« benannt, die in den 70er Jahren zu Recht auf eine im weitesten Sinne verstandene ›Demokratisierung der Kultur‹ abzielte: die Öffnung traditioneller Kulturinstitutionen, die Anwendung eines erweiterten Kulturbegriffs (Wie lebt und arbeitet der Mensch?), also der Zugang zur Kultur und das Zugehen auf diejenigen, die Kultur rezipieren oder machen, gehörten zu den wichtigsten Zielen und Erfahrungen unter Berücksichtigung der Freiheit der Künste. Auf all diesen Feldern sind in der Tat Erfolge erzielt worden. Die neue Kulturpolitik und »Kultur für alle« sind eindeutig als Erfolgsmodell zu charakterisieren.

Neben das ›Kultur ermöglichen‹ trat und tritt das ›Kultur vermitteln‹. Es geht also nicht nur darum, immer neue und immer mehr Kultur zu ›produzieren‹, sondern auch darum, den Kreis derjenigen zu vergrößern, die Kultur verstehen, nachvollziehen und selbst ›machen‹, also Kultur wahrnehmen. Gleichwohl ist festzustellen, dass Künstlerinnen und Künstler, Kulturverantwortliche und Kulturschaffende, mitunter auch Kulturpolitikerinnen und Kulturpolitiker immer noch zu sehr ›angebotsorientiert‹ denken und handeln. Der Aspekt der Vermittlung kommt zu kurz. Das zeigt sich in der Beschreibung der Auftragslage von Kultureinrichtungen, der Budgetverteilung, in fehlenden Bestimmungen in den Verträgen mit Direktoren von Kultureinrichtungen.

Den Akteuren stehen an sich zahlreiche Instrumente zur Verfügung, die eine Verstärkung der Vermittlungsbemühungen bewirken könnten.

Dabei ist zu differenzieren: Zum einen ist grundlegend zu unterscheiden zwischen dem schon vorhandenen Besucherkreis, Nutzerkreis etc. (im Folgenden kurz »Publikum« genannt) und denjenigen Kreisen, die von der jeweiligen Kultureinrichtung, dem jeweiligen Kulturangebot oder der -veranstaltung nicht angesprochenen Personen (im Folgenden »Nichtpublikum«).

Der Anspruch der »Kultur für alle« zielt im Bereich des Publikums darauf, dass diejenigen, die kommen, das verstehen, was sie sehen, dass sie empfangen, betreut, begrüßt und auch nach dem Besuch ›gepflegt‹ werden. Dies setzt Kenntnisse über das reale Publikum voraus. Die Verantwortlichen haben sich Fragen zu stellen und zu beantworten, die lauten wie: »Wer ist unser Publikum? Warum kommt es? Welche Interessen hat das Publikum?«

Im Hinblick auf das Nichtpublikum stellen sich die Fragen zum Teil ganz anders: »Warum kommen bestimmte Bevölkerungskreise nicht? Liegt es an

Unwissenheit, mangelnder Kenntnis oder Hemmnissen, die möglicherweise abgebaut werden können? Was wird getan, um die Nichtbesucher zu gewinnen?«

So einfach diese Fragen erscheinen, so entscheidend sind sie einerseits für die wohlverstandene Forderung nach einer »Kultur für alle«, andererseits auch für die künstlerische Produktion (stimmt der Spielplan?). Letztlich sind sie auch wesentlich für die Aufgabenstellung eines guten Kulturmarketing. Um es noch einmal in den Worten von Hilmar Hoffmann auszudrücken:

»Um kulturelle Teilhabe dauerhaft zu ermöglichen, muss der Zugang durch pädagogische Hilfen für diejenigen erleichtert werden, die ohne Vermittlung so klug blieben wie zuvor; nur durch motivierende attraktive Darbietungsformen, wie Museumsdidaktik, neue Formen der Ausstellungspraxis oder solche des spielerischen Umgangs mit Künsten, kann ein weitergehendes Interesse geweckt werden. Wer solche Vermittlungsversuche als Pädagogisierung verteufelt, verkennt, dass die traditionellen Eliten in Schule und Familie ja auch diverse Hilfen erhielten, bevor sie zu ›Kennern‹ wurden. Es ist falsch, das unmittelbare, voraussetzungslose Erlebnis mit der Kunst, das es ohnehin nur in sehr engen Grenzen gibt, zum alleinigen Maßstab hochzustilisieren.« (Hoffmann 1990: 63)

In diesem Zitat wird auch deutlich, dass auf die Reflexion der Auftragslage und die Analyse des Publikums/Nichtpublikums die Entwicklung des Aktionsprogramms der Kultureinrichtung folgt.

Ich möchte diese Schrittfolge in das kulturpolitische Konzept einer *Kulturellen Grundversorgung* einbetten. Dieses Konzept bietet eine strukturierte Gedankenfolge zur Weiterführung der Idee einer »Kultur für alle«: Das Konzept der kulturellen Grundversorgung stellt in Rechnung, dass nicht jedes Kulturangebot von jedem wahrgenommen wird. Ausgangspunkt ist vielmehr, dass jedes öffentliche Kulturangebot zunächst der grundlegenden Reflexion des dem Angebot zugrunde liegenden Kulturauftrags bedarf. Dieser Kulturauftrag betrifft nicht allein die Produktion. Schließlich läuft die Produktion leer, wenn das Angebot nicht wahrgenommen wird. Wahrnehmung wiederum zielt aber nicht nur auf ›physische Anwesenheit‹, vielmehr geht es um Verständnis, um verstehen wollen, verstehen lernen und tatsächliches Verstehen. Nur so kann das Versprechen von gleicher Teilhabe eingelöst werden. Kulturvermittlung ist daher eine der wesentlichen Auftragsdimensionen jeden öffentlichen Kulturangebots, ob in Einrichtungen oder Events. Der öffentliche Kulturauftrag wird nicht beliebig erfüllt, sondern durch eine zu beschreibende Qualität des Angebots und der Kulturvermittlung. Auftrag und Qualität werden eingelöst durch Aktionsprogramme, die auch alle möglichen Formen der Vermittlung mit umfassen. Private Anbieter, Mäzene, Spender und Sponsoren, Zivilgesellschaft und Kulturwirtschaft können bei der Erfüllung des öffentlichen Auftrags in ›Verantwortungspartnerschaften‹ (nachhaltig) eingebunden werden.

So verstandene Kulturpolitik stellt sich vor allem als ein Angebot der öffentlichen Hand an die Einzelnen dar, als »Cultural Empowerment«. Sie schafft also die Grundlage kultureller Teilhabe und Teilnahme. Voraussetzung für eine solche Kulturpolitik ist das Nachdenken über die Auftragsgrößen, von denen ausgehend kulturpolitisches Handeln zu begründen ist. Diese Reflexion muss sich an verschiedenartigen Leitaspekten orientieren. Es gilt, künstlerische Entfaltungsmöglichkeiten zu gewährleisten, ebenso wie die Offenheit und Vielfalt in Kunst und kultureller Produktion. Der Bestand kultureller Leistungen muss gesichert werden, in und durch Einrichtungen und deren gesamte Arbeit. Weiter muss der öffentliche und möglichst chancengleiche Zugang zu kulturellen Einrichtungen garantiert sein. Das betrifft vor allem auch die Einrichtungen der kulturellen Bildung. Schließlich ist die Entfaltung ästhetischer Wahrnehmung zu fördern, sowie die kreative Selbsttätigkeit möglichst vieler Individuen.

Bevor auf die grundlegende Bedeutung eingegangen wird, die in diesem Zusammenhang der kulturellen Bildung zukommt, seien noch zwei vertiefende Gedanken zum Publikum und Nichtpublikum ausgeführt: Öffentliche Kultureinrichtungen sollten sich in einen verstärkten Dialog mit dem Publikum begeben. Dialog ist nicht gleichzusetzen mit Anpassung oder Anbiederung oder gar einer Unterwerfung der Kunst. Doch oft sind die Verantwortlichen von einer ›kulturpessimistischen Attitüde‹ geprägt: sie halten die vermeintliche ›Massengesellschaft‹, also große Gruppen der Bevölkerung für kulturell unrettbar verloren, obwohl mitunter permanent wiederholt wird, wie überlebensnotwendig es sei, neue Publikumsschichten zu gewinnen. Bei genauerem Hinsehen ergibt sich jedoch, dass sich heute die Grenzen zwischen Hochkultur und Massenkultur nur noch schwer ziehen lassen. Es stellt sich die Frage, ob diese Begriffe überhaupt noch inhaltlich und soziologisch tragfähig sind. Hinzuweisen ist auch darauf, dass Massenkultur keineswegs mit Niveaulosigkeit gleichzusetzen ist, man denke nur an künstlerisch mitunter hochrangige Videoclips in der Popkultur. Umgekehrt gibt es Hochkultur von durchaus jämmerlicher Qualität und Kreativität. Nicht nur ein interkultureller, sondern auch ein innerkultureller Crossover könnte uns als Kulturverantwortlichen Augen und Ohren stärker öffnen.

Damit wird ein wichtiges Aufgabenfeld für Wissenschaft und Forschung im Kulturbereich sichtbar: Die empirische Erforschung der Nichtteilnahme am Kulturprozess. Es ist dringend erforderlich, mehr darüber zu wissen, warum große Gruppen der Personen, die potentiell zu gewinnen wären, tatsächlich nicht erreicht werden. Dazu sind noch viel mehr als bisher Dialoge zwischen Kunst und Wissenschaft, zwischen Praxis und Empirie erforderlich. Systematische Befragungen, Nichtnutzeranalysen, aber auch Experimente mit ungewöhnlichen und neuen Angebotsformen könnten helfen, Barrieren auf beiden Seiten zu durchbrechen.

Damit komme ich zu einem riesigen Aufgabenbereich, den wir in Deutschland in den letzten 20 Jahren trotz des Anspruchs einer »Kultur für alle« sträflich vernachlässigt haben: die *kulturelle Bildung*. Vielleicht hat sogar das Konzept »Kultur für alle« selbst auf diesem Feld ein Defizit gehabt: Der Anspruch, dass Kultur für alle da sei, hat den Blick möglicherweise zu sehr auf das Kulturangebot gelenkt und zu sehr weg von den (eher nur potentiellen) Rezepienten oder Selbstausübenden. Die Behauptung jedoch, dass Kultur nicht nur für alle da sei, sondern auch ›von allen‹ gemacht werde, blendet möglicherweise die Notwendigkeit des Qualitätsanspruchs zu sehr aus. Das ›Irgendwie-Angebot‹ reicht nicht. Auch das Vermitteln alleine reicht nicht: Kulturangebote und Kulturvermittlung bedürfen eines Qualitätsanspruchs. Das Prinzip »Fordern und Fördern« gilt auch für das Publikum, vor allem aber für das Nichtpublikum. Was das Fordern und Fördern angeht, kommt den Kindertagesstätten und Schulen die bedeutendste Rolle in unserer Gesellschaft zu. Während wir noch die Leitideen einer »Kultur für alle« ausdifferenziert und diskutiert haben, wurde von Bildungs- und Kulturpolitikern zugelassen, dass Schulen und Kindergärten im Bereich von Kulturvermittlung, aber auch Anleitung zum eigenständigen künstlerischen Tun, ihre Angebote sträflich vernachlässigt und ausgedünnt haben. Zwar wurden Musikschul- und Jugendkunstschulangebote flächendeckend ausgebaut, hierfür sind zusätzliche öffentliche Gelder geflossen. Doch dort, wo wirklich alle erreicht werden, hat es keine Fortschritte, sondern Abbau gegeben.

Einer der Gründe hierfür scheint auch darin liegen, dass der Kultur- und Bildungsföderalismus in Deutschland auf diesem Feld nicht gerade den Ehrgeiz der Bundesländer beflügelt hat. Die in Kulturfragen ohnehin kaum aktionsfreudige Kultusministerkonferenz hat in Fragen der kulturellen Bildung letztlich leider keine nachhaltigen Anstöße gegeben. Erfreulicherweise haben sich jedoch aus der Debatte um PISA und auch im Zusammenhang mit der verstärkten Einführung der Ganztagsgrundschule, die das öffentliche Bewusstsein auch für die Belange der kulturellen Bildung sensibilisiert haben, Impulse ergeben. Zu fordern ist, dass die Verantwortlichen auf der Länderebene das Defizit erkennen und seine Behebung in Angriff nehmen. Auch in der Enquete-Kommission »Kultur in Deutschland« des Deutschen Bundestags ist kulturelle Bildung eines der Schwerpunktthemen. Immer deutlicher wird bei näherem Hinsehen, dass es dabei nicht nur um kulturelle Bildung an Schulen einerseits und Kulturvermittlung von Kultureinrichtungen andererseits geht, sondern dass die Chancen im netzwerkartigen Zusammenwirken von Schulen und Kultureinrichtungen bestehen. Dort, wo schulische und außerschulische Orte und Angebote in ein neues Wechselverhältnis gebracht werden, stellen sich kulturelle Begegnungen für die jüngere Generation ein, die oft noch nach Jahrzehnten Wirkungen zeigen. Es ist daher nicht nur Hoffnung, sondern Gewissheit, dass Kulturvermittlung eine Profession mit großer Zukunft ist.

Literatur

Hoffmann, Hilmar (1979): *Kultur für alle*, Frankfurt/Main.
Hoffmann, Hilmar (1990): *Kultur als Lebensraum,* Frankfurt/Main.
Scheytt, Oliver (2003): »Künste und kulturelle Bildung als Kraftfelder der Kulturpolitik«. In: *Aus Politik und Zeitgeschichte,* B/2003, S. 6ff.

Dr. Oliver Scheytt, geb. 1958, promovierte nach seinem Musik- und Jurastudium mit einer Arbeit zum Musikschulrecht. Der heutige Kulturdezernent der Stadt Essen begann schon 1983, Kulturprojekte Essens und des Kultursekretariats NRW zu managen. Von 1986-1993 arbeitete er als Referent beim *Deutschen Städtetag*. Heute betreut er neben dem Bereich »Kultur« die Ressorts »Bildung« und »Grün und Gruga Essen«. Daneben ist er Vorstandsmitglied und Präsident mehrerer kulturpolitischer Organisationen wie des *Verbands Deutscher Musikschulen*, des *NRW-Kultursekretariats*, der *Kulturpolitischen Gesellschaft e.V.* und des *Kulturforums der Sozialdemokratie*. Der Autor zahlreicher Publikationen zu den Bereichen Kommunalpolitik, Kulturpolitik, Kulturmanagement, Kulturrecht, Personal- und Organisationsentwicklung setzte sich schon mehrfach für eine übergreifende Theaterstruktur ein. Er vertritt die Ansicht, das Ruhrgebiet brauche eine ›Ereignisdramaturgie‹, die der qualitätsvollen Theaterlandschaft in dieser dicht bevölkerten Region mehr Strahlkraft verschafft.

→ Kulturvermittlung und kulturelle Teilhabe – ein Menschenrecht
Max Fuchs

Generationsverhältnisse sind nicht bloß durch Weitergabe und Transfer von Erfolgswissen, sondern auch durch Abgrenzung und Veränderung geprägt. So ist es richtig, dass in der aktuellen kulturpolitischen Diskussion eine kritische Revision der kulturpolitischen Ideen und Ziele derer erfolgt, die über einige Jahrzehnte (mit beachtlichem Erfolg) die Kulturpolitik in (West-)Deutschland geprägt haben. Vieles ist ja auch passiert, seit Willy Brandt unter dem Slogan »Wir wollen mehr Demokratie wagen!« einen Teil der Änderungswünsche der rebellierenden Studenten (und Philosophen, Soziologen, Pädagogen etc.) hat Realität werden lassen. Am gravierendsten für Deutschland war dabei sicherlich die friedliche Revolution in Ostdeutschland, wo 17 Millionen Deutsche den alten Brandt'schen Wahlspruch in einer Weise umsetzten, die niemand ernsthaft erwartet hat. Es hat sich seither die Weltlage entschieden verändert. So versucht etwa die letzte verbliebene Supermacht, mit einer seltsamen Mischung von religiösem Fundamentalismus, cleverer Geopolitik und forciertem Kapitalismus die Welt neu nach ihren Vorstellungen aufzuteilen. Die Welt ist dadurch unsicherer geworden, was man schon an der gewachsenen Zahl von großen und kleinen Kriegen ablesen kann.

Eine digitale Revolution hat außerdem stattgefunden, die in ihren gesellschaftlichen Auswirkungen inzwischen mit der industriellen Revolution verglichen wird. Und diese hat seinerzeit Millionen von Menschen aus ihren angestammten Lebensverhältnissen herausgerissen, hat zwar einigen Wohlstand, für viele aber auch maßloses Elend gebracht.

Dieser gesellschaftliche Wandel ist zu einem großen Teil ein kultureller Wandel. In der Tat kann man das letzte Vierteljahrhundert als Zeit der Kultur und Ästhetik betrachten: Jede wissenschaftliche Disziplin hatte inzwischen ihren ›cultural turn‹. Die *Ästhetisierung der Gesellschaft* marschiert voran, so dass in der Politik Spitzenpolitiker wesentlich nach ihrer Telegenität ausgesucht werden. Man sagt, dass Bismarck (vielleicht auch Adenauer oder Erhard) heute keine Chance auf eine politische Karriere hätten, weil ihre Stimme zu hoch und ihr Wuchs zu klein geraten sei (gleichgültig, wie man das politisch bewertet).

Aus der Sicht der Kulturpolitik könnte man dieses neue Interesse an der Kultur durchaus positiv bewerten. Doch meint man mit der These von der *Kulturalisierung* eher etwas Negatives. So sieht man, dass eine kulturalistische Erklärung bestimmter Phänomene andere, möglicherweise einflussreichere Aspekte überdeckt. Ein gutes Beispiel ist die Analyse der sozialen Struktur unserer Gesellschaft. Hat man diese in früheren Jahren noch mit Hilfe der Begriffe der »Klasse« oder der »Schicht« beschrieben (also das ökonomische

Kennzeichen des Einkommens und Vermögens für relevant gehalten), so wurde dies in den 80er Jahren des letzten Jahrhunderts durch ›Lebensstil‹ und ›Milieu‹ verdrängt. Dies ging so weit, dass Gert Schulze in seinem Wissenschaftsbestseller von der »Erlebnisgesellschaft« die ökonomische Seite unserer Existenz für völlig irrelevant erklärte (Schulze 1992). Ulrich Beck hat in seinem Bestseller die »Risikogesellschaft« ebenfalls dadurch gekennzeichnet gesehen, dass soziale Ungleichheit keine Rolle mehr spielte: Wir haben zwar immer noch ein Oben und ein Unten, doch haben wir uns wie in einem Fahrstuhl gemeinsam so nach oben bewegt, dass es inzwischen »denen da unten« so gut geht wie noch nie (Beck 1986).

Spätestens seit der deutschen Einigung sind diese Stimmen leiser geworden. Das letzte Aufbäumen gegen die Erkenntnis einer gar nicht so sozialen Realität geschah, als die damalige CDU-Jugendministerin Claudia Nolte die Aussage des 10. Kinder- und Jugendberichts zurückweisen wollte, in dem erstmals sehr deutlich von Kinderarmut in Deutschland die Rede war.

Es ist also angesichts gravierender Wandlungsprozesse nicht nur legitim, sondern sogar notwendig, frühere Zielbestimmungen und Konzeptionen in der Politik und natürlich auch in der Kulturpolitik kritisch zu überprüfen. Allerdings sollte man dies in Kenntnis der Kontexte tun. Hierzu will ich in zehn thesenartigen Anmerkungen einen Beitrag leisten.

1. Der wirkungsvolle Slogan »Kultur für alle« steht in der Tradition vergleichbarer Slogans wie »Bildung für alle« (Comenius) oder »Wohlstand für alle« (L. Erhard). »Bildung für alle« ist dabei der weitaus älteste Slogan. Er wurde im Zusammenhang mit dem Dreißigjährigen Krieg formuliert und war von der Vision getragen, dass gebildete Menschen weniger kriegsbereit wären. Man möge sich daran erinnern, dass wir zu dieser Zeit gerade auf dem Weg zur Gründung von (absolutistischen Nationalstaaten) waren, dass die Ständeherrschaft noch lange nicht vorüber war und noch reichlich 100 Jahre später die Sozialphilosophien bei der Formulierung ihrer politischen Utopien bestenfalls an einen leidlich disziplinierten König dachten: von Demokratie keine Spur. In einer solchen Zeit für Jungen und Mädchen quer durch alle Stände »Bildung« zu fordern, war mehr als revolutionär. Also alt und revolutionär ist offenbar dieser Slogan »Bildung für alle«, ist er aber auch noch aktuell? Wenn die PISA-Studien ein wichtiges Ergebnis hatten, dann war es der Nachweis der sozialen Ausgrenzung in deutschen Schulen. 20 bis 30 Prozent der Heranwachsenden verlassen die Schule ohne genügende Kenntnisse in Lesen, Schreiben und Rechnen, und diese Gruppe kommt überwiegend aus sozial benachteiligten Familien. »Bildung für alle« ist daher in dieser Situation nach wie vor eine aktuelle Forderung.

»Wohlstand für alle« wurde als Forderung und realistisches Ziel erstmals in einem Buch im Jahre 1954 von dem Wirtschaftpolitiker und späteren Kanzler Ludwig Erhard formuliert. Wie eingangs beschrieben, gab es in den 80er

Jahren in Westdeutschland durchaus die Vorstellung, dass die Zeit sozialer Spaltungen endgültig vorüber sei. In den 17 Jahren der Kanzlerschaft von Helmut Kohl, vor allem in den letzten Jahren seiner Amtszeit, hat man allerdings in der rot-grünen Opposition sehr lautstark die Forderung aufgestellt, man möge einen Armutsbericht erstellen. Denn der Verdacht, dass es zwar Wohlstand gebe, dieser jedoch höchst ungleich verteilt sei, war sehr verbreitet. Es gab einen solchen Armutsbericht bereits auf einem bescheideneren Niveau von den Wohlfahrtsverbänden. Man wusste daher sehr genau, dass die ›soziale Frage‹ überhaupt nicht erledigt war. Inzwischen gibt es nicht nur einen ersten Armutsbericht aus den Anfangsjahren der rot-grünen Bundesregierung (als Download auf der Homepage des Sozialministeriums). Es gibt sogar einen aktuellen zweiten Bericht (im Entwurf). Viele mögen sich jetzt darüber wundern, dass sie noch nichts davon gehört haben. Nun, gerade der zweite Bericht wird nicht propagiert, denn sein Inhalt ist deprimierend: Die Schere zwischen Arm und Reich ist seit Amtsantritt von Rot-Grün erheblich auseinander gegangen. Deshalb hat ein – inzwischen ehemaliger – Generalsekretär der SPD auch dasselbe versucht wie seinerzeit Frau Nolte bei der Kinderarmut: das Problem philologisch zu lösen. Er hat eine veränderte »Definition« von sozialer Gerechtigkeit vorgeschlagen, die diesen Skandal weniger groß erscheinen lässt.

Das Fazit dieser These: Gemeinsam ist allen drei Slogans ein demokratischer Tenor (»für alle«), der verbunden ist mit dem vielleicht schwierigsten Ziel der bürgerlichen Gesellschaft, nämlich Gerechtigkeit herzustellen. Dies jedoch ist ein so schwieriger Prozess, so dass alleine das Alter der Slogans nicht ausreicht, um sie für irrelevant zu erklären. Aber kann es eine »gerechte Kulturverteilung« geben, so wie es die Rede von einer »Kultur für alle« suggeriert?

2. Der *demokratische Charakter aller drei Slogans* wurde bereits beschrieben. Bei dem jüngsten unter ihnen, der Forderung nach einer »Kultur für alle«, wird dies auch deutlich durch den Kontext, in dem er stand: eine ambitionierte und engagierte kulturpolitische Debatte in der Unesco und im Europa-Rat. Europaweit hatte man nämlich die ›Macht des Kulturellen‹ quer durch alle gesellschaftlichen Bereiche entdeckt: ›Kultur‹ als Mittel der Stadtgestaltung, als Freizeitbeschäftigung, als Markt, als Gesellschaftspolitik. Auf der Ebene der Unesco spielte zudem eine längere Diskussion über ›kulturelle Identität‹ eine Rolle, die insbesondere von den ehemaligen Kolonien in den 60er Jahren forciert wurde, die hinter dem (englischen, französischen, spanischen etc.) Einfluss der Kolonialmächte das ›Eigene‹, die eigene Sprache, die eigenen Sitten und Gebräuche herausfinden wollten. Dies führte dazu, dass (zumindest in der Unesco) die Engführung ›Kunst = Kultur‹ überwunden und der ›weite Kulturbegriff‹ (Kultur ist Kunst und Lebensweise) schließlich bei der Unesco-Weltkulturkonferenz in Mexiko im Jahre 1983 etabliert wurde. Auf

der Ebene des Europa-Rates lief diese Debatte unter den beiden Zielen einer »Demokratisierung von Kultur« (als bescheidenerem Ziel) oder einer »kulturellen Demokratie« (als dem weitgehenderen Ziel).

3. In diesen Kontext passt auch, dass man die Arbeit an den Menschenrechten vorantrieb. Man erinnere sich an die historische Etappenfolge, die der englische Sozialforscher Thomas Marshall vorgeschlagen hatte. Demzufolge musste zunächst die individuelle Sicherheit gewährleistet sein (man denke an das unsichere Leben im eingangs erwähnten Dreißigjährigen Krieg), dem folgte im 18. Jahrhundert die Durchsetzung von politischer *Freiheit* (individueller Schutz gegen den Staat), im 19. Jahrhundert die Durchsetzung politischer *Gleichheit* (Wahlrecht für alle) und im 20. Jahrhundert schließlich die Durchsetzung von *Solidarität/Brüderlichkeit*. Entsprechend kennt man die Menschen- und Bürgerrechte (›erste Generation‹ der Menschenrechte), die den Schutz des Einzelnen und seine politische Partizipation gewährleisten sollen. Es folgte eine ›zweite Generation‹, bei der es um die Sicherstellung der notwendigen Ressourcen geht, die eine solche politische Teilhabe garantieren sollen. Dies ist jedoch ohne Umverteilung nicht möglich. Die ökonomischen, sozialen und kulturellen Rechte verlangen daher vom Staat, derartige Umverteilungsmaßnahmen vorzunehmen, woraus sich sofort eine Spannung zu der ersten Generation von Menschenrechten ergibt. Schließlich gibt es seit der Menschenrechtskonferenz 1992 in Wien eine dritte Generation von Menschenrechten, nämlich das Recht auf Entwicklung (von Einzelnen, aber auch von ganzen Völkern). Für die ›zweite Generation‹ hat man 1966 einen Pakt verabschiedet, der 1976 nach der Ratifizierung durch hinreichend viele Staaten in Kraft gesetzt wurde.

Der Schlüsselbegriff in unserem Zusammenhang ist das bereits in der Menschenrechtserklärung von 1948 formulierte *Recht auf »kulturelle Teilhabe«*. Kulturelle Teilhabe heißt natürlich: Teilhabe *aller* Menschen. Das Problem mit dieser zweiten Generation der Menschenrechte besteht wie erwähnt darin, dass sie eine Umverteilung notwendig machen: Sie sind Teil des jeweiligen Wohlfahrtsstaatsmodells.

Auch das Prinzip »Kultur für alle«, das als eine spezifische Formulierung dieses Teilhaberechtes verstanden werden und daher gar nicht zur Disputation stehen kann, macht Umverteilung nötig, gehört daher zu der Kategorie des Wohlfahrtsstaates und hat es mit »Gerechtigkeit« zu tun. Wie eng Freiheit, Teilhabe, Kultur, Demokratie, Anerkennung und Armutsbekämpfung zusammenhängen, zeigt immer wieder der indische Wirtschaftsnobelpreisträger Amartya Sen, zuletzt im Weltentwicklungsbericht der UNDP (United Nations Development Programme) mit dem Titel »Kulturelle Freiheit in unserer Welt der Vielfalt«.

4. Allerdings kann es bei der »Kultur«, die »für alle« da sein soll, nicht um eine einheitliche Kulturportion gehen, die nunmehr allen Menschen »gleich«

– und das auch noch durch den Staat – zugeführt wird. Auch hier ist die Unesco eine gute Referenz. Denn im inzwischen zweiten Weltkulturbericht wird eingangs ein zeitgemäßes Konzept von »Kultur« erläutert: Kultur ist kein stabiles ›Ding‹ (Ulrich Beck würde von einem »Container-Begriff« sprechen), sondern es wird das Bild eines Flusses gebraucht. Selbst das Bild des Mosaiks, das immerhin gut die Pluralität des Kulturellen symbolisieren könnte, wird wegen seiner Statik abgelehnt. »Kultur« heute heißt Interkultur, heißt Bewegung, heißt Mischung – also alles andere als eine vorgegebene »Leitkultur«. Kultur ist ein klassischer Pluralitätsbegriff, ein Begriff der Differenz, und genau als solcher ist er auch von Herder in den deutschen Sprachgebrauch aufgenommen worden: um zu zeigen, dass die Menschen sehr unterschiedlich ihr Menschsein ausdrücken können.

Allerdings ist diese kulturelle Vielfalt heute bedroht, etwa durch eine radikale ökonomische Auffassung von Kunst und Kultur, so dass die Welthandelsorganisation WTO mit ihrem Dienstleistungsabkommen GATS alle »Kultur- und Kunstmärkte« vollständig deregulieren und den Marktkräften freigeben will. Dagegen wehrt sich die Unesco zur Zeit mit der Entwicklung einer »Konvention zur kulturellen Vielfalt«, die es weiterhin ermöglichen soll, dass Nationalstaaten auch eine eigene nationale Kultur(förder)politik betreiben dürfen (vgl. hierzu www.unesco.de, Stichwort kulturelle Vielfalt).

5. Im Kontext der Rede von einer kulturellen Differenz muss spätestens jetzt der französische Soziologe Pierre Bourdieu genannt werden. Seine bahnbrechenden theoretisch-empirischen Studien »Die feinen Unterschiede« (Bourdieu 1987) liegen fast 30 Jahre zurück und werden in Deutschland immer noch nur zögernd rezipiert. Bourdieu zeigt Verschiedenes: Zum einen belegt er, dass Kunst gerade nicht verbindet, sondern Gesellschaften in recht stabile Geschmacksgemeinschaften zerlegt. Über diesen Mechanismus einer jeweils gruppenspezifischen Kunstrezeption, die eng mit der sozialen Stellung verbunden ist, reproduziert sich hinter dem Rücken – oder besser: der Bewusstseinsschwelle – der Menschen immer wieder die (ungerechte) Klassenstruktur der Gesellschaft: Kunst ist ein Mittel der Aufrechterhaltung sozialer Ungleichheit. Daraus folgt, dass eine reine Angebotsorientierung im Kunstbereich automatisch zum Ausschluss führt: Es kommen nämlich immer nur genau jene Geschmacksgemeinschaften, die zu dem jeweiligen ästhetischen Angebot passen. Das heißt jedoch: Ohne eine sensible und professionelle Kulturvermittlung verstößt ein solches Kulturangebot entschieden gegen das Teilhabegebot, so wie es oben erläutert worden ist. Für privat finanzierte Kunstaktivitäten (Galerien, Privattheater etc.) mag dies kein Problem sein. Bei öffentlich finanzierten Angeboten gerät man allerdings auf diese Weise rasch in erhebliche Legitimationsprobleme.

6. Bourdieu hat auch die Mechanismen untersucht, die uns – entsprechend unserer Stellung – zwangsläufig zu dem jeweiligen Kunstangebot grei-

fen lassen: Es ist in erster Linie die Familie, wo wir unsere erste ästhetische Sozialisation erfahren. Ästhetische Werte gehören dabei zu unseren stabilsten Persönlichkeitsmerkmalen. Wenn uns nun aber unsere ästhetische Praxis quasi deterministisch in eine bestimmte soziale Position zwängt, so Bourdieu, dann muss man alles dafür tun, dass unser ästhetisches Repertoire größer ist, als es unsere Familie gewährleisten kann. Doch wo kann eine solche Aneignung anderer ästhetischer Codes gelingen? Zwangsläufig gerät die Schule ins Blickfeld. In der Tat hat Bourdieu mit Kollegen und Kolleginnen des *Collège de France* Anfang der 80er Jahre ein Curriculum entwickelt, das diesen ästhetisch-sozialen Mechanismus durchbrechen sollte.

Für unsere Zwecke bestätigt sich hier eine klassische Definition: Bildung ist die subjektive Seite der Kultur, Kultur die objektive Seite der Bildung. Kulturvermittlung hat es daher nicht bloß mit individueller Entwicklung oder einer besonderen ›Vermarktung‹ des Angebotes, sondern auch mit der sozialen und politischen Struktur der Gesellschaft zu tun: Kunst ist auch und gerade dann politisch nicht unschuldig, wenn sie ein Selbstverständnis von völliger Autonomie hochhält. Genau genommen wirkt sie gerade dann am politischsten (für einen historischen Beleg lese man Bollenbeck 1994 und Nipperdey 1990).

7. Aufgrund dieser Zusammenhänge kann man nunmehr noch besser erkennen, wie sehr die PISA-Diskussion in Deutschland in die falsche Richtung geht: Die Vernachlässigung der künstlerischen Fächer, ihre Verdrängung in den Freizeitbereich verbunden mit Tendenzen einer Deprofessionalisierung hat weitreichende Folgen, die sich bei Einführung einer Ganztagsschule noch potenzieren (vgl. Fuchs 2005b).

8. Zurecht ist daher die Bereitschaft in Kultureinrichtungen und -verbänden in den letzten Jahren gewachsen, kulturelle Bildung in das Zentrum ihrer Aktivitäten zu stellen. Es gibt inzwischen quer durch alle Sparten gute Positionspapiere und klare Bekenntnisse zur Bildung. Zugeben muss man allerdings auch, dass dies noch nicht bedeutet, dass in jeder Kultureinrichtung dementsprechend gehandelt wird. Daher werden zu Recht Forderungen aufgestellt, die Berücksichtigung des Vermittlungs- und Bildungsaspekts von Kulturangeboten nicht ins Belieben jeder Einrichtung zu stellen. Erreichen kann man dies etwa dadurch, dass man bei der Förderung verbindlich einen Anteil der Fördersumme für Bildungsaktivitäten vorschreibt. In einzelnen Ländern gibt es zudem eine entsprechende Berichtspflicht und/oder es finden Evaluationen des erreichten Publikums statt. Hier hat Deutschland eindeutig einen Nachholbedarf.

Dass man dies im ureigensten Interesse der Kultureinrichtungen tun sollte, die vielleicht etwas zu stark auf eine Kunstproduktion um ihrer selbst willen konzentriert sind und das Publikum eher vernachlässigen, dass man sie also zu einer solchen Nutzerorientierung zwingen muss, wird deutlich, wenn man die erheblich gestiegenen Legitimationsanforderungen berücksichtigt. Das bedeutet nicht, nur noch solche Angebote zu machen, die ›marktgängig‹ sind. Allerdings gibt es auch nur begrenzt einen Freibrief für eine Missachtung der Menschen, die das Angebot letztlich finanzieren.

9. Nach wie vor bleiben drei strategische kulturpolitische Ziele aktuell: Erhaltung des Kulturerbes, Innovation und Publikumsgewinnung. Es ist die Aufgabe einer jeglichen Kultureinrichtung, für sich selbst eine Balance dieser drei Ziele herzustellen. Damit dies in Zukunft – auch mit öffentlichen Geldern – möglich ist, müssen die Liberalisierungstendenzen der WTO und der EU bekämpft werden. Damit bin ich bei einem zurzeit umstrittenen Begriff: der »kulturellen Grundversorgung«.

10. In jüngster Zeit diskutiert man recht lebhaft den Begriff der *Grundversorgung*. Viele Menschen reagieren bei diesem Begriff in Hinblick auf Kultur und Kunst ablehnend. Denn die erste Assoziation geht fast zwangsläufig in Richtung einer standardisierten Verabreichung minimaler Kulturportionen für jeden – sehr ähnlich einer entsprechenden (Miss-)Deutung des Slogans »Kultur für alle«. Nun ließen sich alle Differenzierungen und Präzisierungen, die bei diesem Slogan zu berücksichtigen sind und die in den bisherigen Punkten erläutert wurden, auch auf »Grundversorgung« anwenden. Doch wozu braucht man überhaupt einen solchen Begriff? Um dies zu verstehen, genügt es nicht, ›aus dem Bauch heraus‹ eine Assoziation zu entwickeln und diese dann (als inhaltliche Füllung des Wortes) argumentativ zu bekämpfen. Denn dann diskutiert man letztlich nur mit sich und seinen eigenen spontanen Einfällen. Die Nutzung des – zugegeben schillernden oder sogar problematischen – Begriffs hat unterschiedliche Motive. Ein ganz entscheidendes Motiv ist etwas schwierig zu erläutern, weil man dabei die gewohnte Gutmensch-Rhetorik des Kulturellen verlassen muss: Es geht um die mehrfach angesprochene ökonomische Bedrohung durch EU und GATS. Denn sowohl die EU als auch die WTO nehmen keine Rücksicht auf die Empfindlichkeit deutscher Kulturschaffender und betrachten Kunst und Kultur ausschließlich als Güter und Dienstleistungen. Da wir in den 90er Jahren so stolz auf Umwegrentabilität, auf Kultur als wichtigem Wirtschaftsfaktor und Arbeitsmarkt waren und es in Teilen immer noch sind, kann man dies den beiden Organisationen auch nicht verdenken: Natürlich fließt Geld, natürlich leben viele Menschen von Kunst und Kultur.

Nun gibt es Schutzmechanismen, die die völlige Marktfreigabe verhindern könnten. Auch die EU weiß nämlich – ganz so, wie es auch schon der erste Theoretiker des Kapitalismus, Adam Smith, wusste –, dass bei einigen Gütern der Markt nicht effektiv und vor allem nicht gerecht ist. Bei Smith heißen solche Güter »öffentliche Güter« (Bildung und in Teilen Kultur gehören dazu), die daher jenseits der Marktmechanismen von der öffentlichen Hand subventioniert oder sogar selbst bereitgestellt werden. Die EU spricht hierbei von »Dienstleistungen von allgemeinem Interesse«, bei denen ein heftiges Staatsengagement erlaubt ist. Seit einigen Jahren versuchen wir daher im Deutschen Kulturrat, Kunst und Kultur in diesem Sinne zu definieren. Das geht jedoch nur, wenn wir uns auf das (ökonomische) Sprachspiel der EU einlassen. Der Begriff der »Grundversorgung« kann in diesem Kontext genutzt werden. Im Kulturrat haben wir uns allerdings für den – ebenfalls problematischen, aber auf kommunaler Ebene gut eingeführten – Begriff der »Daseinsvorsorge« entschieden, doch ist die definitorische Füllung beider Begriffe gleich. Man möge das Positionspapier »Kultur als Daseinsvorsorge« (www.kulturrat.de) einmal lesen, um zu erkennen, dass fast alle spontanen Assoziationen aus dem Bauch, die man zur »Grundversorgung« hatte, nichts mit der jetzigen definitorischen Bestimmung zu tun haben.

Natürlich kann man dann immer noch beide Begriffe ablehnen, man kann die Intention, die dahinter steckt, ablehnen, man kann die EU oder die WTO für unzuständig erklären, man kann den Beginn der Barbarei bei Benutzung dieses Begriffs ausrufen – all dies kann man weiterhin tun, und es wird auch in interessanten Konstellationen zwischen Bühnenverein und Soziokultur getan. Nur lässt sich so keine (Bundes-)Kulturpolitik mehr betreiben, da die ökonomische Globalisierung längst die Hegemonie auch über den Kulturdiskurs gewonnen hat. Im Kulturrat beklagen wir dies inzwischen bei jeder neuen Stellungnahme. Denn natürlich wäre es schön, über Kulturpolitik nur in Kategorien der Kunst und Ästhetik und vielleicht noch der Bildung sprechen zu können. Mit der Realität hat dies leider nur noch wenig zu tun. Allerdings: Bewahren soll man sich seine Denkweise und seine Sprache. Ich habe zudem in den obigen Thesen gezeigt, dass man sich durchaus auf anthropologisch sicherem Feld bewegt, was letztlich auch eine Relevanz für WTO und EU haben muss. Aber auch diese Relevanz muss heute mühsam politisch erkämpft werden.

Literatur

Beck, Ulrich (1986): *Risikogesellschaft. Auf dem Weg in eine andere Moderne*, Frankfurt/Main.

Bollenbeck, G. (1994): *Bildung und Kultur. Glanz und Elend eines deutschen Deutungsmusters*, München.

Bourdieu, Pierre (1987): *Die feinen Unterschiede. Kritik der gesellschaftlichen Urteilskraft*, Frankfurt/Main.

Fuchs, Max (1998a): *Kulturpolitik als gesellschaftliche Aufgabe. Eine Einführung in Theorie, Geschichte, Praxis*, Opladen; Wiesbaden.

Fuchs, Max (1998b): *Kultur Macht Politik. Studien zur Bildung und Kultur der Moderne*, Remscheid.

Fuchs, Max (1999): *Mensch und Kultur. Anthropologische Grundlagen von Kulturarbeit und Kulturpolitik*, Wiesbaden.

Fuchs, Max (2004): »Kultur als Daseinsvorsorge?«. In: *Politik und Kultur* 1, Januar/Februar 2004, S. 3f.

Fuchs, Max (2005a): *Das Interesse der Moderne an sich selbst. Gegenwartsdiagnose als kulturelle Aufgabe*, Remscheid. In: URL: www.akademieremscheid.de.

Fuchs, Max (2005b): *Kulturpädagogik und Schule im gesellschaftlichen Wandel*, Remscheid. In: URL: www.akademieremscheid.de.

Nipperdey, Thomas (1990): *Deutsche Geschichte 1866-1918, Bd. I: Arbeitswelt und Bürgergeist*, München.

Schulze, Gert (1992): *Die Erlebnisgesellschaft. Kultursoziologie der Gegenwart*, Frankfurt/Main.

Sen, Amartya (2000): *Ökonomie für den Menschen*, München.

UNDP (2004): *Kulturelle Freiheit in unserer Welt der Vielfalt*, Berlin; Paris. In: URL: www.unesco.de.

Prof. Dr. Max Fuchs, Erziehungs- und Kulturwissenschaftler, Direktor der Akademie Remscheid, Vorsitzender der Bundesvereinigung Kulturelle Jugendbildung, des Deutschen Kulturrates und des Instituts für Bildung und Kultur, lehrt Kulturarbeit an der Universität Duisburg-Essen.

KULTURVERMITTLUNG BRAUCHT KULTURPOLITIK ...
NEUE STRATEGIEN ÄSTHETISCHER KOMMUNIKATION ZU ENTWICKELN

WOLFGANG SCHNEIDER

»Kultur für alle« und »Kultur von allen«, das sind Schlagwörter aus den 70er Jahren der alten Bundesrepublik Deutschland. Rückblickend wird deutlich, wie stark die Kulturpolitik dieser Zeit in die politischen Zusammenhänge eingebettet war. Um die Trägheit der Adenauer-Republik durch provozierende Alternativen aufzumischen, entstand rund um 1968 ein kultureller Aufbruch, der bis in die Grundfesten von Moral und Denken hineinwirkte und frischen Wind nicht nur unter den ›Muff von tausendjährigen Talaren‹ blasen wollte. Willy Brandts Aufforderung »Mehr Demokratie wagen« fand ihr Korrelat im Anspruch auf Teilnahme aller Bevölkerungsschichten am kulturellen Prozess.

Als die Formel von der »Kultur für alle« politikfähig wurde, da nutzte sie auch der Deutsche Städtetag als Aufbruchsignal unter dem Motto: »Rettet unsere Städte jetzt«. Die unmittelbare Relevanz der Kunst für das Leben beflügelte die Debatte über die Urbanisierung der Städte. Kultur sollte Lebensqualität generieren helfen, die unter der monofunktionalen Ausrichtung auf Verkehr und Kommerz ihre Urbanität aufs Spiel gesetzt und damit ihre kulturelle Physiognomie verloren hatte. Schon damals wurde gefragt: »Was hält die Gesellschaft im Innersten zusammen?« »Kultur für alle« war Lebenselement einer demokratischen Gesellschaft, die wohlfahrtsstaatlich geprägt war. Allmählich setzte sich die Überzeugung durch, eine demokratische Gesellschaft zur Errichtung ihrer mentalen Infrastruktur, der Wiederbelebung ihrer Werte und der Hoffnung auf Akzeptanz, bedürfe einer stimulierenden Öffentlichkeit.

Ein lebendiges kulturelles Milieu entsteht aber nicht durch eine staatlich verordnete und inhaltlich von oben definierte Kultur. Die Begleiterin der Kultur war eine demokratisierte Kulturpolitik. Und die verstand sich vor allem darin, Barrieren beim Zugang zum kulturellen Leben aufzubauen. Kulturelle Bildung als konstituiertes Element der Sozialisation war immer auch integrales Programm der »Kultur für alle«. Kann es sich deshalb heute um ein Auslaufmodell handeln? War es ein Erfolgsmodell? Oder nur eine Prognose der Zuversicht?

Kultur hatte Konjunktur! Früher! Und heute? Werden mittels Kulturangeboten nur noch Lifestyle-Interessen gehobener Milieus befriedigt? Muss die Kulturpolitik deshalb neue Strategien finden, um der Kulturvermittlung den Rücken zu stärken? Gehört Vermittlungsarbeit eigentlich zur Erfüllung des öffentlichen Auftrags von Kultureinrichtungen? Haben Kulturmanagement und Kulturmarketing die Kulturvermittlung gar abgelöst? Und was ist eigentlich kulturelle Grundversorgung? Eine Verortung von Kulturvermittlung im öffentlichen Diskurs ist längst überfällig.

Kreativität als Ressource

Kulturvermittlung kann Kinder und Jugendliche befähigen, sich mit Kunst, Kultur und Alltag phantasievoll auseinander zu setzen, kann gestalterisch-ästhetisches Handeln fördern und Wahrnehmungsfähigkeit entwickeln, Urteilsvermögen stärken, Mitgestaltung der Gesellschaft ermutigen.

Keiner wird mir also widersprechen wollen, wenn ich behaupte: »Kinder brauchen Kunst!« Und auch wenn ich daraus eine Fragestellung formuliere: »Brauchen Kinder Kunst?«, wird niemand dies verneinen. Natürlich brauchen Kinder zunächst Essen und Trinken, ein Dach über dem Kopf, gesundheitliche Versorgung und soziale Fürsorge. Das ist essentiell – und doch selbst in unserer Welt leider immer noch keine Selbstverständlichkeit. Selbstverständlich ist keineswegs aber auch die Erkenntnis, dass Kunst und Kultur entscheidenden Anteil an der Veränderung der Gesellschaft haben. Denn Kunst und Kultur stehen schon immer auch im Wechselverhältnis mit den ökonomischen und technologischen Entwicklungen. Die Kommission für Zukunftsfragen der Freistaaten Bayern und Sachsen schreibt hierzu:

»Für den Übergang zur unternehmerischen Wissensgesellschaft ist schließlich die Pflege von Kunst und Kultur von herausragender Bedeutung. Kunst und Kultur erschließen Kreativität in einer Bevölkerung. Sie sind keineswegs nur dekorative Elemente. Daher sind Aufwendungen für sie auch kein bloßer Konsum, sondern unverzichtbare Investitionen in die Entwicklung einer Gesellschaft.« (Kommission)

Damit Kunst und Kultur den Stellenwert einnehmen können, den z.B. die Autoren der Kommission für Zukunftsfragen ihnen beimessen, ist die öffentliche Förderung von Kultureinrichtungen erforderlich.

Es ist längst erkannt, dass in der Zeit der Globalisierung der Weltmärkte Informationen, Rohstoffe, Transport- und Arbeitskosten zwar immer noch entscheidende industrielle Ressourcen sind, bezüglich der Innovation und Qualität von neuen Produkten, die für den wirtschaftlichen Erfolg von Industrien ganz entscheidend sein können, jedoch im 21. Jahrhundert produktorientierte Kreativität und soziale Kompetenz des Unternehmens als gleichfalls wesentliche Ressourcen immer mehr in den Vordergrund treten.

Sensibilisierung für ästhetische Kommunikation

Wie wichtig es ist, Menschen bis mindestens zum Abschluss der Pubertät zu begleiten und ihnen zu helfen, sich in die vorgefundene Welt einzubinden, belegen die Erkenntnisse der Hirnforschung. Es gilt heute als gesichert, dass sich die Entwicklung des menschlichen Gehirns bis zum Ende der Pubertät vollzieht. Das Neugeborene kommt zwar mit einem Gehirn zur Welt, in dem bereits alle Nervenzellen angelegt sind. Diese sind jedoch noch weitestgehend unverbunden, die neuronalen Netzwerke, die für das Funktionieren des Gehirns ausgebildet werden müssen, sind nur rudimentär angelegt und viele Zentren, insbesondere der Großhirnrinde, sind noch nicht funktionsfähig. Mit Ausnahme der Strukturen im Gehirn, die für die Aufrechterhaltung der vitalen Funktionen zuständig sind, machen die meisten Hirnregionen noch einen stürmischen Entwicklungsprozess durch, der während der ersten Lebensjahre und dann noch einmal kurz vor der Pubertät seinen Höhepunkt erreicht.

Ein dramatisches Beispiel für die eminente Rolle, welche die Interaktion zwischen Gehirn und Umwelt für die Ausbildung von Hirnfunktionen spielt, ist die Ausbildung basaler kognitiver Leistungen. Wenn die Sehzentren im Gehirn daran gehindert werden, visuelle Informationen über die Augen aufzunehmen – etwa weil Linsen beider Augen getrübt sind –, können sich die erforderlichen Verbindungsarchitekturen nicht ausbilden. Bereits angelegte Verbindungen werden vernichtet, weil ihre Funktion nicht bestätigt werden kann, und die Folge ist, dass das Kind blind bleibt, auch wenn die optischen Medien der Augen durch einen späteren operativen Eingriff korrigiert werden. Das Auge liefert dann zwar wieder normale Signale aus der Umwelt an das Gehirn, die Sehzentren sind aber nicht in der Lage, diese Signale sinnvoll zu verarbeiten. Schon wenige Monate visueller Deprivation genügen, um irreversible Schäden zu setzen. Ähnliches gilt für die Ausbildung jener Zentren, die für das Sprachverständnis und die Sprachproduktion zuständig sind. Auch hier müssen die entsprechenden neuronalen Strukturen während kritischer Entwicklungsphasen ausgebildet werden. Dies beträfe auch die Ausbildung sozialer Fertigkeiten, die Sensibilisierung für künstlerische Kommunikationsformen, die Ausbildung ästhetischer Kriterien und vieles mehr. In den einschlägigen Werken zur Hirnforschung wird davon ausgegangen, dass alle wesentlichen Entwicklungsschritte etwa zum Zeitpunkt der Pubertät zum Abschluss kommen und danach nur noch Fertigkeiten über konventionelle Lernprozesse auf der Basis der dann festgelegten Verbindungsstrukturen erfolgen können.

Betrachtet man unser gegenwärtiges Erziehungssystem, so fällt auf, dass dieses sehr einseitig gewisse Kompetenzen betont und andere vernachlässigt. Von den vielen Ausdrucks- und Kommunikationsmöglichkeiten, derer sich Menschen bedienen (Sprache, Mimik, Gestik, Tanz, Gesang oder Malen), trainieren wir vorwiegend den Umgang mit der Muttersprache. »Vieles von dem, was menschliche Wesen einander mitzuteilen haben und mitteilen müssen, um soziale stabile Strukturen aufzubauen, lässt sich jedoch nicht in rationale Sprachen allein fassen«, behauptet der Direktor des Max Planck-

Instituts in Frankfurt am Main, Wolf Singer. Dies gelte insbesondere »für Gestimmtheiten, unbewusste Handlungsmotive und widersprüchliche Stimmungslagen« (Singer 2002). Daraus leitet er die Notwendigkeit ab, auch die nicht-sprachlichen Kommunikationsfähigkeiten optimal zu entwickeln, und auch diese bedürfen der Einübung und Verfeinerung. Hier greifen die gegenwärtigen Erziehungs- und Schulstrukturen aber mit Sicherheit zu kurz. Gerade die Fähigkeit, die Inhalte zu verstehen und transportieren zu können, die in nicht-sprachlicher Form kodiert werden müssen, ist jedoch wichtig für die Erlangung sozialer Kompetenzen und die Einbindung in die Kulturwelt.

Lernen mit allen Sinnen

Wie alt ist eigentlich die Forderung nach ganzheitlichem Lernen? Auf jeden Fall ist sie nicht neu. Schon recht früh erkannten Pädagogen, Philosophen und Psychologen, dass ganzheitliches Lernen und vielfältige Sinneserfahrungen für die kindliche Entwicklung bedeutsam sind: Als einer der ersten Pädagogen wies Johann Amos Comenius (1592-1670) darauf hin, dass Wissen auf Sinneswahrnehmung basiert. Der Philosoph John Locke (1632-1704) verkündete: »Nichts ist im Verstand, was nicht vorher in den Sinnen war«. Er ging jedoch noch von einer Zweiteilung des Menschen in sinnliche und geistige Kräfte aus. In seinem berühmten Erziehungsroman »Emile« widmete der Philosoph Jean-Jacques Rousseau (1712-1778) ein Kapitel der »Übung der Organe und Sinne«. Und den heute viel zitierten Spruch »Lernen mit Kopf, Herz und Hand« verdanken wir dem Pädagogen Johann Heinrich Pestalozzi (1746-1827). Diese frühen Theorieansätze verstanden unter Sinnesschulung ein hartes Training, in dem einzelne Sinnesorgane geschärft werden sollten. Noch fehlte die Erkenntnis, dass der gezielte Einsatz aller Sinne unsere Denk- und Lernleistung zu verbessern vermag. Als erste ging die italienische Ärztin Maria Montessori (1870-1952) davon aus, dass das Kind in seiner Entwicklung einem biologischen Bauplan folgt, den es pädagogisch zu fördern gilt. Nach dem Motto »Hilf mir, es allein zu tun«, entwickelte sie sinnesaktivierende Lernmittel, die heute allen Pädagogen als Montessori-Material bekannt sind.

Dieser kleine historische Exkurs soll zeigen, dass ganzheitliches Lernen keine Erfindung einer neuen Pädagogik ist. »Lernen mit allen Sinnen« ist eine wieder entdeckte Forderung. Heute können wir sie allerdings mit Erkenntnissen aus der Hirn-, Intelligenz- und Lernforschung untermauern. Die damalige Vermutung, dass Kopf, Herz und Hand eine Lerneinheit bilden könnten, ist heute eine wissenschaftlich fundierte Gewissheit.

Aber nicht nur die neuen Erkenntnisse aus der Hirn- und Lernforschung, sondern auch die zunehmenden Verhaltensauffälligkeiten (Bewegungs-, Wahrnehmungs- und Konzentrationsstörungen) erfordern ein Umdenken beim Lernen – und zwar ein Umdenken, das das Kind in seiner Ganzheit respektiert. Schließlich kommt es als Kleinkind voller Neugier in den Kindergarten und in die Schule. Es hängt weder seine Gefühle mit dem Anorak an den Garderobehaken, noch wartet es mit leerem Kopf darauf, mit Wissen gefüllt zu werden.

Kinder brauchen mehr denn je die Herausforderungen an eigenes Denken, Fühlen, Erleben und Handeln. Denn die künstlichen Bilder aus den Medien verdrängen zunehmend die konkrete, ›echte‹ Begegnung von Kind und Welt. Kinder brauchen vielfältige, persönliche Erfahrungen, denn das Greifen, das allem Begreifen vorausgeht, kann weder durch die Medien noch durch den Computer ersetzt werden. Kinder brauchen Lernprozesse, bei denen Erfahren, Entdecken und Erforschen am Anfang stehen. Sie brauchen Lernprozesse, die Bewegung, Sinneswahrnehmung und Erkenntnis effektiv verknüpfen.

Netzwerk der Kultur- und Bildungseinrichtungen

Um Kulturvermittlung zu ermöglichen, bedarf es besonderer Anstrengungen, Kultur- und Bildungseinrichtungen zu vernetzen. In Europa gibt es hierzu zahlreiche kulturpolitische Modelle. In den 70er Jahren des vergangenen Jahrhunderts wurde die Kulturpolitik z.B. in den Niederlanden mehr und mehr Bestandteil des Wohlfahrtsstaates. Die Relevanz der Kultur zur Entwicklung der Gesellschaft dokumentiert sich in einer breiten Förderung der Kultur. Eine Konsequenz war das Gesetz einer spezifischen Kulturpolitik im Jahre 1993. Mit dem Gesetz wird die Beziehung des Staates mit den anderen politischen Ebenen in Sachen Kulturförderung, die Rolle der Beratungsorgane und der Stiftungen geklärt. Die Regierung wird verpflichtet, alle vier Jahre eine kulturpolitische Planung (»Kunstenplan«) vorzulegen. Das so genannte Kulturpolitische Dokument für die Jahre 2001-2004 trug den Titel »Kultur als Konfrontation« und beinhaltete kulturelle Vielfalt ebenso wie das Erreichen neuer Publika, wozu in erster Linie Immigranten und Jugendliche gezählt werden.

Seit einigen Jahren gibt es in den Niederlanden auch das Projekt »Kultur und Schule«, mit dem erreicht werden soll, dass Schulen und kulturelle Einrichtungen viel intensiver und struktureller zusammenarbeiten. Dieses Projekt geht von der Überzeugung aus, dass kulturelle Bildung für die Vermittlung von Lehrinhalten in allen Fächern wichtig ist, dass das Schulklima dadurch positiv beeinflusst wird und dass die Kooperationsbereitschaft der Schülerinnen und Schüler auch in anderen fachlichen Kontexten sich bedeutend verbessern lässt. Außerdem werden den Schülerinnen und Schülern Wege in kulturelle Einrichtungen aufgezeigt und geebnet. Der Grundgedanke dieses Projektes ist, ein Netzwerk zwischen den Lehrern und den kulturellen Einrichtungen aufzubauen und die finanziellen Voraussetzungen für die Nutzung der Angebote der Kultureinrichtungen durch die Schülerinnen und Schüler zu schaffen. Mit dem 1999 neu eingerichteten Schulfach »Kulturelle und musische Bildung« in der Sekundarstufe soll den Schülerinnen und Schülern Orientierung in der Kunst geboten werden. Es wurde im Zuge einer umfassenden Unterrichtsreform eingeführt, bei der das selbständige Lernen in den Vordergrund gestellt wurde. Im Mittelpunkt des Unterrichts in diesem Fach steht der Besuch kultureller Aktivitäten und die Reflexion der dabei gemachten ästhetischen Erfahrungen.

In Artikel 31 des internationalen »Übereinkommens über die Rechte des Kindes« der Vereinten Nationen wird in Absatz 1 das Recht des Kindes auf freie Teilnahme am kulturellen und künstlerischen Leben formuliert. In Absatz 2 heißt es: »Die Vertragsstaaten achten und fördern das Recht des Kindes auf volle Bereitstellung geeigneter und gleicher Möglichkeiten für die kulturelle und künstlerische Betätigung [...].« Auch die Bundesrepublik Deutschland sowie alle deutschen Bundesländer haben – wie 178 andere Staaten der Welt – der so genannten UN-Kinderrechtskonvention zugestimmt. In den Berichten der Staaten, die regelmäßig dem Generalsekretär der Vereinten Nationen vorzulegen sind, finden sich auch einige Anregungen für gesetzliche Verankerungen, um die Umsetzung des Übereinkommens verpflichtend zu machen. Auf bundespolitischer Ebene böte sich zum Beispiel das Kinder- und Jugendhilfegesetz an, in dem Kunst und Kultur zu zentralen Kategorien erhoben und Kulturvermittlung zum Schwerpunkt des jugend-, bildungs- und kulturpolitischen Auftrags definiert werden könnte.

Kulturvermittlung als kulturpolitische Aufgabe

Die Gesetze für Kindertagesstätten und Schulen könnten Kulturvermittlung besonders herausstellen. In Dänemark gibt es ein Schulgesetz, das es den Schülern ermöglicht, zwei Mal im Jahr ein Theater zu besuchen, in Schweden gibt es hierzu einen Erlass des Kultusministeriums, in Israel ist Ästhetische Bildung auch im Kulturministerium institutionalisiert. »Der kulturelle Schulrucksack« propagiert ein umfangreiches Kulturangebot in Norwegen. Der metaphorische Titel des Programms für kulturelle Bildung in Norwegen will darauf verweisen, dass alle Kinder einen sinnbildlichen Rucksack mit Kunst und Kultur in ihre Zukunft mitnehmen können. Der Staat stellt den Rucksack zur Verfügung, indem er für die Mittel und die Rahmenbedingungen sorgt, die Künstler und die Kunstinstitutionen sowie die Schulen und kommunalen Verwaltungen sind verantwortlich für den Inhalt dieses Rucksacks. Mit diesem Programm soll in Norwegen allen Schulkindern vom 1. bis zum 10. Schuljahr der Zugang zu professioneller Kunst und Kultur im Schulzusammenhang gesichert werden. Es sollen alle Kinder und Jugendlichen von 6 bis 15 Jahren, unabhängig von sozialer Schicht und geografischer Lage erreicht werden.

Das Programm umfasst alle Kunstgattungen und soll sowohl Werke des kulturellen Erbes und der Tradition als auch Werke der Gegenwartskunst vermitteln (vgl. Böhnisch 2005).

Ästhetische Früherziehung ist Kulturauftrag in Italien, Frankreich und Belgien. Gefördert wird die Arbeit mit Künstlern in Kinderkrippen. Spielerisches Lernen und Lernen mit ästhetischen Vorgaben sind dabei die wesentlichen Methoden. In Schweden wird die Filmförderung durch ein Gesetz geregelt, das dem Kinder- und Jugendfilm einen Anteil von 25 Prozent des Gesamtetats zusichert. Gerd Taube empfahl deshalb anlässlich einer Anhörung zur Kulturellen Bildung im Deutschen Bundestag:

»Setzt man zum Vergleich einmal den Bundesdurchschnitt der Bevölkerungszahlen für das Jahr 2002 an, ergibt sich ein prozentualer Anteil der 0 bis 25jährigen an der Gesamtbevölkerung von 26,6 %. Das heißt mindestens ein Viertel der öffentlichen Mittel für Kultur sollten für Kinder und Jugendliche ausgegeben werden. Legt man die öffentlichen Gesamtkulturausgaben des Jahres 2003 zugrunde, hätten damit Angebote im Umfang von mehr als zwei Milliarden € zur Verfügung stehen müssen.« (Taube)

Die Frage nach der besseren Berücksichtigung der Interessen von Kindern und Jugendlichen in den kulturellen Angeboten kann meiner Meinung nach aber nicht nur quantitativ beantwortet werden, sondern muss die Qualität der kulturellen Angebote beachten. Insofern kann eine Verpflichtung der aus öffentlichen Mitteln geförderten Kulturträger zur stärkeren Beachtung der Interessen von Kindern und Jugendlichen nur der Anstoß zur intensiveren Auseinandersetzung mit den Belangen und den Prinzipien der Kulturvermittlung darstellen.

Weitere Beispiele wären zu Rate zu ziehen. Denn die Konkretion in der Kulturpolitik anderer Länder macht deutlich, dass man es nicht nur der rechtlichen Postulierung von Kunst und Kultur überlassen kann, sondern dass es der Rahmen- und Ausführungsbestimmungen bedarf, um Kulturvermittlung zu ermöglichen. Nicht alles muss hierzu in Deutschland erfunden werden. Die europäischen Nachbarn können Erfahrungen vermitteln. Und nicht alles muss hierzu in Deutschland neu etabliert werden. Gesetzliche Vorgaben können Impulse bei bestehenden Akteuren geben, deren Koordination und Vernetzung schon Voraussetzung für eine effizientere Gestaltung der Förderung von ästhetischer Bildung sein kann. Es könnte ein kulturpolitisches Instrument sein, die Auseinandersetzung und Zusammenarbeit mit Kindern und Jugendlichen zum Auftrag für öffentlich geförderte kulturelle Institutionen und öffentlich geförderte einzelne Künstlerinnen und Künstler zu machen. Alle öffentlichen Träger von Kultureinrichtungen (Kommunen, Länder, Bund) und die öffentlichen Förderer von Kunst und Kultur müssten in ihre Bewilligungsbestimmungen, Zuwendungsbescheide, im besten Falle Zielvereinbarungen, die Bedingungen aufnehmen, dass ein angemessener Teil des kulturellen Angebotes der Einrichtungen und Künstler speziell für Kinder und Jugendliche angeboten und zu günstigeren Preiskonditionen zur Verfügung gestellt wird. Damit könnte das Bewusstsein für die Belange der Kulturvermittlung in den Kultureinrichtungen geschärft werden.

Zehn Überlegungen für eine erfolgreiche Kulturvermittlung

Ausgehend von einem erweiterten Kulturbegriff, der sowohl die Künste als auch die Bildung subsumiert, in Anbetracht der Freiheit der Kunst, die der Staat durch öffentliche Förderung gewährleistet, die Demokratisierung von Kultur voraussetzend, die kulturelle Vielfalt garantierend und jene kulturelle Daseinsvorsorge anstrebend, wie sie der Deutsche Kulturrat am 29.9.2004 forderte, die eine flächendeckende Grundversorgung, ein verschiedenartiges Angebot, für erschwingliche Preise, mit niedrigen Zugangsschwellen kontinuierlich und verlässlich beinhaltet, sollten folgende Überlegungen eine erfolgreiche Kulturvermittlung in einer zukunftsorientierten Kulturpolitik verstetigen:

1. Kulturvermittlung steht im Verhältnis von Kulturerbe, Innovation und Publikum.
2. Kulturvermittlung ist ein Kommunikationsangebot zwischen Produzenten und Rezipienten.
3. Kulturvermittlung ist ein Beitrag zur Sicherstellung des Menschenrechts auf kulturelle Teilhabe.
4. Kulturvermittlung braucht Sensibilität zur Erforschung der Gesellschaft, um neue Kulturen, neue Publika und neue Konzepte zu ermöglichen.
5. Kulturvermittlung ist integraler Bestandteil der Kunstproduktion und deshalb auch Gegenstand der Ausbildung von Künstlern, Kulturschaffenden und Kulturpolitikern.
6. Kulturvermittlung ist ein Angebot für die Ganztagsschule von den Kultureinrichtungen als Zentren des ästhetischen Lernens.
7. Kulturvermittlung ist öffentlicher Auftrag von Kultureinrichtungen.
8. Kulturvermittlung braucht Kulturpolitik, um neue Strategien ästhetischer Kommunikation zu entwickeln.
9. Kulturvermittlung braucht Stärkung und Umweltverteilung bei der Profilierung und Modernisierung der Kultureinrichtungen.
10. Kulturvermittlung steht im Zentrum der Reform von Kulturpolitik in den Kommunen, Ländern, im Bund und in Europa.

Literatur

Böhnisch, Siemke (2005): In: *IXYPSILONZET. Magazin für Kinder- und Jugendtheater* 1.
Kommission für Zukunftsfragen der Freistaaten Bayern und Sachsen. In: URL: www.sachsen.de; www.bayern.de.
Singer, Wolf (2002): »Plädoyer für eine Jugendkultur«. In: *Unabhängige Hessische Kulturkommission: Bericht. Mittel- und langfristige Entwicklung der Kulturlandschaft Hessen*, Wiesbaden.
Taube, Gerd: *Kulturelle Bildung. Stellungnahme zu Fragen der Enquête-Kommission »Kultur in Deutschland« des Deutschen Bundestages*. In: URL: www.bundestag.de.

Prof. Dr. Wolfgang Schneider ist Direktor des Instituts für Kulturpolitik und Dekan des Fachbereichs Kulturwissenschaften und Ästhetische Kommunikation der Universität Hildesheim, Sachverständiges Mitglied der Enquête-Kommission »Kultur in Deutschland« des Deutschen Bundestages, Herausgeber der Reihen »Studien zur Kulturpolitik« (Frankfurt/Main) und »Kinder- und Jugendtheater der Welt« (Tübingen) sowie des »Jahrbuches für Kulturwissenschaften und ästhetische Praxis« (Tübingen; zusammen mit Stephan Porombka und Volker Wortmann). Für seine kulturjournalistische Arbeit wurde er mit dem Alfred Kerr-Preis des Börsenvereins für den deutschen Buchhandel, für sein filmpolitisches Wirken mit dem Hessischen Filmpreis und für sein internationales Engagement um das Kinder- und Jugendtheater mit dem UNICEF-Preis der Türkei ausgezeichnet.

→ **Kulturnutzung und Kulturbegriff in Deutschland**

→ **Das Kulturpublikum in seiner gesellschaftlichen Dimension. Ergebnisse empirischer Studien**
Susanne Keuchel

Empirische Daten aus ZfKf-Bevölkerungsumfragen und anderen Erhebungen

Unsere Kulturlandschaft ist in ihrer Vielfalt einmalig. Das vielfältige Angebot wird im Wesentlichen durch öffentliche Mittel getragen. Neben der öffentlichen Förderungspraxis hat sich das Kulturleben aber auch zu einem großen Wirtschaftsfaktor entwickelt, der beachtliche Umsätze erzielt und an dem auch viele Arbeitsplätze hängen. So hat der klassische Kulturmarkt, die Kulturwirtschaft im engeren Sinne, nach Schätzungen Michael Söndermanns im Jahr 1996 Umsätze in Höhe von etwa 31 Milliarden Euro erzielt (vgl. Söndermann in: URL: www.kulturpolitik.de).[1] Unter Einbeziehung des gesamten Kulturmarkts, hier auch der Medienwirtschaft, erreicht er eine Dimension von 162 Milliarden Euro (ebd.). Beeindruckend ist auch die Zahl der Arbeitsplätze, die an diese Kulturlandschaft gebunden sind. Nach der Beschäftigtenstatistik der Bundesanstalt für Arbeit gab es im Jahr 1998 etwa 240.572 berufstätige Künstler in klassischen Künstler-, Kultur- und publizistischen Berufen, also Musiker, Komponisten, Schauspieler, Autoren, Bildende Künstler etc. (ebd.). Die Gesamtzahl der Arbeitsplätze in der Kultur- und Medienwirtschaft schätzt Söndermann auf etwa 1.162.000, freiberuflich Tätige wie Festangestellte (ebd.).[2] In Deutschland hat sich speziell der private Kulturmarkt in den letzten 15 Jahren besonders nachhaltig entwickelt und mit der zunehmenden Präsenz letztlich auch die Situation der öffentlich subventionierten Kultureinrichtungen merkbar beeinflusst.

Neue Konkurrenzsituation zwischen privaten und öffentlich-finanzierten Kulturanbietern

Deuteten die Untersuchungen des Zentrum für Kulturforschung (ZfKf) von Anfang der 90er Jahre darauf hin, dass private Kulturanbieter eher ergänzend neue Zielgruppen ansprechen, während das ›klassische‹ Kulturpublikum ein-

---

1 Söndermanns Schätzungen stützen sich hier auf Angaben des Statistischen Amts zur Umsatzsteuer.
2 Als Grundlage zu den Schätzungen Söndermanns wurde die Beschäftigtenstatistik der Bundesanstalt für Arbeit, die Umsatzsteuerstatistik und die Fortschreibung der Arbeitsstättenzählung herangezogen.

deutig öffentlich subventionierte Kulturhäuser bevorzugt,[3] hat sich dieser Tatbestand nach aktuellen ZfKf-Untersuchungen verändert. In einer regionalen Bevölkerungsumfrage 2001 in der so genannten ›Rheinschiene‹[4], die die einmalige Möglichkeit bot, nach dem Besuch konkreter Kulturhäuser zu fragen, wurde z.B. deutlich, dass durchschnittlich etwa drei Viertel der Besucher klassischer Konzerthäuser auch schon mindestens ein privates Musicalhaus in der Region besucht hatten. Es liegt also eine überproportionale Publikumsschnittmenge vor. Ebenso wie beim Fernsehen heutzutage eher auf das Programm und auf die Inhalte statt auf den Finanzierungshintergrund der Sender geschaut wird, achten offenbar auch die Kulturnutzer heute nicht mehr primär auf den Finanzierungshintergrund der besuchten Kulturhäuser, sondern vielmehr auf das Angebot. Eine zunehmende Konkurrenzsituation zwischen öffentlich geförderten und privaten Anbietern kann gleichfalls im Bereich der Kulturvermittlung, der kulturellen Bildungsangebote, beobachtet werden. Der Markt an privaten Kunst-, Musikschulen und -lehrern wächst. Und da diese nicht tariflich gebunden sind – im Gegensatz zu öffentlich subventionierten Anbietern –, können sie entsprechend günstigere sowie flexiblere Angebote machen. Beispielsweise deuten Ergebnisse einer bundesweiten Umfrage 1999 speziell zur Nutzung des Klaviers in Haushalten daraufhin, dass es mindestens genauso viele Klavierschüler gibt, die privaten Unterricht nehmen (12% ermittelte Haushalte mit entsprechenden Schülern), wie diejenigen, die öffentliche Musikschulen (9 % ermittelte Haushalte mit entsprechenden Schülern) in Anspruch nehmen (vgl. Keuchel 2000: 232). Diese zunehmende Konkurrenz der privaten Kultur- und Bildungsanbieter setzt die Öffentlich-finanzierten vor allem in zwei Bereichen unter Druck: im Kampf um das Zeitbudget des Kulturpublikums und – wenn sich Angebote überschneiden – in der Legitimation ihrer öffentlichen Förderung.

---

3 In einer ZfKf-Parallelbefragung der Stadthalle und des Stadttheaters in Bielefeld zu einer Opernaufführung, die zeitgleich an beiden Orten stattfand (»Tosca« und »Zauberflöte«), konnte festgestellt werden, dass die Stadttheaterbesucher deutlich das Stadttheater präferierten und kaum die Stadthalle für entsprechende Events aufsuchten. Umgekehrt zeigten die Stadthallenbesucher eine deutlich offenere Haltung dem Stadttheater gegenüber, das sie bisher jedoch vielfach noch nicht aufgesucht hatten. Es konnte lediglich eine kleine Schnittmenge beobachtet werden zwischen beiden Häusern.

4 Die Region »Rheinschiene« umfasst die Städte Bonn, Köln, Düsseldorf, Duisburg und die umliegenden Landkreise.

Potentielles Kulturinteresse in der Bevölkerung

Wie ist es um das Kulturinteresse in der Bevölkerung bestellt? Ist es adäquat gewachsen mit der Zunahme an Angeboten? Betrachtet man gegenwärtig das Interesse der Bevölkerung am Kulturgeschehen im Sinne eines breiten Kulturbegriffs, der auch den Besuch eines Rockkonzerts oder soziokulturellen Zentrums beinhaltet, so können etwa zwei Drittel der Bevölkerung zumindest punktuell für kulturelle Angebote mobilisiert werden. Je nach Spartenbereich können etwa 5 bis 10 Prozent ›Vielnutzer‹ registriert werden.

Abbildung 1

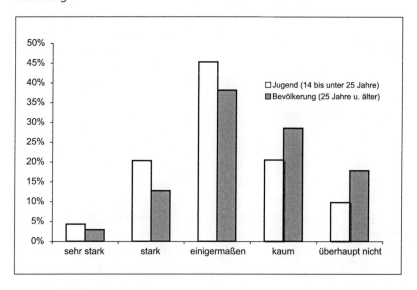

Quelle: ZfKf/GfK 2001.

In der zeitlichen Dimension kann für die letzten zehn oder auch 30 Jahre bei der Kulturpartizipation der Bundesbürger eine erstaunliche Konstanz beobachtet werden. Tendenziell nimmt die Bevölkerungsgruppe, die man punktuell erreichen kann, eher zu und die der ›Vielnutzer‹ eher ab. Insgesamt sind die Prozentzahlen in der Kulturnutzung, hier auch in einzelnen Spartenbereichen, im Zeitvergleich jedoch recht stabil. Abweichungen zeigen sich erst, wenn man einzelne Bevölkerungsgruppen untersucht: Die Jüngeren, die Bürger der neuen Bundesländer, die weibliche Bevölkerung oder diejenigen mit niedriger Schulbildung.

Analysiert man beispielsweise die Kulturnutzung der Bundesbürger in den neuen Bundesländern im Zeitraum von 1992 bis 1999, so war diese direkt nach dem Mauerfall im Vergleich zu den alten Bundesländern tendenziell niedriger, hat sich dann aber bis 1999 weitgehend dem Niveau in den alten Bundesländern angeglichen. Neben einer radikalen gesellschaftlichen Umbruchsituation können auch andere Zeitgeistphänomene in einer Wechselwirkung stehen zu der Kulturpartizipation der Bürger. So kann man analog zur PISA-Studie in jüngster Zeit auch in der kulturellen Bildung einen starken Einfluss des Elternhauses auf die eigenen Kinder messen, wie das »Jugend-Kulturbarometer 2004« des ZfKf belegte (Keuchel 2005: 23). Natürlich gibt es auch viele andere gesellschaftliche Phänomene, die die kulturelle Partizipation der Bürger punktuell oder auch langfristig beeinflussen.

Modernes Kulturmarketing richtet sich an Frauen

Betrachtet man speziell die geschlechtspezifische Zusammensetzung des Opernpublikums in den letzten 40 Jahren, da hier Vergleichszahlen zur Verfügung stehen, die bis in das Jahr 1965 zurückreichen (vgl. Wiesand/Fohrbeck 1977/78; Wiesand 1995), stellt man fest, dass sich schleichend das Besucherverhältnis kontinuierlich zugunsten der Frauen verändert von damals 58 auf heute 62 Prozent. Ähnliche geschlechtsspezifische Verschiebungen können auch in anderen ›klassischen‹ Kultursparten beobachtet werden.

Gravierender werden die Unterschiede, differenziert man nach den Generationen und nach dem persönlichen Interesse an ›klassischen‹ Kulturangeboten. Die schon zitierte regionale Bevölkerungsumfrage in der ›Rheinschiene‹, der mit Blick auf eine regionale Mobilitätsanalyse eine sehr hohe Stichprobenzahl zugrunde liegt, liefert hier einige spannende Hinweise. Im Rahmen einer Kulturtypologie, die die verschiedenen Sparteninteressen des potentiellen Kulturpublikums erstmals bündelt, entstanden acht Kulturtypen. Darunter befindet sich der Typ des »Begleiters«, der gar keine primären Kulturinteressen vertritt, sondern eher aus gesellschaftlichen Gründen Kulturveranstaltungen besucht; dieser Typ ist zu 82 Prozent männlich. Auch der ›Generationsblick‹ verschärft die geschlechtsspezifischen Tendenzen: Vergleicht man das Geschlechterverhältnis derjenigen, die sich für klassische Musik interessieren und diese auch besuchen – also ohne Besucher mit primär gesellschaftlichen Interessen – allgemein und speziell in der jüngeren Generation, treten sehr deutliche Unterschiede auf: Der weibliche Anteil unter den jungen klassischen Konzertinteressenten und -besuchern liegt bei etwa 80 Prozent.

Dass sich dieser Trend hin zum weiblichen ›Kulturliebhaber‹ nicht so deutlich in den Zahlen der Gesamtbevölkerung widerspiegelt, liegt an dem kontinuierlichen Bevölkerungsschwund an jungen Leuten in unserer Bevölkerung. Diese Veralterung in der Gesellschaft wird noch weiter fortscheiten und die Kulturpartizipation sehr stark beeinflussen. Lag der Anteil der 60-Jährigen und Älteren 2000 bei 23 Prozent, soll er nach den Prognosen der Vereinten Nationen 2050 auf beachtliche 38 Prozent in Deutschland anwachsen.[5]

Eine weibliche Dominanz unter den jungen Leuten kann auch bei der Wahrnehmung künstlerischer Bildungsangebote in der Freizeit beobachtet werden, also dem Besuch einer Musikschule, Jugendkunstschule etc. Laut dem »Jugend-Kulturbarometer« liegt der weibliche Anteil, der künstlerischen Hobbys im Rahmen eines Bildungsangebots nachgeht, bei derzeit 66 Prozent. Bei der Analyse der anderen Freizeithobbys wurde deutlich, dass der Schwerpunkt der jungen männlichen Bevölkerung vor allem im Bereich Computer/Neue Medien und tendenziell noch im Sport, hier bei Fußball liegt. Geschlechtsspezifisch ausgeglichen ist dagegen das Verhältnis der Interessenten und Besucher von Rock- und Popkonzerten in der jungen Generation.

Der Generationenvergleich legt nahe, dass das Interesse der männlichen Bevölkerung an klassischen Kulturangeboten früher stärker ausgeprägt gewesen ist. So lag der männliche Anteil unter den Opernbesuchern bei den 65-Jährigen und Älteren 1994 bei 55 Prozent, 2005 vergleichsweise nur noch bei 45 Prozent. Welche Ursachen stehen hinter der kontinuierlichen Abkehr männlicher Bevölkerungsgruppen von Kunst und Kultur? Eine mögliche Ursache liegt in dem Status, den diese Aktivitäten in unserer heutigen Gesellschaft einnehmen. Vor der allgegenwärtigen Präsenz der Medien waren Kunst und Kultur treibende Kräfte im gesellschaftlichen Leben, die in der Wahrnehmung einen höheren Stellenwert hatten, als ihnen dies in der heutigen Medienwelt zugestanden wird. Klassische Kultur wird in den wenigen Kultursendern und zu unattraktiven Sendezeiten präsentiert. Sport, Fußball sowie auch Pop- und Rockkünstler genießen dagegen eine ganz andere Aufmerksamkeit in den Medien. Dem Popstar wird in den Medien oftmals ein höherer Stellenwert eingeräumt als dem Schriftsteller oder Dirigent, was Männer mit ihrem oftmals immer noch höheren Drang nach »beruflichem Erfolg im Sinne von persönlicher Karriere und die Nähe zur gesellschaftlichen Macht in Politik, Wirtschaft oder Kultur« (Brandes 2002) ggf. stärker in ihren Neigungen beeinflusst. Nur 18 Prozent der jungen Leute meinen demgemäß, dass Kunst eine Wertanlage sei und der Kulturbesuch zum guten Stil gehöre (Keuchel 2004). Dass sich die Bildende Kunst derzeit einer so großen Beliebtheit erfreut, könnte ebenfalls auf die Statusfrage zurückgeführt werden. Allein die architektonischen Hallen der Bildenden Künste vermitteln in unserer Gesellschaft zeitgenössische Macht und Präsenz.

---

5 Nach den Angaben der Vereinten Nationen.

Visuelle Künste liegen im Trend

Junge Leute interessieren sich grundsätzlich im Sinne eines breiten Kulturbegriffs anteilig etwas mehr für das Kulturgeschehen als die ältere Bevölkerung, wie dies auch in Abbildung 1 deutlich wird. Bei einer Betrachtung ausschließlich des klassischen Kulturinteresses dreht sich das Verhältnis jedoch deutlich um: Interessieren sich weitgehend alle kulturell Mobilisierbaren ab 25 Jahre mindestens auch für eine ›klassische‹ Kultursparte (60 Prozent), liegt der entsprechende Anteil bei der jungen Generation nur bei 38 Prozent.

Zeigen sich in Abbildung 2 gravierende Nachwuchsdefizite im Bereich des klassischen Theaters, der klassischen Musik und vor allem der Oper, interessieren sich die jungen Leute, die sich für mindestens eine klassische Kultursparte begeistern lassen, anteilig mehr für die Bildende Kunst als ältere Bevölkerungsgruppen ab 25 Jahre. Dies gilt speziell auch für die Medien- und Videokunst. Auch Museen und Ausstellungen stehen bei Jung und Alt allgemein hoch im Kurs. Allein innerhalb der letzten zehn Jahre[6] hat sich der Anteil der jungen Leute, die innerhalb eines halben Jahres eine Ausstellung mit Werken moderner Kunst in einem Museum oder einer Kunsthalle besuchten, nahezu verdoppelt: von 7 auf 16 Prozent.

Abbildung 2

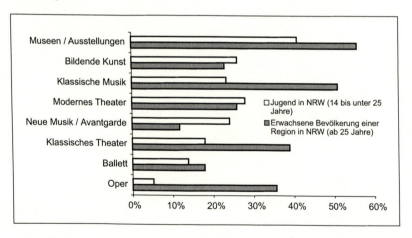

Quelle: ZfKf/OmniQuest (Rheinschienen-Umfrage) 2001; ZfKf/GfK (Jugend-Kulturbarometer) 2004.

---

6 Der Zeitvergleich bezieht sich auf Daten zweier Kulturbarometer von 1992 und 1999. Hier wurden die 18- bis unter 25-Jährigen miteinbezogen.

Warum übt die Bildende, insbesondere zeitgenössische Kunst, derzeit auf die jungen Leute eine solche Faszination aus, die sich auch sehr deutlich in ihren aktuellen künstlerischen Freizeitaktivitäten widerspiegelt?[7] Erstens ist dies sicherlich ein Zeitphänomen angesichts einer zunehmend multimedialen Gesellschaft, in der dem Visuellen über Computer, Film, Fernsehen bis hin zu Handys immer mehr Raum eingeräumt wird und visuelle Darbietungen immer perfekter gestaltet werden. Zudem gibt es in der Bildenden Kunst keine Marktabspaltung in U-Bildkunst und E-Bildkunst, wie dies im Musiksektor beobachtet werden kann. Nicht zuletzt haben natürlich die größeren Museen und Ausstellungshäuser einen Beitrag dazu geleistet, indem diese schon sehr früh mittels Besucherumfragen und anderen Methoden eine starke Besucherorientierung an den Tag gelegt haben. Man hat modern ›gestylte‹ Museumscafes eingerichtet, Museumsshops mit Merchandising-Artikeln, abendliche Öffnungszeiten, spartenübergreifende Rahmenprogramme etabliert und vieles mehr.

Dass die Erwartungen des Kulturpublikums an Service und Begleitangeboten gestiegen sind, hängt nicht zuletzt mit der eingangs skizzierten stärkeren Etablierung privater Kultureinrichtungen zusammen, die im Gegensatz zu der bisherigen Praxis der öffentlichen Kulturhäuser sehr direkt und eindringlich um Publikum werben, da die Eintrittsgelder ihre primäre Einnahmequelle darstellen. Welche Ansprüche die Bevölkerung mittlerweile auch auf Kulturveranstaltungen transferiert, soll nachfolgend punktuell veranschaulicht werden.

Aktuelle Trends bei Kulturbesuchen: spartenübergreifend und spontan

In einer zeitlichen Retrospektive wird sehr deutlich, dass sich das Kulturpublikum mehr und mehr von verpflichtenden Eintrittskarten-Arrangements loslöst. Prüft man beispielsweise in der Theaterstatistik des Deutschen Bühnenvereins das Verhältnis des Verkaufs von Tageskarten und Platzmieten in den letzten 30 Jahren, wird ein kontinuierlicher Anstieg des Tageskartenverkaufs sichtbar: Betrug der prozentuale Anteil des Verkaufs an Tageskarten 1967/68 noch 25 %, lag er 2000/01 schon bei 37 %. Umgekehrt: Waren 1967/68 noch 29 % der verkauften Karten (Schüler-, Studenten-, Freikarten hier u.Ä. nicht mitgerechnet) Platzmieten, so genannte Abonnements, lag der entsprechen-

---

7 Ist der Anteil derjenigen, die in der Freizeit musizieren in einem 30-jährigen Zeitvergleich weitgehend gleich geblieben, hat sich der Anteil derjenigen, die malen, »designen«, basteln oder gestalten, fast verdreifacht. Vgl. hierzu Keuchel 2002.

de Anteil 2000/2001 nur noch bei 13 %.[8] Dieser Trend weg von verbindlichen Arrangements kann auch im Generationsvergleich sehr deutlich beobachtet werden. Das Interesse der jungen Generation an Abonnements ist deutlich geringer als vergleichsweise bei der älteren Generation, hier besonders der Altersgruppe der 50-bis 64-Jährigen, die man als besonders kulturaktiv charakterisieren kann. Diese abnehmende Bindungsbereitschaft kann vor allem mit zwei Zeitgeistphänomenen erklärt werden, so einmal mit der zunehmenden Spontaneität der jüngeren Generation. Nicht zuletzt durch das kontinuierlich wachsende Medien- und Freizeitangebot möchte sich diese nicht gerne frühzeitig festlegen – man könnte etwas verpassen. Auch hat das Leben der jüngeren Generation allgemein an Planungssicherheit verloren: Ein Beschäftigungsverhältnis ist heute nicht mehr von Dauer. Man muss beruflich flexibel und mobil sein. Diese Haltung überträgt sich dann vielleicht auch auf das Privatleben, was sich im Trend bei der Planung von Kulturbesuchen schon bei den mittleren Bevölkerungsgruppen bemerkbar macht, wie dies in Abbildung 3 erkennbar wird.

Abbildung 3

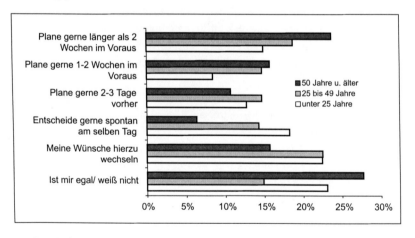

Quelle: ZfKf/OmniQuest 2001.

Der Trend zur Spontaneität hat vor allem Auswirkungen auf das klassische Theater- und Konzertleben. Die Strukturen dieser Einrichtungen sind weitge-

---

8 Prozentanteile des Verkaufs dargestellter Arten von Eintrittskarten in deutschen Theaterhäusern (hier ohne Schüler-, Studentenkarten, Freikarten u.Ä.) zusammengestellt aus den Theaterstatistiken des Deutschen Bühnenvereins (einschließlich Konzertkarten) von 1967/68 bis 2000/2001.

hend immer noch auf eine langfristige Planung ausgerichtet, mit langen Vorverkaufsfristen, vor allem wenn man günstige Karten erwerben möchte. Dass diese Strukturen trotz aktueller Gegenströmungen immer noch tragbar sind, kann auf die Veralterung des Publikums für solche Angebote zurückgeführt werden. Wie vorausgehend dargestellt, ist das ältere Publikum durchaus noch bindungsbereit und daher besonders attraktiv für die Kulturveranstalter, weil es diesen Planungssicherheit garantiert. Langfristig wird man jedoch umdenken und für die nachkommenden Generationen neue Wege beschreiten müssen, was beispielsweise in Form der Etablierung von »Theatercards«[9] oder ersten »Last-Minute-Schaltern« schon anklingt.

Neben der Neigung zur Spontaneität verbirgt sich hinter der abnehmenden Bindungsbereitschaft noch ein weiteres Phänomen: der verstärkte Trend zu einem spartenübergreifenden Kulturinteresse. Nicht mehr das Expertenwissen in einer Kultursparte ist gefragt bei den Kulturnutzern, sondern ein breiter spartenübergreifender Erkenntnisgewinn, also abwechslungsreiche Erlebnisse. In der ›Rheinschienen‹-Umfrage konnte beobachtet werden, dass das Gros der kulturell Mobilisierbaren sich mindestens für drei und mehr Kultursparten interessiert (vgl. Keuchel 2003). Sehr deutlich spiegelt sich dieser Trend im Bereich der künstlerischen Freizeitaktivitäten in einem 30-jährigen Zeitvergleich wieder: Waren die künstlerisch Aktiven in der Bevölkerung 1973 in der Freizeit weitgehend nur in einem Spartenbereich aktiv, ist das Gros 2001 vielfach mindestens in zwei künstlerischen Spartenbereichen aktiv gewesen. Das muss natürlich nicht bedeuten, dass die Leute heute mehr Zeit in künstlerische Freizeitaktivitäten investieren, sondern ggf. nur sprunghafter sind und stärker zwischen einzelnen Spartenangeboten wechseln. Dieser Trend spiegelt sich auch in der Beliebtheit spartenübergreifender Events wider oder auch der Museumsnächte, die einen Einblick in verschiedene Museen in einer Nacht ermöglichen. Größere progressive Kulturhäuser richten dementsprechend vielfach auch ihr Rahmenprogramm aus: Open Air-Musikveranstaltungen werden auf dem Museumsplatz veranstaltet und Vernissagen im Foyer des Theaters.

Fazit: Mehr Wissen über das Kulturpublikum hilft den Kulturvermittlern

Es wurde eingangs von einer Konkurrenzsituation der öffentlich subventionierten und privaten Kulturhäuser und -vermittler gesprochen. Welche Hilfe-

---

9 In der Regel eine Karte, die man für ein Jahr erwirbt und die in diesem Zeitraum einen ermäßigten Eintritt, in der Regel 50 Prozent, auf alle angebotenen Veranstaltungen ermöglicht.

stellung kann man den öffentlich subventionierten Kulturanbietern mit den skizzierten empirischen Ergebnissen an die Hand geben, um sich gegen die private Konkurrenz besser behaupten zu können? Zunächst: Niemals sollten Bevölkerungsumfragen zum Thema Kultur als eine Art ›Quotenmesser‹ missbraucht werden. Der öffentliche Kulturauftrag wäre verfehlt, wenn man nur das in Kunst und Kultur subventioniert, was gerade gefragt ist. Nicht nur funktionalisiert man den Künstler, indem man publikumsgefällige Kost verlangt, sondern es stellt sich dann auch die Frage, warum man etwas subventioniert, was sich selbst trägt. Nimmt man beispielsweise das Musical, das sehr beliebt ist, so könnte man fast kritisch nachfragen, warum dieses mittlerweile auch einen so breiten Raum im Programm der Opernhäuser einnehmen muss. Bei dieser Kritik sollte man nicht zwangsweise in das klassische U- und E-Muster verfallen, das ein sehr fragwürdiges Konstrukt ist. Man könnte ähnliche Bedenken äußern bei der Zauberflöte oder dem Ballett Schwanensee – Werke, die im Rahmen privater Tourneen in Stadthallen und Konzertarenen sehr gefragt sind. Auf der anderen Seite steht die Forderung nach dem Erhalt des kulturellen Erbes und nach einem breiten Zugang der Bevölkerung zu Kunst und Kultur – im Sinne des Slogans »Kultur für alle« von Hilmar Hoffmann (1979). Eine Legitimation, die Zauberflöte trotz ihrer großen Publikumsbeliebtheit zu subventionieren, kann eben darin liegen, Zugangsmöglichkeiten für alle Bevölkerungsgruppen sicherzustellen, die sich die oft sehr hohen Eintrittspreise der privaten Anbieter nicht leisten können. An dieser Diskussion merkt man jedoch, wie sich der Fokus der öffentlichen Kulturförderung durch die private Konkurrenz verschoben hat. Wurde früher subventioniert, um eine möglichst breite und vielfältige Kulturlandschaft zu garantieren, wird heute sehr kritisch der Blick auf die Inhalte und das Publikum gerichtet. Damit geraten die öffentlichen Häuser unter Druck, Publikumserfolge nachweisen zu müssen ohne an inhaltlicher Qualität zu verlieren. Empirische Bevölkerungsumfragen können hier punktuell Wege aus der Krise aufzeigen, wie man die Zielgruppensprache verbessern kann, um konkurrenzfähig bleiben zu können gegenüber den Privaten, die oftmals viel größere Etats für die Öffentlichkeitsarbeit haben. Bevölkerungsumfragen können aber auch Defizite aufdecken, z.B. rechtzeitig Hinweise liefern, welche Zielgruppen man nicht erreicht, so derzeit bildungsschwache und teilweise junge Bevölkerungsgruppen. Dass die Mittel, spezielle Zielgruppen zu erreichen, nicht immer die selben sind, sondern auch dem Zeitgeist unterliegen, haben einzelne hier dargestellte Umfrageergebnisse gezeigt. Dies sollte die Kulturpolitik umso mehr dazu anregen, den Fokus stärker auf das Publikum zu richten, um breite Bevölkerungsgruppen mit einem anspruchsvollen Kulturangebot adäquat ansprechen zu können und nicht von vornherein den Sieg den Medien- und Freizeitanbietern zu überlassen.

Literatur

Brandes, Holger (2002): »Held der Arbeit oder Workaholic? Geschlecht und Habitus«. In: *Freitag. Die Ost-West Wochenzeitung*, Heft 50.

Hoffmann, Hilmar (1979): *Kultur für alle. Perspektiven und Modelle*, Frankfurt/Main.

Keuchel, Susanne (2000): *Tasten, die die Welt bewegen. Daten und Fakten zur gesellschaftlichen und wirtschaftlichen Dimension des Klavierspielens*, München.

Keuchel, Susanne (2002): »Der Klassik-Purist als Auslaufmodell«. In: *Neue Musikzeitung* 2, S. 15.

Keuchel, Susanne (2003): *Rheinschiene – Kulturschiene. Mobilität – Meinungen – Marketing*, hg. vom Institut für Kulturforschung, Bonn.

Keuchel, Susanne (2005): »Mehr Chancengleichheit in der kulturellen Bildung«. In: *politik und kultur* 1.

Söndermann, Michael (2005): *Daten zur Kulturfinanzierung und kulturellen Beschäftigung*. In: URL: www.kulturpolitik.de, Mai 2005.

Wiesand, Andreas Johannes/Fohrbeck, Karla (1977/78): »Schreckbild oder Notwendigkeit. Ergebnisse der Opernstudie – Teil 1: Bevölkerungsumfrage«. In: *Monatshefte Musiktheater Frankfurt*, 7. Spielzeit 1977/78.

Wiesand, Andreas Johannes (1995): »Musiktheater und Konzerte: Mehr Rückhalt in der Bevölkerung«. In: *Das Orchester* 6.

Dr. Susanne Keuchel, geb. 1966, studierte Musikwissenschaft (HF), Germanistik und Soziologie an der Universität Bonn und der Technischen Universität Berlin. Sie promovierte 1999 zum Thema »Audiovisuelle Musikrezeption im Spielfilm (Das Auge hört mit ...)« bei Prof. Dr. de la Motte-Haber und arbeitet seit 1997 fest angestellt als Wissenschaftlerin beim Zentrum für Kulturforschung in Bonn. Dort ist sie verantwortlich für den Arbeitsbereich »Empirische Studien/Umfragen«. Weitere Arbeitsschwerpunkte und Publikationsthemen sind neben der empirischen Kulturforschung die Anwendung Neuer Technologien im Kulturbereich, speziell audiovisuelle Medien, und die Kulturelle Bildung. Sie ist u.a. Mitherausgeberin der Publikationen »Kulturelle Bildung in Deutschland« und »Medienqualifikation für Kulturberufe II« sowie Autorin des Buches »Rheinschiene – Kulturschiene. Mobilität – Meinungen – Marketing«. Zurzeit betreut sie das »Jugend-Kulturbarometer«, eine große Jugend-Umfrage zum Thema Kultur.

→ **Der Blick ins Ausland –
Politische Steuerung kultureller Teilhabe**

→ Audience Development in England
Viola von Harrach

Einführung

Englands nationale Agentur zur Förderung von Kunst und Kultur, der *Arts Council England*, glaubt, dass die ›Teilhabe‹ an Kunst und Kultur, sei es als Künstler oder als Teil des Publikums, eine nachhaltige und bereichernde Wirkung auf das Leben von Menschen haben kann. Als ein Resultat des »New Audiences Programm« des *Arts Council* gibt es jetzt umfassendes Forschungsmaterial, das diese Ansicht untermauert.

»New Audiences« war ein auf fünf Jahre angelegtes Programm handlungsorientierter Forschung, und es war ein Meilenstein für die Kunst- und Kulturförderung in England. Der *Arts Council* investierte 20 Millionen £ in das Programm, das von 1998 bis 2003 lief. Zentrales Anliegen war es, so viele Menschen wie möglich – und zwar aus allen sozialen Gruppen und jedweden Werdegangs – zu ermutigen, an Kunst und Kultur teilzunehmen und aus dieser Erfahrung Nutzen zu ziehen.

Ziele

Es war unser Ziel, die Barrieren, die Menschen davon abhalten, sich auf Kunst und Kultur einzulassen, anzugehen. Und wir wollten die Vielfalt und Anzahl derjenigen, die an Kunst und Kultur teilhaben, erhöhen und neue Möglichkeiten des Zugangs schaffen. Mit »New Audiences« wollten wir also mehr Menschen erreichen und ein Publikum für Kunst und Kultur entwickeln, das repräsentativer für unsere Gesellschaft als Ganzes ist. Die Kultureinrichtungen sollten die Chance haben, zu lernen und Erfahrungen auszutauschen. Dabei sollte auch die Qualität des künstlerisch-kulturellen Produkts verbessert werden.

Eine der Kernaufgaben war es, erfolgreiche – aber auch nicht erfolgreiche – Versuche der Publikumsentwicklung durch die Kultureinrichtungen zu dokumentieren und evaluieren, damit andere Kultureinrichtungen daraus lernen können. Hierbei ging es uns vor allem um innovative Modelle – es galt, den Markt zu testen und genau zu betrachten, welche Wirkung die Projekte für die Gestaltung zukunftsfähiger Beziehungen zu neuen Publikumsgruppen hatten.

Mit welchen Mitteln arbeitete das »New Audiences«-Programm?

Während der fünf Jahre hatte das »New Audiences«-Programm 14 verschiedene Förderschienen. Kulturinstitutionen konnten sich mit »audience development«-Konzepten bewerben. Zu den Förderkriterien gehörten u.a. die Angemessenheit der Maßnahmen für die entsprechenden Zielgruppen und, was die Ergebnisse betraf, die nachhaltige Wirkung des Projekts auf die längerfristige Publikumsgewinnung.

Die Programme richteten sich an folgende zentrale Zielgruppen: allgemeines Publikum (»general audience«), junge Menschen (»young people«), ethnische Minoritäten (»diversity«), Behinderte (»disability«), Familien (»families«), sozial benachteiligte Bevölkerungsgruppen (»inclusion«), ländliche Bevölkerung (»rural«) und ältere Menschen (»older«).

Wir definierten die Publika für Kunst und Kultur im breitest möglichen Sinn: Teilnehmer, Leser, Käufer, Zuschauer, Zuhörer und Veranstaltungsbesucher. Zu ihnen gehörten sowohl Menschen, die lesen, und Menschen, die Kunst kaufen, als auch Nutzer Neuer Medien ebenso wie diejenigen, die Konzerte im Radio hören – und dann die Menschen, die ins Theater, ins Konzert, in die Oper und zu Festivals gehen. Einige Projekte wendeten sich an Veranstaltungsbesucher, andere erreichten die Menschen via Fernsehen, Radio und Onlinemedien.

Insgesamt förderte »New Audiences« 1157 Projekte aller Kunst- und Kulturformen – von klassisch bis ›cutting edge‹, von zeitgenössisch bis traditionell. Das Programm finanzierte auch unabhängige Evaluation, Forschung, Training und ›Entwicklung‹, sowie neue Stellen für die Publikumsakquise, damit man auf Kulturarbeiter mit dem besonderen Aufgabenbereich, Publika zu entwickeln, zurückgreifen konnte.

Wir ordneten die Projekte unter verschiedenen Themen wie z.B. »Rundfunk«, »Einzelhandelsumgebung«, »Junge Menschen und Lebenslanges Lernen«, »Familienfreundlichkeit von Kunst und Kultur« und »Barrieren für die Partizipation behinderter Menschen«. Ein Fünftel der Fördergelder war für Projekte vorgesehen, die sich speziell an die Publikumsentwicklung kulturell benachteiligter Gruppen richteten – dies hat eine hohe Priorität für den *Arts Council*.

Auch eine Auswahl ›klassischer‹ Forschungsprojekte wurde gefördert, in denen es darum ging, den Markt für zeitgenössische Kunst zu erweitern. So wurde etwa das Ausprobieren neuer Ansätze in Marketing und Promotion, wie ›Lange-Nacht-Öffnungen‹ von Galerien angeregt; andere Projekte untersuchten neue Wege, um Kunst zu kuratieren und zu vertreiben. Es soll an dieser Stelle betont werden, dass das »New Audiences«-Programm von Anfang an Innovation, Modellprojekte und *Good Practice* fördern wollte und dabei Risikobereitschaft beim Ausprobieren neuer Ansätze ermutigt hat.

Die Projekte nutzten viele verschiedene Wege, um neue Publikumsschichten zu erreichen. So wurden etwa durch neue Formen von Live-Veranstaltungen mit Event-Charakter insgesamt 980.000 neue Besucher erreicht. Neue Ansätze im Marketing und der Promotion wurden erprobt, um größere oder andere Publika anzuziehen. Einige Projekte experimentierten mit neuen, ungewöhnlichen Zeiten oder Orten für Kulturaktivitäten, öffneten ihre Veranstaltungsorte früh am Morgen oder spät am Abend, andere gingen an öffentliche Plätze wie Krankenhäuser, öffentliche Ämter oder nutzten öffentliche Verkehrsmittel als Aufführungsorte. Viele Projekte erreichten ihre Publika durch massenmediale Kanäle oder mit Hilfe neuer technischer Medien.

Fallstudien

Sheffield Theatre wurden mit 300.000 £ gefördert, um unter dem Motto »How Much?« Neuland in der Besucherforschung zu betreten (vgl. Galvin 2000). Das Projekt untersuchte, was junge Menschen im Alter von 16 bis 24 Jahren dazu motiviert, Kulturveranstaltungen zu besuchen und ging mit neuen Anreizstrategien gezielt auf diese Zielgruppe zu. Von den 32.000 Karten, die im Rahmen des Projekts an die jungen Leute verkauft wurden, gingen 29 Prozent an Erstbesucher. 93 Prozent von ihnen sagten, sie fühlten sich ermutigt, wiederzukommen. Ein interessantes Ergebnis dieser Studie war, dass für junge Menschen nicht der Preis die größte Barriere für die Teilnahme ist, sondern dass das Image des Theaters, die Inhalte der Werbekampagne und das Design des Marketingmaterials mindestens genauso wichtig sind. Dieses Projekt bewies, dass mit den richtigen Anreizen Lust auf Kultur entstehen kann und aus neuen Besuchern regelmäßige werden können.

»Txtm8« in Plymouth (Devon) war ein vergleichsweise kleines Projekt, das die SMS-Technik der Handys nutzte, um 18- bis 24-Jährige zu Kunst- und Kulturveranstaltungen zu locken. Mittels Informationskarten, die in Clubs, Geschäften, Kultur- und Gemeindezentren verteilt wurden, stellte man eine Datenbank mobiler Telefonnummern zusammen. Die Textbotschaften wurden in den Abkürzungen der jungen Leute versendet – und zu unserem Erstaunen war die Anzahl derjenigen, die sich anmeldeten, um die Texte zu erhalten, fast drei Mal so hoch wie erwartet!

»ArtsFest« in Birmingham nahm einen Pionieransatz von Amsterdams Uitmarkt auf und übertrug ihn mit großem Erfolg auf ein englisches Umfeld. »ArtsFest« – ein Kooperationsprojekt der *Audience Development Agentur, Audiences Central, Birmingham City Council* und lokalen Unternehmen – ist das größte Kulturfestival mit freiem Eintritt in Großbritannien. Im Jahr 2002 gab es bei »ArtsFest« 350 kostenlose Aufführungen, an denen 120.000 Menschen teilnahmen. Elf Prozent davon gehörten eigentlich zur Gruppe der ›Nicht-Besucher‹; von denen, die interviewt wurden, sagten 77 Prozent, dass das Festival die Wahrscheinlichkeit, dass sie weitere Kulturveranstaltungen besuchen würden, erhöht habe. Tatsächlich waren nach sechs Monaten als direktes Ergebnis der Teilnahme beim »ArtsFest« 20 Prozent auch bei einer anderen Kulturveranstaltung gewesen.

Dem ›Hausdichter‹ einer großen Universitätsklinik in Leeds gelang es, ein Zufallspublikum mit Literatur in direkte Berührung zu bringen. Der Lyriker arbeitete mit über 300 Krankenhausmitarbeitern und Patienten, die er ermutigte, über ihre Gefühle, Wahrnehmungen und Ideen zu schreiben. Die daraus resultierenden Gedichte wurden mit den Essenstabletts ausgetragen und in Klinikaufzügen und im Garten ausgestellt.

Ein anderer Schwerpunkt des »New Audience«-Programms war es, Menschen beim Einkaufen mit Kunst in Kontakt zu bringen. Bei »At Home with Art« wurden, in Kooperation mit der »Tate Gallery«, bekannte Künstler damit beauftragt, Gebrauchsgegenstände für Zuhause zu entwerfen, die dann durch eine führende Möbelhauskette verkauft wurden. Das Projekt erkundete, ob sich auf diese Weise Kunst verkaufen lässt und ob dabei neue Publikumsschichten zum Besuch einer zeitgenössischen Kunstausstellung ermutigen würden. Die Käufer fanden die Idee gut: In 18 Monaten wurden 37.000 Objekte verkauft. Zugleich wurde bei jedem Objekt auf Originalwerke der Künstler im Museum hingewiesen.

Die Idee für »Test Drive the Arts« haben wir aus der Autoindustrie abgeschaut. Genau so wie man ein neues Auto zur Probe fährt, denken wir, sollte es möglich sein, die Kunsterfahrung Probe zu fahren! Nicht verkaufte Tickets von Kulturveranstaltern wurden einer sorgfältig ausgesuchten Zielgruppe potenzieller Besucher als kostenloser Anreiz angeboten, Kulturveranstaltungen zu besuchen. Der Träger dieses Projektes, *Arts About Manchester*, bot Erstbesuchern 20.000 Freikarten an und folgte dann mit weiteren Angeboten, um die neuen Besucher ans Haus zu binden. Für Veranstalter erwies sich »Test Drive« als eine interessante Methode, um leere Plätze zu füllen – und neue Besucher auf sich aufmerksam zu machen.

Auch die Publikumsentwicklung durch Rundfunk und Fernsehen war ein wichtiger Aspekt des »New Audiences«-Programm. »Roots« ist eine Partnerschaft zwischen dem *Arts Council* und der BBC. In den regionalen BBC-Sendern sind 11 *Roots*-Koordinatoren stationiert, deren Auftrag darin besteht, Kunst- und Kultureinrichtungen, die die Kultur von Immigranten repräsentieren, stärker in den jeweiligen Regionen zu verankern und ihnen ein höheres Profil zu geben. Im ersten Jahr der nationalen Initiative hatte *Roots* 1273 Sendungen in Radio, Fernsehen und Onlinemedien, und 38.900 Teilnehmer besuchten von *Roots* unterstützte Live-Events und Aktivitäten.

»Operatunity« von *Channel 4* war ein im Fernsehen übertragener Gesangswettbewerb für Amateursänger, denen die Chance geboten wurde, professionell Opern zu singen. Hauptgewinn war professioneller Gesangsunterricht sowie eine Hauptrolle in der Londoner *English National Opera*. Während der vierteiligen Fernsehserie erreichte »Operatunity« sieben Millionen Zuschauer.

Familien sind eine besonders wichtige Zielgruppe für den *Arts Council* und wir sind der Meinung, dass kulturelle Veranstaltungsorte ein selbstverständlicher Treffpunkt für Familien sein sollten, die in einer kreativen Umgebung Zeit miteinander verbringen möchten. Kultureinrichtungen sollten angeregt werden, speziell für Kinder und Familien entwickelte Themen und Veranstaltungen mit familienfreundlichem Service zu niedrigen Preisen anzubieten.

Mit »New Audiences« konnten wir z.B. Großbritanniens erstes Familien-»Bollywood«-Drive-In-Kino mit Filmen aus Indien initiieren, das an südasiatische Besuchergruppen in Leicester gerichtet war. 86 Prozent der Besucher kamen mit Familie zur Veranstaltung.

Ein ganz anderes Projekt realisierte das *Pegasus Theatre* aus Oxford, das in Kooperation mit einem *Family Centre* in Oxford speziell ›schwer zu erreichende‹ Familien ansprach. 80 Prozent derer, die zu den Veranstaltungen kamen, waren vorher noch nie im Theater gewesen.

Als interessantes Nebenprodukt der »New Audiences«-Arbeit sind wir gerade dabei, ein nationales Gütesiegel für ›familienfreundliche Veranstaltungsorte‹ zu entwickeln und zu vergeben und Kulturveranstalter in Bezug auf Familienfreundlichkeit zu schulen.

Was hat »New Audiences« erreicht?

»New Audiences« war ein Fünf-Jahres-Programm, das wir als Experimentierfeld betrachteten, um neue Formen der Besucherorientierung und -entwicklung zu erproben. Was wurde erreicht? Mehr als vier Millionen Besucher wurden durch die Projekte, die auf Liveveranstaltungen gerichtet waren, erzielt. Eine große Anzahl neuer Besucherschichten für Kunst und Kultur wurden auch durch Radio- und Fernsehausstrahlungen, Onlinemedien und Promotionspartnerschaften erfolgreich angesprochen.

Durch Projekte an öffentlichen Orten wurde darüber hinaus ein sehr viel größeres Zufallspublikum erreicht, wie etwa bei Projekten wie »Poems on the Unterground« – Gedichte an den Zug- und Stationswänden – und »Poems in the Waiting Room« – Gedichte in Wartezimmern von Ärzten – und natürlich durch die Werbung des nationalen »Poetry Day«.

Die Ergebnisse des »New Audiences«-Programm wurden in einer umfassenden Studie veröffentlicht (Jennings 2003a), die im In- und Ausland vertrieben wurde, und auch auf der »New Audiences«-Website erhältlich ist (www.artscouncil.org.uk/newaudiences). Außerdem wurden alle teilnehmenden Organisationen aufgefordert, eine Evaluierung ihres Projekts zu schreiben. Dies hat es uns ermöglicht, ein Dossier mit Fallstudien für die Praxis anzulegen. Darüber hinaus haben wir mit unserer »New Audience«-Website eine einzigartige Ressource der Publikumsentwicklung geschaffen, mit

Besucherdaten, Berichten, Werkzeugen und *Best Practice*-Leitfäden, wie auch Beispielen und Fallstudien dazu, wie die Organisationen vorgegangen sind, um neue Besucher zu beteiligen.

Darüber hinaus werden Empfehlungen aus Studien wie z.B. »Taste Bude, How to cultivate the art market« (Morris/Hargreaves/McIntyre, Arts Council England, 2004), das die Beziehungen zwischen Händlern, Sammlern und Künstlern untersucht, über den ganzen Sektor hinweg implementiert.

Das Programm hat uns geholfen zu verstehen, wie sich die Prozesse kultureller Produktion, Promotion und Vermittlung sinnvoll verbinden lassen.

Ein wichtiges Ergebnis des »New Audiences«-Programms ist es, dass der *Arts Council* den Organisationen, die er fördert, näher gekommen ist und sich als ein Partner bei der Entwicklung neuer Besuchergruppen erwiesen hat. Wir wissen jetzt, dass Besucherentwicklungstraining Organisationen befähigt hat, ihre Fähigkeiten und ihr Verständnis auszubauen. Viele der zunächst durch das Programm geförderten Stellen zur Besucherentwicklung werden weiter geführt. Die Forschungsarbeit hat wichtige Belege darüber erbracht, wer die Besucher sind und was sie wollen.

Aufbauen, für die Zukunft

Das Programm ist nun beendet – wie nachhaltig ist es, und wie arbeiten wir weiter, um Besucher in der Zukunft zu ermutigen? Ein wichtiger Erfolg ist es, dass wir die Institutionen angeregt haben, den Fokus ihrer Arbeit auf die potenziellen Besucher zu lenken und kreativ darin zu sein, neue Formen des Kontakts zum Publikum aufzubauen. Wir haben die geförderten Institutionen motiviert, Besucherentwicklung als einen ganzheitlichen, die gesamte Institution betreffenden kontinuierlichen Prozess zu begreifen. Zurzeit arbeiten wir daran, sicherzustellen, dass die gelernten Lektionen ›verankert‹ sind.

Eines der positivsten Resultate ist, dass wir jetzt ein sehr viel besseres Verständnis von der Beziehung zwischen Besuchern, Kunstentwicklung, Vertrieb, Programmgestaltung und Kuratoren haben. Realistischerweise müssen wir uns jedoch sagen, dass wir noch nicht ganz ›angekommen‹ sind, sondern dass es noch sehr viel mehr zu tun gibt. Wenn eine Kultureinrichtung ihr Publikum aufbauen soll, braucht sie Unterstützung für Veränderung von ganz oben – und auch finanzielle Investition in diesen Bereich.

In diesem Sinne haben wir die »Not for the Likes of You«-Studie (Morton/ Smyth 2003) in Auftrag gegeben. Dieses Projekt richtete sich an ausgewählte Kulturorganisationen, die eine breite Öffentlichkeit erreichen wollten und bereit waren, nicht nur einzelne Maßnahmen anzuwenden, sondern einen kompletten Veränderungsprozess zu durchlaufen und ihre gesamte Institution konsequent besucherorientiert auszurichten. Das Projekt arbeitete über einen Zeitraum von zwei Jahren mit diesen Kultureinrichtungen zusammen und identifizierte in einem abschließenden Evaluationsbereicht sowohl die Barrieren bei den Nichtbesuchern wie die Strategien erfolgreicher Organisationen bei der Besucherentwicklung.

»Maximise« ist ein weiteres neues Projekt, das im Rahmen des »Race Equality Scheme« des *Arts Council* neue und effektive Wege testet, um Publika für die Kunst und Kultur schwarzer ethnischer Minderheiten zu gewinnen. Durch die Zusammenarbeit mit einer Reihe von Partner-Kulturorganisationen an einem Aktionsforschungsprogramm hoffen wir, hier effektivere Strategien zu finden und implementieren zu können.

Neben dem Finden neuer Methoden zur Entwicklung und zum Vertrieb von Kunst und Kultur sowie dem Training für Kultureinrichtungen, mit denen wir arbeiten, veröffentlichte der *Arts Council* eine Reihe von Publikationen zu ›Publikumsthemen‹, wie z.B. »Arts Ambassadors« (Jennings 2003b) und »Marketing for Touring – A practical guide to marketing an event on tour« (Maitland 2004).

Vor zehn Jahren wurde das Entwickeln von neuen Besuchergruppen als reines Werkzeug der Öffentlichkeitsarbeit angesehen. Heute ist die Publikumsentwicklung ein Instrument der strategischen Planung, und zwar nicht nur für den *Arts Council*, sondern auch für die Organisationen, die wir fördern. Wir sind nicht der Ansicht, dass sich das Publikum den Kulturinstitutionen anpassen muss, sondern umgekehrt: Kulturpolitik und Kulturinstitutionen müssen auf das Publikum zugehen. Wir glauben, dass nur solche Institutionen zukunftsfähig sind – auch was die künstlerische Qualität betrifft –, denen es gelingt, ein breites Publikum dauerhaft an sich zu binden.

Nur wenn Kultureinrichtungen in der Lage sind, hohe künstlerische Qualität an ein breites Publikum aus allen gesellschaftlichen Schichten zu vermitteln, werden sie im 21. Jahrhundert überleben können. Die Institutionen in diesem Prozess zu stärken und unterstützen, begreifen wir auch weiterhin als wichtigste Aufgabe des *Arts Council*.

Literatur

ACE (2003a): *Arts Intelligence: An evaluation of the role and impact of the New Audiences Programme on participating organizations*, London: Arts Council England.

ACE (2003b): *Aspirational Arts: A report on self-evaluation for New Audiences projects 2001-2003*, London: Arts Council England.

ACE (2003c): *Cultural Intelligence: What Happened Next? A brief study of the legacy of New Audiences Programme Projects relating to Young People and Families with particular regard to organisational change and the development of good practice*, London: Arts Council England.

Fisher, Susie (2002): *At home with art research with the public*, The Susie Fisher Group.
Fisher, Susie: *How has the ACE and TATE Homebase initiative succeeded with the public?* The Susie Fisher Group.
Galvin, Angela (2000): *How Much?* Sheffield Theatres Trust.
Hadley, Janet (2002): *Would it look nice in the sitting room? At home with art*, London: Arts Council England.
Harland, John/Kinder, Kay (Hg.) (1999): *Crossing the Line: Extending Young People's Access to Cultural Venues*, London: Calouste Gulbenkian Foundation, Arts Council England, NFER.
Jennings, Mel (2003a): New *Audiences Programme Evaluation Report*, London: Arts Council England.
Jennings, Mel (2003b): *Arts Ambassadors*, London: Arts Council England.
Jermyn, Helen/Bedell, Sarah/Joy, Alan (2000): *The New Audiences Programme: Report on the first year, 1998 to 1999*, London: Arts Council England.
Johnson, Gill/Pfrommer, Pam/Stewart, Sue/Glinkowski, Paul/Fenn, Clare/Skelton, Adrienne/Joy, Alan (2004): *New Audiences for the Arts, The New Audiences Programme 1998-2003*, London: Arts Council England.
Maitland, Heather (2004): *Marketing for Touring – A practical guide to marketing an event on tour*, London: Arts Council England.
Morris/Hargreaves/McIntyre (2004): *Taste Bude, How to cultivate the art market*, Arts Council England.

Viola von Harrach arbeitete viele Jahre als Journalistin, Kritikerin und Kulturreporterin für nationale Zeitungen, Zeitschriften und Kulturjournale in England. Sie konzipierte, verfasste und moderierte ein wöchentliches Kulturprogramm fürs ›Independent‹-Radio, und sie ist in »I Once Met« (Hg. Richard Ingrams) verlegt. Außerdem war sie Direktorin des »Internationalen Grenoble-Festivals« in Frankreich.

Für den *Arts Council* England hat sie die Kommunikation vieler bedeutenden Kampagnen geleitet, u.a. »Creative Partnerships«, »Theatre Review«, »International Fellowships«, »Arts and Science Fellowships«, »Market Matters« (über den visuellen Kunstmarkt in England) und das »New Audiences«-Programm.

Zurzeit leitet sie die Kommunikation für die ›Internationale Strategie‹ des *Arts Council*. Sie hat ein Master's Degree (MA) in Kulturjournalismus von der *City University* in London, und ist Mitglied der *Royal Society of Arts*.

→ Kulturvermittlung in Frankreich
Jean-Charles Bérardi und Julia Effinger

In der Auseinandersetzung mit Kulturvermittlung in Frankreich wird schnell ersichtlich, dass der Begriff der *médiation culturelle* sowohl in der Kulturpolitik als auch in Ausbildungszusammenhängen und im Kulturbetrieb sehr präsent und im Vergleich zu Deutschland häufig zu lesen und zu hören ist. In den letzten 15 Jahren entstand allmählich aus vorangehenden Konzeptionen von Kulturvermittlung ein eigenständiges Vermittlungskonzept. Die wissenschaftliche Auseinandersetzung mit diesem Thema spiegelt sich in einer Zunahme von Publikationen Ende der 90 Jahre wider (vgl. Caillet 1995; Caune 1999; Lamizet 1999).

Umsetzungen und Konzepte von Kulturvermittlung müssen immer im Zusammenhang der kulturpolitischen Rahmenbedingungen und der vorhandenen Struktur des Kulturbetriebes betrachtet werden. Zum besseren Verständnis der Ausführungen in diesem Beitrag sollen deshalb vorweg einige Grundzüge der Situation in Frankreich erläutert werden.

Erläuterungen zum Kulturbetrieb in Frankreich

Das europäische Land mit der größten zentralistischen Tradition wird oftmals als Gegenmodell zum deutschen Föderalismus aufgeführt. Schon 1959 wurde in Frankreich ein nationales Kulturministerium eingerichtet. Das Gründungsdekret, mit dem André Malraux vom Präsidenten de Gaulle zum Staatsminister für kulturelle Angelegenheiten ernannt wurde, führt die bis heute gültigen Bestimmungen des Kulturministeriums aus:

»[...] die hervorragenden Kunstwerke der Menschheit, und insbesondere Frankreichs, einer größtmöglichen Anzahl von Franzosen zugänglich zu machen, unserem Kulturerbe ein möglichst großes Publikum zu gewährleisten und die Schaffung von Kunstwerken und geistiger Kreativität zu fördern.«

Obwohl seit den 80er Jahren entsprechend nationaler Dezentralisierungsgesetze verstärkt auch im Kulturbereich dezentrale Strukturen eingeführt wurden, hat Paris als Hauptstadt und das, was sich in Paris abspielt, im Kunst- und Kulturbereich noch immer eine dominierende Rolle inne. Die Finanzierung von Kultur über die öffentliche Hand wird etwa zur einen Hälfte über das Kulturministerium und zur anderen Hälfte über die Gebietskörperschaften (ca. 40 % über die Kommunen, 8 % über die Regionen und 2 % über die Departements) getragen.

Das Schlagwort der »Demokratisierung von Kultur« taucht in den kulturpolitischen Diskursen nach wie vor häufig auf. Das hängt neben einem grundlegenden egalitären Ansatz in Frankreich auch mit Artikel 13 der Präambel der französischen Verfassung zusammen, in der seit 1946 festgelegt ist, dass »die Nation dem Kind und dem Erwachsenen den gleichen Zugang zur Bildung, Ausbildung und zur Kultur garantiert.« Der gleiche Zugang aller zur Kultur ist also gesetzlich verankert. In diesem Kontext wird bei der Legitimierung der französischen Kulturpolitik der Begriff des *service public* (»öffentlicher Dienst« und »öffentliche Dienstleistung«) immer wieder verwendet. Bei der Übersetzung aus dem Französischen muss dabei beachtet werden, dass einerseits die *mission de service public* mit *utilité public* (Gemeinnützigkeit) fast gleichgesetzt wird, andererseits *service public* auch »öffentliches Dienstleistungsunternehmen« bedeuten kann; Kulturverwaltung und Kultureinrichtungen sind ein öffentlicher Dienst. Hinzu kommt aber auch ein Verständnis von Kultur als Dienstleistung, also die Bereitstellung eines kulturellen Dienstes des Staates für die Staatsbürger. Das Bewusstsein und Bemühen um das Publikum ist in der Kulturpolitik stets präsent.

In der Realität steht im Kulturbetrieb trotz Vorgaben durch das Kulturministerium dennoch meist die Kunst im Mittelpunkt und nicht ihre Vermittlung. Letztendlich fließt auch in Frankreich der größte Teil der Kulturfinanzierung in die Produktion.

Die Entstehung der Kulturvermittlung von Kunst (médiation culturelle de l'art) im Frankreich der 90er Jahre

Das Aufkommen des Konzepts der Kulturvermittlung in Frankreich ist eng mit Erhebungen von Publikumsstudien zum Kulturverhalten der Franzosen verbunden. Dies wird im ersten Abschnitt des Beitrags erläutert und in den kulturpolitischen Kontext zu Beginn der 90er Jahre eingeordnet. Der Nachweis, den diese Umfragen erbrachten, dass noch immer nur die ›gleichen zehn Prozent‹ der Bevölkerung vom öffentlich finanzierten Kulturangebot profitieren, hat ein Klima geschaffen, in dem die Kulturpolitik der Kulturvermittlung ein stärkeres Gewicht zugesteht.

Im zweiten Teil wird darauf eingegangen, inwiefern sich dieses Kulturvermittlungskonzept neueren Datums von ähnlichen Bestrebungen zur Demokratisierung von Kultur seit den 60er Jahren unterscheidet. Diese stützten sich auf die Idee einer bestmöglichen Verbreitung und Verteilung von Kulturgütern (*diffusion*), der *action culturelle* (Vermittlung direkt vor und mit den Kunstwerken), und der *animation* (eine Vermittlungsarbeit, die von der kreativen Eigentätigkeit von Amateuren ausgeht, entspricht in etwa der Kulturpädagogik).

Dann werden die drei spezifischen Grundgedanken der seit den 90er Jahren entstandenen Kulturvermittlung erläutert und das Neue im Unterschied zu den vorausgegangenen Konzepten wird herausgearbeitet.

I. Das Aufkommen der Kulturvermittlung zu Beginn der 90er Jahre

In den 70er Jahren hat das Kulturministerium die »Abteilung für Erhebungen und Zukunftsforschung« mit der Aufgabe eingerichtet, Umfragen und Untersuchungen im Kultur- und Kunstbereich im Auftrag des Staates durchzuführen. Vier groß angelegte Umfragen wurden seitdem von der Dienststelle erhoben – 1973, 1981, 1989 und 1997 –, die unter dem Titel »Die kulturelle Praxis der Franzosen« an die Öffentlichkeit gelangten. Die Publikation von 1989 nimmt eine Schlüsselrolle ein: Der Begriff der Kulturvermittlung ist seitdem ins Blickfeld gerückt, denn die Untersuchungsergebnisse führten zu der Forderung, dass sich die Kulturpolitik stärker in Richtung Publikum orientieren müsse.

Deutlich wurde durch die Studien, dass sich das Kulturangebot seit den 70er Jahren sowohl quantitativ wie qualitativ ausgeweitet hatte durch Zunahme der öffentlichen Förderung durch Staat und Gebietskörperschaften sowie durch Ausweitung der Arbeitsfelder auf die Bereiche Comic, Video, Mode, aktuelle Musik etc. Davon profitierte nicht nur Paris, sondern das gesamte Staatsgebiet. Um ein Beispiel zu nennen: In Marseille haben sich die Zuschauerplätze der Theater verzehnfacht, die Anzahl der öffentlich durch den Staat, die Region und das Departement geförderten Theater erhöhte sich von ursprünglich 2 auf 16, die der Museen stieg von 5 auf 14.

Besagte Umfrage hat außerdem verdeutlicht, dass diese Veränderungen in eine gesamtgesellschaftliche Entwicklung eingebettet waren, die sich – auf den ersten Blick – günstig auf die Rezeption dieses vervielfältigten Angebotes auswirkten:

- *Mehr Freizeit*, und dadurch eine höhere zeitliche Verfügbarkeit für kulturelle Angebote;
- ein *Ausgehverhalten*, das in zunehmendem Maße mit einer Öffnung nach außen und Aktivitäten außerhalb des Familienkreises einhergeht. Tourismus und Gastronomie erleben einen Aufschwung;
- *Erhöhung des Lebensstandards* und zunehmende Kaufkraft;
- *Erhöhung des Bildungsniveaus* (Bildungskapital), das in Frankreich als unverzichtbar für die Rezeption von Kunst angesehen wird. Diese These wurde durch den Soziologen Pierre Bourdieu publik: Kunst existiert nur, wenn sie wahrgenommen werden kann, wobei diese Wahrnehmung eng an das Bildungskapital gebunden ist, das bei der Entschlüsselung von Kunstwerken eingesetzt wird.
- So ist der *Anstieg der Abiturabschlüsse* im Zeitraum von 10 Jahren von 23 Prozent auf 60 Prozent in Frankreich ein dem kulturellen Rezeptionsverhalten weiterer förderlicher Faktor.

Trotz dieser begünstigenden Faktoren – und hier kommt das Gewicht der Umfrage von 1989 zum Tragen – ist nachgewiesen worden, dass im selben Zeitraum die konkrete Rezeption, d.h. die tatsächlich beobachtete Praxis der Franzosen sich nicht nennenswert verändert hat, in einigen Fällen sogar zurückgegangen ist. Es wurde durch die Studie nachgewiesen, dass die Bürger, die bereits in den 70er Jahren einen Zugang zum Kulturangebot hatten, sich sehr wohl als Zuschauer oder Ausstellungsbesucher weitergebildet haben. Doch diejenigen, denen dieser Zugang verwehrt geblieben war, bleiben dem Angebot noch immer fern, zumindest in einem weitaus größeren Umfang, als ihr gestiegenes Bildungsniveau, ihre Kaufkraft oder die Zunahme an Freizeit es hätten erwarten lassen.

Der französische Staat zog aus den Umfrageergebnissen die Lehre, dass der durch ihn finanzierte Kulturbetrieb die Entfaltung des Kulturangebotes und die soziale Weiterentwicklung der Gesellschaft nicht ausreichend nutzte. Folglich mussten die Arbeits- und Vorgehensweisen überdacht und neu begründet werden.

Um die Ziele der Politik zu erreichen, nämlich »neue Zielgruppen zu erreichen«, »das Publikum an sich zu binden«, »sich auf die Verpflichtung eines öffentlichen Dienstes rückzubesinnen« und die »Demokratisierung des Zugangs zur Kultur«, wurde die Schaffung neuer Kulturberufe gefordert.

II. Abgrenzung der Kulturvermittlung von anderen staatlichen Demokratisierungsmaßnahmen von Kultur

Das Auftauchen des Begriffes der Kulturvermittlung (*médiation culturelle*) ist eindeutig mit den Ergebnissen der Umfrage in Verbindung zu setzen. Diese ›neue‹ Bezeichnung wurde notwendig, da im Kultursektor zeitgleich Kritik gegenüber Verfahren zur Vermittlung und Demokratisierung von Kultur älteren Datums laut wurde. Diese waren zu Zeiten von Malraux in den 60er Jahren entwickelt worden, dem ersten Kulturminister Frankreichs (1959-1969).

Im Rahmen der erläuterten ›neuen‹ Kulturvermittlung

- sollte sich erstens nicht mehr damit begnügt werden, lediglich das Angebot zu erhöhen, also auf dem Ansatz einer Verbreitung und Verteilung (*diffusion*) zu verharren, d.h. neue Ausstellungen zu initiieren, die Anzahl von Theatervorstellung zu erhöhen etc.
- sollten zweitens nicht mehr lediglich die Vorgehensweisen der so genannten *action culturelle* wiederholt werden, die sich meist auf die Erläuterung von Kunstwerken beschränkten, und diese somit als Wissens-Objekte behandelten. Dieser sehr didaktische Weg wurde als Verschulung von Kultur kritisiert, da dadurch das Wissen über Kunst die Kunst selbst ersetzen würde.
- sollten drittens die Verfahren der »soziokulturellen Animation« (eine Vermittlungsarbeit, die von der kreativen Eigentätigkeit von Amateuren aus-

geht, entspricht in etwa der Kulturpädagogik) nicht weiterverfolgt werden, sofern sie keine Konfrontation mit der ›eigentlichen Kunst‹ suchten.

Der Begriff der Kulturvermittlung entwickelte sich auf Grundlage der Kritik dieser bis dahin üblichen Maßnahmen zur Demokratisierung und Vermittlung von Kunst und Kultur. Obgleich häufig Methoden dieser Vorgehensweisen übernommen wurden, ist ein Konzept entstanden, das auf drei Ebenen Neuerungen mit sich brachte.

III. Die drei zentralen Ansätze der Kulturvermittlung
Die *médiation culturelle* verfolgt drei Fragestellungen:

1. die Auseinandersetzung mit der Lebensweise der Bevölkerungsgruppen, inmitten derer sich die Kultureinrichtungen befinden;
2. die Auseinandersetzung mit dem so genannten Kulturobjekt: Indem sich die Kulturvermittlung auf die Kunst stützt, setzt sie sich damit auseinander, inwiefern die Vermittlungsarbeit den Kunstwerken die Kapazität verleiht, aktuelle gesellschaftliche Fragen aufzuwerfen;
3. die Auseinandersetzung mit den Kultureinrichtungen und den Kulturvermittlungsberufen in ihrer Kapazität, das Publikum zu erreichen und kulturelle Fragestellungen umzusetzen.

Die Auseinandersetzung mit der Bevölkerung
In der Vermittlungspraxis ist der Blick, der sich auf das Kunstwerk richtet, untrennbar von dem Blick, der auf die Zielgruppe fällt, die man damit erreichen möchte. Der Kulturvermittler möchte dem anvisierten Publikum das Gefühl vermitteln, dass das Angebot es »etwas angeht« und hinterfragt dessen Zugangsweisen zur Kunst. Über diese nicht neue Herangehensweise hinaus besteht das Bemühen, zu verstehen, was die Menschen außerhalb der Kultureinrichtung in ihrem Alltag leben. Welchen Standpunkt vertritt derjenige, der das Kulturangebot »annimmt«? Welche Fragen beschäftigen ihn, in welcher Situation befindet er sich?

Die Kulturvermittler gehen nicht nur von einem anthropologischen Kulturkonzept aus, sondern agieren auch ein wenig als Soziologe, Ethnologe, Geograph und Historiker: Beim Zuhören von Gesprächen in einer Kneipe, hier und dort mitgehörten Dialogen, versucht man sich eine Vorstellung davon zu machen, welchen Bezug die Bevölkerungsgruppe, die man mit den Kunstwerken konfrontieren möchte, zu ihrer Stadt, zum Tagesgeschehen und zu den anderen hat. Man ist neugierig auf sein Gegenüber, darauf, wie die Bewohner die Dinge erleben.

Dieser Bezug zur Bevölkerung und vor allem die Einschätzung des ihr in der Gesellschaft zugestandenen Platzes führt oft über einen recht kritischen

Diskurs zu unserer Zeit. So wird man aus dieser Arbeit mit der Bevölkerung den Schluss ziehen, dass eine Vielzahl von Verboten, von Gesetzen, von ›sozialen Verhaltensweisen‹ unsere Zeitgenossen einschränken und sie daran hindern, sich die Welt anzueignen. Die Kulturvermittler sind davon überzeugt, dass Kunstwerke dazu beitragen können, dem Raum zu geben, was im Alltag keinen oder nur einen geringen Stellenwert im Leben der Menschen hat – aus moralischen Gründen, aus einer begrenzten Bildung heraus, wegen sozialer Ungleichheiten. Dem liegt die Überzeugung zugrunde, dass gesellschaftliche Fragestellungen oder Probleme der Menschen durch die Kunst aufgedeckt und verdeutlicht bzw. in einem anderen Licht gezeigt werden können.

Vor diesem Hintergrund treffen die gesellschaftlichen (›kulturellen‹) Fragestellungen zur Bevölkerung mit denen zum Kunstwerk der Kultureinrichtung zusammen. Das Kunstwerk ermöglicht einen ›anderen Blick auf die Welt‹, macht uns ›zu mündigen Staatsbürgern‹ und befreit uns aus unserer festgefahrenen sozialen Rolle und den damit verbundenen gesellschaftlichen Erwartungen. Durch die Kulturvermittlung und ihre Verankerung in der Gesellschaft kann das Publikum vom Konsumenten zum Akteur werden. Wenn also eine anthropologische Herangehensweise dazu verhilft, die Situationen und Grenzen, in denen sich die Bevölkerung befindet, zu analysieren, gründen sich die Vermittlungsaktionen, die Art der Vermittlung, auf einer Herangehensweise, die der Philosophie Hegels entstammt. Im Konzept der Kulturvermittlung werden Maßnahmen entwickelt, die beim Publikum einen »Entfremdungsprozess« auszulösen vermögen, es soll durch die Vermittlung ein Ausweg aus festgefahrenen Überzeugungen aufgezeigt werden (Hegel 1807).

Die Auseinandersetzung mit dem Kunstwerk
Die ›kulturelle‹ und gesellschaftliche Dimension von Kunstwerken kann auf unterschiedlichste Weise und in verschiedenen Vermittlungsprozessen offen gelegt werden: In der Art und Weise, wie einem Künstler ein Auftrag erteilt wird (ob z.B. das Publikum und der gesellschaftliche Kontext mitbedacht sind), wie eine Ausstellung konzipiert und gezeigt wird, durch die Erläuterungen während einer Führung, durch Einführungen zu Kunstwerken in Schulen, durch Anleitungen von Workshops.

So kann zum Beispiel bei Museumsführungen mit dem Publikum eine Lesart erprobt werden, die das Werk zuerst in seine einfachen Elemente aufgliedert (die man sehen, fühlen, ermessen kann), um dann komplexer zu werden. Der Vermittler versucht, die einzigartige künstlerische Erfahrung z.B. des Bildhauers zu rekonstruieren: Der Künstler geht als Mensch von dem aus, was uns Menschen alle ausmacht – ganz unmöglich, dass das von anderen nicht geteilt und verstanden werden kann (ein Mythos, aber doch ein grundlegender). Durch die Autonomie der Kunst und die Loslösung von den

Maßstäben des normalen Lebens, der Leistung und Rechtfertigung, kann der Künstler die Vorstellungen, die wir uns von den Dingen machen, weiterentwickeln und stellt sie in einer manchmal radikal anderen Weise dar. Er hat, von Entwurf zu Entwurf, von einem Zögern, von einem Schritt zum nächsten einen ›anderen‹ Blick, eine ›neue‹ Darstellung entwickeln können.

Diese These ist ebenso klassisch wie aktuell, durch sie wird die Frage nach der Freiheit der Kunst aufgeworfen.

Demnach können wir uns durch die Konfrontation mit den Kunstwerken aus den Grenzen lösen, die uns durch unsere Sozialisation auferlegt werden. Durch die Kunst können wir uns unserer Ansichten und unserer »Kultur« entledigen. Wir selbst empfinden diese meist nicht als Beschränkungen, sondern stellen sie als unseren »Geschmack«, unsere »Identität« normalerweise nicht infrage. Diese Grenzen, die uns unsere Gesellschaft nicht zu überschreiten erlaubt, werden durch den künstlerischen Akt aufgehoben und mit Hilfe der Kulturvermittlung im Kunstwerk und durch das Kunstwerk aufgedeckt. Das Kunstobjekt kann die Dinge auf den Kopf stellen, uns überrumpeln und durcheinander bringen.

In diesem Kontext steht auch die Tragweite von Hegels Phänomenologie und seiner Philosophie der Vermittlung, die dann von Adorno in seiner ästhetischen Theorie aufgenommen wurde (Adorno 1998).

Die Kultureinrichtung als ›öffentlicher Raum‹
In der kulturellen und politischen Auseinandersetzung mit den Kultureinrichtungen soll herausgefunden werden, inwiefern diese in der Lage sind, die Bevölkerung direkt zu erreichen und gesellschaftliche Fragestellungen anzusprechen und konkret umzusetzen. Wie baut die Institution eine Brücke zum Publikum, die die Aussage des Künstlers transportiert? Wie bringt man die der Kunst innewohnende individuelle Konfrontationsmöglichkeit an eine größere Öffentlichkeit (Habermas 1962)?

Es ist notwendig, die Vermittlungsverfahren in den Museen und den anderen Kultureinrichtungen neu zu definieren, um die Bevölkerung, für die man als *service public de la culture* (vgl. Einleitung) arbeitet, besser zu erreichen. Auch das französische Kulturpublikum altert, und die Diskrepanz zwischen den Bemühungen um eine Verbreitung und Verteilung der Kultur und dem tatsächlichen ›Zugang zur Kultur‹ vergrößert sich. Die Situation der Kultureinrichtungen ist umso paradoxer, da man gleichzeitig der Überzeugung ist, die Zugangsbedingungen seien besser als jemals zuvor.

Die *méditation culturelle de l'art* stellt sich der Herausforderung, durch konkrete Maßnahmen in einer offenen Fragestellung zusammenzuführen, was durch den Prozess des singulären künstlerischen Aktes von unserem Lebensalltag getrennt wurde. Die Kunst steht in diesem Sinne der Kultur, verstanden als Lebensart oder Alltagskultur, gegenüber und die Kulturvermittlung deckt dies auf, indem sie diese Kultur als Ergebnis unserer Erziehung und Sozialisation erscheinen lässt.

Die Kulturvermittlung dient also dazu, diese ›beiden Kulturen‹, die Kunst auf der einen Seite und die Kultur als Denk- und Verhaltensweise einer Gemeinschaft auf der anderen, zusammenzubringen: Vereint sind sie durch das, was uns Menschen eint (anthropologische Dimension, die den Glauben an die Universalität der Kunst beinhaltet), und getrennt sind sie durch die Originalität, die sich im künstlerischen Akt manifestiert.

Um die drei Dimensionen, auf die sich die Kulturvermittlung gründet, zusammenzufassen, könnte man aufführen, dass die Kulturvermittler sich einsetzen:

- für die Bevölkerung. Sie scheuen nicht die Auseinandersetzung mit Fragen und das Infragestellen von Bestehendem.
- für Kunstwerke. Sie sind von der Einzigartigkeit jedes künstlerischen Aktes überzeugt. Dieses Engagement geht mit der Überzeugung einher, dass eine Begegnung mit dieser Einzigartigkeit vielen erst ermöglicht werden muss.
- für den Kultursektor als öffentlichem Raum. Dieses Engagement zeigt sich durch Maßnahmen, die darauf abzielen, »dem Publikum das wiederzugeben, was ihm gehört«, also das, was über öffentliche Gelder finanziert wird: öffentliche Kunstsammlungen, Theateraufführungen etc.

Der Standpunkt der Vermittler ist also ein politischer. Die Vermittlung lädt zu Auseinandersetzungen ein, die in unserer nach Konsens strebenden Zeit so wenig geführt werden.

Dieses dreifache, für die Kulturvermittlung grundlegende Engagement wird auf unterschiedliche Weise in der Praxis verwirklicht und kann demnach von verschiedenen Berufen in unterschiedlichsten Tätigkeitsrahmen umgesetzt werden. Zur Konkretisierung einige Beispiele:

- Der staatlich eingesetzte Direktor eines zeitgenössischen Museums, der sich eigentlich als Kurator und nicht als Vermittler versteht, kann dennoch vermittelnd im Sinne der *médiation* tätig sein, wenn er einen Auftrag an einen Bildhauer vergibt, ein Werk an einem bestimmten festgelegten Ort in einem bestimmten Kontext zu schaffen. In diesem Fall kann von Kulturvermittlung gesprochen werden, da der Auftrag eine kulturelle gesellschaftliche Thematisierung der Arbeit des Künstlers an eine kulturelle Problematisierung der Lebensweise der Bevölkerung koppelt.
- Ein Theaterleiter kann Kulturvermittlung im Sinne der *médiation* durchführen, wenn die Entscheidungen für seine Spielplangestaltung nicht vom

Bekanntheitsgrad oder der künstlerischen Qualität der Künstler abhängt, sondern von dem Bezug, den er zwischen dem Publikum der nächsten Umgebung des Theaters bzw. der Stadt und den kulturellen Fragen, die von der künstlerischen Arbeitsweise des beauftragten Regisseurs aufgeworfen werden, ausgeht.

- Die Mitarbeiter eines Museums können von sich sagen, dass sie Kulturvermittlungen durchführen, wenn sie nicht den Inhalt des wissenschaftlichen Katalogs vortragen, sondern das Werk in einen gesellschaftlichen Kontext einordnen und die Fragen und den Horizont eines spezifischen Publikums mit einbeziehen. Diese Berufskategorie weist im Moment die meisten Vermittler auf.
- Theaterpädagogen können z.B. im Sinne der *médiation culturelle* vermitteln, wenn die Schauspieltechniken und Themen den Teilnehmern eines Workshops und Bildungsaspekten entsprechend ausgewählt wurden und nicht von einer professionellen Ausbildung ausgehen oder im Theater aufgestellten Erwartungen entsprochen wird.

Durch die knappe Auflistung soll angedeutet werden, dass dieser Kulturvermittlungsbegriff sich eher auf die Einstellung zur Kunst und ihrem Publikum bezieht als auf eine klar definierte Berufskategorie.

Es gibt in Frankreich nur einen fest umrissenen und staatlich definierten Tätigkeitsrahmen der Kulturvermittlung: Er betrifft den Museumsbereich und den Mitarbeiterstab, der sich als »Kulturpflegeattaché, Schwerpunkt Kulturvermittlung« bezeichnet. Sein Aufgabenbereich umfasst die Betreuung des Publikums. Diese Kulturvermittler sind die ›Erben‹ der *action culturelle* und deren Maßnahmen, dennoch können sie im Geist der *médiation culturelle* handeln, wenn sie z.B. einem mit den Kunstwerken konfrontierten Publikum mit eigens entwickelten Methoden die Möglichkeit eröffnen, sich mit sich selbst zu konfrontieren und nicht mit einem festgelegten Kunst-Wissenskanon.

Einige konkrete Programme wurden von staatlicher Seite initiiert. Der Staat und die Gebietskörperschaften (Region, Departement, Kommunen) haben »Vereinbarungen über den Auftrag eines öffentlichen Dienstes von Kultureinrichtungen« verabschiedet. Darin wird seit 1998 die Vergabe von Fördermitteln an Kultureinrichtungen an Maßnahmen der Kulturvermittlung und kulturellen Bildung zur Gewinnung eines neuen Publikums gekoppelt. Dies ist vertraglich zwischen den Einrichtungen und den Geldgebern festgelegt, doch wird die Evaluierung nicht ausreichend konsequent durchgeführt. Bestimmte, für die Kulturvermittlung vorgesehene Budgetlinien werden dann z.B. doch mit stillschweigendem Einverständnis der Prüfer für die Herstellung eines teuren Ausstellungskatalogs verwendet und nicht für Maßnahmen der Kulturvermittlung.

Auch hat der Staat subventionierte Stellen mit Kulturvermittlungsprofil geschaffen, die »emplois jeunes« und »Stellen zur Kulturentwicklung«.

Diese »jungen Arbeitsstellen« gehören zum 1997 ins Leben gerufenen (und mit dem Regierungswechsel 2003 wieder abgeschafften) staatlichen Programm »Neue Dienste – neue Arbeitsstellen«. Ein Großteil dieser Stellen im kulturellen Arbeitsfeld trug die Bezeichnung *médiateur culturel*. Die Kulturvermittlung wurde also von der öffentlichen Hand als notwendiger und förderungswürdiger Sektor anerkannt.

Es ist indessen leider nicht so, dass die *médiation culturelle* sich mit all den erhofften Auswirkungen auf das Publikum verwirklichen ließ. Obwohl in Frankreich viel von Kulturvermittlung die Rede ist, zählt in der Praxis meist das Primat der Kunst. Es wird »der Schatz vergrößert, ohne dass die Schlüssel dazu verteilt werden«, um den Ex-Kulturminister Jaques Toubon aus den 90er Jahren zu zitieren.

15 Jahre nach Beginn der Debatte über die Kulturvermittlung geht die Auseinandersetzung weiter. Es muss nach wie vor immer wieder darauf hingewiesen werden, dass Sehen, genauso wie Hören und Lesen, erlernt werden will, und dass für diesen Lernprozess professionelle Kulturvermittler benötigt werden.

Literatur

Adorno, Theodor W. (1998): *Ästhetische Theorie*, Frankfurt/Main.
Caillet, Elisabeth (1995): *A l'approche des musées, la médiation culturelle*, PUL.
Caune, Jean (1999): *Pour une éthique de la médiation – Le sens des pratiques culturelles*, Grenoble.
Habermas, Jürgen (1962): *Strukturwandel der Öffentlichkeit*, Frankfurt/Main.
Hegel, Georg Wilhelm (1970): *Phänomenologie des Geistes*, Frankfurt/Main.
Lamizet, Bernard (1999): *La médiation culturelle*, Paris.

> **Jean-Charles Bérardi** ist promovierter Soziologe und Gründer sowie Leiter des Fachbereiches »Médiation culturelle de l'Art« (»Kulturvermittlung der Künste«) an der Université de Provence (Aix-Marseille I). In diesem Rahmen ist er verantwortlich für den Bachelorstudiengang »Conception et mise en œuvre de projets culturels« (»Kulturmanagement, Planung und Durchführung von Kulturprojekten«), wofür er die Möglichkeit des Fernstudiums über E-Learning eingeführt hat. Auch ist er verantwortlich für den 1994 eingerichteten Studiengang »Médiation culturelle de l'Art«, jetzt im Rahmen des Masters »Theorie und

Praxis der Künste«, einer von mehreren Studiengängen in Frankreich, die die Kulturvermittlung in ihrem Namen tragen. Bemerkenswert ist in diesem Fall, dass der Studiengang direkt auf Initiative des Kulturministeriums gegründet wurde.

Bérardi ist »Maître de Conférence« in »Ästhetik und Kunstwissenschaften« an der *Université de Provence*. Sein Forschungsschwerpunkt liegt vor allem auf der Ästhetik der Kulturvermittlung, er ist als Soziologe im Forschungsinstitut *Laboratoire Méditerranéen de Sociologie*, das zum Nationalen wissenschaftlichen Forschungszentrum (CNRS) gehört, aktiv.

Julia Effinger (Übersetzung, Einleitung und Anmerkungen) hat ihr Studium mit dem deutsch-französischen Doppeldiplomabschluss »Kulturwissenschaften« (Hildesheim) – »Kulturvermittlung« (Aix-Marseille) abgeschlossen. Nach Tätigkeiten im internationalen Kunst- und Kulturaustausch in verschiedenen Berliner Kulturinstitutionen ist sie derzeit wissenschaftliche Mitarbeiterin im Institut für Kulturpolitik des Fachbereiches Kulturwissenschaften und Ästhetische Kommunikation an der Universität Hildesheim. Ihr Forschungsschwerpunkt liegt in der Kulturvermittlung und im Vergleich deutscher und französischer Kulturpolitik. Sie ist auch als Übersetzerin und Dolmetscherin tätig.

→ Ansätze der Kunst- und Kulturvermittlung in Österreich
Ulrike Giessner

Kunst- und Kulturvermittlung ist in Österreich – wie in den meisten anderen europäischen Ländern – ein weites Feld: Die Aspekte reichen von institutioneller Bildungsarbeit, wie wir es von den Vermittlungsprogrammen in Museen, Ausstellungen oder Theatern kennen, über »Artists-in-School«-Aktivitäten, welche die direkte Begegnung zwischen Künstlern und Künstlerinnen, Kindern und Jugendlichen im Schulkontext fördern, über Kulturvermittlungsprojekte im öffentlichen und/oder sozialen Raum bis hin zu Diskussionen über die Rolle und Ausbildung von Künstlern, Kulturschaffenden und Lehrerinnen als Vermittler/-innen.

Anhand der Aktivitäten des Bereichs »Kulturvermittlung« bei *KulturKontakt Austria* soll im Folgenden ein Überblick über einen Teil dieser unterschiedlichen Ansätze und ihrer jeweiligen Zielgruppen gegeben werden. Die Aktivitäten zeigen einen Ausschnitt der umfangreichen Arbeit der Kunst- und Kulturvermittlung in Österreich, erheben aber in keiner Weise Anspruch auf Vollständigkeit.

Ausgangssituation

Anfang 2004 wurden die Vereine *Österreichischer Kultur-Service* und das *Büro für Kulturvermittlung* in den 1989 gegründeten Verein *KulturKontakt Austria* in Wien integriert. Ziel der nun gemeinsamen, größeren Organisation ist es, ein Kompetenzzentrum für kulturelle Bildung, Kulturvermittlung, kulturellen Dialog und Bildungskooperation vor dem Hintergrund des europäischen Integrationsprozesses zu schaffen.

KulturKontakt Austria arbeitet im Auftrag und mit finanzieller Unterstützung des österreichischen Bundesministeriums für Bildung, Wissenschaft und Kultur sowie des Staatssekretariats für Kunst und Medien im Bundeskanzleramt. Über 50 Mitarbeiter/-innen sind in den Bereichen Bildungskooperation, Kulturförderung und Sponsoring und Kulturvermittlung tätig. *KulturKontakt Austria* wurde ursprünglich als Schaltstelle zwischen Künstlerinnen und Unternehmern gegründet. 1990 bzw. 1994 kamen die neuen Aufgabengebiete der Förderung des Kulturaustausches bzw. der Bildungskooperation zwischen Österreich und den Ländern Mittel-, Ost- und Südosteuropas hinzu. 2004 wurden diese Arbeitsfelder nun um die Agenden der Kunst- und Kulturvermittlung in Österreich erweitert, die bis dahin vom *Österreichischen Kultur-Service* und dem *Büro für Kulturvermittlung* wahrgenommen wurden.

Der *Österreichische Kultur-Service* wurde 1977 als Teil eines kulturpolitischen Maßnahmenkatalogs des damaligen Unterrichts- und Kunstministeriums gegründet.

Seine Aufgabe bestand vor allem in der Beratung, finanziellen Förderung und Durchführung von Kunstvermittlungsprojekten in Schulen. Im Zentrum der Aktivitäten stand die Methode der »personalen Kunstvermittlung«, bei der Künstler/-innen aller Sparten gemeinsam mit Lehrerinnen und Schülern auf der Basis eines integrativen Konzeptes künstlerisch-kultureller Bildung zusammenarbeiten.

Das Büro für Kulturvermittlung wurde 1993 als Teil der Neuorganisation der institutionalisierten Bildungsarbeit an den österreichischen Museen auf Beschluss der damals zuständigen Bundesministerien für Unterricht und Kunst sowie für Wissenschaft und Forschung gegründet. In Fortsetzung der Aktivitäten des ehemaligen »Museumspädagogischen Dienstes« wurden Programme und Serviceleistungen vor allem im Bereich des Museums- und Ausstellungswesens angeboten. Ein Schwerpunkt der Aktivitäten lag in der Entwicklung kommmunikationsorientierter Kulturvermittlungsprojekte im Sektor der beruflichen Erstausbildung (Projekte mit Lehrlingen).

Auch wenn der Bereich »Kulturvermittlung« bei *KulturKontakt Austria* mit 2004 neu gegründet wurde, kann er doch – was die Methodenentwicklung, die Projekterfahrungen und das erprobte Know-how betrifft – auf eine über 25-jährige Geschichte zurückblicken.

Kulturvermittlung und Partizipation

Innerhalb des Bereichs »Kulturvermittlung« fördern wir nun im Sinne unserer zentralen Zielsetzung innovative Initiativen und Methoden der personalen Vermittlung, die auf einer partizipatorischen und handlungsorientierten Kommunikation basieren.

Der Begriff der »Partizipation« taucht oft im Zusammenhang mit Kunst- und Kulturvermittlung auf. Übersetzt wird der Begriff meist mit »Teilnahme«, »Beteiligung« oder »Mitwirkung«. Vom Anspruch her sind viele Modelle der Kunst- und Kulturvermittlung partizipatorisch ausgerichtet. So geht es in der Vermittlung nicht nur um den reinen Konsum von und den möglichst breiten Zugang zu kulturellen Aktivitäten, sondern um eine aktive Teilnahme und die Ermöglichung der Gestaltung eines künstlerischen Objekts oder kulturellen Prozesses durch die ›Nutzer/-innen‹.

Nutzer/-innen können unterschiedlichste Personengruppen sein – von Kindern und Jugendlichen über Personen im Kultur-, Bildungs- und Sozialbereich bis hin zu Bevölkerungsgruppen, die in ihrem Alltag wenig mit künstlerischen Einrichtungen oder Aktivitäten in Berührung kommen. Dahinter steckt ein visionäres demokratiepolitisches Ziel: Mehr Menschen direkten Zugang zu (zeitgenössischer) Kunst und Kultur zu ermöglichen und damit auch soziokulturelle und gesellschaftliche Prozesse in Gang zu bringen. Langfristig können so Voraussetzungen für eine konstruktive Auseinandersetzung zwischen verschiedenen Sichtweisen und Wertvorstellungen geschaffen werden.

Im Mittelpunkt steht dabei die Gestaltung der Beziehung zwischen Künstlern sowie Künstlerinnen und Kulturschaffenden, ihren ›Werken‹, dem kreativen Arbeitsprozess und ihrem Publikum. Die Grenzen und Positionen der einzelnen Blickwinkel und Positionen vermischen sich dabei und je nach Zielgruppe und Projektschwerpunkt beinhaltet die Kunst- und Kulturvermittlung unterschiedliche Aspekte.

Schule als Lernort kultureller Bildung

Wichtige Orte der personalen Kunstvermittlung in Bildungsprozessen sind die österreichischen Schulen, an denen Lehrer/-innen für verschiedene Ansätze des Projektunterrichts unter der Einbeziehung von Künstlern aller Kunstsparten Unterstützung durch *KulturKontakt Austria* erhalten. Das Berater/-innen-Team des Bereichs Kulturvermittlung steht allen Lehrerinnen und Kulturschaffenden in Fragen der Projektplanung, Konzeption, Projektdurchführung, Finanzierung, Evaluierung und Dokumentation beratend und begleitend zur Verfügung.

Die Methode der »personalen Kunstvermittlung« hat sich in der über 25-jährigen Zusammenarbeit mit Lehrern, Schülerinnen und Künstlern herausgebildet. Sie basiert auf der unmittelbaren Einbeziehung von Künstlerinnen aller Sparten in schulische Lernprozesse. Je nach Schulart und Schulfächern sowie den zum Teil sehr persönlichen Zugängen der einzelnen Künstler/-innen aus den verschiedenen Kunstsparten gestaltet sich diese Methode sehr vielfältig und facettenreich. Gemeinsam ist ihr aber der Anspruch eines interaktiven Lernprozesses von Künstlern, Lehrerinnen und Schülern zu initiieren.

In den Bereichen Theater, Tanz, Literatur, Musik, Bildende Kunst, Film, Video und Neue Medien können so jedes Jahr rund 3000 Einzelaktivitäten in Schulen aller Schultypen in ganz Österreich realisiert werden. Im Laufe der langjährigen Zusammenarbeit mit Schulen hat sich diesbezüglich die Funktion der so genannten ›Kulturkontaktpersonen‹ an den Schulen bewährt. Dabei handelt es sich um die Entwicklung einer neuen schulinternen Funktion, im Rahmen derer kulturell und organisatorisch besonders interessierte Pädagoginnen wichtige Koordinationsaufgaben übernehmen. Kulturkontaktpersonen, die es derzeit an mehr als der Hälfte der österreichischen Schulen gibt, stellen ihr Engagement für Kunst- und Kulturvermittlung ehrenamtlich bzw. im Rahmen ihrer Lehrtätigkeit zur Verfügung.

Ihre Aufgabe besteht in erster Linie darin, Kollegen zur Durchführung kultureller Aktivitäten zu ermuntern, ihnen Informationen und Kontakte zu vermitteln, die unterschiedlichen Vorhaben zu koordinieren und den Kontakt mit *KulturKontakt Austria* aufrecht zu erhalten.

1996 wurde der *KulturKontakt/ÖKS-Club* gegründet mit dem Zweck, vor allem den Kulturkontaktpersonen ein von den Kunst- und Kultureinrichtungen in Österreich entwickeltes, attraktives und vielfältiges Vermittlungsangebot anbieten zu können. Mittlerweile steht der Club allen interessierten Lehrerinnen offen, die das jeweilige aktuelle (Vermittlungs-)Angebot der Kooperationspartner unter besonders attraktiven Konditionen wahrnehmen können. In diesem Sinn versteht sich diese offene Plattform als ein permanent wachsendes Netzwerk kultureller Einrichtungen aller Art, die bereit sind, enger mit den Schulen zusammenzuarbeiten und neue Modelle in der Kunstvermittlung zu entwickeln. Partner in diesem Netzwerk sind über 100 Kunst- und Kulturinstitutionen in ganz Österreich. Museen, Theater, Konzertveranstalter, Kunst- und Ausstellungshäuser und die großen Festivalveranstalter gehören ebenso dazu wie eine Reihe regionaler Kulturinitiativen.

Die Erwartungen, die mit der Methode der »personalen Kunstvermittlung« in Schulen verknüpft sind, liegen einerseits in der Verbesserung der Zugangschancen der Schüler/-innen zum Bereich vor allem zeitgenössischer Kunst und andererseits in der Erweiterung schulischer Lernstrukturen durch Einbeziehung externer Experten.

Mit der Organisation solcher experimenteller Lernformen schaffen sie die Voraussetzungen für eine alle Beteiligten aktivierende und motivierende Lernkultur, um auf diese Weise die Chancen zur umfassenden Persönlichkeitsbildung der jungen Menschen sowie zu lebensbegleitendem Lernen für Lehrer/-innen und auch Künstler/-innen zu verbessern. Diese Form des Lernens ergibt eine neue Qualität der Wechselbeziehung zwischen der Präsentation von professionellen künstlerischen Fähigkeiten und Fertigkeiten und der schöpferischen Eigentätigkeit. Die Methode bzw. das Setting soll es ermöglichen, einen dynamischen Prozess in Gang zu setzen und zu erhalten, um auf diese Weise den gewohnten Schulalltag zu durchbrechen. Die Schülerinnen sollten selbst (Mit-)Verantwortung für den Projektverlauf übernehmen, um auf diese Weise zu Flexibilität und eigenständigem Verhalten zu finden.

Eine wichtige Programmschiene bilden dabei die Künstler/-innen-Begegnungen in Form von so genannten ›Dialogveranstaltungen‹. Dabei werden einzelne, temporäre Kunstvermittlungsprojekte an Schulen aller Schultypen österreichweit in allen Kunstsparten finanziell unterstützt, die auf einer partizipatorischen und handlungsorientierten Kommunikation basieren.

Ein zweites wichtiges Programm für Kunstvermittlungsaktivitäten steht den 525 österreichischen Schulen zur Verfügung, deren Schulerhalter der Bund ist (Bundesgymnasien, Höhere technische Bundeslehranstalten und Bundeshandelsakademien etc.). Das so genannte »Schulkulturbudget für Bundesschulen«, eine Aktion des Bundesministeriums für Bildung, Wissenschaft und Kultur, ermöglicht es den Schulen, für ihre kulturelle Projektplanung jährlich ein Budget zu beantragen. Es können auch hier ausschließlich Projekte berücksichtigt werden, bei denen im Rahmen der personalen Kunstvermittlung Künstler/-innen maßgeblich in Projektkonzeption und -durchführung eingebunden sind. Die unmittelbare Begegnung mit Künstlerinnen aller Sparten ermöglicht eine authentische Auseinandersetzung mit Kunst und schafft darüber hinaus neue Sichtweisen und Problemlösungsansätze für verschiedene gesellschaftliche Fragestellungen und Herausforderungen. Das Schulkulturbudget für Bundesschulen wird einmal im Jahr von der Kulturkontaktperson in Absprache mit dem Lehrerkollegium von der Schule eingereicht, die das Budget auch stellvertretend für die projektleitenden Lehrer/-innen verwaltet und am Ende des Schuljahres abrechnet.

Kulturvermittlung mit Lehrlingen

Auch der sensible Bereich der Kulturvermittlung mit Lehrlingen wird in der neuen Struktur bei *KulturKontakt Austria* weiterhin betreut. Über die Auseinandersetzung zu kulturellen oder künstlerischen Fragestellungen wird ein kommunikativer Austausch zwischen Kulturschaffenden und -vermittlern und jungen Menschen in der beruflichen Erstausbildung ermöglicht.

Das Programm »K3 – Kulturvermittlung mit Lehrlingen« ist in diesem Zusammenhang eine modellhafte Projektreihe, die speziell für den Bereich der dualen Lehrlingsausbildung in Österreich entwickelt wurde und auf Erfahrungen aus über 250 Einzelprojekten seit Start dieser kulturellen Ausbildungsinitiative im Jahr 1989 aufbaut. Sie umfasst drei verschiedene Projektmodule:

1. *Das Kurzmodul*: vierstündige kommunikationsorientierte Einheiten als kulturelles Bildungsangebot für Berufsschulen oder Großbetriebe mit eigenen Lehrwerkstätten;
2. das ›*After Five*‹-*Freizeitmodul*: zeitlich flexible (durchschnittlich zwölfstündige), kulturelle Projektangebote für Lehrlinge während der Zeit ihrer Unterbringung in Berufsschüler/-innen-Heimen;
3. *das Langmodul*: zweieinhalbtägige Workshops in den verschiedensten kulturellen Sparten (Durchführungsdauer im Schnitt 20 Stunden) für Lehrlinge einer Berufsschulklasse; die dafür benötige Zeit wird von allen an der Ausbildung Beteiligten (Schule, Betrieb und Lehrlinge) gemeinsam in Aufteilung zur Verfügung gestellt.

Im Zentrum der drei Module steht ein gemeinsamer Aspekt: die Lehrlinge ausgehend von ihrer eigenen Arbeits- und Lebenswirklichkeit im kommunikativen Austausch mit Kulturschaffenden zu kultureller Eigenaktivität anzustiften.

Ob die Lehrlinge gemeinsam die Zeilen für einen hitverdächtigen Song texten, ob eine typische Geste aus dem Arbeitsalltag zu einer ganzen Theaterszene entwickelt wird, oder ob ihnen museale Räume mit den Methoden moderner Kulturvermittlung näher gebracht werden – eines ist allen Projektvarianten gleich: Es werden Raum und Zeit für neuartige Begegnungsformen zwischen ansonsten verschiedenartigen kulturellen Sphären geschaffen. Und damit angesprochene Faktoren wie »Soziales Handeln«, »Teamfähigkeit« und nicht zuletzt »Kreativität« eröffnen den Lehrlingen heute berufsnotwendige Zusatzqualifikationen.

Förderung und Beratung von Vermittlungskonzepten

Ein weiteres Arbeitsfeld des Bereichs Kulturvermittlung ist die Förderung der Konzeption von Vermittlungsprojekten. Hier bieten wir Beratung zur qualitativen Weiterentwicklung der Kommunikationsarbeit für und mit Besuchern an, sowie finanzielle Unterstützung für Kulturvermittler/-innen, die neue Konzepte entwickeln möchten. Neben einem Schwerpunkt im Museums- und Ausstellungsbereich findet eine immer größer werdende Nachfrage seitens tanz- und theaterpädagogischer Projekte sowie soziokultureller und sozialpädagogischer Projekte statt.

Eines unserer wesentlichen Anliegen ist es, besonders solche Projekte zu fördern, die Bevölkerungsgruppen, die keinen selbstverständlichen Zugang zu (institutionalisierten) kulturellen Aktivitäten haben, zur aktiven Mitwirkung an gesellschaftlich-kulturellen Prozessen motivieren und befähigen.

Kunst- und Kulturvermittlung im sozialen Feld

Künstler/-innen suchen in ihren künstlerischen Projekten oftmals eine Annäherung zwischen Kunstbetrieb und künstlerischen Arbeiten im sozialen bzw. öffentlichen Raum – eine Tendenz, die bisher hauptsächlich unter kunsttheoretischen, jedoch weniger unter arbeitsmarktpolitischen Aspekten analysiert wurde. An dieser Stelle setzte das von *KulturKontakt Austria* koordinierte und im Rahmen der europäischen Gemeinschaftsinitiative EQUAL geförderte Projekt »ARTWORKS – Künstlerische Dienstleistungen im Dritten Sektor« (September 2002 bis Februar 2005) an. Im Mittelpunkt stand dabei die Vernetzung zwischen dem Kunst- und Sozialbereich sowie die Entwicklung neuer Arbeitsfelder für Künstler/-innen im so genannten ›Dritten Sektor‹.

Im Rahmen von ARTWORKS wurden ausführliche Studien zum Potential der Kooperationen zwischen Kunst und Drittem Sektor (Befragungen von 550 Künstlern und Künstlerinnen und 280 Nonprofit-Organisationen) durchgeführt, Weiterbildungen für Künstler/-innen und NPO-Vertreter/-innen angeboten, ein Gründungsleitfaden sowie eine zehnmonatige Gründer*innen*-

Werkstatt für Künstler*innen* entwickelt und ein Internetportal (www.equalartworks.at) für Kultur und Beschäftigung sowie für Projekte zwischen Kunst und sozialem Sektor (rund 70 aktuelle Projektbeispiele aus Österreich) aufgebaut.

Die Vermittlungstätigkeit der Künstler/-innen wurde im Rahmen des Projekts als »Dienstleistung« definiert, was in der öffentlichen Diskussion (insbesondere unter den Künstlern) zu starken Kontroversen führte. Insgesamt lässt sich sagen, dass wir nach ARTWORKS ein kleines, qualitätsvolles Potential sehen, dass Künstler/-innen in diesem Zusammenhang ihre künstlerische Tätigkeit auch als Dienstleistung anbieten, allerdings ist es dazu weiterhin notwendig, den Markt für solche Anfragen seitens der Sozial- und Gesundheitseinrichtungen stark aufzubereiten (Durchführung von Modellprojekten, Lobbying- und Informationsveranstaltungen für den Nonprofit-Bereich, Öffentlichkeitsarbeit etc.).

Im Sinne partizipatorischer Vermittlungsarbeit setzen wir weitere Impulse zur Zusammenarbeit mit neuen Zielgruppen. Ein Schwerpunkt ist dabei die Kulturarbeit mit Seniorinnen, wobei wir bestrebt sind, nachhaltige Arbeitsbeziehungen zwischen Kultur- und Kunstinstitutionen, Kulturschaffenden und Kulturvermittlern sowie Multiplikatorinnen aus dem Bereich Senioren-Arbeit zu initiieren.

Aus diesem Grund organisierte *KulturKontakt Austria* im Oktober 2004 eine Fachtagung zum Thema »Keywork – Kulturarbeit mit Senioren und Seniorinnen«, bei der »Keywork« als spezielle Vermittlungsform sowie die Entwicklung von konkreten Projektideen im Zentrum standen. Besonders hilfreich war dabei das Impulsreferat von Karin Nell über das erfolgreich in Düsseldorf praktizierte Modell »Kultur auf Rädern« der Arbeitsgemeinschaft für innovative Seniorinnenarbeit. Dieses befähigt aktive Senioren aus Pensionistenwohnheimen, als Keyworker/-innen zu arbeiten, worunter man beruflich oder ehrenamtlich tätige Personen versteht, die nicht in den Museen beschäftigt sind und als Vermittler/-innen zwischen Museum und Zielpublikum agieren. Im konkreten Fall heißt das, dass Seniorinnen andere in Pensionistenheimen wohnende und in ihrer Mobilität eingeschränkte Menschen aufsuchen und sie am kulturellen wie musealen Leben sozusagen ›mit eigenen Worten‹ teilhaben lassen.

In Diskussion mit den zur Tagung geladenen Animatoren des »Kuratoriums Wiener Pensionisten-Wohnhäuser« erarbeiteten Kulturvermittler/-innen ein Grobkonzept von »Kultur auf Rädern« für Österreich und entwickelten erste Projektideen.

Entwicklungstendenzen und Zukunftsperspektiven

Die Entwicklung von Vermittlungsangeboten für und mit neuen Zielgruppen, die aus verschiedenen sozialen, kulturellen und/oder bildungsrelevanten Gründen wenig oder gar nicht an kulturellen Aktivitäten und Angeboten teilnehmen, sehen wir als eine wichtige Anforderung der Kunst- und Kulturvermittlung in den nächsten Jahren. Neue Kooperationsmodelle zwischen dem Kunst- und Kulturbereich, dem Bildungsbereich und dem sozialen Sektor sind notwendig, um die alte Forderung »Kultur für alle« in ein »Kultur mit allen« umzuformulieren und neu zu positionieren. Vermittlungsprojekte mit Migrantinnen, Senioren, gesellschaftlichen Randgruppen, Menschen mit Behinderungen und anderen Zielgruppen könnten einen Beitrag leisten, Kunst- und Kulturangebote einer breiteren Öffentlichkeit zugänglich zu machen sowie das kreative Potential und die aktive Teilnahme der Einzelnen zu stärken. Künstler/-innen und Kulturschaffende können hier ein neues Arbeitsfeld als Vermittler/-innen entwickeln, das aber nicht nur erweiterte Kompetenzen im Umgang mit den verschiedenen Zielgruppen erfordert, sondern auch neue Modelle der Finanzierung dieser Aktivitäten.

Tendenzen für eine stärkere Zusammenarbeit des Kunst- und Sozialbereiches gibt es einige in Österreich: So hat das Schauspielhaus Wien eine sehr erfolgreiche Aktion »Hunger auf Kunst und Kultur« entwickelt, die in Kooperation mit der Armutskonferenz und rund 35 Sozialeinrichtungen kostenlose Eintrittskarten für Menschen mit finanziellen Engpässen zur Verfügung stellt. Inzwischen beteiligen sich auch Museums- und Ausstellungshäuser an dieser Aktion, die im ersten Schritt weniger die Vermittlung von Inhalten in den Vordergrund stellt, sondern die Zugänglichkeit von Kunst und Kultur insgesamt fördert. Ein weiteres Beispiel sind Förderpreise für Kunst- und Kulturprojekte zur Integration von Menschen mit Behinderungen, die die Kunstsektion des Bundeskanzleramtes jährlich vergibt, um diesen Projektansätzen mehr Stellenwert in der Öffentlichkeit zu geben. Weiter findet im September 2005 in Graz eine europäische Konferenz zu »Theatre Work in Social Fields« statt. Veranstaltet wird die Tagung vom Verein *uniT*, der mit seinen Lehrgängen zu »Theaterarbeit in sozialen Feldern« an der Universität Graz eine der wenigen Ausbildungen in Österreich zu diesem Thema anbietet.

Eine Vielzahl der Projekte zwischen Kunst- und Sozialbereich entsteht aber durch die Initiative einzelner Kulturschaffender und ihrer Organisationen. Eine gute Übersicht über die einzelnen Projekte und Aktivitäten in Österreich zu diesem Thema haben wir unter www.equal-artworks.at (Projekte) gesammelt und öffentlich zugänglich gemacht. Die vielfältigen Aktivitäten – Theaterarbeit mit Senioren, Tanzprojekte mit behinderten Menschen, offene Ateliers für Straffällige, Performanceprojekte mit asylsuchenden Jugendlichen etc. – zeigen, dass das Interesse der Zusammenarbeit auf Seiten der

Künstler/-innen und Kulturschaffenden sowie der jeweiligen Organisationen im Sozial- und Gesundheitsbereich vorhanden ist. Notwendig wäre es aber, auch von politischer Seite für diese Art der gesellschaftsrelevanten Vermittlungsprojekte finanzielle Förderungen zur Verfügung zu stellen, um nachhaltige Strukturen in diesem Bereich aufzubauen.

Für die Vermittlungsaktivitäten im schulischen Bereich ist das in Österreich über jahrzehntelange Entwicklungen und spezifische Förderungen gelungen. Kinder und Jugendliche im Schulkontext sind heute eine von fast allen Kunst- und Kultureinrichtungen wahrgenommene Zielgruppe, für die spezifische Vermittlungsprogramme angeboten werden. Im Sinne eines lebensbegleitenden Lernens für verschiedene Bevölkerungsgruppen wäre es nun an der Zeit, diese Programme nach und nach für neue Zielgruppen zu öffnen und zu erweitern und damit auch neue Handlungsmodelle für gesellschaftspolitische Herausforderungen zu schaffen.

Literatur

Ehmayer, Cornelia (2002): *Kulturvermittlung und Partizipation. Bewertung von fünf Kulturvermittlungsprojekten unter dem Aspekt der Partizipation*, Wien: Im Auftrag des Bundesministeriums für Bildung, Wissenschaft und Kultur.

KulturKontakt Austria (Hg.) (2004): *Keywork – Kulturarbeit mit Senioren und Seniorinnen. Dokumentation von Franjo Steiner*, Wien.

KulturKontakt Austria (Hg.) (2005): *Kultur Mit Wirkung – Kultureinrichtungen und Partizipation. Dokumentation und Recherche von Gabriele Stöger*, Wien: Im Auftrag des Bundesministeriums für Bildung, Wissenschaft und Kultur, i.E.

KulturKontakt Austria (Hg.) (2005): *Sieben Geschichten über das Leben zwischen Kunst, sozialer Praxis und Dienstleistung. Abschlußdokumentation des EQUAL-Projekts »ARTWORKS – Künstlerische Dienstleistungen im dritten Sektor«*, Wien.

Österreichischer Kultur-Service (Hg.) (2001): *Kunst und Bildung. Personale Kunstvermittlung in Bildungsprozessen*, Wien: Im Auftrag des Bundesministeriums für Bildung, Wissenschaft und Kultur.

Ulrike Gießner, geboren 1970 in Hannover. Studium der Theaterwissenschaft und Romanistik an den Universitäten Erlangen und Wien (Abschluss Magistra). Studium des Kulturmanagements am *Institut für kulturelles Management Wien*. Projektarbeiten am *Goethe-Institut Madrid*, *Museum für angewandte Kunst Wien* u.a. 1994-96 Presse-

und Öffentlichkeitsarbeit am *Institut für Kulturkonzepte Wien*. 1996-98 Koordination des Projektbüros »Kulturelles Management in Europa« bei *KulturKontakt Austria*. 1999-2003 Leitung des Bereichs »Projektmanagement« beim *Österreichischen Kultur-Service* sowie Leitung des EQUAL-Projekts ARTWORKS. Seit Juni 2004 Leitung des Bereichs »Kulturvermittlung« bei *KulturKontakt Austria*.

→ **Entwicklungsgeschichte
und Zukunftsperspektiven
des Berufsfeldes »Kulturvermittlung«**

→ Kunst und Kultur bilden – und wie?!
Spekulationen zur Zukunft des Berufsfeldes Kulturvermittlung/Kulturpädagogik
Wolfgang Zacharias

>»Kultur verstehen: die Schlüsselkompetenz der Zukunft.« (Gerhard Schulze 2003: 330)

Begriffsdefinitorisches: Kunst, Kultur, Vermittlung, Bildung, Pädagogik

Kulturvermittlung ist immer auch ein Bildungsprojekt, auch ohne begriffliche und wissenschaftliche Definitionslogiken. Das entspricht dem Verständnis ihres Gegenstands und Inhalts, dem Reichtum der Künste, der Pluralität der Kulturen und der durchaus anthropologischen Bedeutung des »Ästhetischen« von sinnlich-alltäglicher Wahrnehmung bis zur anspruchsvoll-künstlerischen Gestaltung und Schillers »Schönem Schein« (vgl. Schiller 2000: 106ff.). Dieser ist heute auch als »medialer und digitaler Schein« (Rötzer 1991) interpretierbar und von besonderer expansiver Dynamik – ob wir das nun wollen, gut finden oder nicht.

Kulturvermittlung auf Nützlichkeit und Verwertbarkeit zu reduzieren, greift in der Sache ebenso zu kurz wie das Postulat einer ›Kunstautonomie‹ jenseits gesellschaftlicher, sozialer und politischer Kontexte. Dies gilt sicher sowohl für traditionell-musealisierende wie auch avantgardistisch-innovative künstlerisch-ästhetische Prozesse und Produkte.

Nur wirtschaftlich oder nur kunstimmanent begründete Kulturvermittlungskonzepte aktualisieren je nur situationsspezifische Teilaspekte. Kulturvermittlung als permanentes Bildungsprojekt kann beides integrieren: Kunst und Kultur im Kontext gesellschaftlicher Entwicklung. Kunst- und Kulturpolitik – insbesondere als Politik kultureller Bildung – ist anteilig Gesellschaftspolitik, hat immer auch sowohl ideelle wie materielle Dimensionen und Kontexte.

Geht man von diesem Vorverständnis aus, verbindet Kulturvermittlung immer auch Kultur und Bildung, als Doppelfigur und mit zwei Seiten (die eher objektive und die eher subjektive) der gleichen Medaille. Darüber herrscht weitgehend Einigkeit, kulturwissenschaftlich und bildungstheoretisch (vgl. Bollenbeck 1994).

Auszugehen ist dabei allerdings von einem je erweiterten Begriffsverständnis:

- *Kultur* ist gestaltete Lebensweise, ist ›Lebenskunst‹ auch als Alltagspraxis, Medien und Hochkunst eingeschlossen.

- *Bildung* ist mehr als Schule und Unterricht, formale Unterweisung und Wissensvermittlung. Bildung ist immer auch »Selbstbildung« (vgl. Hentig 1996) in der Verantwortung des sich bildenden Individuums, sozusagen ›in eigener Regie‹ und mit subjektiv gestalteter Dramaturgie.
- *Kulturelle Bildung* als plurales institutionelles Feld ist dazu die zielorientierte Symbiose – mit Bezug auf die Künste, die Pluralität der Kulturen, auf symbolisch und medial Gestaltetes, auf das ›Ästhetische‹ in der Spannweite von ›Sinn und Sinnlichkeit‹ sowie ›Wahrnehmung‹ und das ›Kunstschöne‹, und von Musealisierung bis Medialisierung.
- *Kulturvermittlung* als Begriff kann dafür der weite Rahmen sein, der – als komplexes Berufsfeld – vielerlei Spielarten professionellen Handelns zusammenfasst, vom Künstler, dessen ästhetische Programmatik Interaktivität und Inhaltsvermittlung ist, bis zum Museumskurator, Kulturjournalisten, Eventmanager und schulischen Kunstlehrer.

Geht es um das systematisch und mehr oder weniger öffentlich geregelte Generationenverhältnis, um ›kulturelle Bildung‹ als Teil ›allgemeiner Bildung‹ im Rahmen der ›Kultur des Aufwachsens in öffentlicher Verantwortung‹, ist es üblich und sinnvoll, zu diesen Kulturvermittlungsarrangements und -angeboten »Kulturpädagogik« zu sagen, mit dem professionellen Hintergrund kultur-, erziehungs- und sozialwissenschaftlichen Wissens und Handelns. Zielgruppenspezifische Kulturvermittlung aus der Tradition der Kulturarbeit und Soziokultur lässt sich entsprechend akzentuiert auch als »Kinder- und Jugendkulturarbeit« bezeichnen.

Kulturelle Bildung als Kulturvermittlung, Kulturpädagogik, Kinder- und Jugendkulturarbeit hat immer zwei Bezüge, ist sozusagen nur ›zweibeinig‹ – was immer dann Stand- und Spielbein sein mag – sinnvoll und denkbar. Es geht

- um spezifische Gegenstandskompetenzen in Sachen Künste, Kulturen, Medien, Ästhetik;
- um spezifische Vermittlungs- und Kommunikationskompetenzen in Sachen Pädagogik, Bildung, Management, Organisations- und Präsentationswissen.

Aus kulturpolitischer Perspektive wird aktuell von »kultureller Grundversorgung« (Kulturpolitische Gesellschaft) und von »kultureller Daseinsvorsorge« (Deutscher Kulturrat) als eine Art öffentlich-rechtlicher Pflichtförderaufgabe gesprochen und sehr kontrovers diskutiert (vgl. dazu Kulturpolitische Mitteilungen III/ 2004). Befürchtet wird eine damit möglicherweise einhergehende Musealisierung und Zementierung des bisherigen öffentlichen Kultursystems, erhofft wird ein breiteres kulturelles Angebot, das tatsächlich für alle

Bevölkerungsgruppen zugänglich sein soll. Dieser Diskurs betrifft auch die Kulturvermittlung. Kulturvermittlung bleibt (und wird hoffentlich auch wieder verstärkt) öffentliche Aufgabe, und gilt »für alle«, wie das etwas auch in der UN-Kinderrechtskonvention als Teil der Menschenrechte festegelegt ist. »Kulturelle Bildung für alle« ist Voraussetzung kultureller Grundversorgung.

Im Folgenden geht es – durchaus biographisch bedingt und entsprechend qualitativer Subjektivität zugespitzt – um Kulturpädagogik als professionelles, wenn auch diffuses Berufsfeld mit dem Ziel ›Kulturvermittlung für die kulturelle Bildung‹. Der Fokus ist systematisch-öffentliche Vermittlung bzw. Ermöglichung kulturellen Wissens und Könnens, angeboten von der je älteren Generation für die je jüngere, nachwachsende Generation.

Dabei schwingt immanent und unterschwellig eine traditionelle erziehungswissenschaftliche Frage als neue ›intergenerative‹ Herausforderung mit: »Was will eigentlich die jüngere mit der älteren Generation« (Ecarius 1998) angesichts Globalisierung, Medialisierung und dem zu erwartenden dramatischen demografischen Wandel (vgl. dazu das »Methusalem-Komplott«, Schirrmacher 2004)?

Kulturvermittlung, akzentuiert als Kulturpädagogik

Lehrer und Sozialpädagogen, Ausstellungskuratoren und Kulturjournalisten, Freizeitanimateure und Medienkünstler: Im weitesten Sinne sind sie alle auch Akteure der Kulturvermittlung, mit je unterschiedlichen Inhalten, Methoden und Medien, Zielen und Interessen, von vorrangig kommerziell über alternativ-provokativ bis öffentlich und mittelbar bis explizit pädagogisch. Sie beziehen sich auf unterschiedliche Bezugswissenschaften, Kunstsparten und Kulturformen sowie Institutionsrahmungen und Einrichtungs- und Arbeitsformen: Kulturvermittlung ist als Praxis, analog zu Kunst, Kultur, Medien, nur im Plural zu denken und nur so professionell zu betreiben.

Als Kulturpädagogik akzentuiert geht es in der Regel um die mehr oder weniger geregelte öffentliche und professionelle Vermittlung des kulturellen Wissens und Könnens bzw. entsprechender Kompetenzen von einer Generation auf die andere. Es geht um ein zeitgemäß weites Bildungsverständnis, auch um die Bereitstellung von Rahmenbedingungen (Raum, Zeit, materielle und organisatorische Ressourcen) für je eigene kulturelle Praxis – intergenerativ, interkulturell, sozialkulturell.

Kulturpädagogik als erziehungswissenschaftlich-bildungstheoretisches Motiv und mit dem Leitbegriff »Kultur« im geisteswissenschaftlichem Verständnis hat eine inzwischen fast 100-jährige Tradition, die von Anfang an mit der Problematik ›Soziales‹ versus ›Kultur‹ im Kontext von Erziehung und Pädagogik, damals wie auch heute neu, belastet war:

»In der Weimarer Zeit forcierte man (Spranger, Nohl, Litt u.a.) im Anschluss an Dilthey ein Verständnis der Pädagogik als ›Kulturpädagogik‹, wobei dieser Begriff anfangs zum Teil in pejorativer Absicht, dann aber als akzeptierte Selbstbeschreibung der geisteswissenschaftlichen Pädagogik insgesamt verwendet wurde. Diese Entgegensetzung von Sozialem und Kultur hatte sowohl systematisch-theoretische Gründe, die immer wieder – vor allem später in der Soziologie – dazu geführt haben, sich über die Priorität von ›Kultur‹ bzw. ›Sozialem‹ zu streiten. Es gab allerdings auch wissenschafts- und professionspolitische Gründe, den einen gegen den anderen Begriff in Stellung zu bringen.« (Fuchs 2005: 15)

Die »Neue Kulturpädagogik« seit den 70er Jahren knüpfte jedoch weniger an die eher altabendländische hochkulturlastige Tradition vor allem der Weimarer Zeit an, sondern bezieht ihre entscheidenden Impulse aus den kultur- und bildungspolitischen Umbrüchen und Reformansätzen der 70er Jahre, etwa der »Neuen Kulturpolitik«, der »Soziokultur«, der Akzeptanz je eigener »Kinderkulturen« und »Jugendästhetik« (vgl. Glaser 1974; Hoffmann 1978). Es ging und geht auch weiterhin um die Etablierung eines eigenen Berufsfeldes bzw. einer eigenen Einrichtungs- und Projektelandschaft zwischen formaler Schulpädagogik und defizitorientierter Sozialarbeit (vgl. dazu BKJ 2001).

»Kultur blieb nicht im Singular. Die veränderten gesellschaftlichen Bedingungen erforderten die Auseinandersetzung mit interkulturellen Beziehungen. Überdies ist nicht länger eine wie immer genauer bestimmte Kultur als solche das zentrale Bildungsmittel, sondern sie gestaltet sich in und durch Medien, die selber Botschaften sind. Es bleibt schwierig für eine noch ausstehende konsistente kulturwissenschaftliche Pädagogik, an kulturpädagogische Traditionen anzuknüpfen. Vielleicht sollte man diese Schwierigkeit begrüßen, wenn man bedenkt, welche fatale Harmlosigkeit dieses Adjektiv birgt.« (Meyer-Drawe 2004: 612)

Die »Neue Kulturpädagogik« hat inzwischen doch einige selbstidentifizierende Konzepte und Entwürfe hervorgebracht (vgl. z.B. Müller-Rolli 1988; Behr/Knauf 1989; Fuchs 1994; Zacharias 2001).
Kulturelle Bildung wird rechtlich drei Politikfeldern zugeordnet:

- der Kulturpolitik (sowohl als Teilbereich von Kultur-[besser: Kunst-]einrichtungen, z.B. Museumspädagogik), in speziellen kulturpädagogischen Einrichtungen (z.B. Musikschulen), in Vereinen und Verbänden und in Projekten;
- der Bildungspolitik, hier vor allem in den künstlerischen Schulfächern (Musik, Kunsterziehung, Darstellendes Spiel in einigen Bundesländern), aber auch im Deutschunterricht (Literatur) und im Sport (Tanz) und in den schulischen Arbeitsgemeinschaften;

- der Jugendpolitik im Sinne des Kinder- und Jugendhilfegesetzes (KJHG), § 11, wo »kulturelle Bildung« als ein Bereich der Jugendarbeit explizit ausgewiesen ist. (vgl. Expertise der Bundesvereinigung Kulturelle Jugendbildung und des Deutschen Kulturrats für die Enquete-Kommission »Kultur« des Deutschen Bundestags)

»›Kulturelle Bildung‹ ist eine Zusammensetzung aus zwei Begriffen, denen in der deutschen Sprache und Geistesgeschichte eine unüberschaubare Fülle von Bedeutungen zugeordnet ist. Trotzdem gibt es auf der Basis intensiver Konzeptdiskussionen im Arbeitsfeld zumindest einen verbreiteten Konsens, der kulturelle Bildung als Allgemeinbildung versteht, die mit kulturpädagogischen Methoden (also etwa mittels Tanz, Musik, Theater, bildender Kunst, Rhythmik, aber auch mit Hilfe der neuen elektronischen Medien) vermittelt wird.« (BKJ 2004: 3)

Kunst und Kultur vermitteln und bilden, immer und überall

»Bildung« ist immer auch ein ›Selbstbildungsprozess‹, von Anfang an und lebenslang, im Guten wie im Schlechten. »Alles bildet«, so Hartmut von Hentig (1996) lapidar, Erfahrungen und Einsichten, Entdeckungen und Enttäuschungen, die einem vor allem beim ›Aufwachsen‹ begegnen. Unsere Kultur vermittelnden, kulturpädagogischen Bemühungen, von Unterricht bis Event, von Training und Kurs bis Erlebnis und Impuls schaffen dafür ›nur‹ die Rahmenbedingungen, die Angebote und Ereignisse. Allerdings: Individuelle Bildungsbiographien, Erfahrungsprozesse, Lernerfolge hängen von der Qualität von Lernumgebungen, Lernkulturen und auch personalen Anregungen, Modellen und Wissens- bzw. Könnensvorbildern ab. Eben diese Vermittlungskonzepte sind gestaltbar und entscheiden damit über kulturelle Kompetenzentwicklung – als Bildung.

Nun gilt es, die anregenden und aufregenden Bildungsqualitäten von Künsten und Kulturen, des Medialen und Ästhetischen zu bestimmen, in ihren Wirkweisen auszuloten und als Angebot (auch in der Logik »Grundversorgung« und »Recht auf Kultur und Bildung für alle«) in Zeit und Raum zu verorten: Mit und ohne Pädagogik, mit Goethe und Graffiti, von Michelangelo bis Madonna, im Kino und im Konzert, im Wald und im World Wide Web, mit Pinsel und Pixel, in der Schule und in der Stadt, mit Künstlern und Kumpels.

Im zeitgemäßen Verständnis ist die ›Bildung des Subjekts‹ in der Erfahrung vielfältiger Lernformen und in der Erfindung der jeweiligen Lebensform ein ganzheitlicher und prinzipiell unabschließbarer, auch unplanbarer Vorgang. Insofern hat jede Kulturvermittlung, ob absichtsvoll oder unabsichtlich, unmittelbar oder mittelbar, in stetigen oder unstetigen Formen, immer auch mit Bildung zu tun. Sie ist damit entsprechend auch, vor allem im öffentlichen Kontext und auch jenseits aller Beschwörungsrituale einer ›Kunstautonomie‹, nur je eigener individueller Legitimation zu verantworten: Das Wissen um die

Bildungsmächtigkeit aller Phänomene des lebensweltlichen, des jeweiligen sozialen und kulturellen Milieus bzw. Lernanregungspotentials ist alt, und leider durch schulische Bildungsbegriffsdominanzen immer wieder verstellt: »Drei Lehrmeister hat der Mensch: Die Natur, die Dinge und die Menschen«, sagte Jean Jacques Rousseau, der Philosoph der französischen Aufklärung des 18. Jahrhunderts. Und sinngemäß: ›Belehren‹ können uns nur die Menschen. Die Dinge und die Natur (Kunst und Medien, Symbolisches und Sinnliches eingeschlossen) erschließen wir uns ›unmittelbar‹ selbst, bezogen auf Wissen darüber und den Umgang damit, eben ›selbstbildend‹ in Form selbstgesteuerten, selbstorganisierten Lernens. Das Spiel der Kinder, der ›homo ludens‹, ist das exemplarische Modell dafür. Das Ästhetische sowohl als aktive Wahrnehmung wie als kontemplative Anschauung und motivierende Imagination ist der phänomenale und auch kulturell-künstlerische Kontext. Vermittelnde Kulturaktivitäten sind also immer auch Inszenierungen und Angebote für Lern- und Bildungserfahrungen: potentiell, der Möglichkeit nach. Das war und ist schon immer das besondere Vermögen des Kulturellen, etwa als »schöner Schein« des Möglichen und der imaginierten Freiheiten, in einer Realität der Zwänge und Notwendigkeiten, so auch die gerade heute wieder aktualisierte Botschaft von Schillers »Briefen über die Ästhetische Erziehung des Menschen« (Schiller 2000). Im – zugegeben sehr selektiv-subjektiven – Zitatangebot klingt das beim klassischen deutschen Dichter so:

»Mitten in dem furchtbaren Reich der Kräfte und mitten in dem heiligen Reich der Gesetze baut der ästhetische Bildungstrieb unvermerkt an einem dritten fröhlichen Reiche des Spiels und des Scheins, worin er dem Menschen die Fesseln aller Verhältnisse abnimmt, und ihn von allem, was Zwang heißt, sowohl im physischen als im moralischen entbindet.« (Ebd.: 120)

Eine Verheißung, die vom Notwendigen zum Möglichen, als Idee, Vision, Utopie führt – z.B. durch ›Schönheit‹ (was immer das ist im Wandel der Zeit und in subjektiver Empfindung), aber eben zunächst nur symbolisch-fiktiv, doch in einer sinnlich-wahrnehmbaren Gestalt – das ist das Vermögen von Kunst und Kultur, und auch aller schönen neuen Medienwelten. Diese Fähigkeit und das Bedürfnis zur Erzeugung des schönen Scheins zeichnet nach Schiller Zivilisation aus:

»Und was ist es für ein Phänomen, durch welches sich bey dem Wilden der Eintritt in die Menschheit verkündigt? Soweit wir auch die Geschichte befragen, es ist dasselbe bei allen Völkerstämmen, welche der Sklaverey des thierischen Standes entsprungen sind: Die Freude am Schein, die Neigung zu Putz und zum Spiele.« (Ebd.: 107)

Fraglich ist, ob es vor diesem Hintergrund überhaupt eine definitive Antwort darauf geben kann, wie Kunst und Kultur bilden und wie sich diese Prozesse in pädagogisch-zielorientierten Maßnahmen umsetzen lassen.

Herausforderungen: Kultur und Bildung synergetisch

Bleibt aktuell die Frage nach allgemeinen zeitspezifischen und gesellschaftlichen Themen einer auch kulturwissenschaftlich fundierten Kulturvermittlung bzw. der Ausbildung dafür, entsprechend dem Selbstverständnis kultureller Bildung/Kulturpädagogik.

Schlagwortartig lassen sich dabei folgende aktuelle Herausforderungen für die kulturelle Bildung benennen:

- das Recht der Kinder auf Kunst, Kultur, Informationsfreiheit verwirklichen helfen (UN-Kinderrechtskonvention) und als internationale Rahmung in nationale und regionale Strukturen einbeziehen;
- Schlüsselkompetenzen vermitteln und anerkennen: Das besondere Vermögen des Kulturellen über Detailwissen und spezialisiertes Können hinaus: Orientierung, Navigation, Sinnsicherung;
- Chancengerechtigkeit entsprechend sozialer Herkunft, auch bezogen auf Kunst und Kultur, ästhetische Stile und eigensinnige Formen;
- Akzeptanz der Vielfalt der Kulturen: Interkulturelles Lernen fördern und eine gesellschaftliche Realität des Multikulturellen akzeptieren lernen;
- Bildung von Anfang an und die Perspektive des »lebenslangen Lernens«: Auch im Horizont des Wandels der Generationen und der demografischen Zukunftsszenarios von Lebens- und Arbeitswelten;
- neue Kooperationen und Vernetzungen von Künsten, Kultur, Schule, Jugend(kultur-)arbeit: Die Perspektive der lebensweltlichen Bildungslandschaft präzisieren im Stadt-/Land-/Bund-Spiel der Zuständigkeiten sowie Kultur- und Bildungshoheiten;
- Bildung auf dem Weg zur Ganztagsschule – und der Beitrag kultureller Bildung dabei als Modell und Praxis für ganzheitliche Bildungsprozesse und Bildungsbiografien;
- neue Anerkennung für freiwilliges Engagement und erweiterte Förderung;
- kulturelle Medienbildung zwischen »Sinne & Cyber«: Die Kultur des 21. Jahrhunderts ist eine Medienkultur (vgl. Castells 2005).

Diese Themen gilt es jenseits kulturvermittelnder und kulturpädagogischer Binnenkontroversen und Konzeptkonkurrenzen immer wieder neu zu fundamentieren und zu formulieren.

Die Profession im Wandel der Generationen

Es stellt sich eine alte (Aus-)Bildungsfrage auch entsprechend des unabsehbar gesellschaftlichen und demographischen Wandels sinnvollerweise immer wieder neu und zugespitzt, wie einleitend bereits zitiert:

- *Zunächst*: Was will eigentlich die ältere (kulturpädagogische) Generation (noch) mit der nachwachsenden (kulturpädagogischen) Generation – bezogen auf ein sich schnell wandelndes Berufsfeld? Was kann sie ihr vermitteln?
- *Neu*: Was will eigentlich die nachwachsende (kulturpädagogische) Generation (noch) von der älteren (kulturpädagogischen) Generation lernen, annehmen, übernehmen (außer anerkannte Abschlüsse erweitert auf des »Publikum von morgen« und die Bedarfslagen des 21. Jahrhunderts: Zertifizierungen für welche Vermittlungskompetenzen und Berufsperspektiven)?

Es könnte z.B. auch sein, dass die derzeit nachwachsende Kinder- und Jugendgeneration später als Erwachsene (als ›Publikum von morgen‹) alles mögliche aus den eventuell nicht mehr bezahlbaren und nicht mehr nachgefragten kulturell-künstlerischen Traditionsbeständen einfach über Bord wirft, trotz aller Anstrengungen der Kulturvermittlung als Bildungsprojekt und im Interesse des Erhaltens (›Musealisierung‹) tradierter und bestehender Kunst-/Kultureinrichtungen sowie Kunst-/Kulturgewohnheiten der älter werdenden Erwachsenengeneration.

Die Eingangsfragestellung sei als Ausblick nochmals gestellt: Wie wird sich das Berufsfeld für die nachfolgende Generation von Kulturvermittlern entwickeln?

Die Gründergeneration der »Neuen Kulturpädagogik« wird in den nächsten 10 bis 20 Jahren aus dem aktiven Berufsleben aussteigen. Sie hat dieses Feld überraschend erfolgreich entsprechend der Fragestellung »Was war gewollt, was ist geschehen?« entwickelt. In den 70er Jahren war nicht annähernd daran zu denken, dass sich zwischen Schule, Sozialpädagogik und Jugend(verbands-)arbeit ein spezifisch kulturbezogenes Berufsfeld von Vermittlung, Pädagogik, Bildung entwickelt, mit durchaus innovativ-gestaltenden Wirkungen in die anderen Bereiche hinein.

Den Blick zurück nach vorn gewendet: Das Berufsfeld wird entsprechend gesellschaftlichem Orientierungsbedarf sowie individueller Sinnstiftung expandieren, keine Frage – nur mit Sicherheit nicht entsprechend den Mustern und Strategien des 20. Jahrhunderts. Welche professionellen kulturvermittelnden und kulturpädagogischen Schlüsselkompetenzen nötig sind, das lässt sich nur sehr allgemein prognostizieren: Kompetenzbündel von disziplinierter Selbstorganisation, Inhalts-/Fachwissen zu einem spezifisch kulturellen Kontext, Managementeffizienz, aktive Kommunikationsroutine, Orientierungs- und Steuerungsfähigkeiten, stabile personale Identität und Interessen über den je eigenen Tellerrand. Und als ›Schlüsselkompetenz für Schlüsselkompetenzen‹ nennen die Experten: selbst motivierende Aktivität und offenplanende Strategien des Gestaltens, sowohl im eigenen Berufsfeld wie auch entsprechend politischer wie sozialer Kontexte (vgl. Erpenbeck 1999).

Der spekulative Optimismus im »Blick zurück nach vorn« und durchaus entsprechend biografischer Betroffenheit wird analytisch-heuristisch prominent gestützt, wie etwa vom Soziologen und Kulturphilosophen Gerhard Schulze, dem Erfinder des Labels »Erlebnisgesellschaft« (Schulze 1993). Die Fähigkeit, Kultur zu verstehen, wird von Schulze als »Schlüsselkompetenz der Zukunft« prognostiziert (ebd.: 33):

»Neue und sinnvoll scheinende Lernwege: diese Einstellung des Blicks in die weitere Zukunft verspricht am meisten. Es geht darum, ein Gespür für Richtungen zu entwickeln, ohne sich auf Übergangszustände, Szenarien und konkrete Einzelprojekte zu fixieren. [...] Wenn man ins Hier und Jetzt verstrickt ist und seine Aufmerksamkeit voll und ganz den Besonderheiten der Situation widmen muss, fehlt einem die Distanz, die man braucht, um sich Überblick zu verschaffen und sein Tun in bezug auf die zentralen Herausforderungen der Epoche zu beurteilen.« (Schulze 2003: 324)

Kulturvermittler, Kulturpädagogen, schulisch wie außerschulisch, aber natürlich auch Künstler und Mediengestalter könnten diese Aufgabe übernehmen, sind die aktiven Moderatoren, Lernbegleiter, Trainer und Animatoren dieser kulturellen Auftragslage für das 21. Jahrhundert. Es gibt viel zu tun, vor allem für die nachwachsende Generation professioneller Kulturvermittler, insbesondere und zusätzlich zur alltäglichen Vermittlungspraxis auch in der aktiven Selbstgestaltung des Berufsfeldes, das durch plurale Angebots- und Einrichtungsformen, Zielgruppen, Kontakten und Zugangsweisen, Arbeits- und Anstellungskontexte gekennzeichnet ist.

Dies lohnt sich und ist gleichzeitig eine Expedition in und Erkundung von Neuland entsprechend dieser kritischen Analyse aus medienkultureller Sicht der »Netzwerkgesellschaft im Informationszeitalter«:

»Mir geht es um Bildung. Jedoch im weiteren, grundsätzlicheren Sinn; also der Erwerb der intellektuellen Kompetenz, lebenslanges Lernen zu lernen, auf digital gespeicherte Information zuzugreifen, sie neu zusammen zu stellen und für die Produktion von Wissen für jeden Zweck zu nutzen, den wir anstreben. Diese einfache Aussage stellt das gesamte Erziehungssystem in Frage, das sich während der industriellen Ära entwickelt hatte. Es gibt keine grundlegendere Neustrukturierung. Und nur sehr wenige Länder und Institutionen gehen dies wirklich an, denn bevor wir damit beginnen, die Technologie zu ändern, die Schulen umzubauen und die Lehrkräfte umzuschulen, benötigen wir eine neue, auf Interaktivität, Personalisierung und der Entwicklung der autonomen Kompetenz zu lernen und zu denken ausgerichtete Pädagogik. Und das ist unbekanntes Terrain.« (Castells 2005: 292)

Terra incognita: Die Orientierung und Besiedelung, sich dabei verorten und aktiv mitgestalten zu können – das ist das intergenerative Bildungsproblem, die Herausforderung mit weiter gesellschaftlicher Dimension, auch für Kulturvermittlung, Kulturpädagogik, Kinder- und Jugendkulturarbeit, kulturelle Medienbildung. Dies ist die Auftragslage in öffentlicher Verantwortung.

Literatur

Behr, M./Knauf, T. (Hg.) (1989): *Kulturelle Bildung und kulturpädagogisches Handeln in interdisziplinärer Sicht*, Baltmannsweiler.

BKJ (Bundesvereinigung Kulturelle Jugendbildung) (Hg.) (1983): *Jugendkulturarbeit – Beispiele für Praxis und Planung*, Bad Heilbrunn.

BKJ (Bundesvereinigung Kulturelle Jugendbildung) (Hg.) (2001): *Kultur – Jugend – Bildung: Kulturpädagogische Schlüsseltexte 1970-2000*, Remscheid.

BKJ (Bundesvereinigung Kulturelle Jugendbildung) (Hg.) (2002): *Kultur leben lernen*, Remscheid.

BKJ (Bundesvereinigung Kulturelle Jugendbildung) und Deutscher Kulturrat (2004): *Stellungnahme zur öffentlichen Expertenanhörung der Enquete-Kommission »Kultur in Deutschland« des Deutschen Bundestags zur kulturellen Bildung vom 8. März 2004*. IN: URL: www.bkj.de.

Bollenbeck, Georg (1994): *Bildung und Kultur. Glanz und Elend des deutschen Kunsterziehers*, Frankfurt/Main.

Castells, Manuel (2005): *Die Internet-Galaxie*, Opladen.

Ecarius, Jutta (Hg.) (1998): *Was will die jüngere mit der älteren Generation?* Opladen.

Erpenbeck, John/Heyse, Volker (1999): *Die Kompetenzbiographie*, Münster.

Fuchs, Max (1994): *Kultur lernen – Eine Einführung in die Allgemeine Kulturpädagogik*, Remscheid.

Fuchs, Max (2005): *Kulturpädagogik und Schule im gesellschaftlichen Wandel. Alte und neue Herausforderungen für die Theorie und Praxis von Bildung und Erziehung – Ein Versuch*, Remscheid. Auch in: URL: www.kulturmacht-schule.de.

Hentig, Hartmut v. (1996): *Bildung*, München.

Lenzen, Dieter (Hg.) (1990): *Kunst und Pädagogik. Erziehungswissenschaft auf dem Weg zur Ästhetik?* Darmstadt.

Liebau, Eckart (1992): *Die Kultivierung des Alltags: Das pädagogisch Interesse an Bildung, Kunst und Kultur*, Weinheim.
Liebich, Heimo et al. (Hg.) (2005): *Bildung in der Stadt. kooperativ, kreativ, kommunal*, München.
Meyer-Drawe, Käte (2004): »Kulturwissenschaftliche Pädagogik.« In: Friedrich Jäger/Jürgen Straub (Hg.): *Handbuch der Kulturwissenschaften*, Bd. 1, Stuttgart, S. 603.
Mollenhauer, Klaus (1983): *Vergessene Zusammenhänge – Über Kultur und Erziehung*, München.
Mollenhauer, Klaus (1986): *Umwege. Über Bildung, Kunst und Interaktion*, Weinheim.
Mollenhauer, Klaus (1996): *Grundfragen ästhetischer Bildung*, Weinheim/München.
Müller-Rolli, Sebastian (1988): *Kulturpädagogik und Kulturarbeit*, Weinheim.
Rau, Johannes (2004): *Den ganzen Menschen bilden – Wider den Nützlichkeitszwang*, Weinheim; Basel.
Rüsen, Jörn (2004): »Sinnverlust und Transzendenz – Kultur und Kulturwissenschaft am Anfang des 21. Jahrhunderts«. In: Friedrich Jäger/Jörn Rüsen (Hg.): *Handbuch der Kulturwissenschaften*, Bd. 3, Stuttgart, S. 533ff.
Schiller, Friedrich (2000 [1793]): *Über die Ästhetische Erziehung des Menschen in einer Reihe von Briefen* (22. Brief, 1793), Stuttgart.
Schirrmacher, Frank (2004): *Das Methusalem-Komplott*, München.
Schleiermacher, F. (1964): *Ausgewählte pädagogische Schriften*, Paderborn.
Schulze, Gerhard (2003): *Die beste aller Welten*, München.
Schulze, Gerhard, (1993): *Die Erlebnisgesellschaft*, Frankfurt/Main.
Seel, Martin (2000): *Ästhetik des Erscheinens*, München.
Zacharias, Wolfgang (2001): *Kulturpädagogik, kulturelle Jugendbildung – Eine Einführung*, Opladen.

Dr. Wolfgang Zacharias, geb. 1941 in München. Nach Studium der Kunst und Kunstpädagogik in München, Stuttgart, Paris einige Jahre Kunsterzieher an Münchner Schulen. Um 1968 Mitbegründer der Gruppe *KEKS* und um 1972 der Initiative »Pädagogische Aktion«.

In den 70er und 80er Jahren Organisation von Spielaktionen, Spielmobilen, museums- und medienpädagogischen Programmen mit ›kulturell-ästhetischen‹ und partizipativ-handlungsorientierten Akzenten, zunehmend im Auftrag und finanziert durch die Landeshauptstadt München, Kultur- und Sozialreferat. Entwicklung kommunaler kulturpädagogischer Konzepte und Organisationsformen zugunsten von Netzwerken im Verbund Kultur-, Jugend-, Schul- und Bildungspolitik. Promotion über »didaktische Strukturen« Anfang der 90er Jahre bei Gunter Otto in Hamburg.

Tätig – nach wie vor – im Rahmen der Landeshauptstadt München, Kulturreferat mit Delegation als Projektleiter der »Pädagogischen Aktion Spielkultur e.V.« (www.pa-spielkultur.de) mit aktuellen Schwerpunkten kulturelle Medienbildung zwischen »Sinnenreich und Cyberspace« (z.B. AG Inter@ktiv, siehe www.interaktiv-muc.de) und der Arbeit an einem kommunalen »Kultur- und Schulservice« in München (KS:MUC, siehe www.ks-muc.de).

Derzeit Vorstandsmitglied der Bundesvereinigung Kulturelle Jugendbildung, der Kulturpolitischen Gesellschaft und des Bundesverband der Jugendkunstschulen und Kulturpädagogischen Einrichtungen. Zahlreiche Veröffentlichungen, u.a.: »Kulturpädagogik« (Opladen 2001), »Kunst und Leben, Kultur und Pädagogik« (Essen 2001), »Interaktiv: Im Labyrinth der Wirklichkeiten« (Hg., Essen 1996) und »Bildung in der Stadt: kommunal, kooperativ, kreativ« (Hg., zusammen mit Haimo Liebich und Julia Marx, März 2005).

→ Perspektiven der Kulturvermittlung im gemeinnützigen Kulturbereich
Gerd Dallmann

Meine Ausführungen beziehen sich besonders auf den so genannten ›Dritten Sektor‹, die frei-gemeinnützigen Kulturträger, die sich im Zwischenraum zwischen der staatlich oder kommunal betriebenen Kultur und dem Kulturmarkt bewegen. Dieser von bürgerschaftlichem Engagement getragene Kulturbereich reagiert häufig wie ein Seismograf auf künstlerische und gesellschaftliche Veränderungsprozesse, bezieht neue Ausdrucksformen und Bedürfnisse ein und besetzt entstehende Nischen, aus denen heraus er in Wechselbeziehungen zu beiden anderen Bereichen tritt – sowohl in der praktischen Kooperation als auch bezüglich der Arbeitsbiografien von Künstlern oder Kulturvermittlern. Gleichzeitig hat dieser kulturelle Sektor nicht nur eine Mittlerrolle zwischen Staat und Markt, sondern auch zwischen Kunst und Bildung, zwischen Kultur und Sozialem. Dies und die Vielfalt an Trägern und Organisationsformen machen diesen Bereich zu einem interessanten Handlungsfeld für Kulturvermittlung.

Entwicklungsgeschichte und Situationsbeschreibung

Die Entwicklung der vergangenen Jahre zeigt, dass Kultur eine Wachstumsbranche ist, deren wirtschaftliche Bedeutung – z.B. in Bezug auf den Umsatz und die Anzahl der Arbeitsplätze – steigt. Wer den aktuellen Veranstaltungskalender einer Tageszeitung oder eines Stadtmagazins aufschlägt und ihn mit 20 oder 30 Jahre alten Daten vergleicht, kann dies ohne aufwändige statistische Untersuchungen nachvollziehen und stellt darüber hinaus angesichts der Fülle der Angebote auch einen kaum noch überschaubaren Trägerpluralismus in unserer Kulturlandschaft fest. Diese – stark vom freien Kulturbereich initiierte – Entwicklung der vergangenen 30 Jahre fügt dem kulturellen Reichtum Deutschlands neben der durch feudale Kleinstaaterei entstandenen Vielzahl an Stadt- und Staatstheater und -museen noch eine neue Komponente hinzu.

Die gegenwärtige Situation des Kulturbereichs insgesamt kann darüber hinaus mit dem Begriff ›Durchlässigkeit‹ beschrieben werden.

Auf der Seite der Produzenten heißt dies: Künstler überschreiten herkömmliche Sparten- und Genregrenzen und sind immer stärker an interdisziplinären Produktionen interessiert sowie daran, ihre Arbeiten auch in anderen Kontexten als den klassischen Bühnen oder Ausstellungshallen umzusetzen.

Die Institutionen wiederum erweitern ihre Repertoires (auch Geschäftsfelder genannt) über ihre angestammten Sparten- und Kundenbindungen hinaus und setzen immer stärker auf Kooperation.

Auch die Beziehungen zwischen Produzenten und Konsumenten sind durchlässiger geworden, woran die Kulturvermittler/-innen nicht unerheblich mitwirken: Zur Kunstproduktion oder -präsentation gehört inzwischen fast überall auch die Vermittlung in Form von z.B. theater- oder kunstpädagogischen Angeboten.

Gleichzeitig findet kulturelle Bildung auch dort statt, wo sie nicht von einem Anbieter als solche konzipiert ist: engagierte Mitglieder von Kulturvereinen und -initiativen oder andere Mitwirkende lernen in Kulturprojekten, in denen sie sich selber planend, organisierend, spielend betätigen – und das in wechselnden Rollen oder unterschiedlichen Projekten, denn das bürgerschaftliche Engagement ist nicht mehr auf lebenslange Besetzung von Ehrenämtern ausgerichtet, sondern auf kurzfristigere, durchaus auch durch eigene Lernerfahrungen motivierte Engagementformen.

Die Schranken zwischen den kulturellen Einrichtungen, auch zwischen der so genannten Hoch- und der Populärkultur, sind kleiner geworden – solange dies nicht durch Kürzungsbestrebungen der öffentlichen Hand konterkariert wird.

Auch über die Konsumentenseite, also die Interessenlage in der Bevölkerung an kulturellen Angeboten oder Aktivitäten gibt es inzwischen einige Untersuchungsergebnisse. Auffällig und Anlass für struktur- und kulturpolitische Überlegungen ist dabei einerseits, dass das Interesse an der kulturellen Teilhabe stark vom Bildungsgrad abhängt. Da eigene kreative Betätigung gleichzeitig Bildungschancen auch außerhalb der musischen Bereiche erhöht, kann man feststellen: Die durch PISA bekannte hohe Selektivität unseres Bildungssystems und die Schwierigkeiten der Öffnung von Kultur für breite Bevölkerungsschichten stehen in einer problematischen Wechselbeziehung.

Zum anderen – und das steht meist nicht im Fokus der Kulturstatistiken, ist aber etwa für ein Flächenland wie Niedersachsen strukturpolitisch von großer Bedeutung – kann festgestellt werden, dass die Interessen an Kunst, Musik oder Theater sehr stark von der vorhandenen kulturellen Infrastruktur abhängen und demzufolge in ländlichen Regionen weniger ausgeprägt sind als in Großstädten.

Empfehlungen an die Politik

Der Bitte der Herausgeberin, sich hierzu zu äußern, kann ich natürlich in diesem Zusammenhang nur thesenartig nachkommen. Wenngleich auf diesem Feld viel mühsame Detailarbeit zu leisten ist, die ich nicht gering schätzen möchte, will ich hier ein paar Gedanken formulieren, die fernab der tagespolitischen Umsetzbarkeit liegen, für die Weiterentwicklung unserer Kulturlandschaft – gerade auch in Zeiten knapper öffentlicher Haushalte – aber von grundsätzlicher Bedeutung sind.

Vordringlich ist es meines Erachtens, der Entwicklung des ausdifferenzierten Trägerpluralismus in unserer Kulturlandschaft mit einer angemessenen, stärker leistungsbezogenen Systematik von Kulturförderung zu begegnen:

Alle Kultureinrichtungen, die auf kontinuierliche Produktionen oder Angebote ausgerichtet sind, bräuchten eine durch die Qualität ihrer Konzepte periodisch zu rechtfertigende Grundsicherung für mehrere Jahre und die Chance, für einzelne wechselnde Projekte kurzfristige Förderung zu erhalten – und zwar unabhängig davon, ob sie staatlich, kommunal oder in freier Trägerschaft organisiert sind. Vorhandene Strukturen erhielten so einen stärkeren Impuls zur Veränderung und kleineren, flexibleren Einrichtungen würden mehr Chancen eingeräumt, auf der Basis staatlicher Grundsicherung zusätzliche Mittel beispielsweise von Sponsoren einzuwerben. Dies würde mehr privates Engagement als bisher in unserer Kulturfinanzierung freisetzen, denn die Konzentration des Staates im freien Kulturbereich auf Projektförderung blockiert private Geldgeber, die sich eher für spezifische Projekte engagieren wollen als für kontinuierliche Arbeit.

Darüber hinaus gilt es, die Kultur in ihren Wechselbeziehungen zu anderen gesellschaftlichen Handlungsfeldern und damit auch anderen Politikbereichen stärker wahrzunehmen – zur Wirtschafts- und Arbeitsmarktpolitik ebenso wie zur Stadt- und Regionalentwicklung, zur Sozial- und Gemeinwesenarbeit und zur Bildung.

Und schließlich gilt es, die kulturelle Infrastruktur im ländlichen Raum weiter zu entwickeln – sei es, um dem Verfassungsgebot der Schaffung bzw. Wahrung gleichwertiger Lebensverhältnisse nachzukommen, sei es, um angesichts der Wechselbeziehungen von Bildung und Kultur das Bildungsniveau auf breiter Basis zu erhöhen, sei es, um die Chancen des Wirtschaftsstandorts Deutschland durch Förderung der kleinteilig organisierten Wachstumsbranche Kultur gerade in strukturschwachen Regionen zu verbessern.

Erwartungen an die Ausbildung

Am Beispiel des Kulturvermittlungs-Studiengangs in Hildesheim wird deutlich, dass davon nicht nur viele Impulse für die kulturelle Praxis in Stadt und Region Hildesheim ausgegangen sind, sondern sich dieser auch als lern- und veränderungswillig und -fähig erwiesen hat. So sind etwa die Kontakte zur Praxis ausgebaut worden und die Beschäftigung mit Fragen von Kulturmanagement und -politik hat zugenommen.

Im Verhältnis zwischen Ausbildung und kultureller Praxis ist für uns Praktiker eine intensiv gepflegte Beziehung wichtig – nicht im Sinne einer ›Verschulung‹ des Studiums oder der Aufgabe wissenschaftlicher Freiheiten zugunsten der Anpassung an eine womöglich veränderungsbedürftige Praxis, sondern im Sinne einer produktiven Reibung und einer Bereicherung der praktischen Kulturarbeit durch Experimente und Projekte, die nicht nur in die Ausbildung als Lernerfahrung zurückwirken, sondern auch unmittelbar Zeichen setzen und Ansporn sein können für neue Formen der Kulturarbeit.

Was die Profilierung der Absolventen durch die Hochschulen angeht, möchte ich trotz der hohen Bedeutung von Spezialisierungen und der Fähigkeit, Nischen zu besetzen, davon abraten, für *eine* Nische auszubilden, sondern eher für das Entdecken von Nischen und für ›Nischen-Hopping‹: Kulturlandschaft entwickelt sich schneller, als dass man eine vollständige berufliche Karriere in einer Nische zubringen könnte.

Gleichzeitig braucht unsere Kulturlandschaft Akteure, die als Kulturfachleute neben musischen, kommunikativen und pädagogischen Qualifikationen auch Fragen des Kulturmanagements kompetent beurteilen und in ihrer beruflichen Praxis die Felder Organisationsentwicklung, Qualitätsmanagement und Marketing selbstbewusst bearbeiten können und dies nicht allein den Betriebswirten überlassen. Damit soll diese Disziplin, die sich in den genannten Fragen als sehr beweglich erwiesen hat, keineswegs diskreditiert werden – auch Betriebswirte können hohe Kreativität entfalten, und wir Kulturleute haben diese nicht für uns gepachtet; wir sollten aber den Kollegen aus den anderen Disziplinen in den angesprochenen Themenfeldern auf Augenhöhe begegnen können.

Auch eine intensive Beschäftigung von Forschung und Lehre mit der Kulturpolitik ist von großem Interesse seitens der Kulturpraktiker. Kulturpolitik hat immer noch Nachholbedarf hinsichtlich einer systematischen Erforschung ihrer Voraussetzungen, ihrer Abläufe und Wirkungen. Das vorherrschende Bild ist: ›Kulturpolitik kann jeder‹. So wird sie häufig sehr stark als Klientelpolitik begriffen und praktiziert und ist sich ihrer Komplexität selber nicht ausreichend bewusst. Auch hier ist eine Einmischung der Ausbildungsstätten von Seiten der Kulturpraktiker sehr erwünscht.

Zu guter Letzt halte ich eine intensive Absolventenforschung für unverzichtbar, da sie Aufschluss gibt über Tendenzen auf dem Arbeitsmarkt Kultur ebenso wie über die Kompetenz der Absolventen, dort ihren Platz zu finden. Ein strukturierter Gedankenaustausch von Absolventen (und anderen Praktikern) mit Lehrenden und Studierenden kann Motor von Entwicklungsprozessen auf beiden Ebenen sein.

Gerd Dallmann, geboren 1953. Studium der Mathematik, Politologie und Soziologie mit Abschluss Soziologe (M.A. 1981); 1981-1988 geschäftsführender Mitarbeiter im Kultur- und Kommunikationszentrum »Pavillon am Raschplatz« in Hannover, Tätigkeitsfelder: Projektplanung, Kooperation mit Nutzergruppen, Personal, Finanzen, Außenvertretung. Währenddessen Vorstandsmitglied der Bundesvereinigung soziokultureller Zentren (1984-1989), u.a. zuständig für ein vom BMBW gefördertes Forschungsprojekt zum »Qualifikationsbedarf [...] in der praxisnahen Kulturarbeit«. 1985-1988 Vorsitzender der LAG »Soziokultur in Niedersachsen«.

Seit 1988 Geschäftsführer der LAG »Soziokultur in Niedersachsen«, Koordination der landesweiten Angebote der LAGS in den Bereichen Fortbildungs- und Beratungsangebote für Kulturträger in Niedersachsen, Öffentlichkeitsarbeit und Verwaltung der vom Land Niedersachsen gewährten Fördermittel.

Weitere Informationen: *www.soziokultur-niedersachsen.de*.

→ »Lücken schliessen« – oder Bedingungen und Kriterien professioneller Kulturvermittlung
Uta Schnell

Als Ausgangspunkt meiner Überlegungen, was professionelle Kulturvermittlung heute bedeuten kann, möchte ich noch einmal einige Phänomene vor Augen führen, die die gesellschaftliche Entwicklung in den letzten 20 Jahren geprägt haben. Da die allbekannten Schlagworte »Individualisierung« und »Pluralisierung« diese Entwicklung zwar richtig, aber doch sehr verkürzt beschreiben, möchte ich vier Phänomene herausgreifen, die mir für die Fragestellung wichtig erscheinen.

1. *Erosion allgemeiner Sinn- und Verpflichtungssysteme (›Enttraditionalisierung‹) und damit einhergehend die Fokussierung des Interesses auf die eigene Lebenswelt*

Wo die allgemeinen Landmarken fehlen, werden die eigenen Bedürfnisse und deren Befriedigung zum Zentrum und Maßstab für die Lebensplanung und Lebensführung. Man selektiert sehr genau, was einen ›betrifft‹ und was nicht. Immer weniger umfasst dabei diese ›Lebenswelt‹ tatsächlich ein fest umgrenztes Gemeinwesen oder sozialen Stand. Es bezieht sich zunehmend auf die eigene Person in je verschiedenen Zusammenhängen: als Studentin, als Raver, als Kind von Eltern, als Mitglied des Sportvereins. In einer der jüngsten Shell-Studien wird kein Wertewandel und kein Werteverlust, sondern vielmehr eine »Inflation am Wertehimmel« konstatiert:

»Die Bewertung von Bedürfnissen, Handlungsoptionen, sozialen Strukturen, die Perspektiven der Lebensgestaltung wie auch die Kontrolle von Risiken werden zunehmend individuell erledigt. Dies verlangt vom Einzelnen ein hohes Maß an ›Selbstmanagement‹. Er hat alle Hände voll zu tun, aus dem Überangebot an Möglichkeiten – oder aber aus der Abwesenheit von Möglichkeiten (Arbeitsplatz, Sozialleistungen) – immer neu die Kohärenz seiner eigenen Lebensgeschichte herzustellen (Distinktionsgewinn, Terror des lebenslangen Lernens, Self-Reinvention, Ich-AG).« (Fritzsche 2000)

Ausdruck dieser Entwicklung ist ein gewandeltes Verhältnis zu Bildungs-, Freizeit- und Kulturangeboten: Subjektivismus, Enttabuisierung, Spontanität und Abneigung gegenüber Fremdbestimmung charakterisieren die neue Situation.

2. *Misstrauen gegenüber eindimensionalen Erklärungsmustern und Handlungsbegründungen angesichts des hohen Verfallswerts und der Komplexität von Wissen (›Kontingenzerfahrung‹)*

Es wird geschätzt, dass sich das gesamte Wissen der Menschheit mittlerweile alle fünf bis sieben Jahre verdoppelt. Diese Beschleunigung des Wissenszuwachses entwertet sowohl traditionelle Bestände wie auch gefundenes Einvernehmen. Es entsteht eine Pluralität von Sinngebungen, Situationsdefinitionen und sozialen Wirklichkeiten. Wenn aber traditionelle wie weltanschauliche Standpunkte wenig bzw. eigentlich gar keine Integrationskraft mehr haben, bleibt als Maßstab die Perspektive des Einzelnen übrig – ersatzweise die der Medien, wie wir sie in den Ereignissen des 11.9.2001 oder in der Debatte über den Umbau des Sozialstaates verfolgen konnten. Dabei wird die Unterscheidung, was ›richtig‹ und ›falsch‹, ›wahr‹ oder ›unwahr‹ ist, zum individuellen Einschätzungsproblem.

3. *Globalisierung, d.h. erhebliche Wandlungsprozesse im ökonomischen Gefüge, Verkürzung bzw. Beschleunigung von Reise- und Informationswegen, Migrationbewegungen und kulturelle Verflechtungen*

Zu den bis hierher benannten Eckpunkten einer so genannten ›Spätmoderne‹ kommt eine inzwischen ins öffentliche Bewusstsein dringende Globalisierung. Dabei spielt die hochkomplexe, teilweise sogar undurchschaubare Globalität der Finanzströme, die grenzenlose Ökonomie eine besondere Rolle. Unter den 100 größten Ökonomien der Welt sind nur 49 Länder, die anderen 51 sind privatwirtschaftliche Unternehmen. Es ist nicht völlig abwegig zu glauben, dass die Lenkung von Finanzströmen ganze Staaten in Abhängigkeit bringen kann. Der Eindruck, diffus abhängig, ja womöglich ›ferngesteuert‹ zu sein, rückt immer mehr ins Alltagsbewusstsein.

Dabei nimmt innerhalb der Märkte die Bedeutung industrieller Produktion und Dienstleistung weiter ab, die Vermarktung von kulturellen Erlebnissen unterschiedlichster Art aber zu. Heute schon gibt das reichere obere Fünftel der Weltbevölkerung für den Zugang zu kulturellen Erlebnissen genauso viel aus wie für Fertigerzeugnisse und Dienstleistungen (vgl. Rifkin 2000).

4. *Die Marginalisierung bestimmter gesellschaftlicher Gruppen, vor allem Jugendlicher und Migranten*

Dieser gesellschaftliche Wandel hat Auswirkungen sowohl auf kulturelle Praktiken und künstlerische Produktion und damit auf die Zielrichtung, Inhalte und Methoden von Kulturvermittlung.

Was bedeutet vor diesem Hintergrund also professionelle Kulturvermittlung?

1. *Lücken schließen in Debatten, die einseitig von ökonomischen, politischen oder wissenschaftlichen Gesichtspunkten und Argumenten geprägt sind. Erschließung künstlerischer und kultureller Potenziale für die Auseinandersetzung mit gesellschaftlichen (Zukunfts-)Fragen. Aneignung der Expertenkultur aus dem Blickwinkel der Lebenswelt*

Professionelle Kulturvermittlung darf sich nicht nur darauf beschränken, Menschen der Kunst, dem Theater, dem Konzert etc. ›zuzuführen‹ oder – auch gern und immer wieder häufig genannt – eigenes ästhetisches Schaffen zu ermöglichen – gleichsam als kreative Selbsterfahrung und idyllischer Schutzraum jenseits des gesellschaftlichen Zweckbetriebes und ökonomischer Zumutungen. Denn dann kann Kulturvermittlung schnell zu etwas ›verkommen‹ – was Mark Siemons wie folgt beschreibt:

»Ein einzigartiges Erlebnis, das dem träge und entfremdet zwischen glatten Oberflächen dahin gleitenden Leben die zum weiteren Arbeiten und Konsumieren nötige Vitalität verschafft, eine schockartige Injektion von Wahrheit und Bedeutung gewissermaßen.« (Frankfurter Allgemeine Zeitung vom 1.9.01)

Um nicht missverstanden zu werden: Natürlich ist es wichtig, Kinder, Jugendliche und Erwachsene anzuregen› selber zu musizieren, zu malen, zu schreiben, zu filmen oder aber Kunst, Videos, Musik, Filme zu erleben und zu verstehen. Denn in der »ästhetischen Erziehung des Menschen« (vgl. Schiller 2000) formuliert sich selbstverständlich immer wieder und unerlässlich die trotzige Reklamation des menschlichen Rechts auf Ganzheitlichkeit, auf Spiel, auf Selbstbestimmung, auf Unsinniges, Fehler, Versuch und Eigensinn.

Aber ›Kultur‹ zu vermitteln bedeutet meines Erachtens noch mehr, und das hängt eng mit dem zugrunde gelegten Kulturbegriff zusammen: Es geht darum, das ›kulturelle Bewusstsein‹ zu stärken, »nämlich das des geschliffenen utopischen Bewusstseins, um gerade die nächste Nähe zu durchdringen« (Bloch 1959).

Politik, Ökonomie, Wissenschaft und Kunst kultivieren mehr und mehr ihre eigenen Denkmuster:

»Ein Subsystem (wie Wirtschaft, Gesundheitssystem, Politik, Bildungssystem, Bewusstseinssystem) organisiert sich in der Regel selbstreferentiell, reproduziert sich aus sich selbst heraus und wehrt sich gegenüber übergeordneten, auf Einbindung zielenden, damit den eigenen Circulus relativierenden Ideen, Visionen, Utopien. Je mehr die selbstreferentiellen zweckhaften Subsysteme dominieren, umso weniger wird das überwölbende Gemeinwohl beachtet.« (Glaser 2001)

Wir sind auf Übersetzer angewiesen, wenn der gesamtgesellschaftliche Zusammenhang nicht verloren gehen soll. Kulturschaffende und Kulturvermittler müssen in diesem Sinne ›Übersetzer‹ sein, d.h. Strategien der Aneignung, der Vermittlung, der Orientierung entwickeln. Sie müssen Lücken schließen in Debatten, die einseitig von ökonomischen, politischen oder wissenschaftlichen Gesichtspunkten und Argumenten geprägt sind. Kultur und Kulturvermittlung sollte in diesem Sinne immer auch die Aneignung der Expertenkultur aus dem Blickwinkel der Lebenswelt bedeuten.

2. Alternative Zugänge, neue Formen der Ansprache zur Wahrnehmung und Analyse gesellschaftlicher und individueller Themen erschließen. Anlässe und Mittel bieten, die Entgrenzung vorgegebener Verhältnisse anzuregen

Kunst erleichtert die Kommunikation. Das mag sich paradox anhören, weil Kunst eine eigene Formsprache besitzt, und der Zugang zu Kunst wie das Sprechen darüber in der Regel als eher schwierig gilt. Die Rezeption von Kunst und künstlerischem Ausdruck, das wissen wir spätestens seit Bourdieu, ist nicht voraussetzungslos, sondern abhängig von kulturellen Ressourcen (vgl. Bourdieu 2003). Auch stellen sich die erwünschten kommunikative Effekte natürlich nicht automatisch ein, sie sind häufig eine Frage von künstlerischer Qualität und anderer Faktoren, auf die man nicht immer Einfluss hat. Dennoch bieten Kunst oder künstlerische Formen vielfältige Anlässe und Mittel alternativer Betrachtungsweisen, die die Grenzen herkömmlicher Diskurse sprengen können. Professioneller Kulturvermittlung sollte es deswegen darum gehen, den ›Möglichkeitssinn‹ zu trainieren. Den ›Möglichkeitssinn‹ hat Robert Musil als die Fähigkeit definiert, »alles, was ebenso gut sein könnte, zu denken und das, was ist, nicht wichtiger zu nehmen als das, was nicht ist« (Musil 2002: 16).

3. Subjektivität als Ort gesellschaftlicher Verwerfungen und Entscheidungen anerkennen und in den Fokus kultureller Vermittlungsarbeit rücken

Soll man die Menschen, z.B. Jugendliche, in ihrem Beharren auf einer subjektiven, spaß- und erlebnisorientierten Perspektive ungestört lassen? Soll man sie gar darin bestärken? Zunächst einmal: Ja. Die individuelle Konstruktion eigener Subjektivität macht gegenwärtig nämlich mehr Mühe als man denkt. »Alles so schön bunt hier«, textete vor 20 Jahren schon Nina Hagen ironisch. Als sei die Konstruktion des eigenen Ichs nicht schwierig genug, wird die Verantwortung für gesellschaftliche Fehlentwicklungen den Individuen selbst zugeschrieben. So leiden in der öffentlichen Meinung nicht etwa Jugendliche oder Migranten an gesellschaftlichen Zumutungen, sondern umgekehrt. Die Gesellschaft leidet an den Jugendlichen und Migranten, weil sie als Konsumkids, bindungslose Hedonisten, integrationsunwillige Moslem-Weiber (sic!) schuld sind am Moraldisaster und den Parallelgesellschaften. Eine Folge solcher Zuschreibungen ist die zunehmende Marginalisierung – und damit ihre noch größer werdende Gesellschafts- und Kulturferne.

Die Vorstellung, die Gestaltung von Subjektivität sei überindividuell, normativ, kollektiv oder solidarisch zu leisten, erscheint als Möglichkeit rückwärtsgewandt. Die vermeintliche Freiheit, alles werden zu können – erfolgreich, reich, sexy, berühmt, schön, glitzernd, bewundert –, wenn man es nur will, die gesellschaftspolitisch behauptet und kulturindustriell gestützt wird, verlagert gesellschaftliche Defizite ins Versagen des Subjekts: Keine Lehrstelle zu bekommen ist dann weniger eine Folge unzureichender Ausbildungspolitik, als vielmehr das Unvermögen des Einzelnen.

Subjektivität ist der Dreh- und Angelpunkt dieser Gesellschaft und vor allem mehr denn je formuliert als Anforderung. Begreift man Subjektivität als Ort, an dem gesellschaftliche Verwerfungen und Entscheidungen ausgetragen werden, muss sie notwendig in den Fokus kultureller Vermittlungsarbeit rücken. Will man z.B. Jugendliche ›dort abholen, wo sie stehen‹, dann ist das am eigensinnigsten Ort ihrer Subjektivität, ihrer Kultur. Das bedeutet wiederum, dass man die Formen, Inhalte und Orte ihrer Kultur ernst nehmen muss. Auch wenn diese Kultur zu großen Teilen kulturindustriell geformt und überformt ist, geht sie nicht immer in Warenästhetik auf.

Kurz: Professionelle Kulturvermittlung muss zur Kenntnis nehmen, dass kulturelle Produktion verschiedene Erscheinungs- und Ausdrucksweisen haben kann. Sie sollte wachsam sein, genau hinsehen und nicht vorschnell bewerten oder gar beiseite schieben, was nicht in ihre institutionell etablierten Formen passt. Aber auch:

»Kompetenter Mut, nicht nur die Menschen, dort ›abzuholen‹, wo sie sich befinden […], sondern auch zu verhindern suchen, dass Menschen dorthin manipuliert werden, wo man dann Schwierigkeiten hat, sie wieder für Nach- wie Vorausdenklichkeit zu gewinnen. ›Falsches Hinbringen‹ ist heute eine besondere Gefahr, da Kommerzialisierung es immer schwerer macht, ›richtiges Bewusstsein‹, das anthropologisch, ethisch, ästhetisch zu begründen ist, als Ziel zu postulieren.« (Glaser 2001)

4. *Professionelle Kulturvermittlung sollte sich verstehen als umfassendes Kommunikationskonzept, das Teilhabe an Kultur unter die Maßgabe von Kommunikationswegen, Rezeptionsgewohnheiten und ästhetischen Vorlieben stellt*

Die institutionelle Kultur steht in den letzten Jahren vor Herausforderungen, hat sie doch bisher – aus meiner Sicht auch sehr zu Recht – angenommen, dass ihr öffentlicher Auftrag ausreichend sei, um ihre Angebote zu legitimieren. Allerdings: Wo mit den Füßen abgestimmt wird, steht mancher Theaterintendant oder manche Museumsdirektorin allein. Mangelnde Kongruenz zu den Bedürfnissen der ›Kulturkonsumenten‹ und die Konkurrenz zu anderen Bildungs- und Freizeitangeboten kennzeichnen die Ausgangslage. Die Frage, wie man die Leute von ihren angeblich falschen Bedürfnissen abbringt, stellt sich nicht mehr, sondern vielmehr, wie man kulturelle Intentionen und Abnehmerbedarf aufeinander abstimmt. Dass dabei auch ein gutes Marketing eine nicht unwichtige Rolle spielt, ist sicherlich unbestritten, der frühere Argwohn gegen ›Verpackung‹ und ›Vermarktung‹ hat sich mittlerweile gelegt. Aber ›professionelle Kulturvermittlung‹ ist mehr als gute Vermarktung und Pressearbeit: Sie sollte verstanden werden als umfassendes Kommunikationskonzept, das Teilhabe an Kultur unter die Maßgabe von Kommunikationswegen, Rezeptionsgewohnheiten und ästhetischen Vorlieben stellt. Das ist dann weniger ein zähneknirschendes Zugeständnis an Moden und Geschmack als ein durch und durch kultureller Impetus.

5. *Einsicht in die Notwendigkeit, die Inhalte, Methoden und Zielgruppen fortwährend zu überprüfen und zu erneuern*

Professionelle Kulturvermittlung muss sich immer wieder aufs Neue vergewissern, ob ihr Selbstverständnis, ihre Legitimationen und Perspektiven noch aktuell sind. Dieses Bemühen sollte sich darauf richten, gute Gründe und überzeugende Vermittlungsstrategien – d.h. Themen, Formate und Orte kultureller Auseinandersetzung – zu finden. Natürlich muss hier auch und immer wieder die Frage nach der Erreichbarkeit alter und neuer Öffentlichkeiten gestellt werden.

Dies gilt natürlich auch für die Kulturstiftung des Bundes. Seit ihrer Gründung im März 2002 widmet sich die Kulturstiftung des Bundes in ihrem Programm- und Initiativbereich Themen von gesamtgesellschaftlicher Bedeutung. So z.B. im Programm »Kunst und Stadt« mit der Bedeutung urbaner Veränderungen für das kulturelle Selbstverständnis moderner Gesellschaften. Gerade in Ostdeutschland, quasi vor der Tür der Kulturstiftung des Bundes in Halle, stellt sich das Problem schrumpfender Städte bekanntlich mit besonderer Brisanz. Die Debatte, wie mit Schrumpfungsphänomenen umzugehen ist, konzentrierte sich lange auf Abriss und Aufwertung von Wohnquartieren, also wohnungswirtschaftliche und städteplanerische Aspekte. Das von der Kulturstiftung des Bundes in 2002 gestartete Kulturforschungsprojekt »Schrumpfende Städte« verstand sich komplementär hierzu. Wir wollten die Diskussion um kulturelle Fragestellungen und eine internationale Perspektive erweitern. Durch u.a. eine Ausstellung in Berlin, zahlreiche Veranstaltungen im Vorfeld, Reader, Beiträge in Medien ist es den Kuratoren des Projektes schon jetzt gelungen, auf die vielfältigen kulturellen Folgen schrumpfender Städte aufmerksam zu machen sowie überhaupt die Probleme und Chancen dieser Situation offen zu benennen und zu diskutieren. Das stereotype Bild ›schrumpfende Stadt = Ort kultureller und gesellschaftlicher Ödnis‹ greift nämlich zu kurz. Natürlich gibt es in diesen Städten zivilgesellschaftliche und kulturelle Potenziale, ohne dass damit die Situation schön geredet werden soll. In einer zweiten Ausstellung Ende 2005 in Leipzig werden Interventionen für einen neuen, anderen Umgang mit schrumpfende Städten vorgestellt.

In den letzten drei Jahren haben wir in den Programmen »Kunst und Stadt«, »Mittel- und Osteuropa« sowie »Deutsche Einigung« eine ganze Reihe von großen Projekten auf den Weg gebracht. Sie alle untersuchten die kulturelle Dimension gesellschaftlicher und politischer Entwicklungen und bezogen Künstler und Theoretiker unterschiedlicher Sparten und Wissensgebiete ein.

Nachdem mit der Ausstellung »Schrumpfende Städte« das Programm »Kunst und Stadt« im Frühjahr 2006 endet, wollen wir uns nun dem Thema »Arbeit in Zukunft« zuwenden. Die öffentliche Debatte darüber, wie mit dem Wandel der Arbeitsgesellschaft umgegangen werden soll, wird bereits seit langem intensiv geführt: Es gibt eine Vielzahl von sozial- und arbeitswissenschaftlichen Untersuchungen und Initiativen unterschiedlicher Akteure sowie ausgewiesene kulturelle Projekte zum Thema. Gleichwohl konzentriert sich die öffentliche Debatte nach unserer Auffassung bislang vorrangig auf Maßnahmen für mehr Erwerbsarbeit, sozialstaatliche Fürsorge oder die Aufwertung von ehrenamtlichen Tätigkeiten und Eigenverantwortung. Kultur und Kunst wird dabei üblicherweise die Rolle zugewiesen, die Menschen für die neuen Herausforderungen der Arbeitsgesellschaft zu qualifizieren (Kreativitätsförderung, Persönlichkeitsentwicklung), die betriebliche Arbeitswelt zu optimieren (interkulturelle Kompetenz, Unternehmenskultur) oder selbst als Wirtschaftsfaktor zu fungieren (Standortfaktor, Kulturwirtschaft, Musealisierung verschwindender Arbeitsformen/Industriekultur, Sponsoring). Eine Auseinandersetzung mit dem kulturellen Stellenwert von Arbeit steht aus unserer Sicht bis heute aus. Diese könnte sich damit befassen, wie die Entwicklung neuer Arbeitsformen die Lebensverhältnisse in individueller und sozialer Hinsicht verändert, wie sie die geltenden Leitbilder, Normen und Werte beeinflusst und welche neuen kulturellen Praktiken und Ausdrucksformen dadurch entstehen.

Literatur

Bloch, Ernst (1959): *Das Prinzip Hoffnung*, Bd. 1, Frankfurt/Main.
Bourdieu, Pierre (2003): *Die feinen Unterschiede. Kritik der gesellschaftlichen Urteilskraft*, Frankfurt/Main.
Fritzsche, Yvonne (2000): »Moderne Orientierungsmuster. Inflation am ›Wertehimmel‹«. In: Deutsche Shell (Hg.): Jugend 2000. 13. Shell Jugendstudie, Opladen, S. 93-156.
Glaser, Hermann (2001): *Positionspapier der Bundeszentrale für politische Bildung*, September 2001 (unveröffentlicht).
Musil, Robert (2002): *Der Mann ohne Eigenschaften*, Hamburg.
Rifkin, Jeremy (2000): *Access. Das Verschwinden des Eigentums. Wenn alles im Leben zur bezahlten Ware wird*, Frankfurt/Main.
Schiller, Friedrich (2000 [1793]): *Über die ästhetische Erziehung des Menschen*, Stuttgart.
Siemons, Mark (2001), in Frankfurter Allgemeine Zeitung vom 1.9.2001.

Uta Schnell, geboren 1968 in München. Studium Angewandte Kulturwissenschaften mit Schwerpunkt Theater- und Literaturwissenschaft, Kunst, Kulturmanagement in Paris, Bonn, London, Hildesheim. 1996 – 97 Lehrauftrag an der Universität Hildesheim und Ko-Leitung des Europäischen Theaterfestivals »transeuropa«. 1997-2000 Leitung des Bereichs »Tanz und Theater« im Kulturprogramm der *EXPO 2000*. 2001-2002 Referentin Kultur in der Bundeszentrale für politische Bildung, zuständig für Musik und Jugendkultur. Seit September 2002 Referentin bei der Kulturstiftung des Bundes, hier zuständig für die inhaltliche Betreuung und Koordination der Projekte in den stiftungseigenen Programmen »Kunst und Stadt« und – bis 2004 – »Kulturelle Aspekte der deutschen Einigung«.

→ Kulturvermittlung ist Aufmerksamkeitsmanagement
Roy Schedler

> »In der Kultur zählt, wie in der Ökonomie, das Ergebnis. Der höchste Anspruch nützt nichts, wenn die Rezeption ihn nicht aufnimmt.« (Franck 1998: 160)

Man mag diese Aussage aus Georg Francks »Ökonomie der Aufmerksamkeit« für die Kulturproduktion aus guten Gründen ablehnen – für die Sache der Kulturvermittlung ist sie ebenso notwendige wie hinreichende Bedingung. Ein Museum ohne Besucher, leere Zuschauerränge im Theater oder ein verwaister Lesesaal – der Erfolg jeder Kulturvermittlung steht und fällt mit der Aufmerksamkeit, die ihren Inhalten und Objekten zuteil wird. Diese Aufmerksamkeit will geweckt, unterhalten und gepflegt sein. Ohne ein Minimum an Beachtung fällt jede Form der Kulturvermittlung wie ein Kartenhaus in sich zusammen.

Wie hängen nun Kulturvermittlung und diese »Ökonomie der Aufmerksamkeit« zusammen, die Georg Franck in seinem Buch beschreibt? Was sind deren Besonderheiten, und welche Erkenntnisse lassen sich daraus für die Mittel und Möglichkeiten einer zeitgemäßen Kulturvermittlung ableiten?

Aufmerksamkeit ist bekanntlich eine knappe Ressource. Dass wir im Informationszeitalter leben, merken wir daran, dass wir uns vor Informationen nicht mehr retten können. Das unentwegte Wachstum von sich interessant machenden, lohnenden und verpflichtenden Verwendungsmöglichkeiten und die damit einhergehende Asymmetrie zwischen Angebotsfülle und unseren begrenzten Verarbeitungskapazitäten sind das, was wir als Informationsflut erleben. Wir sind darum aufgefordert, ein effektives und effizientes Aufmerksamkeitsmanagement zu entwickeln, wollen wir nicht Gefahr laufen, von einer Neuigkeitsfalle zur nächsten gehetzt zu werden. Das gilt insbesondere für den weiterhin boomenden Kulturbereich mit seiner mittlerweile unüberblickbaren Fülle und Vielfalt.

Es ist Georg Francks großer Verdienst, in seiner »Ökonomie der Aufmerksamkeit« nicht nur die Schwierigkeiten der Entscheidungen darzulegen, wie wir unsere Aufmerksamkeit investieren sollen, sondern auch die Komplexität der Bemühungen aufzuzeigen, um unsererseits die gewünschte Aufmerksamkeit bei anderen zu wecken. Er entwickelt daraus eine eigenständige Theorie und beschreibt, wie wir aus Aufmerksamkeit Einkommen erzielen, Gewinne in Form von Ruhm und Prominenz erwirtschaften und daraus als Reputation, Renommee und Prestige Kapital häufen. Aufmerksamkeit, so seine Schlussfolgerung, nimmt in der Wissens- und Informationsgesellschaft Eigenschaften einer Währung an. Wenn aber nicht mehr Ware gegen Geld, sondern Informationen gegen Aufmerksamkeit getauscht wird, dann entsteht daraus ein immaterieller, eine Art mentaler Kapitalismus.

Als kleine, in sich geschlossene Musterökonomien, die unter diesen Bedingungen bereits funktionieren, nennt Georg Franck den Wissenschafts- und den Kulturbetrieb. In beiden wird auf Kapitalmärkten der Beachtlichkeit und nach den Gesetzmäßigkeiten der ökonomischen Rationalität Aufmerksamkeit getauscht. Ausgerechnet in diesen beiden ›zweckfreien‹ Bereichen sind wir also im höchsten Maße bestrebt, unsere Aufmerksamkeit so einzusetzen, dass sie sich am meisten lohnt. Höchste Zeit also, um einmal danach zu fragen, wie wir unsere Aufmerksamkeit steuern, wenn wir uns einer Führung im Museum anschließen oder einem Werkstattgespräch im Theater beiwohnen. Oder anders gefragt: woran sollte sich eine zeitgemäße Kulturvermittlung unter den Bedingungen eines solchen Aufmerksamkeitsmanagements ausrichten? Was bindet die Aufmerksamkeit unserer Zuhörer und Zuschauer? Worauf kommt es an? Und wie kann es insbesondere gelingen, dass das Publikum den Inhalten und Objekten unserer Vermittlung um seiner eigenen Selbstwertmaximierung willen seine Aufmerksamkeit schenkt?

Dieses Gedankenexperiment bedeutet, ein gewisses Vorverständnis einzufordern, welches Kulturvermittlung als logische Weiterführung eines besucherorientierten Kulturmarketings versteht – wobei mit Marketing eben nicht angebotsorientierte Werbung und verkaufsfördernde Maßnahmen gemeint sind. Tatsächlich vereint ein richtig betriebenes Kulturmarketing drei wesentliche Aspekte der Kulturvermittlung: die Erfüllung des kulturellen bzw. künstlerischen Auftrags, die Ansprache einzelner Zielgruppen ebenso wie die Bestandssicherung der Kultureinrichtung als solcher. Keiner der drei Aspekte ist ohne die beiden anderen zu haben, sie hängen eng miteinander zusammen und bedingen sich gegenseitig.

Im Zuge der Professionalisierung des Kulturbetriebs und der Entwicklung eines eigenständigen Kulturmanagements sind in den vergangenen Jahren eine Vielzahl von konzeptionellen Ansätzen und praktischen Instrumenten für ein integrales Kulturmarketing entstanden. Ihre Besonderheit liegt in der Hinwendung zur Besucherorientierung und damit in der Abkehr eines historisch gewachsenen Kulturverständnisses, das Kunst und Kultur erstens um ihrer selbst willen und diese zweitens – in feinster aufklärerischer Tradition – allen und jedem vermitteln wollte.

Mit der Übernahme des *Audience Development* aus der angelsächsischen Kulturpraxis verbindet sich nun ein Paradigmenwechsel, wie er radikaler nicht sein könnte. Als vorausschauende, strategisch orientierte Entwicklung der »Besucher von morgen« verlagert sich der Fokus weg von den eigenen künstlerischen Produkten und der eigenen Organisation hin zum Publikum und zu einem Markt, auf dem sich die Angebote nicht nur behaupten, sondern in ihren Qualitäten als solche überhaupt erst einmal wahrgenommen werden müssen.

Freilich ist mit der forcierten Bekanntgabe dieser Qualitäten allein noch nichts gewonnen. Der Wandel im Kulturbetrieb hin zu mehr Besucherorientierung hat sowohl Auswirkungen auf die Programm- und Produktpolitik der Kultureinrichtungen wie auf die Verlagerung der unilateralen Wissensvermittlung hin zum Dialog mit den Besuchern und Kunden über die kulturellen Formen und Inhalten. Michael Spock, der ehemalige Direktor des *Boston Children's Museum*, hat dies einmal knapp und präzis auf den Punkt gebracht: »A museum is rather for somebody than about something« (zit. b. König 2000: 8).

Der Satz meint zweierlei. Erstens sollte *unsere Aufmerksamkeit als Kulturvermittler* diesem ›somebody‹ gelten. Wer ist das? Und was treibt ihn um? Welche Themen könnten ihn aus welchen Gründen interessieren? Vor jeder Kulturvermittlung steht also die Frage, an wen und unter welchen Voraussetzungen sich diese Bemühungen überhaupt richten. Ein solchermaßen verändertes Selbstverständnis sieht sein Gegenüber nicht mehr als defizientes Subjekt, das durch kulturpädagogische Bemühungen erst in die Lage versetzt werden muss, Kunst und Kultur zu erfahren, sondern vielmehr als kritischen Kunden unserer Angebote. Das ist gewissermaßen die Einstiegsbarriere für eine Auffassung von Kulturvermittlung, die zwischen E- und U-Kultur keinen Unterschied macht, weil sie beide Seiten von Kunst und Kultur anerkennt: Erkenntnis und Ergötzung, geistiger Gewinn und sinnlicher Spass, *docere et delectare*.

Zweitens geht es um *die Aufmerksamkeit des Besuchers* selbst. Diese zu wecken, zu nähren und zu führen gehört zu den Schlüsselkompetenzen einer erfolgreichen Kulturvermittlung. Wie kann das nun gelingen?

Tatsächlich ist der Kampf um diese Aufmerksamkeit ein dreifacher. Zunächst wollen unsere Angebote vom Besucher überhaupt wahrgenommen werden. Worin bestehen diese und in welcher Menge und Güte? Diese Prüfung ist letztlich eine einfache Informationsverarbeitung; sie erfolgt blitzschnell und oftmals nach intuitiven Kriterien und Präferenzen, denen wir uns im Moment nicht bewusst sind.

Fällt diese erste Prüfung positiv zugunsten des Angebots aus, dann verschiebt sich der Fokus von »awareness« zu »attention«, wie Georg Franck die zwei Seiten von Aufmerksamkeit beschreibt (ebd.: 28ff.). Ersteres bezeichnet Geistesgegenwart im Sinne wacher Präsenz, derweil mit »attention« gezieltes Achtgeben und das bewusste Zuwenden auf einen Gegenstand gemeint ist. Wir sind interessiert und allenfalls geneigt, unsere Aufmerksamkeit auf bestimmte Inhalte zu lenken, die uns angeboten werden. Wir schenken ihnen ein gewisses Maß an Beachtung, nicht ohne dabei ständig zu überprüfen, welche Rückmeldungen unser Bewusstsein aus der nunmehr gesteigerten selektiven Informationsverarbeitung und dem emotionalen Erleben erhält. Lohnt sich der weitere Einsatz unserer Aufmerksamkeit? Fühlen wir uns wohl? Welche alternativen Optionen bestehen noch – oder verpassen wir möglicherweise andere Gelegenheiten, die sich als interessanter, faszinierender, lustvoller und also profitabler erweisen könnten? Mit anderen Worten: Wir sind mitten drin im System unseres Aufmerksamkeitsmanagements. Wir beobachten und beurteilen das, was unsere Aufmerksamkeit einfordert, unentwegt und kritisch nach Kriterien, die wiederum in höchst komplexe Regelkreise und Feedback-Schlaufen unserer Selbstachtung und unseres Selbstwertgefühls eingebunden sind.

Drittens ist es eine Sache, kulturellen Formen und Inhalten eine wohlwollende und interessierte Beachtung zu schenken; eine andere ist es, darüber das eigene Verständnis für die so bereitgestellte Aufmerksamkeit zu entwickeln. Kultur ist Beschäftigung mit der Aufmerksamkeit als solcher. Es gibt keine Kultur ohne Arbeit der Aufmerksamkeit an sich selbst. Es gibt folglich auch keine Kultur ohne Bildung als Ergebnis akkumulierter Aufmerksamkeit. Bildung ist die Investition von Aufmerksamkeit in sich selbst und also ein erprobtes Mittel, um den Wirkungsgrad der Er- und Verarbeitung von Informationen zu steigern. »Man sieht nur, was man weiß« – was immer wir unter Kultur verstehen, wir verstehen darunter auch die Fähigkeit, größere Gewinne aus unserer Aufmerksamkeit zu ziehen, die sie ohne diese besonderen Zurüstungen und Verfeinerungen nicht hergäbe.

Damit offenbart sich auch das übergeordnete Ziel, auf das unsere Aufmerksamkeit letztlich gerichtet ist:

»Wie interessant und gewinnbringend es für sich genommen auch sein mag, sich mit Erkenntnissen, Erfindungen und Künsten zu beschäftigen, so ist doch das Interessanteste an ihnen der Zugewinn, den die Fassungskraft und Produktivität der eigenen Aufmerksamkeit aus der Beschäftigung mit ihnen zieht. Wissen, Methoden, beispielhafte Lösungen und Vorbilder sind für die geistige Produktion, was Maschinen, Verfahrenstechniken und technische Standards für die materielle sind«, heißt es dazu bei Georg Franck (ebd.: 57).

Geistiges Kapital aus erarbeitetem Wissen geht als Produktionsmittel wieder in die geistige Produktion ein. Jede Sekunde bereitgestellter Aufmerksamkeit (im Sinne von »attention«) verweist somit auf uns selbst zurück, und der Grad an Reflexivität, den wir unserer eigenen Aufmerksamkeit zukommen lassen, bestimmt auch die Bestückung des Instrumentariums, mit dessen Hilfe wir unsere Aufmerksamkeit steuern.

Mit dieser Nutzenorientierung hat es nun eine spezielle Bewandtnis. Denn anders als in der klassischen Ökonomie ist unsere Aufmerksamkeit dann am produktivsten, wenn sie an der langen Leine läuft. Wir sind keine Maschinen, und anders als ein Computer ist unsere Form der Informationsverarbeitung nur dann effektiv, wenn wir unsere »attention« zuweilen zurücknehmen. Wer ein Musikinstrument spielt, kennt dieses Phänomen. Eine schwierige Passage immer und immer wieder zu wiederholen, ist meistens von keinem direkten Erfolg gekrönt. Man muss das Instrument erst weglegen, vielleicht etwas anderes spielen, bevor man es wieder versucht. Manchmal braucht es mehrere solcher Anläufe, mitunter über Tage hinweg, bis die Passage endlich gelingt. »Attention« ist dann am produktivsten, wenn sie nicht allzu sehr auf ein Ziel fixiert ist.

Diese Einsicht führt nun zu einem Denkansatz für eine Form der Kulturvermittlung, der einerseits an die erwähnte Besucherorientierung anschließt und andererseits auf Erkenntnissen aus der Kommunikationsforschung aufbaut.

»Thou shalt not bore the public« – Billy Wilders Bonmot steht für eine Form der Kulturvermittlung, die den Betrachter in erster Linie unterhalten will. Um zu unterhalten (bzw. um nicht zu langweilen), muss ein Gegenstand, ein Geschehnis oder eine Tätigkeit sein Gegenüber emotional einbinden und/oder intellektuell fordern. Die Trickkiste im Dienste des ›Fun-Faktors‹ ist gut gefüllt, handwerkliche Regeln gehören ebenso dazu wie Effekthascherei und Manipulation.

Die moderne Kommunikationswissenschaft bemüht sich seit einiger Zeit um eine schlüssige Definition von »Unterhaltung«, namentlich im Hinblick auf die Rezeption der Massenmedien und der Fernsehunterhaltung. Aus der Sicht eines anthropologisch orientierten Ansatzes ist Unterhaltung eine Art Spiel. Als historische Konstante des »homo ludens« bezeichnet Unterhaltung die aktive Form spielerischer, zweckfreier Rezeption von (auch massenmedialen) Inhalten, die dem Vergnügen und der individuellen Rekreation dienen. Diese Theorie basiert auf dem sog. »uses & gratification approach«, der eine Umkehrung der traditionellen Fragestellung der Wirkungsforschung verlangt: Entscheidend sind nicht die Intentionen der medialen Inhalte bzw. ihrer Urheber, sondern die Bedürfnisse der Rezipienten (vgl. Bosshart/Hoffmann-Riem 1994; Dehm 1984).

Der »uses & gratification approach« gilt auch für drei eng miteinander verbundene Erklärungsmodelle, die unter dem Obergriff »Nutzenansatz« subsumiert werden. Ihnen gemeinsam ist ein Verständnis von Unterhaltung als selbstbewusstes, zielorientiertes Handeln zur Bedürfnisbefriedigung. Dazu gehören etwa das Bedürfnis nach Information (Umweltüberwachung), Korrelation (Meinungsbildung und -darstellung), Transmission (Kulturtradierung und -verbreitung), aber auch nach Gratifikation im Sinne von psychischer Stimulierung (Unterhaltung per se), Entlastung (Eskapismusthese) oder sozialem Handeln (Unterhaltung als para-soziale Interaktion).

Im Zusammenhang mit der generellen funktionalen Ausrichtung dieser Denkansätze erschliesst sich der Begriff der Unterhaltung aber auch aus dem Wort selbst. Zweifellos steckt in ihm das Verb ›halten‹, also die Vorstellung, ein Objekt in den Griff zu nehmen, aus der Bewegung zu nehmen oder ihm Stütze und Stabilität zu geben. Ein fahrendes Taxi hält man an, wenn man einsteigen will, und einer Person bietet man dann Halt, wenn sie sich aus eigener Kraft nicht mehr halten kann. Wir sprechen von ›Unterhalt‹, wenn wir ein Haus instand halten oder eine Zahlung leisten, die notwendig ist, um jemandem seine Existenz zu sichern. Beide sind so bemessen, dass sie materiell den Fortbestand des Objekts sichern. Fehlt sie, dann stürzt das Haus ein bzw. der Mensch in die soziale ›Haltlosigkeit‹ ab. Der gesicherte Unterhalt ist also die Voraussetzung und Grundlage, auf der alles weitere folgt.

Demgegenüber ist mit ›Unterhaltung‹ eine Kommunikationsform zwischen Menschen gemeint, die dieselbe Sprache sprechen und die sich sprachlich darum bemühen, Gemeinsamkeit und Verständnis herzustellen. Dazu gehört im Sinne von ›attention an der langen Leine‹ eine Art doppelte Flexibilität sowohl sich selber wie dem Gesprächspartner gegenüber. Eine Unterhaltung erhält ihre Bestimmung nämlich wesentlich aus ihrer Anti-Zweckhaftigkeit. Es geht dabei nicht einfach um wechselseitiges Amüsieren und Dahinplaudern als eine Form aktiver Lebensgestaltung. Zur Unterhaltung gehört auch ein bestimmtes Maß an Wachsamkeit und Resistenz gegenüber der sich fortwährend aufdrängenden Zielstrebigkeit, Gerichtetheit, Unbedingtheit, Nützlichkeit des geführten Dialogs. Eine Unterhaltung ufert deswegen gerne aus, weil es eben nicht um kurze Diskurswege geht – in diesem Sinne wohnt jeder Unterhaltung immer auch etwas Anti-Rationalistisches inne. ›Belehrung‹ oder ›Befehl‹ sind das Gegenteil zur ›Unterhaltung‹, der Monolog ihr Tod.

Damit ist der Bezug zur »Ökonomie der Aufmerksamkeit« wieder hergestellt. Von außen betrachtet, bedeutet eine so verstandene Form der Kulturvermittlung eine Art rollende Aufmerksamkeitskontrolle zu betreiben, die sich am Grad ihrer Unterhaltungsqualität orientiert. Jemanden (gut) zu unterhalten heißt, fortwährend die Voraussetzungen für das notwendige Mass an Aufmerksamkeit zu schaffen, damit die *spielerische Beziehung* zu einem bestimmten Inhalt (ob künstlerisch wertvoll oder nicht, ist zweitrangig) überhaupt gelingt. Umgekehrt bzw. aus der subjektiven Wahrnehmung bedeutet dies, dass ›unterhaltend vermittelte‹ Inhalte uns dazu anhalten, ja geradezu zwingen, ebenso rollend den Kurswert der geforderten Einsätze an »attention« zu überprüfen. Unsere Aufmerksamkeit ist darauf ausgerichtet, laufend die eingefahrenen Renditen zu sichern, Verluste zu vermeiden und Gewinne neu zu investieren. Wir sind, mit andern Worten, zugleich Aufseher und Gefangene unseres Aufmerksamkeitsmanagements. Die Folgen einer so verstandenen Kulturvermittlung sind klar: Entscheidend sind nicht die guten Absichten des Kulturvermittlers, sondern die Wirkungen, die er damit erzielt.

Fassen wir in diesem Sinn Unterhaltung als Beziehung auf, dann fällt insbesondere ihre Dynamik auf: Unterhaltung kann ebenso spannend wie entspannend wahrgenommen werden, sie bündelt und fokussiert unsere Aufmerksamkeit auf einen Punkt hin oder verbreitet und verlängert sinnliche Erfahrung im Raum und Zeit. Unterhaltung ist also eine Art optische Linse unserer Wahrnehmungsfähigkeit; sie disponiert sowohl vertikale Konzentration (Brennpunkt) wie horizontale Dissipation (Zerstreuung). Fragen wir gezielter nach deren Voraussetzungen und Eigenschaften (Halt bieten; Anti-Zweckhaftigkeit), dann lassen sich vier Dimensionen ausmachen, in denen das Fluidum Unterhaltung oszilliert: Kreativität/Aktivität; Information/Bedeutsamkeit; Emotionalität; Ursprünglichkeit.

Über diese einseitige Orientierung am Rezipienten bleiben die ästhetische Verfasstheit der unterhaltenden Artefakte und deren Vermittlung freilich unberücksichtigt. Wenn »Schönheit allein im Auge des Betrachters liegt«, dann erfasst man auch nur noch dessen Wünsche und Dispositionen – wie das etwa im Paradigma der Erlebnisrationalität (Gerhard Schulze) geschieht. Eine an Unterhaltung ausgerichtete Kulturvermittlung, die ihren Erfolg an ihren Unterhaltungsqualitäten bemisst, wird sich darum fragen müssen, welche Kultur sie auf welche Ziele hin vermittelt – gut vorstellbar allerdings, dass es gar keine anderen Ziele gibt. Was in der Kulturvermittlung recht ist, kann für deren Gegenstände nur billig sein: wenn ein Bild, ein Musikstück oder ein Text den Menschen auf irgendeine Weise Halt zu geben vermögen, dann fühlen sie sich gut unterhalten; stützt »Unterhaltung« diese Beziehung nicht, wenden sich die Menschen von ihnen ab und die Objekte werden ihnen gleichgültig. Das unterscheidet denn auch ›gute‹ von ›schlechter‹ Kunst, dies aber jetzt in einem gänzlich unästhetischen, dafür umso deutlicher kommunikativen, sozialen Sinne.

Es wäre also danach zu fragen, auf welches übergeordnete Modell sich eine Art kognitiv-emotionaler Aufmerksamkeitswert beziehen könnte, der uns laufend rückbestätigt, ob bzw. dass wir im Augenblick auch unter ästhetischen bzw. moralischen Gesichtspunkten gut unterhalten werden. Und der uns umkehrt vor der »McDonaldisation of emotions« (Meštrović 1997: 98) schützt, die angesichts der wachsenden Fülle und Vielfalt von medialen Inhalten und deren immer krampfhafter unterhaltsamen Subito- und Instant-Vermittlung droht. Ist die Frage nach der optimalen Kulturvermittlung also nur eine Frage der Balance und der richtigen Gewichtung?

Wahrnehmung ist – im ursprünglichen Sinne des Wortes »für wahr nehmen« – ein ästhetischer Akt. Entscheiden heißt unterscheiden können, das gilt für die Ferienplanung ebenso wie für die Wahl der richtigen Weiterbildungsmaßnahme. Das ist in der Kunsthalle oder im Theater nicht anders. Die alten Grundelemente der Kunst – Erkenntnis und Zerstreuung – heißen heute »Information« und »Entertainment«, und ihre Verschränkung als »Infotainment« folgt der Einsicht, dass es beim Ankommen mehr darauf ankommt, wie jemand ankommt und nicht womit. In Bezug auf die Dimensionen der mentalen Verarbeitung (in Anlehnung an Kant die Kategorien Quantität, Qualität, Relation und Modalität) bleiben aber beide Spiegelbilder des einen im andern, einander ähnlich und doch nicht dasselbe. Was hier Informativität ist, meint dort Abwechslung. Was für den einen relevant und klar sein mag, findet der andere dagegen interessant und eingängig. Und wo es dem einen um Wahrheit geht, da sucht der andere Unbeschwertheit vor dem Ernst des Lebens.

Vielleicht müsste eine Theorie der guten Unterhaltung im Hinblick auf zeitgemäße Formen der Kulturvermittlung einen Kriterien-Mix entwickeln, der ebenso ›Haltung‹ zeigt wie ›Halt‹ bietet – eine Art ›post-autoritäre Kosten-/Nutzenrechnung‹, die Erkenntnishunger und Mussebedürfnis nicht gegeneinander ausspielt, sondern beide als Spielräume der menschlichen Seele anerkennt und ebenso spielerisch mit beiden umgeht; die, wenn es um die Vermittlung von Kunst und Kultur geht, sich als Dialog angelegte Orientierungshilfe versteht und sich wieder traut, offen mit ästhetischen und moralischen Kriterien zu argumentieren. Unterhaltung sollte als handwerkliche Herausforderung verstanden werden, deren ›Performance‹ sich daran misst, dass der Zuhörer hinterher klug aussieht und nicht anästhetisiert auf der Strecke bleibt – und die schließlich daran erinnert, dass die Götter den Schweiß vor den Erfolg gestellt haben und dass ohne eigene Anstrengung nicht alles zu haben ist.

Docere et delectare gehört zum Menschsein wie Scherz, Satire, Ironie und tiefere Bedeutung; auf die Mischung kommt es an und auf das Feingefühl, uns im Museum, im Kino oder beim Open Air-Konzert weder zu verraten noch die Gegenstände unseres Interesses unter ihrem Wert zu verkaufen. Gute Kulturvermittlung im Sinne von Unterhaltung wäre dann ein Stück Kultur, im besten Fall auch Kunst, im schlechteren Kunstgewerbe.

Literatur

Bosshart, Louis/Hoffmann-Riem, Wolfgang (Hg.) (1994): *Mediennutz und Medienlust: Unterhaltung als öffentliche Kommunikation*, München.
Dehm, Ursula (1994): *Fernsehunterhaltung*, Mainz.
Franck, Georg (1998): *Ökonomie der Aufmerksamkeit*, München.
König, Gabriele (Hg.) (2000): »Zur Idee und zum Konzept von Kindermuseen«. Tagung der Franckeschen Stiftungen in Kooperation mit dem Bundesverband Deutscher Kinder- und Jugendmuseen e.V., 16./17. November 2000 in Halle.
Meštrović, Stjepan Gabriel (1997): *Postemotional Society*, London.

Roy Schedler, von Hause aus Theaterregisseur, leitete neun Jahre lang die Abteilung »Tanz & Theater« bei *Migros Kulturprozent*, dem größten privaten Kulturförderer der Schweiz. Von 1999 bis 2003 war er bei der Schweizerischen Landesausstellung *Expo.02* für alle Projekte im Bereich der Darstellenden Künste verantwortlich. Dazu gehörte auch die Gesamtleitung von fünf Theatern auf den vier »Arteplages«.

Seit 2004 leitet er die Geschäftsstelle der Solothurner Filmtage, berät Kultureinrichtungen und Nonprofit-Organisationen in Managementfragen und arbeitet als Dozent an der Zürcher Hochschule Winterthur, der Hochschule für Gestaltung und Kunst Zürich und an den Universitäten Bern und Fribourg.

→ **Studiengänge der Kulturvermittlung
und ihr Bezug zur kulturellen Praxis**

→ Die Vermittlung der Vermittlung
Bernd Wagner

In seinem Plädoyer für ein Praktischwerden der Philosophie, um die Gesellschaft zu ändern, hat ein nicht unbedeutender Philosoph Mitte des 19. Jahrhunderts daran erinnert, dass bei einer »Veränderung der Umstände und der Erziehung [...] die Umstände von den Menschen verändert und der Erzieher selbst erzogen werden muss«. (Marx 1845/1969: 5f.)

Die ›Erziehung der Erzieher‹ – so trivial das erscheint – war bis ins 19. Jahrhundert und auch teilweise darüber hinaus nicht selbstverständlich. Besonders in Zeiten von Veränderungen stand und steht diese Aufgabe mit besonderer Dringlichkeit an. Das betrifft auch den Kulturbereich. Hier geht es zum einen ebenfalls um »Erzieher«, in der heutigen Zeit vor allem aber um »Vermittler«.

In den Künsten, als Kernbereich der Kultur, gab es seit ihrer Entstehung eine Vermittlung und Weitergabe der entsprechenden künstlerischen Fertigkeiten und Fähigkeiten, anfangs meist in individueller, bald aber auch – für die einzelnen Künste sehr unterschiedlich – in institutioneller Form. Das betraf vor allem die professionellen Kunstausübenden, aber zum Teil auch diejenigen, die als Liebhaber und Laien musizierten, malten, tanzten, sangen oder schauspielten. Die Akademien für die bildenden Künste seit der Renaissance, die Singschulen und Collegia musica ab dem 16. und 17. Jahrhundert, die Musikschulen und Konservatorien, Kunstschulen und Kunstgewerbeanstalten im 19. Jahrhundert sind einige Beispiele für frühe Formen musischkünstlerischer Bildung und Ausbildung. Hinzu kamen – in unterschiedlichen Zeiten mit unterschiedlicher Intensität – der musikalische und zeichnerische Unterricht im Rahmen des allgemeinen Schulwesens. Aus diesen verschiedenen institutionellen Ansätzen der Vermittlung künstlerischer Fertigkeiten an Kinder und Erwachsene zu späteren Berufszwecken oder zur schieren Freude ist heute ein ausdifferenziertes Geflecht von Einrichtungen künstlerischer Aus- und Weiterbildung geworden, von Kunsthochschulen, Musikkonservatorien, Theaterakademien etc. einerseits, von Jugendkunstschulen, Musikschulen, Theaterpädagogischen Zentren etc. andererseits.

Kulturvermittlung als neue kulturpolitische Aufgabe

Kunst und Kultur haben im künstlerischen Tätigsein ihren zentralen Inhalt, aber sie sind nicht darauf beschränkt. Kunst wird erst zur Kunst, wenn das, was der Künstler malt, komponiert, schreibt, gestaltet auch angeschaut, gehört, gelesen, wahrgenommen wird. Seit sich Kunst aus ihren kultischen, religiösen und anderen Zwecken dienenden Zwängen befreit hat, seit sie ›autonom‹ geworden ist mit ihrem ›Zweck‹ in sich selbst, baut sie eine besondere

Beziehung zu ihrem ›Publikum‹ und der kulturellen Öffentlichkeit auf, und für diese Kunstrezeption werden eigene Institutionen geschaffen: Die Ausstellung, das allgemein zugängliche Museum, das städtische Theater, das öffentliche Konzert. Das geschah in der zweiten Hälfte des 18. und im 19. Jahrhundert. Das ›Publikum‹ kam nicht nur in diese Einrichtungen, sondern vielfach schuf es sie sich selbst. Es gab noch keine Probleme der Vermittlung, denn es waren Orte der Selbstverständigung und Unterhaltung des aufstrebenden Bürgertums.

Das änderte sich in dem Maße wie aus den kulturellen ›Klasseninstitutionen‹ Kultureinrichtungen der gesamten Gesellschaft wurden beziehungsweise werden sollten. Kultureinrichtungen sollten zum Zusammenwachsen der Gesellschaft und der entstehenden Nation über einen verbindenden Kulturkanon mit gemeinsam anerkannten kulturellen Werten, Traditionen und Bildern beitragen, und deshalb öffentlich getragen und finanziert werden. Mit diesem Prozess der Verstaatlichung und Kommunalisierung vormals bürgerlich oder höfisch getragener Kultureinrichtungen Ende des 19., Anfang des 20. Jahrhunderts ging die Herausbildung von frühen Formen der Kulturvermittlung einher.

Grundlage dieser Vermittlung ist in Deutschland eine besondere Verbindung von Kultur und Bildung durch die Ausbildung des »spezifischen deutschen Deutungsmusters Kultur und Bildung«, wie es von Georg Bollenbeck in seiner gleichnamigen Studie herausgearbeitet wurde:

»Mit der Aufwertung von ›Bildung‹ und der Abwertung des umfassenden Kulturbegriffs der Aufklärung beginnt die Geschichte des typisch deutschen Deutungsmusters […], der Kulturbegriff in Deutschland erfährt einen markanten Wandel. Sein Bedeutungsumfang schrumpft, während sein Bedeutungsinhalt in Verbindung mit einem emphatischen Bildungsbegriff stärker philosophisch, ästhetisch und pädagogisch aufgeladen wird.« (Bollenbeck 1996: 98)

Von der deutschen Aufklärung kommend, bekam das Deutungsmuster »Bildung und Kultur« im Deutschen Idealismus seine philosophisch-literarische Ausprägung und hatte im Bildungsbürgertum, das vornehmlich im Staatsdienst stand, seine tragende Schicht. Wirkungsmächtig wurde es aber in dem Maße, wie es sich nicht nur abstrakt auf das allgemeine, gleiche Individuum und die ganze Menschheit bezog, sondern versuchte, diese in ihrer konkreten Gestalt als Kleinbürger und Arbeiter, städtische und später auch ländliche ›Unterschichten‹ in die vormals bürgerlichen, nun allgemeinen Kulturinstitutionen einzubinden.

Die Bildersammlungen wurden vom »Musentempel zum Lernort«, wie eine »Sozialgeschichte deutscher Museen 1800 bis 1914« heißt (Hochreiter 1994), die Stadttheater von Vergnügungsstätten zu Bildungsorten, die Konzerte von Liebhaberveranstaltungen zum festlichen Ritual der gehobenen Bildung. Dieser Wandel der Kultur und ihrer Institutionen erforderte und ermöglichte gleichermaßen die Einbindung anderer Schichten als die des Bürgertums in Gestalt ihrer direkten Teilhabe bzw. Teilnahme, zumindest aber in Form der Anerkennung dieses allgemeinen Kultur- und Bildungsideals. Die nun zu gesellschaftlichen Institutionen gewordenen Kultureinrichtungen öffneten sich und warben, teilweise gegen erhebliche Widerstände konservativer Vertreter in den eigenen Reihen, um ein anderes, neues Publikum. 1871 gründet sich die *Gesellschaft zur Verbreitung der Volksbildung*, etwas später die *Comenius-Gesellschaft* und die *Gesellschaft für ethische Kultur*, die sich vor allem für öffentliche Bibliotheken, Lesehallen und Volksbüchereien einsetzten, in den 90er Jahren des 19. Jahrhunderts bildete sich die Volksbühnenbewegung und 1903 fand die 12. Konferenz der Centralstelle für Arbeiter-Wohlfahrtseinrichtungen zum Thema »Die Museen als Volksbildungsstätten« statt. Auf der Konferenz ging es darum, dass die Museen, die sich bis dahin nur partiell um eine vermittelnde Praxis gegenüber der Bevölkerung bemüht hatten, sich stärker als Teil der nationalen Bildungsbewegung begreifen sollten. Eine solche stärkere Ausrichtung der Museumsarbeit auf pädagogische Vermittlung etwa durch Vorträge, Führungen etc. gab es zunehmend ab Beginn des 20. Jahrhunderts.

Träger der neuen ›museums- und kunstpädagogischen‹ Arbeit waren anfangs die wissenschaftlichen Mitarbeiter der Museen, die aber von der rasch wachsenden Nachfrage schnell überfordert waren. Zunehmend wurde sich bei diesen neuen Aktivitäten auf die Gymnasiallehrer gestützt, wie insgesamt mit Beginn des 20. Jahrhunderts und später in der Weimarer Republik eine stärkere Zusammenarbeit von Kultureinrichtungen mit Schulen und Lehrerfortbildungseinrichtungen stattfand. Im Museumsbereich, besonders bei den Kunstmuseen, trafen diese Bestrebungen auf eine aufnahme- und reformbereite Kunsterzieherbewegung, deren Auftakt der Kunsterziehertag in Dresden 1901 war. Die Verbindung »Schule und Museum« war aber nicht auf den Bereich der bildenden Künste beschränkt, sondern fand sich in ähnlicher Form bei Geschichts-, Heimatkunde-, naturwissenschaftlichen und technischen Museen.

Vergleichbare Entwicklungen wie im Museumsbereich und – auf die Volksbühnenbewegung konzentriert – im Theater gab es auch in der Musik mit Schüler- und Jugendkonzerten, Volks-, Arbeiter- und Werkkonzerten mit entsprechenden Vermittlungsformen und begleitenden Vorträgen. Mit Ende des 19. und Beginn des 20. Jahrhunderts wurden die Künste zunehmend nicht mehr als ›selbsterklärend‹ und ›selbst-verständlich‹ – das heißt auch von selbst zu verstehen – begriffen, insbesondere da sie alle Bevölkerungsschichten erreichen sollten. Der Vermittlungsgedanke trat mit der Zeit zur künstlerischen Arbeit der entsprechenden Institutionen hinzu. Damit war ein wichtiger

Einschnitt in der kulturell-künstlerischen Entwicklung und ihrer Einrichtungen markiert. In dieser Zeit entstand auch im Rahmen der geisteswissenschaftlich geprägten Reformpädagogik der Begriff »Kulturpädagogik«, verknüpft mit Namen wie Dilthey, Spranger, Litt, Nohl und anderen.

Gleichwohl war es bezogen auf den gesamten Kultur- und Kunstbereich noch keine sehr große Bewegung. Und anders als bei der Vermittlung der künstlerischen Fähigkeiten und Fertigkeiten, die ein ausdifferenziertes System von künstlerischen Aus- und Fortbildungsinstitutionen hervor gebracht hatte, führte der neue ›Vermittlungsgedanke‹ bei den kulturellen Aktivitäten und Kultureinrichtungen kaum zu entsprechenden ›Bildungsangeboten‹ für die Kunst- und Kulturvermittlung. Im Großen und Ganzen änderte sich diese Situation bis in der Bundesrepublik der 70er Jahre wenig.[1]

Die Notwendigkeit einer ›Vermittlung der Vermittlung‹

Erst mit den kulturpolitischen Reformen durch die »Neue Kulturpolitik« ab dem Ende der 60er und den beginnenden 70er Jahren bekam die Kulturvermittlung eine qualitativ neue Bedeutung und wurde quantitativ erheblich ausgeweitet. Die Frage der »Vermittlung der Vermittlung« stellte sich jetzt, verglichen mit der Situation zum Beginn des Jahrhunderts, in einer neuen Dimension.

Die Neue Kulturpolitik, angetreten unter der Zielsetzung »Bürgerrecht Kultur« und »Kultur für alle«, hatte nicht nur die bis dahin dominierenden Felder der traditionellen Kulturpolitik verändert, sondern die kulturpolitischen Aktivitäten auch auf eine ganze Reihe von neuen Gebieten ausgedehnt. Hierzu gehören die vielfältigen Aufgaben, die sich unter dem Begriff der Vermittlung und Demokratisierung von Kultur zusammenfassen lassen und mit Kulturpädagogik und kultureller Bildung, Soziokultur, Stadtteilkultur und sozialer Kulturarbeit, mit außerschulischen Kinder- und Jugendkulturangeboten und freier Kulturarbeit zahlreiche neue kulturelle Formen, Aktivitäten und Tätigkeitsfelder hervorgebracht haben.

---

1 Anders war die Situation in der DDR. Hier fand neben der Ausbildung an den beiden kulturwissenschaftlichen Studiengängen in Berlin und Leipzig die Qualifizierung für kulturelle Praxisfelder wie etwa in Kulturhäusern oder Jugendklubs, der gewerkschaftlichen Kulturarbeit oder bei der Leitung der Zirkel künstlerischen Volksschaffens an speziellen Aus- und Fortbildungseinrichtungen wie Bezirkskulturakademien, Kulturkabinetten und dem *Zentralhaus für Kulturarbeit* in Leipzig oder der *Fachschule für Klubleiter* in *Meißen-Siebeneichen* statt. Vgl. zur Darstellung der Qualifizierungsmöglichkeiten für Kulturberufe in der DDR: Groschopp 1995.

Allerdings gab es für diese neuen kulturellen Aktivitäten und Berufstätigkeiten weder an den Hochschulen noch den herkömmlichen Weiterbildungsinstitutionen entsprechende Qualifizierungsangebote. Die große Mehrzahl der Beschäftigten in den Kulturverwaltungen war durch eine allgemeine Verwaltungsausbildung und die Führungsebenen durch ein juristisches Studium für ihre Arbeit qualifiziert. Für die Mitarbeiter und die Leitungen der traditionellen Kultur- und Bildungseinrichtungen wie Museen, Theater, Bibliotheken und Volkshochschulen gab es fachspezifische Qualifizierungsmöglichkeiten an speziellen Ausbildungsstätten und bei den Verbänden. Hinzu kamen einige Angebote kulturell-künstlerischer Weiterbildung in Bundes- und Landesakademien.

An den Hochschulen standen zur Vorbereitung auf Tätigkeiten im allgemeinen Feld kultureller Aktivitäten und kultur-künstlerischer Vermittlungen lediglich einige wenige der in den späten 60er und frühen 70er Jahren gegründeten bzw. ausgebauten Kunst- und Freizeitpädagogik-Angebote zur Verfügung. Diese richteten sich in dieser Zeit neu aus. Kunstpädagogische Studienangebote nannten sich in »Visuelle Kommunikation«, »ästhetische Erziehung« oder »Ästhetik und Kommunikation« um und qualifizierten für die neuen Arbeitsfelder im Bereich der kulturell-ästhetischen Bildung. Freizeitpädagogische Angebote orientierten sich in diesen Jahren zunehmend auf die Vermittlung von Kenntnissen über soziokulturelle Jugendarbeit, kulturelle Einrichtungen und Kulturverwaltungen. Ihren stärksten Ausbau hatten die freizeitpädagogischen Qualifizierungsangebote von Mitte der 70er bis Ende der 80er Jahre.[2]

Eine dritte Möglichkeit neben den kunst- und freizeitpädagogischen Angeboten, Studium und spätere kulturvermittelnde Berufspraxis zu verbinden, bestand für Kulturinteressierte noch bei den Volkskunde-Studiengängen an einigen Universitäten. Ehemalige volkskundliche Studiengänge waren die ersten, bei in denen der Begriff »Kultur« im Namen auftauchte. Ab 1973 wurde an der Universität Tübingen im neu gegründeten *Ludwig-Uhland-Institut für empirische Kulturwissenschaft* das Magisterstudium »Empirische Kulturwissenschaft« anstelle der traditionellen »Volkskunde« angeboten. Ein Jahr später wurde auch der Volkskunde-Studiengang an der Frankfurter Universität durch den Magisterstudiengang »Kulturanthropologie und europäische Ethnologie« am gleichnamigen Institut abgelöst.

---

2 1990 wurden bei einer Erhebung 53 freizeitpädagogische Aus- und Weiterbildungsangebote an wissenschaftlichen Hochschulen erfasst; s. zur Entwicklung der universitären Qualifizierungsmöglichkeit für kulturvermittelnde Berufe zwischen den 70er und Mitte der 90er Jahre ausführlicher Wagner 1997, für die neuere Entwicklung Mandel 2002.

Mit der Einrichtung des grundständigen Studiengangs »Kulturpädagogik« in Hildesheim 1979 wurde ein eigener, an den Künsten orientierter Studiengang für kulturelle Arbeitsfelder gegründet. Der Begriff »Kulturpädagogik« war im Zusammenhang mit den kulturpolitischen Reformdiskussionen in den 70er Jahren wieder aufgegriffen worden.[3] Für Max Fuchs, den Direktor der Bundesakademie für kulturelle Bildung Remscheid, steht der Begriff für ein »breites Spektrum von Worten, die dasselbe Praxisfeld umschreiben: Kulturpädagogik, kulturelle Bildung, musisch-kulturelle Bildung, Soziokultur, Alltagskultur, Freizeitpädagogik« (Fuchs 1990: 43). Der Hildesheimer Studiengang »Kulturpädagogik« stand am Anfang einer neuen Phase der eigenständigen Qualifizierung für kulturelle Praxisfelder an Hochschulen, dessen Ziel

»nicht die Herausbildung von Künstlern, Schauspielern, Berufsmusikern, Schriftstellern etc., sondern von Kulturvermittlern [ist]. Kulturvermittlung meint dabei sowohl die Arbeit in Kulturredaktionen und Verlagen, in Museen, in Theaterdramaturgien, in kommunalen Kinos oder auch in Kulturämtern, wie im engeren Sinne kunstvermittelnde Tätigkeiten etwa in Institutionen der Jugend- und Erwachsenenbildung. Es gibt kein fest umrissenes Berufsfeld für den diplomierten Kulturpädagogen.« (Mandel 1994: 87; vgl. Lüttge 1989)

Ab dieser Zeit wurden auch in den drei bundesweiten musisch-kulturellen Akademien Remscheid, Trossing und Wolfenbüttel eine wachsende Zahl von Kursen und Seminaren für Kulturvermittlung und kulturell-künstlerische Aktivitäten angeboten.

Ab Mitte der 80er Jahre entstanden, nachdem schon zuvor im außeruniversitären Bereich zunehmend Qualifikationsmöglichkeiten für neue kulturelle Tätigkeitsfelder angeboten wurden, auch an anderen Hochschulen neue Studienangebote für kulturvermittelnde Tätigkeiten, u.a. Studiengänge für Kulturwissenschaften, etwa in Lüneburg, Karlsruhe und Bremen, für soziale Kulturarbeit in Essen, Braunschweig und Ludwigshafen und etwas später für Medienpädagogik und Medienarbeit u.a. in Augsburg, Berlin, Bielefeld, Freiburg und Hannover. Als Ende der 80er Jahre Kunst und Kultur stärker unter ökonomischen Gesichtspunkten betrachtet wurden und sich die Anforderun-

---

3   Einen Eindruck von der Vielfalt des »neuen« Praxisfeldes vermittelt beispielsweise die Dokumentation »Lernen zwischen Sinn und Sinnlichkeit. Brauchen wir eine Kulturpädagogik?«, in der von den Tätigkeiten in soziokulturellen Zentren, Jugendkunstschulen, Museen, Bibliotheken, Volkshochschulen und Kindergärten sowie von Stadtteilkulturarbeit und kommunalen Veranstaltungsprogrammen berichtet wird. S. Kulturpolitische Gesellschaft (1985), vgl. auch Kulturpolitische Gesellschaft/Evangelische Akademie Loccum (1987).

gen an Beschäftigte im kulturellen Sektor in Richtung betriebswirtschaftliche Qualifikationen veränderten, schlug sich das in der Gründung zahlreicher Aufbau-, Weiterbildungs- und Kontaktstudienangebote für Kultur- und Medienmanagement nieder. Diese breiteten sich in den 90er Jahren stark aus und differenzierten sich immer weiter. Wo vor einigen Jahren lediglich das Fach »Kulturmanagement« angeboten wurde, gibt es heute die wachsende Auswahl zwischen Museums-, Theater-, Eventmanagement, Fundraising etc. Und aus Aufbau- und Modell-Studienangeboten sind inzwischen Magister-, Master- und Kontaktstudiengänge sowie mehrere zertifizierte Modul-Weiterbildungen geworden wie beispielsweise an der HWP und der HfMTh in Hamburg, in Ludwigsburg, Hagen, Weimar und Dresden.

Die deutsche Einigung hatte einen neuen Impuls für die Einrichtung entsprechender kulturvermittelnder Qualifizierungsangebote gebracht. Angesichts des großen Bedarfs an Qualifizierungsmaßnahmen entstanden vor allem in Ostdeutschland zahlreiche, in der Regel außeruniversitäre Fortbildungsangebote, von denen viele nach einigen Jahren wieder eingestellt wurden. Allerdings wurden im Rahmen der Umstrukturierung der universitären Ausbildung an zahlreichen ostdeutschen Hochschulen kulturwissenschaftliche und kulturvermittelnde Studiengänge etabliert wie z.B. an der Humboldt Universität Berlin, der Hochschule für Musik Hanns Eisler, an der TU Dresden, der Universität Leipzig, der FHS Potsdam und der FHS Zittau/Görlitz oder der Viadrina Universität in Frankfurt/Oder. Heute nach einer etwa dreißigjährigen Entwicklung hat sich das vergleichsweise junge Feld der Aus- und Fortbildung für Kulturberufe sowohl im universitären wie außeruniversitären Bereich stabilisiert und einigermaßen feste Strukturen herausgebildet.

Unter inhaltlichen Gesichtspunkten lässt sich dabei einerseits eine fortschreitende Ausdifferenzierung in einzelne Bereiche wie Kultur-, Theater-, Museums- und Medienmanagement, Kulturverwaltung, Kulturwissenschaft, Kulturarbeit in sozialen und soziokulturellen Feldern, Kultur-, Spiel- und Freizeitpädagogik feststellen. Gleichzeitig werden, trotz dieser zunehmenden Ausdifferenzierung, die Schnittmengen der Inhalte größer und es gibt teilweise starke Überschneidungen der vermittelten Grundqualifikationen.[4]

Bei den gegenwärtigen nicht sparten- und fachspezifischen Qualifizie-

---

4 Die Hinweise zur gegenwärtigen Situation der Aus- und Weiterbildungsangebote beruhen auf einer Erhebung vom Herbst 2001 für den Übersicht-Beitrag »Kulturmanagement: Aus- und Fortbildung« im »Handbuch KulturManagement. Die Kunst, Kultur zu ermöglichen« (Blumenreich/Röckel/Wagner 2002). Dabei wurden, ohne Berücksichtigung spartenspezifischer und künstlerischer Fachqualifizierungen, 61 universitäre und außeruniversitäre Qualifizierungsangebote für kulturvermittelnde Tätigkeiten erfasst.

rungsangeboten dominiert der Bereich Kulturmanagement mit 60 Prozent. Etwa ein Viertel sind Angebote im Feld Kulturwissenschaften, etwa ein Achtel im Bereich der Kulturpädagogik bzw. kulturellen Bildung. Zwischen Ausbildungs- und Fortbildungsmöglichkeiten sind allerdings deutliche Unterschiede zu erkennen: Während es in den grundständigen Studiengängen etwa doppelt so viele Angebote für Kulturwissenschaften gegenüber Kulturmanagement gibt, betreffen in der Fortbildung nahezu drei Viertel das Gebiet Kulturmanagement, daneben qualifiziert ein kleinerer Teil für Kulturpädagogik. Für Kulturwissenschaften gibt es keine Fortbildungsangebote.

Bei der erwähnten Erhebung waren von 61 Aus- und Fortbildungsangeboten für kulturelle Praxisfelder 25 grundständige Ausbildungsgänge, 19 Vollzeitfortbildung und 17 längerzeitige berufsbegleitende Weiterbildungen. Davon sind bis auf eine Ausnahme alle Ausbildungsangebote an den Hochschulen angesiedelt. Im Bereich der Fortbildung – sowohl Vollzeit- als auch berufsbegleitende – halten sich die Angebote innerhalb und außerhalb der Hochschule in etwa die Waage. Zu letzteren zählen in erster Linie die Akademien in öffentlicher oder privater Trägerschaft, aber auch Studieninstitute und Berufsfortbildungswerke haben Fortbildungen für die kulturellen Praxisfelder in ihre Curricula aufgenommen.

In den über drei Jahrzehnten seit dem Auf- und Ausbau der Qualifizierungsangebote für kulturvermittelnde Tätigkeiten hat sich das Feld der »Vermittlung der Kulturvermittlung« stabilisiert, auch wenn es an manchen Universitäten gegenüber anderen, teilweise mehreren 100 Jahre alten Fächern noch nicht anerkannt ist. Gleichwohl ist es an der Zeit selbstreflexiv in eine Diskussion einzutreten, in der die Zielsetzungen und ihre praktische Umsetzung überprüft, debattiert und gegebenenfalls weiterentwickelt werden, weil die kulturellen, gesellschaftlichen sowie die (kultur-) und (bildungs-)politischen Rahmenbedingungen sich in dieser Zeit z.T. erheblich verändert haben.

Wichtig ist dabei, dass einerseits die Verbindung von Ausbildungs- und Beschäftigungssystem, von curricularen Inhalten der Qualifizierung und konkreten Anforderungen des Alltags in Kultureinrichtungen sowohl praktisch intensiviert als auch theoretisch reflektiert wird. In unterschiedlichem Umfang und unterschiedlicher Intensität gibt es diese Bezugnahme von Seiten der Aus- und Weiterbildungseinrichtungen und nehmen Praktika, Praxissemester, Projekte in Kultureinrichtungen einen wichtigen Anteil der Qualifizierung ein. Allerdings gehört hierzu auch eine theoretische Auseinandersetzung jenseits der konkret dafür benötigten »Handwerks«- und Managementfähigkeiten. Das meint vor allem auch die Auseinandersetzung mit den kulturpolitischen Grundlagen und sich vielfach wandelnden künstlerisch-kulturellen wie gesamtgesellschaftlichen Rahmenbedingungen von Kulturarbeit und Kulturvermittlung, die oft einen sehr geringen Raum einnehmen.

Zum anderen geht es um eine Intensivierung des Austausches und der Diskussionen zwischen den »Vermittlern« der Vermittlung. Die in den letzten Jahren und Jahrzehnten gemachten Erfahrungen mit den Qualifizierungsangeboten für kulturvermittelnde Tätigkeiten wurden und werden selten über die eigene Hochschule hinaus kommuniziert. Veröffentlichungen, hochschulübergreifende Diskussionen und Debatten in der kulturpolitischen Öffentlichkeit über Ansätze, Ansprüche und Erfahrungen der Qualifizierungsangebote gibt es bislang nur selten. Aber erst durch eine solche »Öffnung« und die Schaffung entsprechender institutioneller Formen wie beispielsweise regelmäßige Treffen der Lehrenden, Diskussionsforen etc. kann die notwendige Reflexion über die bisherigen Ansätze und Erfahrungen, aber auch über gebotene Veränderungen und Reformen und somit eine Qualifizierung der Qualifizierungsangebote und ihrer Träger stattfinden.

Literatur

Blumenreich, Ulrike/Röckel, Wolfgang/Wagner, Bernd (2002): *Kulturmanagement: Aus- und Fortbildung*, Stuttgart (Loseblattsammlung 1992ff.).

Bollenbeck, Georg (1995): *Bildung und Kultur. Glanz und Elend eines deutschen Deutungsmusters*, Frankfurt/Main.

Fuchs, Max (1990): »Kulturpädagogik als Beruf in der Bundesrepublik Deutschland«. In: Institut für Weiterbildung des Ministeriums für Kultur (Hg.): *Zur Kultur und Bildung in der Bundesrepublik, Teil II*, Berlin/Ost.

Groschopp, Horst (1995): »Zwischen Klub und Kulturwissenschaft. Aus- und Fortbildung für Kulturberufe in der DDR«. In: Christiane Liebald/Bernd Wagner (Hg.): *Aus- und Fortbildung für kulturelle Praxisfelder*, Hagen, S. 159-177.

Hochreiter, Walter (1994): *Vom Musentempel zum Lernort. Zur Sozialgeschichte deutscher Museen 1800-1914*, Darmstadt.

Kulturpolitische Gesellschaft (Hg.) (1985): *Lernen zwischen Sinn und Sinnlichkeit. Brauchen wir eine Kulturpädagogik?*, Hagen.

Kulturpolitische Gesellschaft/Evangelische Akademie Loccum (Hg.) (1987): Kulturpädagogik. Zur Zukunft eines Berufsfeldes. Aus- und Weiterbildung zwischen Theorie und Praxis, Hagen/Loccum.

Lüttge, Dieter (1989): *Kunst – Praxis – Wissenschaft. Bezugspunkte kulturpädagogischer Arbeit*, Hildesheim; Zürich; New York.

Mandel, Birgit (2002): *Lust auf Kultur. Karrierewege in das Berufsfeld Kulturvermittlung*, Nürnberg.

Mandel, Birgit (1994): »Studiengang Kulturpädagogik an der Universität Hildesheim«. In: Fachhochschule Potsdam/Friedrich-Ebert-Stiftung Landesbüro Brandenburg (Hg.): *... und wieder Kulturarbeit. Erweiterter Bericht* *zur Fachtagung »Voraussetzungen für einen Studiengang Kulturarbeit an der Fachhochschule Potsdam«*, 17. und 18. Januar 1994 in Potsdam, Potsdam, S. 86-88.

Marx, Karl (1845/1969): »Thesen über Feuerbach«. In: *Marx Engels Werke*, Band 3, Berlin: Dietz Verlag, S. 5-7.

Wagner, Bernd (1997): »Vom ›Orchideenfach‹ zum Numerus Clausus. Hochschulstudiengänge für kulturelle Praxisfelder«. In: Werner Thole/Peter Cloos (Hg.): *Kultur-Pädagogik studieren*, Hildesheim u.a., S. 15-39.

Bernd Wagner, Jg. 1948, wissenschaftlicher Leiter des Instituts für Kulturpolitik der Kulturpolitischen Gesellschaft, stellvertretender Geschäftsführer der Kulturpolitischen Gesellschaft in Bonn und verantwortlicher Redakteur der »Kulturpolitischen Mitteilungen«; Studium der Pädagogik und Soziologie in Frankfurt/Main; langjährige Tätigkeit im Verlagsbereich und als kulturpolitischer Publizist; Lehraufträge u.a. an der Universität Marburg und der TU Dresden. Herausgeber des »Jahrbuchs für Kulturpolitik«.

→ »Art in Context«.
Der Studiengang »Kunst im Kontext« an der Universität der Künste, Berlin
Katharina Jedermann

Der postgraduale MA-Studiengang in seiner jetzigen Struktur existiert seit 2002, dem Jahr, in dem er vom deutschen Akkreditierungsrat akzeptiert wurde. Dass er auf eine über 20-jährige Vorgeschichte aufbaut, wird für Außenstehende erst bei genauerem Hinsehen deutlich. Hier seien – dem Wunsch der Herausgeberin folgend – die Ziele und Ausbildungsinhalte der Gründungsphase kurz skizziert.

Geschichte

Auf dem Frankfurter Künstlerkongress von 1971 wurde die Arbeitsgruppe »Kunst und Erwachsenenbildung« gegründet, die später das Konzept für den »Modellversuch Künstlerweiterbildung« (1976-1982), der vom Bundesverband Bildender Künstler und der Hochschule der Künste Berlin gemeinsam getragen wurde, entwickelte. Er war einer der Modellversuche, die die damalige sozialdemokratische Regierung im Rahmen ihrer Kultur- und Bildungspolitik, die dem Ziel »Kultur für alle« verpflichtet war, unterstützte. Daneben gab es z.B. die Modellversuche »Künstler und Schüler«, »Künstler und Lehrlinge« etc.

Die Grundgedanken, die den »Modellversuch Künstlerweiterbildung« trugen, waren zum einen die Suche nach neuen Tätigkeitsfeldern und Verdienstmöglichkeiten für bildende Künstler/-innen. Etwa gleichzeitig, 1975, erschien die erste umfassende Untersuchung zur sozialen Lage der Künstlerinnen und Künstler, der »Künstlerreport« (Fohrbeck/Wiesand/Joh 1975). Die katastrophale ökonomische Situation von Künstlerinnen wurde öffentlich diskutiert. Neben der Künstlersozialversicherung, die dann erst 1983 realisiert werden sollte, gehörte der Modellversuch zu den Konsequenzen dieser Untersuchung und den konkreten Ergebnissen der Interessenvertretungspolitik des BBK (Bundesverband Bildender Künstler) und seines Berliner Landesverbands.

Zum anderen war die Verbreitung von Kunst in allen gesellschaftlichen Bereichen durch Künstler/-innen sowie die Demokratisierung des als elitär eingeschätzten Kulturbetriebs ein aus der Studentenbewegung erwachsenes Motiv für das Weiterbildungsangebot.

»[Die Künstler] wollten mitarbeiten an der Überwindung scheinbarer Bedürfnislosigkeit der Allgemeinheit gegenüber Kunst und mithelfen, die bei allen Menschen vorhandenen kreativen und gestalterischen Bedürfnisse und Fähigkeiten zu aktivieren und zu vertiefen« hieß es in der Auswertung (Bast 1982: 7).

Integration

Nach 1982 wurde der Modellversuch als »kulturpädagogische Arbeitsstelle für Weiterbildung« (der Name war eine Gremiengeburt) in die damalige Hochschule der Künste integriert. Die Integration war das Resultat eines langen Diskussionsprozesses vor allem mit den Vertretern der ›freien Kunst‹, die Helmut Hartwig, der als Professor der Kunstpädagogik die Leitung der Arbeitsstelle 1982 übernahm, so darstellt:

»Wir konnten uns nur ganz schwer für unsere Zielsetzung Gehör verschaffen, dass die Weiterbildung der Künstler sich auf etwas richten könnte, das sie gerade als Künstler und Künstlerinnen nicht oder nicht besonders gut gelernt hatten: nämlich Formen sozialer Kompetenz, Elemente wissenschaftlichen Denkens und die Motivation zu kultureller Vermittlungsarbeit. So nannten wir das damals und engagierten uns dafür in praktischen Projekten und bei der Ausarbeitung des Diskurses«. (Hartwig 2004)

Zielgruppen

Nach der Modellversuchsphase stand in den 80er Jahren die Zielgruppen- oder Adressatenorientierung im Vordergrund. Es wurde zwar immer wieder diskutiert, ob man den aus der Werbung entlehnten Begriff der ›Zielgruppe‹ für die Kulturarbeit verwenden sollte, ob nicht andere Kommunikationsstrukturen, dialogische Konzepte (der Begriff der ›partizipatorischen‹ Projekte wurde erst in den 90ern gebräuchlich) diesen Sprachgebrauch verbieten.

Angeboten wurden Seminare und Projekte zu Kinder- und Jugendkulturarbeit, Kulturarbeit mit Erwachsenen, Senioren, »Ausländern« und »Behinderten«, »Kunst im Knast«, Frauen- und Mädchenprojekte etc. Die Ausdifferenzierung der Adressaten wurde je nach Kooperationspartnern und Förderungsmöglichkeit vorgenommen und auch von dieser Seite mitbestimmt.

Die künstlerischen Qualifikationen waren die Basis, auf der sich die Studierenden Vermittlungsstrategien für die neuen Arbeitsfelder, Diskussionszusammenhänge und Strukturen erarbeiteten. In welcher Weise ihre eigene künstlerische Praxis in die Vermittlungsarbeit eingebracht wurde, war ständiger Diskussionsgegenstand. Manche entwickelten die Projekte aus der eigenen Atelierarbeit, zeigten den Teilnehmer/-innen an Kursen und Projekten das, was ihnen am nächsten war. Andere bevorzugten es, sich gemeinsam mit den Adressaten neue künstlerische Techniken und Arbeitsweisen anzueignen, selbst neues zu lernen. Oft erschien ihnen der Abstand zur eigenen Arbeit angenehmer, weniger belastend, insbesondere Fotografie und Video waren für Künstler/-innen mit traditioneller Malerei- oder Bildhauerei-Ausbildung die Mittel der Wahl.

Durch die Trennung von der eigenen künstlerischen Praxis blieb die kunstvermittelnde, kulturpädagogische Arbeit, die Kulturarbeit das Andere und tauchte oft auch nicht in der Vita auf, um die Künstler/-innenbiografie nicht zu verunreinigen.

Nur wenige entwickelten in dieser Zeit für sich Konzepte, die die Arbeit mit anderen zur künstlerischen Arbeit per se erklärten und betrieben nicht noch nebenher eine andere Praxis im Atelier. Diese Künstler/-innen verstanden alle Bestandteile ihrer Arbeit als Kunst, auch als politische Praxis, beriefen sich auf Beuys oder die politischen Künstlergruppen der 20er Jahre.

Projektorientierung

In den 90er Jahren sollte sich diese Struktur allmählich ändern. Es studierten immer mehr Künstlerinnen und Künstler am Institut, die den aktuellen Tendenzen im Kunstbetrieb folgend (Stichworte: »Ortsspezifik«, »Kunst als Dienstleistung«, »Institutionskritik«) – bereits in Projekten arbeiteten und ihren Aktionsradius durch das Studium vergrößern oder verändern wollten. Sie fragten gezielt nach Management-Qualifikationen, nach einem Austausch über soziale, kommunikative und pädagogische Kompetenzen und nach einer Praxis in den (immer noch) neuen Medien.

Vor allem aber ging und geht es um die Reflexion der eigenen Künstler/-innen-Identität. Die verschwimmenden Grenzen zu anderen Berufen, zu Designer/-innen, Innenarchitektinnen, Sozialarbeiter/-innen oder Therapeuten, sind beunruhigend und erfordern eine genauere Definition der eigenen Kompetenzen jenseits von handwerklichen Fähigkeiten und Medienkompetenz.

Die künstlerische Praxis als besondere Denk- und Handlungsweise zu beschreiben, die sich sowohl von den Wissenschaften als auch von anderen handlungsorientierten Tätigkeiten unterscheidet, stellt sich immer wieder als neue Aufgabe.

Im Rahmen der Umstrukturierung der HdK, die auch eine Zusammenlegung der Kunstpädagogik mit der freien Kunst in einer Fakultät umfasste, wurde 1998 das »Institut für Kunst im Kontext« gegründet. Es ist als künstlerisch-wissenschaftliche Einrichtung Teil der Fakultät Bildende Kunst. 2001 wurde die Hochschule der Künste in Universität der Künste umbenannt.

Neuer Studiengang seit 2002: Master of Arts (Art in Context)

Durch die Einführung des M.A.-Studiengangs und dessen Akkreditierung 2002 wurde das Profil deutlicher herausgearbeitet. Die Eingangsvoraussetzungen wurden geändert. Es werden nun nur noch Hochschulabsolventen und -absolventinnen zugelassen.

Der Anteil der Autodidakten, die vorher am Institut studierten, war zwar nie sehr hoch, aber doch ein besonderes Kennzeichen für die Heterogenität der Biografien und Arbeitsweisen.

Gegenwärtig studieren am Institut etwa 90 Bildende Künstler/-innen, Gestalter/-innen und Kunstpädagogen sowie -pädagoginnen, wobei der Anteil der ›freien‹ Künstler/-innen bei weitem überwiegt. Etwa ein Drittel der Studierenden ist nichtdeutscher Herkunft, von denen die meisten ihr Erststudium nicht an einer deutschen Kunsthochschule absolviert haben.

Die Internationalität der Studierenden hat das Lehrangebot und die Studienstruktur ebenso beeinflusst, wie die Tätigkeit von Lehrenden aus England, Litauen, Österreich und den USA.

Module

Das Studium ist strukturiert in fünf Basis-Module mit folgenden Themen:

- Kunst und Öffentlichkeit;
- Ökonomie des kulturellen Feldes;
- Anthropologische Grundlagen ästhetischer Lern- und Vermittlungsprozesse;
- Medientheorie und -praxis;
- Gender-Studies;

und den fünf berufsfeldorientierten Modulen

- Kinder- und Jugendkulturarbeit;
- Kulturelle Erwachsenenbildung;
- Kunst und Psychologie/Kulturelle Minderheiten;
- Museums- und Ausstellungswesen;
- Community Arts/Kunst im öffentlichen Raum.

Berufsfeldorientierung ist ein wichtiges Element des Weiterbildungs- und Ergänzungsstudiengangs. Projekte und Theorie-Praxis-Seminare werden in Kooperationen mit außeruniversitären Einrichtungen organisiert. Kontakte, die die Studierenden so aufbauen, sollen ihnen helfen, langfristigen Kooperationen anzubahnen.

Projekte

Die Projekte werden meist zusammen mit Kooperationspartnern außerhalb der Universität realisiert. In den Projekten und Theorie-Praxis-Seminaren werden Strukturen und Arbeitsbedingungen recherchiert und diskutiert.

Die künstlerische Arbeit umfasst auch, das ›Setting‹ des Projekts zu entwerfen, Orte und Personen oder Institutionen auszuwählen und für das Projekt zu gewinnen, Arbeits- und Zeitkonzepte zu entwickeln und Gelder zu akquirieren. Die Erwartungen an die Künstler/-innen werden thematisiert und mit den eigenen Projektvorstellungen verglichen. Erste Ideen und Konzepte werden formuliert – meist in kleineren Gruppen, Finanzierungspläne erarbeitet, Anträge gestellt, Gespräche und Verhandlungen geführt. Nicht immer werden die Projekte realisiert. Manchmal stellt sich heraus, dass die Vorstellungen der Kooperationspartner nicht mit den Ideen und Arbeitsweisen der Künstler/-innen in Einklang zu bringen sind, manchmal sind aber auch für Projekte, die von Künstler/-innengruppen entwickelt worden sind, schließlich doch keine Kooperationspartner und Finanzierungen zu finden. Die Dokumentation und Auswertung der Projektarbeit in Projektberichten und Master-Arbeiten ist ein verpflichtender Bestandteil des Studiums.

Veränderungen

Durch die Offenheit des Curriculums ist der Studiengang durchlässig für neue Impulse und in der Lage auf aktuelle Entwicklungen zu reagieren. Themen der Lehrveranstaltungen und Projektinhalte reflektieren aktuelle Diskurse (z.B. »Urbanismus«, »Migration und Postkolonialismus«, »Medientheorie« etc.), Gastvorträge ergänzen und aktualisieren das Lehrprogramm.

Aktuelle Entwicklungen in den verschiedenen Arbeitsfeldern, wie die nach dem ›PISA-Schock‹ forcierte Einrichtung von Ganztagsschulen, werden in Lehrveranstaltungen aufgegriffen und führen z.B. dazu, das Thema »Künstler in Schulen« noch einmal neu anzugehen.

Sich jetzt abzeichnende Veränderungen im Studierverhalten und der Nutzung des Lehrangebots werden in der nächsten Zeit ausgewertet und bei der Evaluierung des Studiengangs 2006 möglicherweise zu weiteren Veränderungen führen.

Ohne diesen Untersuchungen vorgreifen zu können, wird mir aus der täglichen Beobachtung eine Tendenz sichtbar, die zeigt, dass die individuellen Studienpläne stärker aus der eigenen künstlerischen Arbeit, die immer mehr als interdisziplinäre Forschungsarbeit begriffen wird, entwickelt werden. Die Lehre antwortet darauf mit individuellen ›Tutorials‹ – einzeln und in Gruppen – und Ansätzen zu interdisziplinärem ›Team-Teaching‹ auch mit Lehrenden anderer Universitäten.

Mehr als 300 Absolventen und Absolventinnen im In- und Ausland mit unterschiedlicher Praxis in Kulturbetrieben, Universitäten und Hochschulen, Museen, Jugendeinrichtungen, Kliniken etc. – häufig auch weiter als freie Künstler/-innen in wechselnder Projektarbeit –, haben möglicherweise auch ihren Beitrag zur Veränderung des Künstler/-innenbildes geleistet.

Wichtig scheinen Impulse zu sein, die das Institut über seine Absolventinnen vor allem in das nicht-europäische Ausland exportiert hat. In Ländern, in denen traditionelle Künstlerausbildung und westeuropäisch-amerikanischer Kunstbetrieb häufig unverbunden nebeneinander existieren, wie z.B. in Südkorea oder einigen lateinamerikanischen Staaten, sind die Qualifikationen unseres Studiengangs willkommen, insbesondere an den Universitäten und Kunsthochschulen, aber auch für die Entwicklung einer nach europäischem Vorbild wachsenden Projektlandschaft. Erst in den letzten drei Jahren kommen mehr Bewerber/-innen aus den osteuropäischen Ländern. Welche neuen Fragestellungen sich dadurch für den Studiengang ergeben, ist noch nicht abzusehen.

Perspektiven

Die Internationalisierung des Studiengangs entwickelt sich auf verschiedenen Ebenen weiter. Angestrebt werden auch kontinuierliche Kooperationsbeziehungen zu ähnlichen postgradualen Studiengängen in anderen Ländern.

Vor allem im Hinblick auf interdisziplinäre Projektarbeit, aber auch hinsichtlich einer weiter zu entwickelnden Begleitforschung für die Projektpraxis wäre eine verstärkte Zusammenarbeit mit kulturwissenschaftlichen Studiengängen wünschenswert.

Ob sich die Absolventen und Absolventinnen des Instituts für Kunst im Kontext als Kulturvermittler/-innen verstehen, so die letzte Frage der Herausgeber an die Autorin, kann man bei den vielen und sehr verschiedenen Berufswegen der Absolventen des Studiengangs nicht generell beantworten. Nach meinen Beobachtungen bezeichnen sich die Absolventinnen jedoch nach wie vor als »Künstler/-innen« oder »Gestalter/-innen« bzw. »Designer/-innen«. Der Vermittlungsaspekt wird als Zusatz genannt, also »Künstler/-in und Kurator/-in«, »Künstler/-in und Kunstvermittler/-in«, manchmal auch »cultural worker« oder »Künstler/-in und Kulturarbeiter/-in«. Die Zusammengesetztheit der Selbstbezeichnungen entspricht der Zusammengesetztheit der Qualifikationen und Tätigkeiten. Kulturvermittlung durch Künstler/-innen lässt sich von künstlerischer Praxis nicht trennen.

Literatur

Bast, H.K. (1982): »Ein Ende und ein Anfang«. In: Hochschule der Künste Berlin/Bundesverband Bildender Künstler (Hg.), *Künstler & Kulturarbeit*, Berlin, S. 7.
Fohrbeck, Karla/Wiesand, Andreas J. (1975): *Künstlerreport*, München; Wien.
Hartwig, Helmut (2004): *Semestereinführung*, unveröff. Manuskript.

Katharina Jedermann, 1948 geb. in Berlin, Grafik-Studium an der *HfbK Berlin* (Schwerpunkt Informationsgrafik), mehrjährige Verlagstätigkeit, 1979-1981 Koordinatorin im Modellversuch Künstlerweiterbildung: Projektkoordination, Gremienbetreuung, Außenvertretung. Langjährige Erfahrungen aus ehrenamtlicher kulturpolitischer Praxis in Künstlerorganisationen, Kunstvereinen und Gewerkschaften sowie der Tätigkeit in Jurys und Auswahlgremien. Seit 1982 Künstlerische Lehrkraft für »Kulturarbeit und Visuelle Kommunikation« am Institut für Kunst im Kontext der *Universität der Künste Berlin* und seinen Vorläuferinstitutionen.

Arbeitsschwerpunkte: Konzeption und Realisierung von thematischen und ortsspezifischen Ausstellungen, vor allem zu kulturhistorischen Themen (z.B. NS-Geschichte, Krieg und Nachkriegszeit) mit unterschiedlichen Institutionen als Kooperationspartnern, wie Museen, insbesondere Heimat- und Regionalmuseen, Gedenkstätten, Kulturzentren und anderen kommunalen Kultureinrichtungen. Beratung und Betreuung von Studierenden, die eigene (Ausstellungs-)Projekte realisieren, in konzeptionellen und organisatorischen Fragen.

→ KULTURVERMITTLUNG UND KULTURORGANISATION. DER STUDIENGANG »ANGEWANDTE KULTURWISSENSCHAFTEN« AN DER UNIVERSITÄT LÜNEBURG.

VOLKER KIRCHBERG

Das Konzept des 1986 begründeten Lüneburger Studiengangs »Angewandte Kulturwissenschaften« zielt darauf ab, die Vielfalt und Offenheit der durch die Neuen Kulturwissenschaften (vgl. Wuggenig 2001) thematisierten Gegenstandsfelder in angemessener Reduktion abzubilden. Als Magisterstudiengang betont er einen wissenschaftsbezogenen und theoretischen Zugriff; mit der Zusatzbezeichnung ›angewandt‹ akzentuiert er einen Praxisbezug, der flexibel auf die expandierenden kulturellen Berufsfelder reagiert. Mit diesem ›gemischten‹ Konzept hat der Studiengang bislang ca. 1.500 Absolventinnen und Absolventen hervorgebracht, die sehr guten Anschluss an den Arbeitsmarkt gefunden haben. Dies zeigte u.a. die von Ulf Wuggenig geleitete Absolvent/-innenstudie vom Dezember 2004.[1]

Strukturelle Gründe für diese Erfolge liegen im Zusammenwirken mehrerer Faktoren, die einerseits mit der fachlichen, fachübergreifenden und praxisbezogenen Lehre zusammenhängen, andererseits aber auch auf die Rekrutierung und die Dispositionen der Studierenden sowie nicht zuletzt auf den Standort in der Nähe Hamburgs zurückgeführt werden können. Zu diesen Faktoren zählt auch die durch die interdisziplinäre Studiengangsstruktur her-

---

1 Ein wichtiger Indikator für die insgesamt sehr erfolgreiche berufliche Platzierung der Lüneburger Absolventen und Absolventinnen ist zunächst die deutlich unterdurchschnittliche Arbeitslosigkeitsquote zum Erhebungszeitpunkt (12/2004) von zwei Prozent, trotz der seit 2001 schwieriger gewordenen Arbeitsmarktsituation (Krise der »New Economy«, Krise des Medien- und Werbeagenturenmarktes und der Tourismusbranche). Ein anderer wichtiger Indikator ist die Höhe des ersten Einkommens der Absolventinnen und Absolventen nach dem Studium, wobei in diesem Zusammenhang ein Vergleich mit der neueste HIS-Kohortenstudie vorgenommen werden kann. Demnach haben Absolventen und Absolventinnen der Lüneburger Kulturwissenschaften gegenwärtig mit einem Jahresdurchschnittsanfangseinkommen (brutto) von 25.600 Euro zu rechnen, während dieses auf der Grundlage der HIS-Daten zu den Magisterabsolventen und -absolventinnen in Deutschland des Jahres 2001 für Magisterabsolventinnen insgesamt deutlich niedriger, nämlich bei 18.000 Euro liegt. Für die Absolventen und Absolventinnen der »Sprach- und Kulturwissenschaften« von 2001 belief sich dieser Wert auf 19.050 Euro (vgl. die Referenzdaten in Briedis/Minks 2003), was den Lüneburger Magisterstudiengang als eine ausgesprochen erfolgreiche Innovation von mehr als bloß lokaler oder regionaler Bedeutung erscheinen lässt

beigeführte hohe ›Fachrichtungsflexibilität‹ im Sinne der Bildungsökonomie. Die Daten zu dieser hohen Fachrichtungsflexibilität, die im Falle von auftretenden Arbeitsmarktkrisen in bestimmten Feldern ein Ausweichen auf andere ermöglicht, sofern nicht zu spezialisiert studiert wurde, geben Einblick in die überaus breite Streuung der Absolvent(inn)en über Berufsfelder. Sie waren bzw. sind gemäß der Studie (ebd.) nach dem Studium in folgenden Berufsfeldern tätig:

- *Kulturelle Felder*: Musik (17 %), Museum/Ausstellungswesen (10 %), Bildende Kunst (8 %), Literatur (3 %), Theater (3 %);
- *Kulturverwaltung, -politik* (7 %);
- *Neue und alte Medien*: Internet (10 %), Verlagswesen (8 %), Zeitschriften (8 %), Zeitungen (7 %), Fernsehen (6 %), Film (3 %), Radio (5 %);
- *Tourismus/Naturschutz/Raumplanung*:Tourismus/Fremdenverkehr(12%), Natur-/Umweltschutz (4 %), Raum-/Stadtplanung (3 %), Denkmalpflege (3 %);
- *Werbung, Marketing, Öffentlichkeitsarbeit*: Werbung, Marketing (24 %), Öffentlichkeitsarbeit (28 %);
- *Wirtschaft allgemeiner Art*: Andere Dienstleistungen (12 %), Produzierendes, verarbeitendes Gewerbe (6 %), Handel/Banken/Versicherungen (4 %);
- *Verbände/Vereine/Parteien/Kirchen* (13 %);
- *Archiv/Wissenschaft*: Wissenschaft, Forschung, Hochschule (13 %), Archiv/ Dokumentation (2 %);
- *Lehre, Bildung, Pädagogik* (12 %).

Diese Daten machen zugleich deutlich, dass pädagogische Aspekte von Vermittlung bei der beruflichen Tätigkeit zwar durchaus eine gewisse Rolle spielen, dass andere Formen von Vermittlung demgegenüber jedoch klar dominieren.

Ich wende mich nun etwas eingehender dem Fach »Kulturvermittlung und Kulturorganisation«, das ich vertrete, zu. Es wird seit dem WS 2003/2004 angeboten, und zwar in der Nachfolge des in den letzten Jahren ausgelaufenen Faches »Kulturarbeit«. Die dem Fach zugeordnete Professur – eine Stiftungsprofessur des Deutschen Sparkassen- und Giroverbandes, die sich auf zwei halbe Mitarbeiterstellen stützen kann – ist erst seit dem WS 2004/2005 besetzt. Deutlich möchte ich schon zu Beginn dieser Ausführungen darauf hinweisen, dass Kulturvermittlung und Kulturorganisation im interdisziplinären Fächerspektrum der Angewandten Kulturwissenschaften als ein so genanntes ›Erstes Nebenfach‹ angeboten wird. Das Erste Nebenfach wird aus einem Spektrum von insgesamt fünf Fächern (z.B. Kulturinformatik, Medien- und Öffentlichkeitsarbeit, Tourismusmanagement) gewählt und mit zwei Studiengebieten des Hauptfaches (gewählt aus insgesamt sieben Fächern, z.B. Kunst- und Bildwissenschaften, Musik, Kulturtheorie und interkulturelle Studien, Sprache und Kommunikation) kombiniert. Zudem ist es wichtig, beide Komponenten der Fachbezeichnung – »Kulturvermittlung« und »Kulturorganisation« – zu beachten, wie im Folgenden noch zu erörtern sein wird. Viele Studierenden kombinieren dieses Nebenfach etwa mit dem Hauptfachstudiengebiet »Kunst- und Bildwissenschaften«, in dem kunsthistorisch-bildwissenschaftliche Themen und vor allem kontextuelle zeitgenössische Kunst deutlich praxisorientiert behandelt werden, z.b. im Rahmen von Exkursionen zu Kunstmessen und -museen, vor allem aber in Form der institutionalisierten Kooperation mit professionellen Künstler/-innen, Kritiker/-innen und Kuratoren sowie Kuratorinnen im Rahmen von Projekten des *Kunstraum* der *Universität Lüneburg*.[2]

Die Basis des Faches Kulturvermittlung und Kulturorganisation ist eindeutig kultursoziologisch ausgerichtet, denn Kunst und Kultur müssen aus der im Fach maßgeblichen Perspektive immer in gesellschaftliche Spannungsfelder verortet werden. Polaritäten bestehen zwischen der

- Populär- und der Hochkultur und zwischen weiteren Kulturkategorien;
- Klassen oder Schichten, wenn man eine strukturalistische Position einnimmt, oder
- Lebensstilen oder Milieus, wenn man eine kulturalistische Position einnimmt, und
- status-bewusster Kulturpartizipation bzw. erlebnis-suchendem Kulturkonsum.

Kulturvermittlung und Kulturorganisation in Lüneburg basiert auf einem theoretisch fundierten aber pragmatisch geführten Diskurs von Subdisziplinen, v.a.

- eine *empirische Kultursoziologie*, also einer Kulturforschung, die quantitative und qualitative Erhebungen ihrer Materie durchführt (zum Beispiel in der Rezeptionsforschung, bei Bevölkerungsumfragen, bei Besucherbefragungen und bei ethnomethodologischen Studien);

---

2 Der Fachbereich Kulturwissenschaften orientiert sich zurzeit an den folgenden fünf Forschungsschwerpunkten: a) Repräsentation und ästhetische Produktion, b) Medien und Alltagskultur im gesellschaftlichen Wandel, c) Interkulturalität und Fremderfahrung, d) Kulturelle Räume und ihre Vernetzungen und e) Kommunikation und kulturelle Märkte. Die Forschung des Faches bezieht sich insbesondere auf die Themen a), d) und e).

- eine *universale Kulturökonomie,* die betriebswirtschaftliche, volkswirtschaftliche und sozialwissenschaftliche Fragestellungen einbezieht;
- eine *Stadtsoziologie,* die die Bedeutung der Kultur im Rahmen der Stadtentwicklung, Stadtplanung und der politischen Ökonomie von Gemeinwesen berücksichtigt;
- und einer ebenfalls auf empirische Daten beruhenden sowie politische, ökonomische und soziale Umfelder berücksichtigenden *Organisationssoziologie.*

Die Hauptgrundlage der Kulturvermittlung und Kulturorganisation in Lüneburg ist also eine pragmatisch orientierte, d.h. auf empirischer Forschung und Handlungsorientierung beruhende, angewandte Kulturforschung, die offen gegenüber Ansätzen aus benachbarten Disziplinen ist. Die Wurzeln dieser Orientierung finden sich zum einen in Pierre Bourdieus Feldtheorie,[3] zum anderen in Richard Petersons »Paradigma der Bedeutung der Produktion für die Kultur« (Peterson 1994). Sein in den 70er Jahren entwickelter und heute international anerkannter Ansatz der »Production of Culture« (Peterson 1976) ist zentral für die Programmatik unseres Faches.

Die Grundüberlegungen unserer Kulturvermittlung zielen auf die Analyse dreier Felder, der *Produktion* (Kreation), der *Konsumtion* (Rezeption) und des vermittelnden Feldes der *Distribution.*[4] Dies ist eng mit dem »Art World«-Modell Beckers (Becker 1982) verknüpft. Becker zufolge ist Kunst bzw. Kultur immer ein arbeitsteilig hergestelltes kollektives Gut; der Künstler ist in einer Struktur des »Doing Things Together« zwar notwendig, aber letztlich nicht von hinreichender Bedeutung für die kulturelle Produktion.[5] Eine Implikation dieses Paradigmas ist die Diskussion von Kultur als ›artifizielles‹ vs. ›authentisches‹ Produkt und die permanente Überprüfung der Vorstellung, dass Kultur heute ein Resultat postindustrieller institutioneller Strategien dar-

---

3 Auf Bourdieus Feldtheorie und die Anwendung auf Produzenten und Konsumenten des kulturellen Produktionsfeldes wird hier nicht eingegangen, obwohl sie im Fach verwendet wird (vgl. Bourdieu 1999: 203; Bourdieu/Wacquant 1992: 94-115).

4 Diese Kausalkette wird permanent beeinflusst und umgestaltet durch Einflussnahmen des sozialen Kontextes und durch die Definition kultureller Objekte (Symbole, Wertvorstellungen, Einfluss auf Praktiken [siehe Griswold 2004 oder Alexander 2003]).

5 Beckers Modell wie auch Petersons Ansatz bestimmen seit über 20 Jahren im internationalen, nicht nur im amerikanischen Rahmen den kulturwissenschaftlichen Diskurs. Warum sie in der deutschen Diskussion nie wirklich Fuß fassen konnte (sein Buch wurde in viele Sprachen, aber nie ins Deutsche übersetzt) wäre eine interessante wissenschaftssoziologische Fragestellung.

stellt.⁶ Gesellschaftliche Spannungen und Polaritäten aufzudecken zählt somit zu den primären Aufgaben der Kulturvermittlung in dem zugrunde gelegten Verständnis. Wie kann dies aber geschehen? Eine erste Annäherung soll anhand der Übersetzungsschwierigkeiten des (sehr) deutschen Begriffes »Kulturvermittlung« ins Englische illustriert werden. Mir schweben dabei vier generelle Übersetzungsmöglichkeiten vor. Keine davon ist spezifisch kulturpädagogisch.

1. Kulturvermittlung als Übersetzungsinstanz (Kommunikationsansatz)

Kulturvermittlung kann erstens als »Cultural Mediation« verstanden werden. Nach Ansicht des jungen, noch deutlich strukturalistisch geprägten Baudrillard (1970) ist Kulturkonsum in erster Linie nicht das Begehren von Waren oder Vergnügungen, von materiellem oder immateriellem Wohlstand, sondern primär ein Kommunikationsmittel, eine Sprache, mit der man Moralvorstellungen und Werte, Funktionen und Beziehungen tauschen kann. Konsum bedeutet Kauf, und somit wird auch Kultur heutzutage gekauft. Auf der homogenisierenden Bühne des Marktes werden die Unterschiede zwischen Hoch- und Populärkultur eingeebnet (Ritzer 1998 im Vorwort zu Baudrillard 1970: 15). Auf diesem Markt dient Kulturvermittlung als Übersetzungsmittel, als eine Art von Dolmetscher im Tauschgeschäft, wobei es Inhalte vom Sender zum Empfänger transportiert – und dies nicht nur zwischen Kulturproduzenten und Kulturrezipienten, sondern auch zwischen Förderern (»granters«) und Geförderten (»grantees«). Kulturvermittlung in diesem Sinne vereinfacht die Kommunikation zwischen Parteien, die unterschiedliche Sprachen sprechen, aber keine unvereinbaren Interessen haben. Kulturvermitteln bedeutet aber nicht simples Übersetzen im Rahmen des Beziehungsschemas zwischen Sender/-in und Empfänger/-in; vielmehr greift der/die Kulturvermittler/-in steuernd ein. Über die Vermarktung gestaltet Kulturvermittlung »Vorgänge, die steuernd und gestalterisch auf solche Interaktionsprozesse wirken« (Zembylas 2004: 103). Dann ist der Schritt von der steuernden Übersetzung zur »Mediation« im engeren Sinne, also Konfliktbewältigung, nicht mehr weit. Mediatoren als Schnittstellenmanager sind »all jene Personen [...], die als Bindeglied zwischen Kunstschaffenden und Öffentlichkeit sowie an unter-

---

6 Dies findet man bei Petersons (1998) Analyse zur Kreation der Countrymusik und bei Featherstones Theorien des Kulturkonsums (1991). Es lässt sich über den strukturalistisch akzentuierten Habitusansatz Bourdieus (1982) und die handlungstheoretisch akzentuierte Strukturierungstheorie Giddens (1995) erklären.

schiedlichen Orten der kulturellen Produktion intervenieren und professionell agieren« (ebd.: 272).[7]

2. Kulturvermittlung als Identitätsagentur (Sozialisationsansatz)

Der/die Kulturvermittler/-in kann des Weiteren als »Cultural Intermediary« verstanden werden. Kulturelle Kompetenz ist zeitaufwändig; man benötigt viele und komplexe Informationen bzw. Erfahrungen in kulturellen Feldern, um sie zu erlangen. Diese Kompetenz ist eigentlich nur durch lebenslanges Lernen zu erhalten; sie ist somit ein Aspekt des Habitus, ein Indikator für die akkurate Illustration des Klassenstatus. Kulturkonsum, Lebensstil und soziale Position gehen hier Hand in Hand, und von der Warte der Produzenten ist es deshalb notwendig, immer wieder Güter auf den Markt zu werfen, die entsprechend als »positional good« (Hirsch 1976) verwendbar sind und in erster Linie demonstrativ oder ostentativ konsumiert werden, wobei es schwierig ist zu sagen, welche der konsumierten Produkte statusrelevant einsetzbar sind und deshalb konsumiert werden müssen.

Dies zu vermitteln ist ebenfalls eine Aufgabe von Kulturvermittlung (Featherstone 1991: 18).[8] Zur Kultivierung des Lebensstils bedarf es Wissens, das Kulturvermittler in der Kunst, den Medien, im Design, in der Mode, in der Werbung und ähnlichen Bereichen bereitstellen. Die Beschäftigten in diesen Wirtschaftsbereichen tendieren typischerweise dazu, vergangene Traditionen, Subkulturen, fremde Kulturen etc. auf Potentiale zur Gestaltung neuer Kultursymbole und -formen hin zu durchforsten und für den Konsum auf dem Markt zu offerieren. Featherstone spricht hier von der »Pastiche«, dem Mosaik eklektischer Codes und bizarrer Mischungen, die über kommerzielle Medien, wie MTV, aber auch in Kunstmuseen angeboten werden. In diesem Sinne ist praktische Kulturvermittlung im Marketing postindustrieller Unternehmen unverzichtbar.

---

7 Weiter heißt es bei Zembylas (2004: 272) dazu: »MediatorInnen sind jedoch nicht nur ›SchnittstellenmanagerInnen‹, sondern auch MitproduzentInnen [...] und Garanten für die Signifikanz der Werke... MediatorInnen hüten die kulturell-normativen Grenzen, bedienen sich ihrer aber auch [...]. Hier liegen wohl auch die Wurzeln der spannungsgeladenen Beziehung zwischen MediatorInnen und Kunstschaffenden.« MediatorInnen haben also eine Gatekeeper-Funktion, die der Idee der breiten Vermittlung entgegensteht. Kulturvermittler in diesem Sinne bauen also nicht Spannungen ab sondern auch auf (siehe auch Chiapello 1998).

8 Zembylas (2004: 37) spricht hierbei von der Notwendigkeit der kulturellen Vermittlung als alltägliches Phänomen, mit der das Selbst konstituiert wird. Kulturelle Zugehörigkeit ist die Übernahme bestimmter Deutungs- und Handlungsschemata; die alltägliche Kulturvermittlung ist dabei hilfreich.

3. Kulturvermittlung als Teil des Massenkonsums (poststruktureller Ansatz)

Die letzten Sätze weisen bereits auf eine weitere, benachbarte Aufgabe von Kulturvermittlung hin, nämlich die Funktion, Kultur in der postmodernen Gesellschaft von »high brow« und »low brow« zu »no brow« (Seabrook 2000) zu vereinigen, also eine Ent-Differenzierung (Lash 1992) herbeizuführen. In unserer zeitgenössischen Gesellschaft wird es immer schwieriger, Unterschiede zwischen Hochkultur und Populärkultur zu erfassen.[9] Alltagsobjekte werden als (Lebens-)Stilmerkmale charakterisiert und dadurch »kultiviert«. Zeitgenössische Kulturvermittlung bedeutet also keine Vermittlung höherer Kulturinhalte sondern ihre postmoderne De-Klassifizierung; Kultur als Bestandteil des Massenkonsums macht sie als soziales Distinktionsmerkmal obsolet.[10] Kulturvermittlung in diesem Sinne trägt über ihre Einbettung in den Konsum heute also eher zur Auflösung als zur Stärkung sozialer Differenzierungen bei; kultureller Massenkonsum als »Ausdehnung des Zugangs zu einem verallgemeinerten Markt« (Schrage 2003: 57) löst generell Milieugrenzen auf.

Das Verhältnis ist wechselseitig: Kulturvermittlung trägt zur Stärkung des Massenkonsums bei und führt somit zu gesellschaftlichen Restrukturierungen, der soziale Wandel verändert aber auch die Kulturvermittlung. Kulturvermittlung hilft der Verbreitung des Massenkonsums; sie etabliert Kultur mittels »marktförmiger Zirkulation [...] ihrer Verbreitungsmedien, [...] [die] den Kriterien der bürgerlichen Öffentlichkeit nicht [mehr] entspricht« (Schrage 2003: 60). Kulturvermittlung in diesem Sinn steht der Kritik der Frankfurter Schule an der Kulturindustrie diametral gegenüber. Aber schon Krakauer hat in den 20er Jahren des letzten Jahrhunderts beschrieben, wie erfolglos versucht wurde, die Hegemonie der bürgerlichen Kultur zu verteidigen mit

---

9 Allerdings bleiben die Differenzen zwischen einer produzenten- und einer konsumenten-orientierten kulturellen Produktion nach wie vor wichtig (Gans 1999, Bourdieu 1999) – die Pole der Subfelder von Avantgardekunst und kommerzieller Kunst existieren zum Beispiel weiterhin.

10 Hier mag der Unterschied zwischen einem weiteren Kultur- und einem engeren Kunstbegriff wichtig sein. Zeitgenössische Kunst ist z.B. komplexer und distinguierender als je zuvor, da die Produzenten besser gebildet und die Arbeiten somit höher codiert sind, was den Massenkonsum von vornherein verbietet. Kunstausstellungen, die nach Maßstäben der produzenten-orientierten Kultur (Gans 1999) oder der autonomen Kunst (Bourdieu 1998) entwickelt wurden, bleiben weiterhin nur für einen kleinen und elitären Kreis interessant. Über ihre gesellschaftliche Relevanz über bestimmte Subkulturen hinaus müsste aber gesondert diskutiert werden.

»Versuchen einer ›Hebung‹ des Bildungsniveaus der ›Massen‹ durch pädagogisierende Indienstnahme von Massenmedien (Radio, Zeitschriften, Kino) und des Kultur-Warenmarktes (Billigausgaben von Klassikern, etc.) [...] oder [mittels] in bürokratisierten Formen erstarr[t]en [bürgerlichen Kulturidealen]. [...] Aus der Sicht kulturpädagogischer Ansprüche erscheint der ›Eigenwille‹ des Massenpublikums tatsächlich als etwas außerhalb der Reichweite normativer Kulturvorstellungen Stehendes.« (Schrage 2003: 61)

4. Kulturvermittlung als Distributionsinstanz (»Production-of-Culture«-Ansatz)

Schließlich lässt sich Kulturvermittlung auch als »Dissemination« oder »Distribution« übersetzen, also als Instanz des Kulturvertriebs der Kulturproduktion für die Kulturkonsumtion, wobei es sich aber nicht um eine Einbahnstraße handelt – der Vertrieb umfasst auch die Erfassung von Konsummustern als beeinflussender Faktor der Produktion. Hier werden Themen der kulturellen Organisation von der Produktion bis zur Konsumtion behandelt, also alle Bereiche des Managements, der Evaluation und der Rezeption. Kulturvermittlung umfasst nicht nur die unmittelbare Organisation der Distributionssphäre sondern den Kontext dieser engeren Distribution, einen Kontext wie er im »Production-of-Culture«-Modell Petersons (1976, 1994), in der »Art World« Beckers (1982) oder mit dem »Cultural Diamond« Griswolds (2004) beschrieben wird. Alle drei betonen die wechselseitige Beziehung von Kulturproduktion, -distribution, -konsum und Gesellschaft und weitergehendem Kulturverständnis. Kreative Kulturproduktionen sind immer Ergebnisse kollektiver Anstrengungen und nie »einzelner Genies«.[11]

Man sollte sich dabei nicht durch das Etikett »Production of Culture« irritieren lassen, denn Petersons Ansatz ist nicht nur auf die Kulturproduktion fixiert. Attraktiv an diesem Ansatz ist die durch und durch empirische Basis der Überlegungen zur Bedeutung des Dreigestirns aus Produktion, Distribution und Konsumtion. Für jedes Teilgebiet und für die Verknüpfungen zueinander und zu den Kontextfeldern ›Gesellschaft‹ und ›Kunst‹ gibt es zumindest aus den USA, weitaus mehr als aus anderen Ländern, umfangreiche empirische soziologische und ökonomische Studien.[12]

---

11 Dies haben vor diesen spezifischen Soziologen übrigens schon Strukturalisten und Poststrukturalisten wie Barthes und Foucault bereits in den 50er und frühen 60er Jahren geschrieben.
12 Jeffrey Alexander (2003: 20) drückt dies so aus: »For the most part it is characterized by the unsung virtues of intellectual modesty, diligence, clarity, and a studio-

Aufgrund seiner empirischen Modellierung ist der »Production-of-Culture«-Ansatz pragmatisch und im besten Sinne angewandt, ohne seine theoretische Basis zu verlieren. Für Peterson (1994) heißt dies vor allem, dass Kultur in institutionellen Feldern, in Organisationen und eingebettet in sozialen, politischen und ökonomischen Umwelten geschaffen wird. Dabei werden Inhalt und Stil der Kultur durch Bedingungen dieser institutionellen Felder und Umwelten bestimmt.[13] Peterson (1976) setzt sich das Ziel, die institutionellen Bedingungen von Kulturformen und -inhalten durch organisationssoziologische Theorien zu erkennen.[14] Peterson bewegt sich dabei flüssig zwischen Organisations- und Industriesoziologie hin und her. Schon in seinen frühen Studien legt er Wert auf eine ent-mythisierende Analyse der Kultur.[15] Die Berücksichtigung der Organisationsebene bei der Analyse der Kulturdistribution kann nicht überbewertet werden; sie ist die wichtigste analytische Ebene, um makrosozialen Kulturwandel und individuelle Kulturrezeption zu verbinden (DiMaggio 2000).[16]

Innerhalb des »Production-of-Culture«-Ansatzes war Peterson die Analyse des Kulturkonsums wichtig, denn der Kulturkonsum hat bedeutende Rückwirkungen auf die Kulturproduktion. Im Prozess des Konsums re-produ-

---

us attention to questions of methods. Its numerous proponents make sensible, middle-range empirical studies of the circumstances in which ›culture‹ is produced and consumed [...]. The great strength of this approach is that it offers explicit causal links between culture and social structure, thus avoiding the pitfalls of indeterminacy and obfuscation that remains latent in the other approaches we have examined.«

13 Dies können institutionelle Regularien wie Rechtsvorschriften, Techniken, Industrie-, Organisations- und Beschäftigungsstrukturen, Karrierepfade, und Marktbedingungen sein: »The production of culture perspective focuses on how the content of culture is influenced by the milieux in which it is created, distributed, evaluated, taught and preserved« (Peterson 1994).

14 Weiter bezieht er sich auf kultursoziologische Theorien, mit umfangreichen Bezügen zu Marx, Weber, Simmel, Sombart, Goffman und Bourdieu. Dabei legt Peterson weiter Wert darauf, unnötige Polaritäten wie Mikrosoziologie vs. Makrosoziologie, Kulturalismus vs. Strukturalismus, Markt vs. Staat, Klasse vs. Lebensstil, Autonomisierung vs. Globalisierung zu überwinden.

15 Dies zeigen seine 1970er Studien zur Musikindustrie. Sie demystifizierten Industrien im Sinne »alter« institutioneller Studien. Petersons organisationstheoretische Schule waren dabei die Arbeiten von James March und Herbert Simon (1958) und allgemein die Carnegie School (Perrow 1986).

16 »For example, he [Peterson] has warned practicioners of the production perspective to avoid clinging to any single level of analysis (Peterson 1994: 180-182) and to view the emphasis on organizational factors and markets [...]« (DiMaggio 2000: 130).

zieren Kulturkonsumenten kulturelle Symbole und werden somit ebenfalls zu Produzenten. Insbesondere seit den 80er Jahren[17] wird die Bedeutung der Kulturkonsumenten bei der Symbolproduktion immer wichtiger, das Publikum wird also zur »unabhängigen Variable«: »The result, both of the book [on country music] and of the 1994 essay [on modifications of the approach], is a richer, more nuanced, and more humanistic definition of both ›production‹, [›consumption‹] and ›culture‹« (DiMaggio 2000: 130). Ein Schwerpunkt des Faches liegt also in der näheren Betrachtung der mikro- und mesosoziologischen Beziehungen zwischen formalen Produktionssystemen und informellen sozialen Organisationen. Ein weiterer Schwerpunkt liegt in der Analyse der Wirkungen der Inhalte institutioneller Produktion und ihrer Distribution auf die Konsumption und der Umgestaltung dieser Inhalte beim Konsumenten. Somit steht neben der Organisations-, Kontext- und Feldanalyse von Kultur auch die Rezeptionsanalyse im Zentrum der Forschung des Faches.

Zusammenfassend steht das Fach Kulturvermittlung und Kulturorganisation auf drei Säulen:

- *Kulturrezeption* (zu der die Kulturvermittlung im engeren Sinne und Besucher- bzw. Rezeptionsstudien im weiteren Sinne gezählt werden);
- *Kulturorganisation* (mit den beiden Standbeinen »Kultur als interne Organisation« und »Organisationsumfeld Stadt«) und
- *Kulturproduktion* (mit einer Betonung kulturökonomischer und feldtheoretischer Fragestellungen und Fragen der Abhängigkeit der Kulturproduktion von feldinterner sozialer Position sowie von staatlichen und nichtstaatlichen Förderbedingungen).

Dies findet sich in der Struktur unseres Lehrangebotes wieder:

---

17 Vgl. die Cultural Studies-Literatur der 80er Jahre (u.a. Hall 1980; Fiske 1989); und die »Uses and Gratification«-Literatur in der Medienforschung der 70er Jahre (u.a. Blumler/Katz 1974).

Tabelle 1: Lehrstruktur im Fach Kulturvermittlung und Kulturorganisation an der Universität Lüneburg

Grundlagenkurse (Grundstudium)			
Felder kultureller Produktion, Distribution und Konsumtion (Einführungsvorlesung)			
Kulturvermittlung	Kulturorganisation		Kulturproduktion
	Kultur als Organisation	Kultur im Umfeld	
Rezeption von Kultur – Kultur und Konsum – Publikumsstudien – Kultur und Kommunikation – Kultur und Sozialstrukturen	Institutionsanalyse – Theorien kultureller Organisationen – Kulturinstitutionslehre – Kultur und Verwaltung – Kultur und Organisationsumfelder	Urbane Aspekte: – Kultur und Stadtwirtschaft – Flagship-Kultur – Soziokultur – Stadtteilkultur – Kultur und Gentrification	Sozio-ökon. Bedingungen: – Strukturen und Differenzen kultureller (Sub-)Felder – Künstler, künstl. Felder und Gesellschaft – Kulturökonomie – Kulturförderung
Weiterführende Kurse (Hauptstudium)			
Unternehmen & Kultur: – Kultursponsoring – Corporate Collecting		Kulturpolitik: – (sub-)nationale, europäische und internationale Kulturpolitik – Kulturentwicklungsplanung	
Empirische Kulturforschung: – Empir. Studien – Kulturstatistik – Besucher-, Rezeptionsforschung – Ausstellungsevaluation – Kultur und Spektakel	Kulturorganisation & Management: – Kulturmanagement (zielgruppen- und subfeld-bewusst) – Kulturmarketing – Neue Formen der Kulturorganisation	Analyse & Planung im städtischen Kontext: – Stadtkultur im Vergleich – Creative Cities & Industries – Cultural Districts – sozio-kulturelle Aspekte von Architektur und Stadtplanung	Wandel der Kulturproduktion: – Kulturfinanzierung – Kulturfundraising – Globalisierung der Kultur – Produktionstrends
Organisation und Management spezieller Kulturfelder (Praxis, Fallstudien): Museen, Kunstausstellungen, Konzerte, Musik, kulturelle Events, Projekte, Stadt(teil-)kultur, Verwaltung und Unternehmen			
Projektseminare Museumslandschaften		Projektseminare Kultur in Großstädten	

Literatur

Alexander, Jeffrey (2003): *The Meanings of Social Life: A Cultural Sociology*, Oxford, New York et al.

Alexander, Victoria D. (2003): *Sociology of the Arts – Exploring Fine and Popular Forms*, Malden/MA u.a.O.

Baudrillard, Jean (1998 [1970]): *The Consumer Society – Myths & Structure*, London; Thousand Oaks; New Delhi.

Becker, Howard (1982): *Art Worlds*, Berkeley, Los Angeles, London.

Blumler, Jay G. und Elihu Katz (1974) (Hg.): *The Uses of Mass Communication*, London.

Bourdieu, Pierre (1982): *Die feinen Unterschiede – Kritik der Urteilskraft*, Frankfurt/Main.

Bourdieu, Pierre (1999): *Die Regeln der Kunst. Genese und Struktur des literarischen Feldes*, Frankfurt/Main.

Bourdieu, Pierre/Wacquant, Loïc J.D. (1992): *An Invitation to Reflexive Sociology*, Chicago.

Briedis, Kolja/Minks, Karl-Heinz (2003): *Zwischen Hochschule und Arbeitsmarkt. Eine Befragung der Hochschulabsolventinnen und Hochschulabsolventen des Prüfungsjahres 2001*, Hannover (HIS).

Chiapello, Eve (1998): *Artistes versus Managers. Le management culturel face à la critique artiste*, Paris.

Crane, Diane (Hg.) (1994): *The Sociology of Culture. Emerging Theoretical Perspectives*, Oxford; Cambridge/MA.

DiMaggio, Paul (2000): »The Production of Scientific Change: Richard Peterson and the Institutional Turn in Cultural Sociology«. In: *Poetics* 28, S. 107-136

Featherstone, Mike (1991): »Theories of Consumer Culture«. In: ders.: *Consumer Culture & Postmodernism*, London; Thousand Oaks; New Delhi.

Fiske, John (1989): *Reading the Popular*, New York.

Gans, Herbert (1999 [1974]): *Popular Culture and High Culture. An Analysis and Evaluation of Taste*, New York.

Giddens, Anthony (1995): *Die Konstitution der Gesellschaft. Grundzüge einer Theorie der Strukturierung*, Frankfurt/Main.

Griswold, Wendy (2004): *Cultures and Societies in a Changing World*, Thousand Oaks; London; New Delhi.

Hall, Stuart (1980): »Encoding and decoding«. In: ders. (Hg.): *Culture, Media, Languages*, London.

Hirsch, Fred (1976): *The Social Limits of Growth*, Cambridge/MA.

Lash, Scott (1992): *Sociology of Postmodernism*, London.

March, James/Simon, Herbert (1958): *Organizations*, New York.

Perrow, Charles (1986): *Complex Organizations: A Critical Essay*, New York.

Peterson, Richard A. (1976): »The Production of Culture: A Prolegomenon«. In: ders. (Hg.): *The Production of Culture*, Beverley Hills; London.
Peterson, Richard A. (1994): »Culture Studies Through the Production Perspective: Progress and Prospects«. In: Diana Crane (Hg.): *The Sociology of Culture. Emerging Theoretical Perspectives*, Oxford; Cambridge/MA.
Peterson, Richard A. (1998): *Creating Country Music: Fabricating Authenticity*, Chicago; London.
Ritzer, George (1998): »Introduction«. In: Jean Baudrillard: *The Consumer Society. Myths & Structures*, London, Thousand Oaks; New Delhi.
Schrage, Dominik (2003): »Integration durch Attraktion. Konsumismus als massenkulturelles Weltverhältnis«. In: *Mittelweg* 36/6, S. 57-86,
Seabrook; John (2000): *Nobrow: The Culture of Marketing – The Marketing of Culture*, New York.
Wuggenig, Ulf (2001): »Neue Kulturwissenschaften an der Universität Lüneburg. Interdisziplinarität und Integration von Theorie und Praxis im Magister-Studiengang ›Angewandte Kulturwissenschaften‹«. In: *Kulturpolitische Mitteilungen* 15/94, S. 99-101.
Zembylas, Tasos (2004): *Kulturbetriebslehre. Grundlagen einer Inter-Disziplin*, Wiesbaden.

Dr. Volker Kirchberg, geb. 1956, Diplom-Soziologe. Seit Oktober 2004 Professor für »Kulturvermittlung und Kulturorganisation« am Fachbereich Kulturwissenschaften der Universität Lüneburg. 1985-1988 wissenschaftlicher Mitarbeiter der Forschungsstelle »Stadtforschung«, Universität Hamburg. 1988-1992 Forschung am *Institute for Policy Studies* der Johns Hopkins Universität in Baltimore, Maryland. Anschließend Promotion und Post-Doc-Tätigkeit (*German Marshall Fund*) in Baltimore. Leiter des *Basica-Forschungsinstituts* in Hamburg (1995-2000). Lehraufträge am *Institut für Soziologie* der FU Berlin im Schwerpunkt »Stadtforschung« (1996-2000) und Habilitation an dieser Universität (2003). 2001 bis 2004 Assistant Professor für Soziologie an der *William Paterson Universität* in New Jersey.
Mehrere Veröffentlichungen zur Kultur- und Stadtsoziologie im Schnittbereich von Markt, Staat und Non-Profit-Sektor.

→ Kulturvermittlung ist (eine) Kunst.
Der Studiengang Kulturwissenschaften und Ästhetische Praxis an der Universität Hildesheim[1]

Hajo Kurzenberger

Es ist wohl kaum möglich, eine generelle Antwort darauf geben, was es heißt, heute für die Kulturvermittlung auszubilden. Dass man etwas von den Künsten, ihrer Entwicklung, ihren Möglichkeiten, ihren Kontexten und Zusammenhängen verstehen muss, um sie anderen erleb- und begreifbar machen zu können, wäre eine wohlfeile, weil zu allgemeine und selbstverständliche Antwort. Auch wüsste ich nicht konkret zu benennen, was unsere Studiengänge zur Veränderung der kulturellen Praxis und des Arbeitsmarktes beigetragen haben. Hier Namen von Absolventen aufzuzählen, die verantwortlich an verschiedensten Kunst- und Kulturinstitutionen, in tradierten oder neu geschaffenen Positionen wirken und die Konzeptidee, das in ihrem Studiengang hier Gelernte weitertragen und weiter entwickeln, wäre ›namedropping‹ und Schleichwerbung.

---

1 Der 1979 etablierte Diplomstudiengang »Kulturwissenschaften und ästhetische Praxis« ist der älteste grundständige Studiengang der Kulturvermittlung in der Bundesrepublik Deutschland. Nach wie vor einzigartig ist der Ansatz, in den Künsten für die Kulturvermittlung (aus-) zu bilden. In der Verschränkung von eigener künstlerischer Praxis mit kulturwissenschaftlichen Inhalten sowie kulturpolitischen und kulturorganisatorischen Kompetenzen befähigt er seine Absolventinnen und Absolventen zum Analysieren, Konzipieren, Initiieren, Organisieren und Vermitteln kultureller Prozesse. Die im Studiengang dominierende Form der Projektarbeit mit »Ernstfallcharakter« sowie drei verpflichtende Praktika in unterschiedlichen kulturellen Institutionen sorgen für einen hohen Praxisbezug des Studiengangs. Die Kooperation mit über 1500 Kulturinstitutionen deutschlandweit und im Ausland gewährleistet dabei vielfältige berufsspezifische Einblicke und Kontakte zu den Akteuren kultureller Praxis.
Eine künstlerische Eignungsprüfung in einer der als Hauptfach zu wählenden Kunstbereiche Theater, Literatur, Medien, Bildende Kunst oder Musik regeln den Zugang zum Studiengang.
Die im Studiengang herausgebildeten Kompetenzen haben sich, so zeigt eine Absolventenuntersuchung aus dem Jahr 2000, für die unterschiedlichsten Kulturberufe bewährt. Das Spektrum reicht von der direkten Anleitung zu künstlerischem Tun etwa in Jugendkunstschulen über Tätigkeiten in der künstlerischen Produktion an Theatern, in Ausstellungsinstitutionen, Verlagen oder beim Film bis zum Kulturjournalismus oder Tätigkeiten in Kulturpolitik und Verwaltung. 94 Prozent der Absolventen sind in Lohn und Brot, davon der überwiegende Teil in Tätigkeiten, die dem Studium adäquat sind.

Dass gesellschaftliche Veränderungen auch den so genannten Kulturbetrieb und eine darauf aufmerksam und sensibel reagierende universitäre Ausbildung verändern, ist an der ›innerhäusigen‹ Hildesheimer Entwicklung allerdings abzulesen und zu beschreiben. Ende der 70er Jahre wurde hier an einer ehemals pädagogischen Hochschule der Studiengang Kulturpädagogik konzipiert. »Polyästhetische Erziehung« lautete das Etikett, das signalisieren sollte, dass hier verschiedene Künste und Wissenschaften interdisziplinär miteinander in Theorie und Praxis verknüpft werden sollten:

> »Sinnliches Wahrnehmen, Gestalten, Verstehen und wissenschaftliches Überdenken der Wirklichkeit erschließt sich nicht anders als gleichzeitig über Auge und Ohr, Bewegungs-, Tast- und Spürsinn. Erziehung und Bildung können die Sinne des Menschen und ihre kulturelle Auswertung durch die Künste entfalten oder missbrauchen. Es ist daher Aufgabe der Lehrer und Künstler, eine nüchterne Wahrnehmungserziehung in der Einübung aller Sinnestätigkeiten zu praktizieren.« (Roscher 1976)

Aus der Kulturpädagogik der 80er Jahre sind inzwischen drei kulturwissenschaftliche Studiengänge geworden: *Kulturwissenschaften und ästhetische Praxis*, *Kreatives Schreiben und Kulturjournalismus* und *Szenische Künste*. »Kulturwissenschaften und ästhetische Praxis« hat nicht nur den ehemals explizit pädagogischen Anspruch im Titel gestrichen, sondern auch das Synästhetische und den wertenden Umgang mit den Künsten. Freilich, ›ästhetische Bildung‹ in einem unideologischen Sinne von *aisthesis* und *poiesis* steht immer noch auf dem Programm, denn ohne genaue Wahrnehmung des ästhetischen Gegenstandes lässt sich über ihn nicht reden und nachdenken.

»Kreatives Schreiben und Kulturjournalismus« und »Szenische Künste« sind Spezial- und Vertiefungsstudiengänge auf der strukturellen Theorie-Praxis-Basis des Ausgangsstudiengangs. »Szenische Künste« ist die Reaktion auf die zunehmende Intermedialität der Gegenwartskünste, eine curriculare Antwort auf den so genannten ›Performativ-Turn‹, den die Kulturwissenschaften ausgerufen haben, weil zu erkennen ist, dass Kunst und Kultur zunehmend weniger über Artefakte zu begreifen sind als vielmehr über Inszenierungsprozesse und performative Ereignisse. »Kreatives Schreiben und Kulturjournalismus« holt eine Entwicklung nach, die an angelsächsischen Universitäten schon eine lange Tradition hat, und markiert gleichsam in Gegenbewegung zu den Szenischen Künsten, dass die Schriftkultur keineswegs abzuschreiben ist, schon gar nicht im Bereich, wo es auch um Vermittlung geht.

Bis sich diese drei heutigen kulturwissenschaftlichen Hildesheimer Studiengänge über ca. 20 Jahre ›herausgemendelt‹ haben, brauchte es einige Zwischenstufen und neue Erfahrungen: der guten alten Kulturpädagogik wurde schon früh, Anfang der 1980er, die junge Wissenschaft und Praxis der Populären Kultur implantiert, die genre- und spartenübergreifend die verschiedensten Künste überspannen sollte. Früh auch wurden die Anteile der Medien Theater, Film, Fernsehen in Forschung und Lehre gestärkt. Anfang der 90er war man sich einig, dass die verschiedenen Kunstpraxen und die verschiedenen Wissenschaften von den Künsten nicht isoliert im universitären Elfenbeinturm verharren sollten, auch wenn dieser Schutz- und Experimentierraum sich als höchst kreativ und eigenständig erwies. Die berufliche Praxis, die Realitäten des Kulturbetriebs sollten stärker in den Blick genommen werden, durchaus im Gegensatz und Spannungsverhältnis zum universitären Laborraum, der ja bewusst nicht auf spätere Berufsprofile und Berufsnormen hin ausgerichtet und verengt ist. So kamen Kulturpolitik und Kulturorganisation ins Haus und in die Studienordnungen. Sie ›erdeten‹ gleichsam das künstlerische und wissenschaftliche Tun. Hildesheimer Kulturwissenschaften basieren, das mag meine Skizze andeuten, auf einem labilen, immer wieder neu auszutarierenden Gleichgewicht, auf Spannungsverhältnissen zwischen Kunst, Wissenschaft, Vermittlung und Berufspraxis. Wer das Ganze zugunsten eines Bereiches verschiebt, verengt den Horizont und reduziert das Ausbildungsspektrum und Ausbildungsniveau, das auf produktive Reibung und Differenz angelegt ist, ja das auch Disparatheit aushalten kann, weil es nicht um stromlinienförmiges Anwendungswissen geht, sondern um die zu erwerbende Fähigkeit, sich selbsttätig auf unterschiedlichen Erfahrungs- und Begriffsniveaus der Künste, der Kunstwissenschaften und der Berufsanforderungen zu bewegen.

Insofern ist das Begriffsquartett »Vermittlungskompetenz – Ästhetische Kompetenz – Wissenschaftliche Kompetenz – Management-Kompetenz« für mich nicht mehr als eine formelhafte Markierung. Was hier so trennscharf und wohl gereiht nebeneinander steht, ist nämlich oft nicht sauber auseinander zu halten. Und auch die Addition und Reihenfolge suggeriert möglicherweise falsche Kausalitäten oder Gewichtungen. Nehmen wir als Beispiel die hier vor allem thematisierte Vermittlungskompetenz. Wo beginnt sie und wo hört sie auf? Ist sie als abgetrennte Leistung erfassbar oder ist sie integrativer Teil der Kunst oder aber vor allem die Domäne der Wissenschaft? Gehen wir davon aus, dass Kunstwerke oder Aufführungen per se Kommunikationsangebote an ein Publikum sind, ist ihnen der Vermittlungsanspruch zweifellos inhärent. Er kann allerdings, wie wir alle wissen, höchst unterschiedlich sein: hermetische Kunstwerke verschließen sich, um den Dialog mit ihnen besonders herauszufordern, populäre Kunstwerke öffnen sich, sind aber auf anderer, etwa der wissenschaftlichen Ebene auf höchst komplizierte und vermittelte Weise zu lesen. Heutige Performance-Kunst erklärt den Zuschauer zum Mitschöpfer, für den sie Spiel- und Freiräume schaffe, um auf je eigene Weise mit dem angebotenen Material umgehen zu können. Möglicherweise konfrontiert sie den Zuschauer aber mit seiner eigenen Unfähigkeit, mit diesem so genannten Material etwas anzufangen. Regisseure und Schauspieler eher konventioneller Aufführungen fragen beim Proben, ob das, was sie spielen, lesbar sei oder man sich an dieser Stelle mit dem Publikum durch Sinnverweigerung oder innovative Ausdrucksformen anlegen soll.

Wir sehen also, in der Kunst selbst ist Vermittlung und ihre Reflexion immer im Spiel. Deshalb sind die künstlerischen Prozesse und ihr wissenschaftliches Begreifen immer auch Einübung und Reflexion von Vermittlungskompetenz. Denn das Produzieren und seine Reflexion, zumal in der sozialen Kunstform Theater, ist selbst ein Vermittlungsgeschehen. Ein szenischer Vorschlag wird gemacht, von den Beteiligten diskutiert, geprüft, erprobt, verändert, akzentuiert und fixiert. Dasselbe gilt für die Wissenschaft. Der so genannte wissenschaftliche Diskurs führt ja nichts anderes vor als die Vermittlung, Modifikation und Transformation von Ideen, Gedanken und Reflexionen in einem thematischen Diskursfeld der jeweiligen Kunstwissenschaft. Ist Vermittlungskompetenz also gar kein eigenes Gebiet, kein abgesondert lehrbares Geschäft? Oder reden wir hier von unterschiedlichen Bedeutungen der so genannten Kunst- und Kulturvermittlung?

Im Zuge und in der Nachfolge eines Kulturkonzepts, das mit dem Slogan »Kultur für alle« seine Pointierung gefunden hat, hat sich eine Bedeutung des Begriffs in den Köpfen und Formulierungen festgesetzt, die Kulturvermittlung, wie ich finde, einengt. Das ist an gängigen heutigen Formulierungen abzulesen. Von ›Kulturvermittlungsleistungen‹ ist da die Rede, die ›neue Bevölkerungsgruppen erschließen‹, von einem ›Kernkulturpublikum‹, von ›kultureller Grundversorgung‹, von ›kultureller Bedürfnisanalyse‹ etc. Mit der Ökonomisierung der Terminologie gehen zu problematisierende Vorstellungen einher: Wenn Kulturvermittlung als eine Dienstleistung aufgefasst wird, was aus betriebswirtschaftlicher Sicht ja stimmen mag, sollte damit doch nicht die schlichte Annahme einer Zweck-Mittel-Relation einhergehen. Kulturvermittler sind keine Service-Einheiten der kulturellen Ereignisgesellschaft. Sie sind nicht die Schmier-Maxen, die die Kultur in Betrieb und in Fahrt halten. Jede Funktionalisierung dieser Art widerspräche den Aufgaben und der Funktion der Kunst. Kunst ist in unserer Tradition und nach meinem Verständnis kein normiertes und zu normierendes Massenprodukt, auch wenn Künstler mit seriellen Produktionsverfahren subversiv spielen. Der Besonderheit, der Eigenheit der Kunst ist also Rechnung zu tragen, was wiederum nicht heißt, dass sie auratisch gesehen und behandelt werden soll. Der Kunstvermittler aber sollte in seiner Ausbildung so kunstkompetent und so begriffsstark werden, dass er im späteren Beruf auch überholte Kunstvorstellungen und Kunstkonvention dieser Art zu benennen weiß und sie hinter sich lassen kann.

Die zweite Problemzone, die sich aus Hoffmanns verdienstvollem Ansatz der Kultur für alle ergab, ist das, was ich die falsche Pädagogisierung der Kulturvermittlung nennen möchte. Menschen ›den Zugang zu den Künsten zu verschaffen‹, sie zur zeitgenössischen Kunst ›hinzuführen‹, sie durch Kunstpraxis ›anzuleiten‹, wie man angemessen Kunst und Kultur verstehen kann, ist ein ehrenwertes und hohes Ziel, das leider oft auf zu flachen Wegen angegangen wird. ›Hinführung‹, ›Zugang verschaffen‹ hat immer auch einen Beigeschmack ›Heruntervermitteln‹ der Kunst.

Wie entgeht man dem Vorwurf bzw. der Tatsache, die Kunst im Vermittlungsvorgang handlich zu machen oder gar gebrauchsfertig? Wie respektiert und stärkt Kunst- und Kulturvermittlung das Beste der Kunst, nämlich dass sie quer steht zur gängigen Wahrnehmung, sie Eigensinn hat, der neuen Sinn anregt und produziert? Antwort: Indem man die Kunst ebenso ernst nimmt wie die Menschen, mit denen man sie betreibt.

Worum es also geht, ist das Kunststück der Kunst- und Kulturvermittlung. Es besteht zunächst einmal darin, die Vermittlungssituation nicht einfach abstrakt oder allgemein als gegeben und überschaubar vorauszusetzen. Die beste, weil schwierigste Vermittlungssituation ist die, die gar nicht vorhanden ist. Mein Kollege Burkhard Müller hat das am »Fahrenheit-Projekt«, einem Theaterprojekt mit Jugendlichen und später mit Sintis in einem sozialen Problemstadtteil Hildesheims anschaulich gezeigt: Was ist theaterpädagogisch zu tun, wenn weder ein Theater, noch Theaterspieler, noch Theaterinteressierte, noch ein Begriff oder gar ein Bedürfnis nach Theater vorhanden sind? Die Kulturpädagogin muss in diesem Extremfall, aber auch an traditionellen Vermittlungsorten, immer erst eine Vermittlungssituation schaffen, entdecken und erfinden. Da hilft kein Stoffplan, da hilft zunächst auch kein theaterpädagogisches Rezeptwissen, da hilft nur die genaue Erkundung des Ortes und vor allem seiner Menschen, ihrer kommunikativen Gewohnheiten, ihrer Mittel der Artikulation und die Entdeckung und Entwicklung ihrer kulturellen Bedürfnisse. Allerdings bedarf es dazu einer Menge Kunsterfahrung und Kulturwissen im Hintergrund, und es bedarf eines ästhetischen Gegenstandes oder zumindest der festen Überzeugung, dass ein solcher im Projekt entsteht.

Vor einiger Zeit hat der Pionier der praktizierenden Kulturpädagogik, Wolfgang Zacharias, Vermittlung so beschrieben:

»Eine offene, experimentelle, durchaus riskante (was das Scheitern einer ästhetischen Lernsituation betrifft), aber allemal spannende, sozusagen nicht kalt lassende Zugangsweise zu einem vorgegebenen, gewählten, sich ergebenden ästhetischen Gegenstand als kommunikativ verhandelbarem gemeinsamen Lernanlaß«. (Zacharias, 1987: 4)

Ziehen wir den pädagogischen Fachjargon der letzten Formulierung ab, bleibt eine brauchbare und bedenkenswerte Definition von Vermittlung, die noch zu ergänzen ist um einige von Zacharias zusätzlich genannte Bedingungen, etwa die dafür notwendige Ruhe (»Entschleunigung«), die meditative Bereitschaft der Beteiligten, ihre dialogisch kommunikative Einlassung und schließlich die motivierenden Anlässe.

Die Formulierung »Zugangsweise zu einem vorgegebenen, gewählten, sich ergebenden ästhetischen Gegenstand« lese ich als reihenden Zusammenhang, ja als Klimax des Vermittlungsvorgangs und des sich dabei verändernden ästhetischen Gegenstandes: das zunächst sachlich Gegebene wird zur eigenen Wahl. Der ästhetische Gegenstand nämlich schafft Einlassung und Beteiligung, wirkt auf die Erfahrung der Projektteilnehmer zurück – und das ist das Entscheidende – er verändert sich mit den Beteiligten. Und das heißt: er ergibt sich im Prozess der Vermittlung neu. Kulturpädagogische Rezeption und Vermittlung bleiben also nicht bei der so genannten Aneignung stehen. Nein, produktive Aneignung ist die Voraussetzung für die Überschreitung jener Grenze, wo Neues für die Kunstproduzenten und auch neue Kunst und neue Erkenntnis für andere entstehen kann. Und dies, je weiter und riskanter der Kunstvermittlungsprozess angesetzt ist und vorangetrieben wird. Und das heißt weiter: Dass die Zugangsweise entscheidenden Einfluss hat auf das, was sich ästhetisch neu ergibt.

Lassen Sie mich diese relativ abstrakte Behauptung abschließend anschaulicher machen an zwei Beispielen aus unserem letzten Projektsemester, das im Jahre 2004 stattfand und 18 Teilproduktionen aus dem Bereich Theater, Medien und Fotografie unter dem Themendach »Antike intermedial« versammelt hat. An ihnen kann nicht nur unser Ausbildungskonzept sichtbarer werden, sondern auch eine Kulturvermittlung, die zum einen die Differenz zwischen künstlerischem Tun und Vermittlung irritierend in Frage stellt und zum anderen Laien zur eigenen, unverwechselbaren ästhetischen Produktion anregt.

Eine Projektgruppe präsentierte als Aufführung »Die verletzten Krieger Trojas«:

»Auf dem Gelände der Domäne Marienburg baut sich die Gruppe der ›verletzten Krieger‹, bestehend aus Darstellern mit Behinderung des Theater HOWEI und Studenten der Universität Hildesheim, gemeinsam eine Behausung, in der der Mythos Troja, ihr Glaube an den Mut und das Heldentum aufrecht erhalten werden kann.«

Der ästhetische Gegenstand und Ausgangspunkt ist die Ilias des Homer, die riskante Zugangsweise die, dass geistig Behinderte zusammen mit Studierenden sich diese Vorlage zu eigen machen und eine szenische Form suchen, die für beide Gruppen angemessen ist und beide zu einer gemeinsamen szenischen Sprache und Mitteilung an ihr Publikum führt. Die gemeinsam gebaute Slum-Behausung ist dabei ein wichtiger Zwischenschritt, ein Ort, der dieser Gemeinsamkeit optische Signifikanz gibt, z.B. in den plakatierten Helden-Idolen, die von Claudia Schiffer bis zu Ronaldo reichen. Die Slum-Behausung ist aber auch der Ort, dem das Publikum der Aufführung im wörtlichen Sinne beiwohnt. Er ist freilich auch ein existenziell definierter Raum:

»Manchmal scheint es, als sei der Kampf gegen die Langeweile härter als der Kampf ums Überleben. Und als sei dies die härteste Strafe am Rand des Trojanischen Schlachtfeldes: die Leere, die Ereignislosigkeit, ohne Arbeit, ohne Kampf. Dagegen singen sie an: Griechischer Wein – der Refrain des Lagers. Oder sie spielen. In einem Lazarettzelt treffen die Zuschauer auf zehn griechische Krieger, die vor Ort waren und die der Schlacht um Troja ruhmreich, aber doch nicht unverletzt standhielten. Dabei werfen sie einen Blick hinter die Kulissen des Krieges. Sie blicken dorthin, wo erlebte Geschichten erzählt, aber auch – in Ermangelung an realem Geschehen – erfunden werden können.« (Programmheft Antike intermedial, Projektsemester 2004)

Sich in Homers Helden und ihre Leiden hinein zu imaginieren und diese Imagination mit behindert-starkem Ausdruck sicht- und erlebbar zu machen, ist ein völlig unkonventioneller, unklassischer Zugang zum antiken Klassiker. Er vermittelt den Beteiligten, Spielern wie Zuschauern, einen neuen, ungewöhnlichen, so bisher nicht vorhandenen Blick auf einen Basistext unserer Kultur. Kulturvermittlung oder innovative Kunst? Darauf kann es nur jeweils persönliche Antworten geben.

Das zweite Beispiel ist eine Theaterform, bei der man fragen kann, ob sie Theater ist oder nicht eher eine Versuchsanordnung, in deren Zentrum der Zuschauer steht. Der Titel: »Archiv eines Irrfahrers«, Ausgangspunkt Homers Odyssee, Spielort Antike intermedial bzw. die Veranda des Theaterinstituts, bzw. das Foyer des Stadttheaters Hannover im Rahmen des Festivals Theaterformen 2004. Ein Projekt also, das sich an zwei Orten und an verschiedenen Publika erproben durfte.

»Nach dem Grundsatz ›biographie is geographie‹ wurde eine Methode entwickelt, die sowohl auf die Fahrten des Odysseus, als auch auf alle anderen Lebensgeschichten angewandt werden kann. Biographische Fragmente werden hier, auf Grundlage des Prototyps aller Irrfahrten durchs Leben, erfasst und präsentiert.«

Die Spieler, die Archivare treten mit der reservierten Freundlichkeit kultureller Dienstleister auf und befragen ihren Zuschauer – seine Vereinzelung ist Prinzip und besondere Zuwendung – zum Beispiel: »Waren Ihre letzten 20 Jahre eine freiwillige Irrfahrt, eine unfreiwillige oder gar keine Irrfahrt?« Aber es werden nicht nur Antworten der Zuschauer archiviert und später in einem interaktiven Spiel, (jetzt) mit einer kleinen, sich angesammelten Zuschauergruppe im Zusammenhang mit Fragmenten der Odyssee präsentiert. Einzelnen Zuschauern werden auch in einer geradezu intimen *face to face*-Begegnung Geschichten aus der Odyssee erzählt. Er darf Postkarten an lang verschollene oder vergessene Freunde schreiben u.v.m. Es werden also, so schreibt ein Projektteilnehmer in seinem Reflexionsbericht, »Formen des Erinnerns geschaffen, in der eigene bedeutende oder unbedeutende Momente des Lebens des Zuschauers reflektiert und bekannt gemacht werden. Zudem wird aber auch ein Einblick in die Welt des Odysseus gewährt, der ebenfalls vor dem Vergessen bewahrt wurde, indem seine phantastischen Erlebnisse in einem menschlich bezogenen Rahmen gezeigt wurden. Der Held als Mensch, der Mensch als Held seiner eigenen Geschichte.« Wiederum bleibt uns die offene Frage: Sind wir hier im Felde der Kulturvermittlung oder im Terrain der Kunst? Und wiederum verschieben sich die gängigen Vorstellungen von Kulturvermittlung und Kunst: Die Kunst der Kulturvermittlung oder Kulturvermittlung als Kunst – eine müßige Frage, so lang hier etwas bei den Beteiligten, bei Spielern und Zuschauern angestoßen, erfahren und erlebt wird.

Selbstverständlich kann man diese beiden szenischen Beispiele nicht schematisch auf andere oder gar alle Aufgabenstellungen der Kunst- und Kulturvermittlung übertragen und ›anwenden‹. Aber das ist gerade der Sinn der Übung, den Studierenden ein Gefühl und damit die Erfahrung für die Einmaligkeit der jeweiligen Vermittlungsaufgabe und die jeweilige Vermittlungssituation zu geben und dabei zugleich ihre künstlerische und wissenschaftliche Kompetenz in Anspruch zu nehmen, herauszufordern und weiter zu entwickeln. Selbstverständlich weiß ich, dass Kulturvermittlung nicht nur im ›eigenen ästhetischen Schaffen‹ besteht. Es gibt eine Kulturvermittlung, die in der Kunst aufgeht, und es gibt Kulturvermittlung, die sich vom ästhetischen Gegenstand entfernt, die also »zwischen künstlerischer Produktion und Rezeption« (vgl. Definition der Broschüre zum Symposium) vermittelt. Was ich aber zeigen wollte: Dass die Übergänge zwischen beiden Definitionen fließend, ja dass beide Vermittlungsvorgänge nicht voneinander zu trennen sind. Hat man das begriffen, wird man nicht in Gefahr kommen, Kulturvermittlung zu instrumentalisieren, weil man sie immer eng an die Kunst bindet, ja sie zuweilen zur Kunst macht. Nur wer vom Primat der Kunst ausgeht, nur wer die Vermittlungsleistung zwischen Produktion und Rezeption eng mit der jeweiligen besonderen Kunstleistung verknüpft, ist sicher, nicht nur Kunstfunktionär zu sein. Der Kulturvermittler muss weder Künstler noch Wissenschaftler sein, aber er braucht den künstlerischen und den wissenschaftlichen Blick, der die jeweilige Kunstform ebenso genau im Auge hat wie die Adressaten, die mit ihr kompetent umgehen sollen.

Literatur

Roscher, Wolfgang (Hg) (1976): *Polyästhetische Erziehung. Klänge – Texte – Bilder – Szenen. Theorien und Modelle zur pädagogischen Praxis*, Köln.
Zacharias, Wolfgang (1987): »Pädagogische Aktion«. In: *Kulturpädagogik. Zur Zukunft eines Berufsfeldes*, Loccumer Protokolle, Loccum/Hagen.

Dr. Hajo Kurzenberger, Professor für »Kulturpädagogik« an der Universität Hildesheim mit Schwerpunkt »Theaterwissenschaft/Theaterpraxis« in den Studiengängen ›Kulturwissenschaften und ästhetische Praxis‹, ›Szenische Künste‹, ›Kreatives Schreiben‹ und ›Kulturjournalismus‹. Lehr- und Forschungsschwerpunkte sind Theater im 20. Jahrhundert, Chorisches Theater und Authentizität als Darstellungsform. Daneben Tätigkeit als Dramaturg und Regisseur u.a. am *Theater Basel* (Zusammenarbeit mit Stephan Müller), am Schauspielhaus Hamburg (Zusammenarbeit mit David Mouchtar-Samorai und mit Jossi Wieler), am *Theater Neumarkt Zürich* und am Gorki-Theater Berlin (Zusammenarbeit mit Stephan Müller).

→ »Vermittlungsprobleme«.
KULTURMANAGER WERDEN EIGENTLICH GEBRAUCHT,
ABER SCHLECHT BEZAHLT –
DER STUDIENGANG »KULTURARBEIT« AN DER
FACHHOCHSCHULE POTSDAM[1]
HERMANN VOESGEN

Jedem Anfang wohnt, frei nach Hermann Hesse, ein Zauber inne. Die neuen Studiengänge für Kulturmanagement waren in der Gründungsphase (Ende der 80er und Anfang der 90er Jahre) in einer beneidenswerten Situation:

- Sie kämpften einen aussichtsreichen Kampf gehen die verkrusteten Strukturen kameralistischer Kulturpolitik;
- sie konnten neue Berufsrollen entwerfen;

---

[1] Der Diplomstudiengang Kulturarbeit an der Fachhochschule Potsdam wurde im WS 95/96 als Modellversuch ins Leben gerufen und nach Beendigung der Modellphase zum 1. März 2000 unter dem Dach des Fachbereichs Architektur und Städtebau ins Regelangebot der Fachhochschule Potsdam übernommen.
Der Studiengang ist als grundständiger Studiengang an einer Fachhochschule der erste dieser Art in der Bundesrepublik. Die Berufsqualifikation »Kulturarbeit« ist eine Schlüsselqualifikation für alle kulturellen Tätigkeitsbereiche. Sie wird durch aufgaben- und neigungsbezogene Spezialkenntnisse ergänzt und erweitert. Dabei geht es sowohl um die Professionalisierung der Arbeit in den öffentlichen, privaten, »freien« und konfessionellen Tätigkeitsfeldern des kulturellen Lebens, als auch um die Ausprägung eines den gesellschaftlichen Anforderungen angemessenen Berufsbildes und -verständnisses von Kulturarbeit. Unverzichtbar ist darüber hinaus die Aneignung von Problemlösungsfähigkeiten für zukünftige Herausforderungen in der kulturellen Entwicklung.
Die Ziele des Studiums:
- Einen neuen Typ »kulturvermittelnder Berufe« zu etablieren;
- ost- und westdeutsche Erfahrungen in der konzeptionellen Kulturarbeit, der Kulturpädagogik, im Kulturmanagement, in der Kulturverwaltung und der angewandten Kulturwissenschaft zu verbinden und den heutigen Anforderungen anzupassen;
- Innovationsanforderungen der Praxis aufzugreifen;
- ein europäisches Verständnis von Kulturarbeit sowie die Fähigkeit zur grenzüberschreitenden kulturellen Zusammenarbeit auszubilden;
- ein breites Spektrum von fachlichem Wissen mit engem Bezug auf die Praxis und mit Innovationskompetenz zu erarbeiten;
- konzeptionelle, kommunikative und Präsentationsfähigkeiten zu entwickeln sowie den Sinn für Visionen und kulturpolitische Verantwortung zu fördern.

- die überkommenen Abgrenzungen zwischen Wirtschaft und Kultur wurden geöffnet und Synergien erprobt;
- der Bedarf an neuen Vermittlungsberufen und den entsprechenden Ausbildungen erschien groß.

Die neuen Studiengänge profitierten von dem »neuen Interesse an der Kultur« (Titel einer einflussreichen Tagung 1989 in Oldenburg) und konnten sich als Regelangebote in den Hochschulen etablieren. Fördermittel für experimentelle Projekte und Kooperationen standen in dieser Wachstumsphase reichlich zur Verfügung. Immer mehr Bereiche gelangten ins Visier der kulturellen Versorgung, Bildung und Inszenierung, so z.B. die Aufmerksamkeit für ländliche Räume Ende der 80er Jahre. Die Prognosen über die Zuwächse in der Kultur- und Medienindustrie waren optimistisch und durch die Deregulierung der staatlichen und kommunalen Kulturinstitutionen eröffneten sich vielfältige Chancen für die neuen Kulturarbeiter.

Die Entwicklung der kulturvermittelnden Studiengänge ist zunächst eine Erfolgsgeschichte. Über 40 Studiengänge gibt es inzwischen – und ein Ende der Gründungen ist nicht absehbar. Die Berufsbezeichnung ›Kulturmanager‹ hat allgemeine Anerkennung gewonnen und auch andere Bezeichnungen wie ›Kulturarbeiter‹, ›Kulturgestalter‹ und ›Kulturvermittler‹ werden akzeptiert. Kaum jemand wird heute die Bedeutung dieser Berufsfelder in Frage stellen.

Die wachsenden Ausbildungskapazitäten und der Gewinn an gesellschaftlicher Anerkennung stehen jedoch im Kontrast zur beruflichen Praxis. Der Zauber ist schnell verflogen, wenn wir auf die Berufsaussichten der Absolventen schauen. Dazu einige Stichworte:

Es gibt nur wenige Stellenangebote im Verhältnis zu der Zahl an Kulturmanagern, die in den letzten 15 Jahren ausgebildet wurden, und neue Stellen werden kaum eingerichtet. Vielmehr werden frei werdende Stellen oft zusammengelegt oder nicht mehr besetzt. Die öffentlichen Kulturausgaben sinken, und das trifft besonders die so genannte ›freie Kultur‹, weil es für diese Einrichtungen keine langfristigen Verpflichtungen seitens der öffentlichen Hand gibt. Damit sind wesentliche Tätigkeitsbereiche für die Absolventen der neuen Studiengänge in Gefahr. Zu berücksichtigen ist auch, dass die in den 90er Jahren geschaffenen Stellen von Mitarbeitern besetzt sind, die noch zwischen 10 und 20 Jahren im Berufsleben stehen werden. Damit sind die Möglichkeiten für Nachrückende stark eingeschränkt.

Die Studiengänge werden von Praktikumsangeboten überschwemmt. Praktikanten werden mehr und mehr für anspruchsvolle Regelaufgaben eingesetzt – und werden dafür gar nicht oder nur minimal bezahlt. Was während des Studiums noch reizvoll sein kann, wird nach dem Abschluss zur Belastung. Durch Praktika versuchen Absolventen einen Berufseinstieg zu bekommen und dafür nehmen sie unbefriedigende Arbeitsbedingungen in Kauf.

Praktika sind Teil eines immer mehr um sich greifenden Ausbeutungssystems im Kulturbereich. Nicht profitsüchtige Kapitalisten sind die Ausbeuter, sondern sympathische Geschäftsführer und künstlerische Leiterinnen von renommierten Einrichtungen. Sie sehen sich gezwungen, mit ihren oft reduzierten Mitteln aus ihrem Personal ›das Beste herauszuholen‹. Folge sind Halbtagsstellen mit der Erwartung, voll zu arbeiten, Honorarverträge für Regelaufgaben, kurzfristige Projektverträge, Missbrauch von Mitteln der Arbeitsverwaltung etc. Auch angesehene Bundesstiftungen schrecken nicht vor Ausbeutungskontrakten zurück.

Jedes Jahr werden etwa 1000 Kulturvermittler auf den Arbeitsmarkt entlassen und vergrößern die ›Reservearmee‹ kultureller Dienstleister. Sie sollen sich aber nicht mehr, wie zu Karl Marx' Zeiten, als »freie Lohnarbeiter« anbieten, vielmehr als Unternehmer auftreten. Selbstmanagement, unternehmerisches Handeln bis hin zur Entwicklung von Businessplänen sind heute selbstverständlich Teil der Ausbildungen. Die Studierenden müssen lernen, sich als ein attraktives Produkt zu präsentieren und marktfähige Dienstleistungen zu entwickeln. Die Absolventen, so eine zentrale Botschaft der letzten Jahre, müssen es unternehmen, ihre Stellen selber zu schaffen und auf eigene Rechnung zu arbeiten. Mit den Unsicherheiten und Risiken müssen die ›Ich-Unternehmer‹ auch alleine klar kommen. Es gibt faktisch keine gewerkschaftliche Vertretung, Schutznormen wie der Bundesangestelltentarif (BAT) sind für diese Arbeitsverhältnisse nicht wirksam und für moralische Grenzen gibt es kaum noch einen gemeinschaftlichen Resonanzboden.

Zwischenbilanz: Die Situation ist für die Vertreter der Studiengänge widersprüchlich. Die Nachfrage nach Studienplätzen ist gleich bleibend hoch und die gesellschaftliche Akzeptanz ist gut. Die Länder sind sogar bereit, weitere Studiengänge einzurichten. Auf der anderen Seite sind die Arbeitsbedingungen katastrophal und es ist keine Besserung in Sicht.

Die nahe liegende Konsequenz daraus wäre, die Zahl der Studienplätze zu reduzieren und zu empfehlen, diese Fächer nicht zu studieren. Dagegen spricht, dass es in den meisten anderen kultur- und geisteswissenschaftlichen Bereichen nicht besser ist. Außerdem kann man von einzelnen Studiengängen nicht erwarten, dass sie sich selbst amputieren.

Wie gehen die Studiengänge also mit dem Widerspruch um? Wie in anderen Fachbereichen auch, stehen grundsätzlich zwei Strategien zur Verfügung. Entweder löst man sich vom engen Bezug zur beruflichen Praxis und bildet eher fachimmanent aus oder es wird versucht, noch genauer auf zukunftsträchtige Berufsnischen hin auszubilden. Beide Wege werden in dem Bereich Kulturvermittlung beschritten und ich möchte kurz die Ansätze diskutieren.

1. Wiederverzauberung: Wir brauchen mehr Kulturvermittler

Die Ansprüche an die Kompetenzen der Kulturvermittler werden erweitert. Bereits durch den Begriffswechsel vom Manager zum Vermittler wird der erweiterte Anspruch deutlich. Der Kulturvermittler braucht eine fundierte gesellschaftswissenschaftliche Ausbildung, um verstehend zwischen den auseinander driftenden Teilsystemen vermitteln zu können. Die Vermittler müssen außerdem künstlerische Prozesse verstehen und nachempfinden können, um Kunst anspruchsvoll und gesellschaftlich relevant in Szene setzen zu können. Ein weiteres Merkmal für gute Kulturvermittler ist, dass sie Menschen begeistern und Prozesse fachgerecht steuern können. Die Legitimation für die Ausbildungsgänge wird nicht aus dem aktuellen Arbeitsmarkt gewonnen, sondern aus einer Gesellschaftsanalyse. Sie macht plausibel, dass grundsätzlich große Vermittlungsbedarfe bestehen und daher müssten ausreichend Arbeitsplätze für Kulturvermittler eingerichtet werden.

Stärken des Ansatzes
Die Studiengänge machen sich unabhängig von kurzfristigen Arbeitsmarktentwicklungen. Dadurch werden Spielräume für kritische Haltungen gewonnen und der Zwang, den Status quo zu bedienen, überwunden. So können die Studiengänge eine wissenschaftliche Unabhängigkeit erlangen. Sie ist auch für den beruflichen Weg der Studierenden sinnvoll. Angesichts der unsicheren und kaum vorhersehbaren Entwicklung auf dem Arbeitsmarkt ist eine akademische Grundausbildung mit anwendungsbezogenen Schlüsselqualifikationen ein ›Überlebensmittel‹.

Schwächen des Ansatzes
Durch die programmatische Ausrichtung (»die Gesellschaft braucht«) besteht die Gefahr, dass die Berufsrealitäten ausgeblendet werden. Damit verschaffen sich Hochschullehrer Luft, d.h. ihre Arbeit wird nicht unmittelbar durch die Restriktionen der Berufsrealität eingeschränkt. Für die Studierenden kann das aber zu Illusionen über die Praxisbedingungen führen, und sie können sich im Studium kaum auf die Risiken der Berufswelten vorbereiten. Eine pragmatische Ausrichtung des Studiums, auf realistische und bezahlte Tätigkeitsnischen, tritt in den Hindergrund.

Die zentrale Schwäche ist eine mögliche Überforderung der Studierenden. Sie sollen die auseinander strebenden Teile der Gesellschaft vernetzen und dazwischen vermitteln, sollen tanzen, analysieren, projektieren, moderieren, organisieren, motivieren und ein wenig die Welt erklären können – mit Blick in die Vergangenheit vielleicht als eine Art Melange aus Dorfschullehrer, Landarzt und Pastor. Woher rührt die Annahme, dass die Mehrheit der Kulturvermittler zu solchen ganzheitlichen Persönlichkeiten ausgebildet werden kann? Auch in den Studiengängen erfüllt nicht ein Dozent alle an die Kulturvermittler gestellten Anforderungen; vielmehr wird arbeitsteilig unterrichtet und die Kollegen haben vielfach Schwierigkeiten, sich zu verstehen. Nach meiner Erfahrung sind die meisten Studierenden keine Multitalente, ihre Fähigkeit sind auf ein bis zwei Bereiche fokussiert: Manche Absolventen sind eher kreative Projektentwickler, andere mehr betriebswirtschaftlich orientierte Manager, oder der Schwerpunkt liegt mehr bei den analytischen Kompetenzen. Die Vielfachkompetenzen zum Standard zu erklären, halte ich für unrealistisch.

2. Ganz nah dran – Wir brauchen Vermarkter

Die oben gemachten Aussagen zum Ende des Wachstums im Kulturbereich müssen relativiert werden. Es gibt durchaus noch Bereiche mit Zuwachsraten. Dazu gehört der Kulturtourismus und eng damit verbunden das Stadt- und Regionalmarketing. Auch das Eventmanagement ist immer noch ein Wachstumsbereich. Schließlich ist die Umwandlung von städtischen und staatlichen Kultureinrichtungen zu selbständigen Wirtschaftsbetrieben noch lange nicht abgeschlossen. Dafür werden betriebswirtschaftlich ausgerichtete Kulturmanager gebraucht. Praxisnahe Studiengänge können Ausbildungen anbieten, die nahe am Markt operieren.

Stärken des Ansatzes

Durch spezialisierte Kurse können Studierende auf berufliche Nischen hin ausgebildet werden. Insbesondere in kurzen Aufbau- und Masterstudiengängen kann flexibel auf Praxisanforderungen reagiert werden. Voraussetzung ist eine genaue Marktbeobachtung und die Fähigkeit, schnell auf Veränderungen zu reagieren. Das ist in Studiengängen möglich, die wenige fest angestellte Mitarbeiter haben: Eine Studiengangsleiterin, ein wissenschaftlicher Mitarbeiter und eine Sekretärin. Weitere Lehrkräfte werden durch Lehr- und Honorarverträge sowie Honorarprofessuren gesichert. Mit dieser schlanken Organisationsform können die Studiengänge auf prognostizierte Änderungen im Arbeitsmarkt reagieren und entsprechend Dozenten einkaufen.

Schwächen des Ansatzes

Die Kurse werden orientiert an den jeweiligen Arbeitsmarktbedingungen. Damit entfernen sich diese Studiengänge von den akademischen Grundlagen des Faches. Im Vordergrund stehen funktionale Anforderungen und die ökonomisierten Bereiche der Kulturvermittlung. Kritische Distanz zum Geschehen ist kaum möglich und würde den Drang zum »praktischen Tun« auch stören. Diese Strategien sind auf Wachstum in den anvisierten Bereichen angewiesen.

Trends und Perspektiven

Die Studiengänge konnten in den letzten Jahren eine Reihe von Kompetenzen entwickeln und sichern. Unabhängig von den unterschiedlichen Akzentuierungen in den Ausbildungen gibt es zumindest vier unbestrittene Kernbereiche: An das Kulturmanagement angepasste Instrumente der Betriebswirtschaftslehre, das kulturelle Projektmanagement, Marketing sowie der Bereich Kommunikation und Präsentation. In diesem Ausbildungskern sind sich die Studiengänge sehr ähnlich und man kann zu Recht von einem fachlichen Zusammenhang sprechen. Ein weiteres gemeinsames Merkmal ist die Internationalisierung der Studiengänge, u.a. durch die Einbindung in internationale Netze.

Darüber hinaus wird sich die Ausdifferenzierung der Studiengänge fortsetzen. Dargestellt wurden bereits die Unterschiede in der eher akademischen Ausrichtung einerseits und der Vermittlung berufsnaher Qualifikationen andererseits. Daneben haben sich in den letzten Jahren Studiengänge auf bestimmte Genres spezialisiert – so z.B. auf Musikmanagement und darin weiter unterteilt in Popmusik und klassische Musik. Für alle Kunstsparten gibt es inzwischen entsprechende Managementangebote oder sie werden projektiert (z.B. für Tanz). Weitere Spezialisierungen gibt es für Bereiche wie Stadt und öffentliche Räume, Regionen, kulturelles Erbe und Denkmalschutz etc. Studiengänge unterscheiden sich auch in Bezug auf die Einbeziehung künstlerischer Arbeitsweisen sowie pädagogischer Verfahren. Diese unvollständige Aufzählung macht deutlich, dass das Feld unübersichtlich geworden ist und sich immer noch in einem experimentellen Stadium befindet. Nicht alle Versuche werden sich als tragfähig erweisen. Um Studiengänge anpassen, zusammenfassen oder auch wieder einstellen zu können, müssten die Strukturen flexibel gehalten werden – also sollten nur wenige Professuren auf Lebenszeit vergeben werden.

Sehr unterschiedlich werden in Zukunft auch die Arbeitsbedingungen sein. In den kommerziellen Bereichen wird es weiterhin einige hoch bezahlte und langfristig orientierte Managerstellen geben, auch gut bezahlte Projektjobs wird es weiterhin geben – sowie viele prekäre und schlecht bezahlte Tätigkeiten. In öffentlich geförderten Kultureinrichtungen wird es auch zukünftig traditionelle Karrieren geben, mit Festanstellung und Tariflohn.

Wesentlich für die Zukunft der Profession Kulturvermittler ist jedoch eine fundamentale Verunsicherung. Die Solidargemeinschaft ist sich nicht mehr sicher, welche kulturellen Aktivitäten es wert sind, öffentlich gefördert zu werden. Das gilt für die Inhalte, die Art der Institutionen, die Rahmenbedingungen, die Rituale und Präsentationsformen. Es gibt Behauptungen, Meinungen, Proklamationen darüber, was wichtig, innovativ, visionär sei; aber immer weniger erreichen wir einen Konsens, der über Gruppen/Szenen hinausgeht. Schließlich wissen wir, dass es für jede Präferenz und Entscheidung auch eine Alternative gibt (›alles ist relativ‹). Alles muss ausgehandelt werden, auch ob und wie viel für eine Leistung bezahlt wird.

Greifen wir einige Beispiele aus dem Markt der Möglichkeiten heraus: Die Bedeutung musischer Bildung im Verhältnis zu instrumentell-technologischen Kompetenzen ist Thema politischer Grabenkämpfe und fruchtloser Festlegungen. Auch die Frage, inwieweit es Aufgabe des Staates sei, den Bürgern den Zugang zur Kultur zu ermöglichen (bzw. ob das in die Verantwortung der Einzelnen bzw. von privaten Gemeinschaften gehöre), ist umstritten.

Welche Tätigkeiten in den kulturellen Bereichen sollen von wem bezahlt werden und welche Aktivitäten gehören zum freiwilligen, unbezahlten Engagement? So sehen sich professionelle Kulturvermittler immer mehr in Konkurrenz zu ehrenamtlich arbeitenden Menschen. Die Regierung trägt zu dem Konflikt bei, in dem sie bürgerschaftliches Engagement durch Kampagnen, Fortbildungen und gesellschaftliche Annerkennung fördert. Die Grenzen zwischen freiwilligen, selbst bestimmten und professionellen Tätigkeiten werden unklar. Das trifft besonders die Kulturvermittler, weil ihre Aktivitäten im Bereich der ›freiwilligen Aufgaben‹ (im Rahmen der Kommunalpolitik) angesiedelt sind und sich vom funktionalen Tun absetzen. Sie sind also nicht aus dem ›Müssen‹ zu begründen, sondern aus dem ›Wollen‹ selbst bestimmter Menschen. Bezahlte Tätigkeit ist für Kunst und Kultur grundsätzlich eine Ersatzleistung, die in Frage steht, wenn Menschen aus eigenem Antrieb, ohne berufliche Interessen, sich einer Sache annehmen. Mit dem wachsenden Anteil qualifizierter und aktiver Rentner wird sich die Situation in den kommenden Jahren noch verschärfen.

Zusammengefasst: Kulturvermittler bewegen sich in einem engen Arbeitsmarkt und müssen sich auf ungeschützte Arbeitsbedingungen einlassen. Die Frage nach der »Zukunft der Berufsarbeit« ist für die kulturellen Sektoren besonders brisant: Für welche Tätigkeiten sollen öffentliche Mittel aufgewendet werden, was soll dem Markt überlassen werden und worin bestehen die Aufgaben für freiwillige Eigenarbeit?

In den Studiengängen muss dieses Thema berücksichtig werden. Die bequeme Programmatik (»Wir brauchen professionelle Kulturvermittler«) sollte im Papierkorb verschwinden. Differenziert werden muss auch ein vordergründiges Hochschulmarketing, das der Öffentlichkeit zeigt, wie erfolgreich die Produkte der Studiengänge (die Absolventen) auf dem Berufsmarkt platziert werden. Erfolgreiche Karrieren kann jeder Studiengang nachweisen, zur Wirklichkeit gehören aber auch die anderen Geschichten.

Der Verlust an Bequemlichkeit durch die Anpassung an politische Erfolgsvorgaben wird wettgemacht durch die Rückgewinnung kritischer Urteilskraft gegenüber dem eigenen Tun. Gewinnen werden die Studiengänge damit auch Handlungsspielräume. Die unbefriedigende Alternative, gesellschaftliche Bedarfe zu proklamieren oder praxisnahe Trainingsprogramme zu entwickeln, kann so überwunden werden. Die Akteure der Studiengänge können dann zu engagierten Mitspielern werden, die die Regeln der zukünftigen Arbeitsverhältnisse erproben. Ein neuer Zauber?

Dr. Hermann Voesgen, nach Abschluss als Diplom-Sozialwissenschaftler verschiedene Forschungsprojekte mit Schwerpunkt Stadtentwicklung und der Untersuchung neuer Wohnformen an der *Universität Oldenburg*. 1986 Promotion über die Geschichte der Bedürfnistheorien (»Bedürfnis und Widerspruch«). Zwischen 1989 und 1993 Leitung eines Modellprojekts des *Bundesministeriums für Bildung und Wissenschaften* mit dem Ziel, neue Wege in der ländlichen Kulturarbeit zu entwickeln und erproben.

1993-1995 freiberuflicher Kulturberater; im WS 95/96 Berufung zum Professor für Kultur und Projektarbeit im Studiengang »Kultur-Arbeit« der *Fachhochschule Potsdam*. Seit 1999 Leiter des Studiengangs und Prodekan im Fachbereich »Architektur und Städtebau«. In dieser Zeit Initiator zahlreicher Kulturprojekte in Berlin und Brandenburg; Forschungsarbeiten u.a. über das Problem der Kontinuität der Projektarbeit und die Arbeitsbedingungen in der ›freien‹ Kulturszene. Seit drei Jahren im Vorstand von ENCATC (*European Network of Cultural Administration Training Centres*).

→ **Praxisfelder und neue Ansätze der Kulturvermittlung**

→ Die domestizierte Neugierde.
Der Museumspädagogische Dienst Berlin
Wolf Kühnelt

Dieser Beitrag behandelt das Problem, dass auf Grund der reichhaltigen Versorgung mit Informationen über Kultur die natürliche Neugier auf Kultur gedämpft wird. In dem Maße, in dem man ständig mit fertigen Interpretationen, Vergleichen, Bewertungen von kulturellen Ereignissen konfrontiert wird, verliert man mehr und mehr die Fertigkeit, direkt, selbständig, und mit Gewinn für die eigene Lebenskonzeption mit Kultur umzugehen. Moderne, zukunftsorientierte Vermittlung von Kultur bedeutet deshalb einerseits die Vermittlung von wirkungsvollen Methoden zur individuellen Nutzbarmachung von Kultur und andererseits – in Zusammenarbeit mit den Anbietern – das Entwickeln neuer Darbietungsformen für die klassischen kulturellen Sparten.

Im Zusammenhang mit der Tsunami-Katastrophe Ende 2004 sagte uns ein Entwicklungshelfer im Fernsehen, es käme jetzt darauf an, den Leuten in den betroffenen Gebieten »Angeln anstelle von Fischen« zu beschaffen. Diese kluge Vorgehensweise, mit der die Hilfsorganisationen offenbar die reine Notversorgung mit Lebensmitteln ersetzt haben oder zumindest ergänzen, bringt die Anforderungen, die die moderne Gesellschaft an die Kulturvermittlung stellt, auf den Punkt: Hilfe zur Selbsthilfe.

Das Fernsehen, die Dritten Radioprogramme, die gedruckten Magazine der Kunstverlage und Reiseveranstalter und nicht zuletzt die Feuilletons der Tageszeitungen versorgen uns täglich mit einer Unzahl von Informationen über kulturelle Ereignisse und Phänomene. Und je nachdem, wie viel Zeit man sich für das Aufnehmen dieser Informationen nehmen kann oder will, hat man am Ende ein mehr oder weniger umfangreiches Wissen über Kultur, ohne auch nur eine einzige kulturelle Darbietung selbst erlebt zu haben. Ohne jeden Zweifel kann das für den Leser, Hörer, Fernsehzuschauer ein durchaus befriedigender Zustand sein, und er wird möglicherweise keinerlei Defizite verspüren. Im Gegenteil: Im Gespräch mit anderen Menschen seines sozialen Umfeldes, in deren Leben Kultur vermutlich auch eine gewisse Rolle spielen dürfte, wird er mit seinen breit gefächerten Kenntnissen sogar einige Vorteile gegenüber denjenigen haben, die ganze Nachmittage in Museen oder den Abend im Theater verbringen – also mit Kultur.

In diesem Sinne sind die erwähnten Medien ganz eindeutig Kulturvermittler – mit dem Vorzug, dass sie von den Einzelereignissen nicht nur berichten, sondern sie sogar erläutern, bewerten, kommentieren, beurteilen, aufeinander beziehen, also kulturelles Wissen durchaus praktisch verwertbar an den Mann oder an die Frau bringen. Und da die Einschaltquoten der einschlägigen Kulturmagazine gleich bleibend hoch sind, das Feuilleton, zunehmend vermischt mit Lifestylethemen, nach den Sportseiten ein beliebter Teil der

Zeitungen ist, könnte man ein hohes, vielleicht sogar wachsendes Interesse an Kultur konstatieren. Wobei sich sofort die Frage stellt, ob wir es hier möglicherweise mit einem ähnlichen Phänomen zu tun haben wie beim Kochen, beim Gärtnern oder – wie schon angedeutet – beim Sport: Dass nämlich die wachsende Zahl der verlegten und auch verkauften Koch- und Gartenbücher (fast) keine Entsprechung bei den tatsächlichen Aktivitäten in der heimischen Küche oder im heimischen Garten findet, und dass es einen fundamentalen Unterschied zwischen dem regelmäßigen Betrachten der Sportschau und, zum Beispiel, der Teilnahme an einem Halbmarathon gibt.

Unter einem solchen Überangebot von qualitativ durchaus hochwertiger Meta-Kultur verkümmert die natürliche Neugier auf Ungesehenes, Ungehörtes, Unerlebtes zum bloßen Interesse an Kulturnachrichten – hinzu kommt, dass sich viel zu viele Führungen durch Museen und Sammlungen auch nur auf das zumeist auswendig gelernte Vortragen von Nachrichten über die Objekte beschränken.

Doch zurück zu den Fischen und den Angeln. Die bestechende Klarheit dieses Bildes verschwindet leider sofort, wenn man es auf die Selbstversorgung mit Kultur überträgt. Was genau sind denn hier die Fische? Und reden wir hier von zubereiteten Fischen oder von lebendigen? Dennoch ist eines klar: Wer zu lange auf das eigeninitiative Aufspüren sowie Einfangen von kulturellen Sub- und Objekten verzichtet, der läuft Gefahr, seine angeborenen oder irgendwann einmal erworbenen diesbezüglichen Fertigkeiten zu verlieren. Genau hier liegt das Betätigungsfeld zukünftiger Kulturvermittler. Sie können einerseits den Betroffenen – oder Gefährdeten – dabei helfen, ihrer mittlerweile domestizierten Neugierde wieder dieses frische, eigennützige, anarchistische Umherstreifen anzugewöhnen, und sie können andererseits gemeinsam mit den eigentlichen Produzenten von Kultur Vermittlungsformen entwickeln, die einer individuellen Annäherung zugänglicher sind als die starren, spezialisierten Angebote der traditionellen Kulturinstitutionen. Dieses wäre dann auch die kreative Anwendung des in der letzten Zeit wieder häufiger zitierten Kernsatzes der Gestaltpädagogik, der besagt, dass man Lernende immer dort abholen solle, wo sie sich gerade befinden.

Das älteste Projekt des *Museumspädagogischen Dienstes Berlin* (MD), in dem Methoden für einen solchen privaten, persönlichen Umgang mit Kulturgütern entwickelt und erprobt worden sind, stammt bereits aus den 80er Jahren. Damals sollte – die Wiedereröffnung des restaurierten Renaissance-Jagdschlosses Grunewald im Südwesten Berlins zum Anlass nehmend – für den Besuch von Schulklassen an Ort und Stelle ein Lebensbild aus der Mitte des 16. Jahrhunderts gezeichnet werden. Die Idee war, zur Vorbereitung einzelner Stationen auf dem Schlosshof, an denen sich die Schüler über die Lebensumstände in jener Zeit informieren sollten, Auszubildende aus einschlägigen Handwerksberufen einzubeziehen: Zimmerleute, Tischler, Köche, Bäcker, Schneiderinnen. Sie waren in der ersten Phase des Projektes die eigentliche Zielgruppe, ihnen wollten wir im Zusammenhang mit dieser Aufgabenstellung neue, effektive Zugangsmöglichkeiten zu Museen, Sammlungen und Archiven eröffnen.

Um herauszufinden, wie man vor vier-, fünfhundert Jahren Häuser und Möbel gebaut hat, gingen wir mit den Tischlern und Zimmerleuten in die *Staatliche Gemäldegalerie*, Abteilung »Malerei des 16. Jahrhunderts«. Dort begannen die Auszubildenden – allesamt ungeübte Museumsgänger – mit ihren Recherchen, das heißt, sie suchten gezielt nach Innenraumdarstellungen mit den unterschiedlichsten Möbelstücken, analysierten und diskutierten die handwerkliche Machart, stellten zum Beispiel fest, dass damals überhaupt keine Schrauben verwendet wurden, erkannten die eine oder andere Verbindungsart (»Schwalbenschwanz«!) und machten sich Notizen für die Ausgestaltung ihres Standes auf dem Schlosshof. Zwischendurch tauchten Fragen nach den zumeist religiösen Geschichten in den Bildern auf, die mit einer Mischung aus Mutmaßen, Debattieren und Lesen der Beschriftung zumeist befriedigend beantwortet werden konnten – ein rundum gelungener Museumsbesuch, wie uns die Beteiligten anschließend versicherten.

Eine ähnliche Erfahrung machten auch die Köche und Bäcker, mit denen wir in die *Staatsbibliothek* gingen, um nach Büchern und Handschriften über Ernährung, Vorratshaltung oder Kochkunst aus dem 16. Jahrhundert zu suchen. Sie waren sehr verwundert darüber, dass man sich solche Kostbarkeiten zum Studium vorlegen lassen kann, und dass man sogar Notizen machen darf. Die eigentliche Arbeit begann dann allerdings erst in der Lehrküche, als unter Anleitung eines Fachlehrers die historischen Rezepte mit ihren vagen Mengenangaben (»Huhn in der Flasche«!) sowie die alten Konservierungstechniken ausprobiert werden mussten, damit dann im Jagdschloss Grunewald überzeugende und vor allem wohlschmeckende Beispiele der Renaissance-Küche präsentiert werden konnten.

Die Schneiderinnen, mit denen wir im *Museum Europäischer Kulturen* waren – damals hieß es noch »Museum für deutsche Volkskunde«, erfuhren beim Betrachten der Ausstellung und im Gespräch mit den wissenschaftlichen Mitarbeitern, dass die klassischen Schnittformen für die Kleidung der unterschiedlichen Völker ihren Ursprung in der optimalen Ausnutzung der schmalen, aufwändig handgewebten Stoffbahnen haben. Die Kleider der einfachen Leute ähnelten auch im 16. Jahrhundert noch den bronzezeitlichen Vorbildern, während die Reichen sich bei der Stoffverschwendung in einem Maße zu übertreffen suchten, dass per Gesetz geregelt werden musste, wie viele Quadratmeter Stoff höchstens für eine Hose verwendet werden durften. Unsere Schneiderinnen waren begeistert!

Für den zweiten Teil des Projektes, die Aktion auf dem Schlosshof, war es dann natürlich wichtig, dass dieses von den Auszubildenden erworbene Wissen, verbunden mit den bereits vorhandenen und speziell entwickelten Fertigkeiten, auf überzeugende Weise an die Schüler weiter gegeben werden konnte. Aber der eigentliche Erfolg lag für uns in der Vermittlung eines ganzen Bündels von Methoden und Herangehensweisen, mit deren Hilfe sich junge Leute Kulturgüter, wie sie eben in Museen aufbewahrt werden, für ihre ganz persönliche Situation nutzbar machen können. Einer der Köche, mittlerweile voll im Berufsleben stehend, erzählte uns später voller Stolz davon, dass er heute noch hin und wieder ins Handschriftenarchiv der Staatsbibliothek ginge, um sich Anregungen für ausgefallene Rezepte zu holen.

Unsere Hilfestellung bestand in dieser Situation darin – und insofern war sie übertragbar auf viele andere –, dass wir die Auszubildenden bei der Formulierung von Fragen unterstützt hatten, die man in einem bestimmten Zusammenhang an die Objekte eines Museums oder eines Archivs richten darf. Dass derartige Fragen durchaus praktischer Natur sein konnten und sich überhaupt nicht auf die vermeintlich kulturellen Inhalte beziehen mussten, war für die meisten Teilnehmer an der Aktion überraschend. Ein Effekt, der sich erst recht bei Leuten einstellt, die sich bereits daran gewöhnt haben, im Museum Bildern gegenüberzustehen und vergeblich auf eine Botschaft, zumindest auf ein ehrfurchtsvolles Erschaudern, zu warten. Der zweite Teil der Hilfe für die Auszubildenden bezog sich auf das Erschließen von Zugangsmöglichkeiten zu bestimmten Objekten und Informationen: Man kann ohne weiteres – also auch aus reiner Neugier – einen Besuchstermin in einem x-beliebigen Archiv verabreden, und man kann sich mit jeder noch so ausgefallenen Frage – über die Museumsnummer aus dem Telefonbuch – mit einem kompetenten Wissenschaftler in dem jeweiligen Haus verbinden lassen.

Das neueste Projekt des MD Berlin, in dem diese Art von Kulturvermittlung eine wesentliche Rolle spielt, ist »reclaim the arts«, ein Kunstprojekt mit Schülern der gymnasialen Oberstufe, die – wiederum für andere Schüler – Führungsprogramme mit ungewöhnlichen Themenschwerpunkten in Ausstellungen und Sammlungen erarbeiten, anbieten und durchführen.

Soviel zu den ›Angeln‹. Die zweite Möglichkeit, im Sinne der geforderten Selbstversorgung mit Kultur den individuellen Zugang zu den Botschaften, den Informationen, die in den kulturellen Einzelereignissen stecken, zu befördern, besteht darin, eben diese einzelnen Ereignisse so zu disponieren, dass sie sich auch der untrainierten Aufmerksamkeit in nachhaltiger Weise erschließen. Um im Bild zu bleiben: Man muss die Fische so präsentieren, dass sich auch Angler mit bereits erloschenem Jagdinstinkt wieder interessieren.

Die »Lange Nacht der Museen«, wie sie in Berlin seit acht Jahren stattfindet und in ganz Deutschland bereits über 100 Nachfolger gefunden hat, ist als Veranstaltungsform ein sehr gutes Beispiel für diese Methode. Evaluationen in den unterschiedlichsten Städten haben ergeben, dass – und das ist schon überraschend genug – rund zwei Drittel der Besucher regelmäßige Museumsgänger sind, und dass das Hauptmotiv für die Teilnahme an einer »Langen Nacht« der Wunsch ist, neue, bisher nicht besuchte Museen kennen zu lernen. Die komfortable Möglichkeit, mit einem einzigen, preisgünstigen Kombi-Ticket per Shuttle-Bus von Haus zu Haus zu fahren und zu erkunden, ob es irgendwo interessante kulturelle Neuigkeiten gibt, scheint genau der richtige Anreiz zu sein, auf unangestrengte Weise zukünftige ›Beutezüge‹ vorzubereiten. Denn für einen weiterführenden Besuch in einem neu entdeckten Haus hat man dann an einem anderen Tag alle Zeit der Welt.

Natürlich gibt es noch 1000 weitere Gründe, »Lange« Museumsnächte zu besuchen – die Programme der einzelnen Häuser, die sympathischen Gleichgesinnten in den Warteschlangen, die kalten Getränke und die warmen Speisen an den Umsteigepunkten. Alles zusammengenommen scheint die Disposition dieser einzelnen Ereignisse dann genau die Wirkung zu haben, dass die Besucher, darunter auffallend viele im Alter zwischen 20 und 30, ihrer Neugier wieder einmal freien Lauf lassen.

Hier ist noch kurz eine Ansicht – besser: eine Vokabel – zu erwähnen, die in diesem Zusammenhang häufig geäußert wird: »Event-Kultur«. Kulturelle Veranstaltungen aller Art, die ein großes, vielleicht sogar gemischtes Publikum anziehen, setzen sich schnell der Gefahr einer solchen, letztlich herabsetzenden Bezeichnung aus. Irgendwie scheint da die Vermutung, vielleicht sogar die Gewissheit mitzuwirken, dass hochwertige, qualitätsvolle – also ›richtige‹ – Kultur sowieso nur von einer kleinen Elite angenommen wird, und dass massiver Zuspruch ein geradezu Wert minderndes Indiz für ein kulturelles Ereignis ist. Nun ist vielleicht nicht gerade das Gegenteil davon richtig, aber im Hinblick auf das Entwickeln neuer Methoden der Kulturvermittlung ist eine differenzierte Betrachtung sicher hilfreich. Kultur-Events im Sinne herausragender Einzelereignisse – Konzerte mit den »Drei Tenören« oder »MoMA«-Ausstellungen – weisen gewöhnlich nicht über das Ende der einzelnen Veranstaltung hinaus, bestenfalls kauft man noch die CD der Musiker oder den Katalog der Ausstellung, dann ist dieses Ereignis abgeschlossen. Auf der anderen Seite gibt es aber auch Kulturveranstaltungen mit Event-Charakter – also mit allen Merkmalen erhöhter Aufmerksamkeit bei einem zahlenmäßig größeren Publikum –, die nachhaltig wirken. Die »Langen Nächte der Museen« haben ganz offenkundig diese Wirkung. Sie haben das Potenzial, kulturelle Gewohnheiten aufzubrechen, indem sie anstelle der ›hardcore‹-Variante des intensiven Museumsbesuchs eine durchdacht arrangierte ›light-version‹ bieten, die für die Orientierung im teils bekannten, teils unbekannten Terrain wertvolle Dienste leistet.

Eine weitere Möglichkeit, kulturelle Angebote so zu disponieren, dass Menschen mit ganz unterschiedlichen Vorkenntnissen und Interessenlagen gleichermaßen Zugang finden, lässt sich mit der Arbeitsthese »Zusammenführen der Künste« beschreiben. Das Festival »Schauplatz Museum«, das bis 2003 jeweils im Januar für zwei Wochen in Berliner Museen stattfand, hat genau diese Methode konsequent angewendet. Zu den immobilen Künsten, den Relikten und Artefakten, die in den Sammlungen aufbewahrt werden, hat »Schauplatz Museum« die mobilen Künste aus einer bestimmten Epoche oder aus einer Künstlerbiographie hinzugefügt, die Musik, die Literatur, den Tanz oder den Film. Die Maler der expressionistischen Gruppe »Die Brücke« haben entgegen der nahe liegenden Vermutung nicht die expressionistischen Komponisten oder Dichter der Zeit gehört oder geliebt. Theodor Fontane und Arno Holz wurden gelesen, und als adäquate Musik empfanden die Brücke-Künstler die auf amerikanischen Pianola-Rollen gespeicherten Kompositionen von Scott Joplin. Getrunken wurde damals übrigens Wacholder-Schnaps – und den gab's dann bei der »Schauplatz«-Veranstaltung im Brücke-Museum auch noch.

Diese zugegeben etwas aufwändige und ambitionierte Methode hat den Vorteil, dass sie für jeden Besucher etwas Bekanntes oder Vertrautes anbietet – im Fall der Brücke-Maler wahrscheinlich die Bilder – und eine als interessant empfundene Verknüpfung mit mindestens einem anderen, vertrauten Bereich, zum Beispiel den Ragtimes von Scott Joplin oder den Fontane-Balladen herstellt. Ohne dass wir dazu genauere Untersuchungen durchgeführt haben, hat sich bei uns der Eindruck verfestigt, dass unsere Besucher nach diesen Veranstaltungen auch andere Kunstströmungen, andere Persönlichkeiten der Kulturgeschichte unter diesem Aspekt der Querverbindungen betrachtet und dabei eigene, erhellende Entdeckungen gemacht haben.

Bleibt zu konstatieren, dass in einer Zeit, in der Meta-Kultur – also das Reden über Kultur – in den Medien einen immer größeren Raum beansprucht, der Umgang mit Kultur nicht verlernt werden darf. Eine wichtige Voraussetzung dafür ist das Wiedererlangen der natürlichen Neugier – oder zumindest ihr Erhalt. Und deshalb wird professionelle Kulturvermittlung, die diesen Weg zu weisen in der Lage ist, in Zukunft von wachsender Bedeutung sein, eben weil die Rückkehr zu kultureller Selbstversorgung für jede und für jeden sowohl ein emanzipatorischer Akt als auch extrem befriedigend ist.

Wolf Kühnelt ist Gründungsmitglied und Leiter der Abteilung »Veranstaltungen« beim *Museumspädagogischen Dienst Berlin*, der neben der ›klassischen‹ Vermittlung in Museen auch Publikationen anbietet, ein »Führungsnetz« und eine »Info-Line« unterhält – und im Sinne eines städtischen Kulturbüros die Aktivitäten von Museen und Ausstellungsinstituten koordiniert (»Kultur-Stadt-Marketing«).

Projekte: Erprobung neuer Vermittlungsformen für Schüler am »Lernort Museum« (bis 1985), Konzeption für das Festival »Schauplatz Museum« (seit 1987), thematische Matineen in Museen mit Studierenden der Berliner Musikhochschulen im Projekt »Anklang« (1990). Konzeption und Durchführung (seit Januar 1997) der »Langen Nacht der Museen« mit insgesamt mehr als drei Millionen Besuchern. Vorbereitung des Berlin-Brandenburgischen Themenjahres »Preußen 2001« mit 12 Landesausstellungen und mehr als 1000 Einzelveranstaltungen. Aktuell »Zwischen Krieg und Frieden« – Dachkampagne für kulturelle Aktivitäten zum 60. Jahrestag des Kriegsendes in Europa.

→ Events als Instrument der Kulturvermittlung. Das Kunstmuseum Wolfsburg
Thomas Köhler

>»But I always say, one's company, two's a crowd, and three's a party.« (Andy Warhol 1979: 176)

Das Kunstmuseum Wolfsburg ist ein junges Museum in einer jungen Stadt. Im Jahr 1938 zusammen mit dem Volkswagenwerk gegründet, stellt die Stadt in der deutschen Geschichte einen kuriosen Sonderfall dar. Geschichte, Bevölkerungsstruktur und die kurzen Traditionslinien in der Stadt definieren die Strategie und Programmatik des Kunstmuseum Wolfsburg. Sowohl bei der Entscheidung, ein Museum und nicht nur eine Kunsthalle in Wolfsburg zu gründen, als auch bei Entscheidungen die Struktur der Sammlung betreffend sowie dem Ausstellungs- und Vermittlungsprogramm, wurden die Gegebenheiten der Stadt in besonderem Maße berücksichtigt. An den klassischen, ja gar traditionellen Aufgaben des Museums hat sich auch in der Konzeption am Kunstmuseum Wolfsburg nichts geändert: das Sammeln, Ausstellen und Vermitteln der Kunst sind die Zielvorgaben des Hauses. Indes war klar, dass an dem besonderen Standort Wolfsburg für ein Museum, welches sich auf moderne und zeitgenössische Kunst zu spezialisieren gedachte, auch besondere Strategien nötig waren, um die zunächst skeptische Bevölkerung für das Haus zu interessieren.

Dem hohen Kommunikationsbedarf vor Ort wurde durch die Verwaltungsstruktur Rechnung getragen. So wurde der für Kommunikation, Öffentlichkeitsarbeit, Presse und Pädagogik zuständigen Abteilung viel Raum gegeben. In ihrem Umfang ist diese Abteilung der Ausstellungs- und Sammlungsabteilung ebenbürtig. Nur in den jüngeren Museen in Deutschland wird dies inzwischen ähnlich gehandhabt. Die Abteilung verfügt über drei Assistentinnen, drei Referentinnen und eine Leitungsposition. Darüber hinaus sind acht freie Mitarbeiter, Absolventen ganz unterschiedlicher Fakultäten, im Rahmen der Vermittlungsarbeit eingesetzt. Im Gesamtkonzept des Hauses fungiert der Direktor als erster Kommunikator des Hauses, als Gastgeber, als Vermittler, als diejenige Person, mit der das Haus identifiziert wird. In Abwandlung des Wilhelm von Bode'schen Grundsatzes »der Platz des Kunsthistorikers sei nicht das Comptoir, sondern das Coupé« (Ebert-Schifferer 2000: 112), ist der Direktor am Kunstmuseum Wolfsburg auch zu fachfremden Interventionen, beispielsweise im Rahmen des Eventprogramms, bereit. Die Kommunikation am Kunstmuseum Wolfsburg hat einen hohen Stellenwert.

Drei Zielsetzungen hat sich das Museum für seine Kommunikationsarbeit gesetzt:

1. Kunstvermittlung für ein breit gefächertes Publikum aus einer Region, die durch die Städte Hannover, Hamburg, Berlin und Leipzig markiert wird;
2. Programme zur Visuellen Bildung des Publikums in Wolfsburg und Umgebung;
3. Verstärkung der kulturellen Identität von Wolfsburg, auch in Zusammenarbeit mit den kulturellen Trägern der Stadt (van Tuyl 1992: 5).

Das Ausstellungsprogramm des Museums hat die moderne und zeitgenössische Kunst als Schwerpunkt. Es umfasst nicht nur die Sammlung, die das Museum seit 1993 aufbaut, sondern vor allem Wechselausstellungen, die das Museum selbst plant und organisiert oder von Partnermuseen übernimmt. Durch das Anwachsen der Sammlung nimmt diese auch im Jahresprogramm eine immer wichtigere Rolle ein.

Die Abteilung Kommunikation umfasst die Bereiche der Öffentlichkeitsarbeit, des Marketing und der Ausstellungswerbung, der Pressearbeit und der Museumspädagogik (Visuelle Bildung). Die Eventplanung am Kunstmuseum obliegt dieser Abteilung unter Einbeziehung nicht nur der Ausstellungs- und Sammlungsabteilung, sondern aller Mitarbeiter. In den unterschiedlichen Gremien informiert die Kommunikationsabteilung über geplante Events und es wird versucht, Anregungen vieler Mitarbeiter in die Konzeption mit einzubeziehen (vgl. Mandel 2004: 89). Die Events werden also nicht nur als Mittel der externen, sondern auch der internen Kommunikation eingesetzt.

Am Haus werden folgende Event- und Veranstaltungstypen unterschieden:

- ausstellungsbezogene Events;
- ausstellungsunabhängige Events;
- externe Events;
- Shop-Events;
- Bistro-Events.

Unter den »ausstellungsbezogenen Events« verstehen wir Veranstaltungen, die direkt an die Inhalte einer Ausstellung geknüpft sind. Der Besuch der Ausstellungen ist integraler Bestandteil der Eventkonzeption. Dem Besucher soll vor Augen geführt werden, dass er sich an einem besonderen Ort befindet und dass er die besondere Gelegenheit hat, ergänzt durch verschiedene Programmpunkte, die Ausstellungen kennen zu lernen. Bei Mandel heißt es hierzu treffend:

»Events im Kulturbereich haben den großen Vorteil, dass die ästhetischen Ereignisse nicht künstlich geschaffen werden müssen, sondern als ›Kernprodukt‹ vorhanden sind,

für das nun ein populärer, das Publikum aktivierender Rahmen geschaffen wird.«
(Mandel 2004: 88)

»Ausstellungsunabhängige Events« hingegen werden zumeist in Zusammenarbeit mit einer Partnerorganisation durchgeführt. So fanden in der Vergangenheit schon Konzerte mit der *Hochschule für Musik und darstellende Künste* in Hannover statt, Diskussionsveranstaltungen mit dem Kulturamt der Stadt Wolfsburg oder der *Bundeszentrale für politische Bildung* in Bonn. Die Inhalte werden von der Partnerorganisation vorgeschlagen und mit dem Kunstmuseum diskutiert. Veranstaltungen dieser Art basieren auf einer gemeinsamen Konzeption und das Kunstmuseum tritt bei diesen Anlässen als Gastgeber auf.

»Externe Events« sind am Kunstmuseum Wolfsburg sehr selten, da das Haus bei seinen Vermietungen sehr genau abwägt, ob die Veranstaltung zum Museum passt. Dem Besucher der Veranstaltung, so lautet das Argument des Museums, ist zumeist völlig unklar, ob das Museum selbst oder ein externer Mieter der Örtlichkeiten für den Inhalt der Veranstaltung verantwortlich ist. Um also Konfusion und auch Ärger zu vermeiden, hat man sich auf eine strenge Grundhaltung geeinigt, denn auch an den Fremdveranstaltungen ist das Profil einer Institution abzulesen. Schlechte Fremdveranstaltungen vermögen eine gute Reputation nachhaltig zu zerstören.

Das Kunstmuseum Wolfsburg betreibt im Museum einen Shop und ein Bistro. Das Bistro ist seit dem Jahr 2001 verpachtet, allerdings wurde über einen Vertrag genau festgelegt, dass zur Wahrung des Corporate Design des Hauses alle kommunikativen Maßnahmen, also auch sämtliche Werbung, vom Museum bzw. der Kommunikationsabteilung gesteuert werden. Zu besonderen Ereignissen oder Festen wie Weihnachten und Ostern finden sowohl im Shop als auch im Bistro spezielle Veranstaltungen und Events statt, die dazu dienen sollen, diese Einrichtungen des Museums noch bekannter zu machen und sie als interessanten, ungewöhnlichen Ort im Bewusstsein der Menschen zu verankern.

Bei jeglicher Eventplanung spielen für das Kunstmuseum Wolfsburg folgende Gesichtspunkte und Überlegungen eine Rolle:

- Qualität und Integrität des Ereignisses;
- Besonderheit des Ereignisses;
- preisliche Attraktivität;
- Vernetzung/Partnerschaften;
- Erschließung neuer Besuchergruppen;
- ›Kundenbindung‹;
- Ausstellungsbezug.

Im Folgenden soll eine Reihe von Events vorgestellt werden, die am Kunstmuseum Wolfsburg in den vergangenen Jahren realisiert worden ist.

Die Eröffnungen am Kunstmuseum Wolfsburg sind stets ein Ereignis, ein lokales Event, das zuweilen, je nach Ausstellung, bis in die Hauptstadt ausstrahlt. Jeder, der kommen möchte, kann sich in unsere Mailinglisten eintragen lassen. Der regionale Verteiler umfasst derzeit 10.000 Adressen. Die Besucherzahlen bei den Eröffnungen schwanken zwischen 1500 und 6000 Personen. Zeitweise mussten die Eröffnungen in einem ›Zweischichtenmodell‹ durchgeführt werden, um der zahlreichen Gäste Herr zu werden. Das Museum wird an diesen Abenden zu einem kommunikativen, sozialen Ort, der Menschen aller Alters- und Bildungsschichten anzieht. Die Atmosphäre ist gastfreundlich und offen. Zuweilen wurden die Eröffnungen durch kleine Konzerte und DJ-Nights ergänzt.

Anlässlich der Ausstellung »Avantgarderobe: Kunst und Mode im 20. Jahrhundert« kam es zu einer besonderen Kooperation mit der Modeklasse der *Universität der Künste in Berlin*, deren Höhepunkt ein Modeevent im Museum war. Im Begleitprogramm zur Ausstellung wurde in den Räumlichkeiten der Fotogalerie des Museums ein ›Dressing Room‹ (Umkleideraum) gestaltet, in dem die Materialität der Mode im Mittelpunkt stand. Studenten und Diplomanden der Modeklasse unter Leitung von Professorin Vivienne Westwood hatten unterschiedliche Epochen des vergangenen Jahrhunderts thematisiert und mit Beispielen ihrer eigenen Entwürfe konfrontiert. Mode konnte in diesen Räumen berührt, in ihrer Materialität erfahren und sogar unter Anleitung anprobiert werden. In Ergänzung zu diesem edukativen Projekt wurden drei Modenschauen mit den Entwürfen der Absolventen, die von Vivienne Westwood selbst choreographiert wurden, organisiert. Die Modenschauen in Anwesenheit der fabelhaften Vivienne Westwood haben inzwischen in Wolfsburg und der Region legendären Charakter. Durch die Kooperation mit der Hochschule und dem edukativen Projekt des ›Dressing Room‹ kam es zu einer idealen Verschränkung unterschiedlicher Vermittlungsparameter. Die sinnlich-erotische Komponente von Mode wurde dem Besucher durch die extravaganten Entwürfe der Studenten und Absolventen vor Augen geführt. Die Modenschauen waren zwar spektakulär und spielten mit der Idee des Glamour, dennoch war es unverkennbar, dass die Veranstaltung an das Ausstellungsprogramm des Hauses angebunden war. Beispiele für das Modedesign Vivienne Westwoods waren überdies in der Ausstellung vertreten.

»Let's Entertain: Kunst Macht Spaß« war unter dem Titel »Let's Entertain: Life's Guilty Pleasures« vom *Walker Art Center* in Minneapolis konzipiert worden und nach einer weiteren Station im *Centre Georges Pompidou* in Paris im Jahr 1999 im Kunstmuseum Wolfsburg zu sehen. Zu den Werken der Ausstellung gehörte »Stadio« des italienischen Künstlers Maurizio Cattelan aus dem Jahr 1991. Es handelt sich hierbei um ein ins Groteske verlängertes Tischfußballspiel, bei welchem gleich zwei Teams zu je 11 Spielern mit zwei Bällen gegeneinander antreten können. Das Kunstmuseum hatte das Team des ortsansässigen Erstligisten VfL Wolfsburg zu einem Match in das Museum eingeladen. Die Fußballprofis spielten und gewannen gegen das Museumsteam. Dieses Event wurde nicht als öffentliche Veranstaltung konzipiert, daher handelte es sich primär um ein Medienevent, welches von hervorragender Reichweite war und ein Werk der äußerst beliebten Ausstellung den Vorgaben des Künstlers entsprechend einsetzte und präsentierte.

In Mariko Moris Kunst vermischen sich Fernsehen, Comics, Magazine, Neue Technologien, Musik, Kunst und Mode. Ihre Bilderwelt ist Ausdruck einer idealistischen Perspektive auf die Zukunft, in welcher durch die wechselseitige Beeinflussung der Kulturen in Ost und West ein neues Bewusstsein entstehen soll. Zur Eröffnung ihrer Ausstellung »Esoteric Cosmos« in Wolfsburg 1999 äußerte sie den Wunsch, eine Interpretation der japanischen Teezeremonie in Form einer Performance aufzuführen. Die Performance wurde zu einem Highlight des Eröffnungsabends, erzählte sie doch viel über das ästhetische Konzept der Künstlerin sowie die traditionellen japanischen Wurzeln ihres eklektischen Tuns.

Die Arbeiten des Schweizer Künstlers Jean Tinguely, dem das Kunstmuseum Wolfsburg im Jahr 2000 unter dem Titel »L'Esprit de Tinguely« eine retrospektiv angelegte Ausstellung widmete, sind nicht zuletzt inspiriert von Tinguelys Begeisterung für Autorennen und Formel 1:

»Das ist die absolute Topklasse des Automobilsportes. Es ist ein Riesenschauspiel, wirklich spektakulär. Wenn man den Ausstoß der Auspuffgase wirklich wahrnimmt, wirkt alles extrem dramatisch. [...] Und dann ist da der pure sinnliche Aspekt des Autorennens. Ich bin selbst schon mal Rennauto gefahren. Denken Sie an einen Sportwagen, der am frühen Morgen und mit voller Geschwindigkeit seine Kreise auf einer völlig leeren Rennbahn dreht, ohne Zuschauer. Das hat wirklich etwas Bizarres an sich.« (Tinguely Wolfsburg 2000: 112/113)

Die Ausstellung zeigte eine Vielzahl der kinetischen Skulpturen und maschinenähnlichen Konstruktionen des Künstlers und so lag dem Museum daran, eine Veranstaltung zu organisieren, die die lebendige und dynamische Seite vorstellen sollte, ohne direkt mit den Werken zu arbeiten. Es entstand die Idee, aufbauend auf der Faszination des Künstlers an schnellen Autos und an Formel 1-Rennen, ein Seifenkistenrennen für Kinder zu veranstalten. In einem Workshop, der sich aus Auszubildenden des *Volkswagen Konzerns* aus Wolfsburg und aus Südafrika zusammensetzte, wurden die Seifenkisten-Bausätze montiert und dann von Kindern bemalt. Das Rennen fand unweit des Museums statt und verfügte über fast alle Merkmale und Utensilien eines ›richtigen‹ Rennens. Der Besuch der Ausstellung gehörte zum Rennen für die

Kinder und die begleitenden Eltern dazu, so dass auch hier der eindeutige Bezug zu den Ausstellungsinhalten gewahrt blieb.

Die Ausstellung des Fotoklassikers »Brassaï: Das Auge von Paris« (2003/04) bot sich wie kaum eine andere Ausstellung an, thematisch eine Vielzahl von Events um sie herum zu konzipieren. Paris als mythischer Ort der Moderne war der Hintergrund für eine Lesung mit Schauspielern des Staatstheaters Braunschweig von Autoren wie Henry Miller, Henri Michaux, Anaïs Nin, Ernest Hemingway und Catherine Millet sowie für ein Fest mit dem Titel »La Fête de Paris«. Der Ansatz mag für Kritiker zu klischeeorientiert erscheinen, allerdings ist festzuhalten, dass der Fotograf – selbst als Fremder in der Stadt – eine geradezu touristische Wahrnehmung auf das laszive Leben der Bohème und der Halbwelt hatte. Die Lesung fand in der Ausstellung statt und ermöglichte dem Besucher, in direktem Kontakt zu den Aufnahmen das Visuelle mit dem Literarischen in Beziehung zu setzen. Während des Museumsfestes gab es in der Ausstellung so genannte ›ArtStopps‹, die dem durch die Ausstellung wandelnden Besucher die Gelegenheit boten, kunsthistorische, poetische oder musikalische Beiträge zu den Fotografien zu hören. Kombiniert wurde dies mit einem besonderen gastronomischen Programm. Die Lesung wurde von 120 Personen besucht (Eintrittspreis 10 Euro), zum Fest kamen 525 Personen (Eintrittspreis 15 Euro). Die erfreulich hohe Resonanz wurde am Museum nicht nur auf das Thema Paris und Fotografie, sondern auch auf die sehr moderaten Eintrittspreise zurückgeführt.

Für den in Mexico City lebenden Francis Alÿs (geb.1959) ist das Ephemere, also das Flüchtige, Vorübergehende wesentlicher Bestandteil seiner Kunst. Die Arbeiten des Künstlers, der ursprünglich als Architekt ausgebildet wurde, bestehen vorwiegend aus Videos, Diashows, Zeichnungen und Gemälden. Für seine Ausstellung in Wolfsburg unter dem Titel »Francis Alÿs: Walking Distance From the Studio« (2004/05) erdachte Alÿs eine Aktion, die die Standorte Wolfsburg und Mexico City miteinander verbinden sollte. Bei einem Käfer-Club in Wolfsburg wurde ein in Mexiko gefertigter Käfer entliehen, den der Künstler dann durch die Innenstadt in Wolfsburg schob. Die Dokumentation dieses Ereignisses diente als Grundlage für eine Postkarte, die parallel zur Ausstellung eingesetzt wurde. Es handelt sich hierbei sicherlich nicht um einen ›Event‹ im klassischen Sinne, sondern vielmehr um eine künstlerische Intervention im Stadtraum. Der Künstler schätzt derart subversiv-subtile Interaktionsformen im urbanen Gefüge und so sei die Erwähnung auch in diesem Kontext gestattet, da es sich um eine Aktivität handelte, die über das Museum hinausgriff und die von hoher Wirkung in der Öffentlichkeit war.

Aktuell im Jahr 2005 wurden am Haus eine Vielzahl von Aktivitäten begleitend zur Ausstellung »Cecil Beaton: Porträts« konzipiert. Als einer der bemerkenswertesten Fotografen des 20. Jahrhunderts ist Beaton durch seine

Porträts von weltbekannten Gesichtern aus der Welt der Mode, der Literatur und des Films sowie für seine Porträts der königlichen Familie Großbritanniens berühmt geworden. Beaton war überdies als Illustrator, Maler und Schriftsteller tätig und hat Bühnenbilder und Kostüme für Film, Theater und Oper entworfen. Zum kollektiven Gedächtnis gehört zweifellos der Film »My Fair Lady« von George Cukor mit Audrey Hepburn und Rex Harrison. Im Jahr 1965 kann die fabelhafte Ausstattung des Pferderennens in Ascot konsequent in schwarzweiß als revolutionär gelten. Diese radikale ästhetische Entscheidung gab die Initialzündung für das Motto des Festes am Kunstmuseum: *Black Velvet – White Satin*. Die Besucher wurden aufgefordert, auch in schwarzweiß zum Fest zu kommen und die Resonanz war überwältigend. Da die Ausstellung durch Filmausschnitte aus »My Fair Lady« ergänzt wurde, war der Bezug für die Besucher des Festes augenfällig, ja sie konnten sich als Teil der Inszenierung der Ausstellung fühlen.

Auch das Bistro des Museums wird in die Eventplanung miteinbezogen. Regelmäßig findet das »Eat & Art«-Programm statt. Die Besucher erwerben ein kleines Kombipaket, welches aus Eintritt, Führung und Abendessen besteht. Nach einem Begrüßungssekt besucht man mit einem Museumspädagogen die Ausstellungen und findet sich dann im Bistro zum Essen zusammen. Dieses Angebot kann individuell, aber auch in Gruppen gebucht werden. Der Erfolg dieses Angebotes spricht Bände. Der Bildungsaspekt allein reicht wohl nicht mehr aus, um die Menschen anzulocken. Erst in der Kombination von Kunst und Kulinarischem wird der Anspruch, den man an das Freizeitangebot stellt, erfüllt. Das Kochevent »Kochen für Kerle« mit dem Chefkoch des Museums und eingeladenen Honoratioren der Stadt war ursprünglich als reine PR-Aktion konzipiert worden. Unter Anleitung des Kochs entstand ein Dreigangmenü, welches anschließend gemeinsam verzehrt wurde. Diese Einzelveranstaltung entwickelte eine Eigendynamik, die dazu führte, dass das Kochevent für die ›Kerle‹ praktisch jede Woche stattfand. Wegen des Ruhetags des Bistros konnte dieses Event nur am Montag stattfinden und so bekam das Museum bald Kapazitätsprobleme. Schließlich wurde das sehr beliebte Programm eingestellt. Ohnehin handelte sich um eine Aktion, die zwar auf eine Einrichtung des Museums besonders hinwies und ein Freizeitvergnügen bot, das originell und nicht alltäglich war, allerdings fehlte der Bezug zu den Ausstellungen oder zur Sammlung des Museums völlig, weshalb auch nicht zu erwarten ist, dass das Kunstmuseum dieses Angebot wieder aufgreifen wird. Wenn es hier in diesem speziellen Kontext zur Sprache kommt, so geschieht dies, um auf das kommunikative Potential der dem Museum angegliederten Einrichtungen aufmerksam zu machen.

Events werden am Kunstmuseum mit einem hohen Qualitätsanspruch und dem Bestreben nach Integrität des Ereignisses konzipiert. An seinem Standort hat das Kunstmuseum mit seinem Eventprogramm zumeist positive

Erfahrungen gemacht und sich aufgrund seiner außergewöhnlichen Veranstaltungen eine beachtliche Reputation erworben. Die Events ergänzen das Vermittlungsprogramm des Museums, sie locken immer wieder auch Menschen an, die noch nicht zu den Stammbesuchern des Hauses gehören. Auch in Zukunft wird das Museum seine Eventplanung dazu nutzen, neue Besuchergruppen an das Haus zu binden.

Literatur

Mandel, Birgit (2004): *PR für Kunst und Kultur. Zwischen Event und Vermittlung*, Frankfurt/Main.
Schneede, Uwe M. (2000): *Museum 2000 – Erlebnispark oder Bildungsstätte*, Köln.
Warhol, Andy (1979): *Exposures*, London.

Dr. Thomas Köhler, seit 1998 Leiter der Abteilung »Kommunikation & Visuelle Bildung« im Kunstmuseum Wolfsburg.
Nach seinem Studium der Kunstgeschichte, klassischen Archäologie und Romanistik in Frankfurt und Paris arbeitete er als wissenschaftlicher Mitarbeiter am *Museum für Moderne Kunst* in Frankfurt, bevor er 1996 als ›curator-in-residence‹ am *Whitney Museum of American Art* nach New York ging. Während der »documenta X« organisierte er das Programm »100 Tage – 100 Gäste«. Seit 1998 ist er außerdem Lehrbeauftragter an der *Hochschule für Bildende Künste Braunschweig* sowie an der *Universität Hildesheim*.
Die Tätigkeit am Kunstmuseum Wolfsburg umfasst Aktivitäten im Bereich der Presse- und Öffentlichkeitsarbeit sowie der Museumspädagogik. Das Organigramm des Kunstmuseum Wolfsburg zeigt den hohen Wert, den man diesem Bereich am Haus beimisst. Die Abteilung umfasst sieben Personen und die Leitung gehört zur Managementspitze des Hauses und ist auch in die Ausstellungskonzeption und -planung eingebunden.

→ **Kulturvermittlung am Theater
als kreativer Tauschhandel.
Die Schaubühne Berlin**
Interview von Birgit Mandel mit Uta Plate

Was bedeutet Kulturvermittlung in Ihrem Arbeitskontext?
Die Aufgabe einer Theaterpädagogin ist es, die Möglichkeiten erfahrbar zu machen, die Theater zu bieten hat. Ich möchte erreichen, dass Menschen sich mit dem Medium selbst zum Ausdruck bringen können und dass sie im Theaterbesuch sehen können, wie jemand anderes die Welt empfindet, analysiert und zum Ausdruck bringt.

Dabei geht es vor allem darum, Kunst als einen aus dem pragmatischen Leistungs- und Nutzenkontext heraus gelösten Ort erfahrbar zu machen, an dem grundlegende Fragen zum individuellen Weltempfinden wie zum sozialen Zusammenleben gestellt werden können. Mit dieser Erfahrung kann zum einen die Fähigkeit geschärft werden, Kunst differenziert wahrzunehmen und zu reflektieren. Zum anderen kann die Arbeit im dauerhaften Kontext auch zum eigenen ästhetischen Schaffen führen, zum eigenen Produkt, zur veränderten oder bewussteren Selbstwahrnehmung und zur öffentlichen Stellungnahme.

Die Kulturvermittlung kann im kurzfristigen, fragmentarischen Aneignungsprozess stattfinden, wie z.B. in Workshops, die ich Gruppen, Schulkassen, Seminaren und einmal im Monat dem interessierten Publikum anbiete. Darin lasse ich Thema und spezifische Ästhetik einer Inszenierung der Schaubühne durch eigene Theaterpraxis erfahrbar werden, indem ich die ästhetischen Grundprinzipien, die ein Regisseur in seiner Inszenierung entwickelt hat, durchspielen lasse.

Darüber hinaus findet Kulturvermittlung auch in langfristigen Prozessen statt. Wenn ich mit meiner Theatergruppe »Die Zwiefachen« mit Jugendlichen aus betreuten Wohnprojekten eigene Stücke entwickle, sind Gruppenerlebnis und die Gruppenverbindlichkeit sehr entscheidend. Hier geht es darum, den Akteuren Theater als vielschichtiges Ausdrucksmittel zugänglich zu machen, damit sie ihre eigene Geschichte auf die Bühne bringen und einen öffentlichen Diskurs eingehen können.

Mit einer Partnerschule entwickle ich regelmäßig einmal im Jahr eine Inszenierung, bei der wir zeitgenössische Dramen als Inspirationsquelle nehmen und auf dieser Basis etwas Eigenes schaffen. In der Zusammenarbeit mit dem Theater öffnen sich die Schüler für Themen, für die sie im Klassenraum nicht offen gewesen wären. Sie sind an einem anderen Ort, mit einer anderen Person, die eine andere Legitimität hat, als ihr Lehrer, der ihnen jeden Tag vor die Augen tritt. Die Schüler erleben sich, ihre Persönlichkeit als experimentierbar und sie erleben ihre Klassengemeinschaft als veränderbar, erleben dass der Status Quo nicht statisch sein muss, dass es auch anders sein kann, wenn man sich anders begegnet. Dass sich mit den Mitteln des Theaters eine ganz neue Art der Kommunikation herstellen lässt, ist eine große Erkenntnis.

Absolut geglückt ist Kulturvermittlung, wenn Menschen unabhängig von ihrem sozialen Umfeld und ihrem Schulabschluss der Zugang zu Kunst und Kultur als möglich und vor allem auch lohnenswert erscheint.

Wie arbeiten Sie mit Menschen ohne Theater-Vorerfahrungen?
Theater, sowohl in seinen Grundelementen als auch in seinen aktuellen Erscheinungsformen, kann man am besten durch das praktische Erleben in einem szenischen Spiel in der Gruppe begreifen.

Aufgabe der Theaterpädagogik ist es, diesen Spielraum für interessierte Spieler ohne Vorerfahrungen zu schaffen. Das heißt, ein Öffnen von Türen durch Übungen, Spiele und direktes Reagieren auf Blockaden. Dabei ist es zum einen wichtig, dass man in einem Theaterrepertoire Fachfrau oder Fachmann ist, und gleichzeitig muss man extrem sensibel darauf reagieren, wo gerade jemand stockt und nicht weiterkommt. Im nächsten Schritt geht es darum, den Menschen zu ermöglichen, genaue Erfahrungen zu machen. Auch in der Arbeit mit Laien geht es nicht nur darum, irgendwie ein bisschen zusammen zu hopsen und zu spielen, sondern man muss sehr gewissenhaft daran arbeiten, was auf der Bühne funktioniert und was nicht. Nachdem eine Szene gespielt wurde, gebe ich ein sehr klares Feedback. Wenn die Szene nicht funktioniert hat, reflektiere ich mit den Teilnehmern darüber, woran es lag, was sie besser machen könnten und lasse die Workshopteilnehmer noch einmal spielen. Man kann die Leute nicht mit einem halben Gefühl von der Bühne lassen. Ich will, dass jemand von der Bühne geht mit der Erfahrung, etwas verstanden oder entwickelt zu haben. Ich nehme die Teilnehmer in dem, was sie versuchen, sehr ernst und im Gegenzug nehmen sie mich ernst.

Mein Ziel ist es, den Workshopteilnehmern einen persönlichen Bezug zum Thema zu vermitteln, indem ich sie thematisch improvisieren lasse. Zum Beispiel bei der »Macbeth«-Inszenierung die Gier nach dem Aufstieg oder bei »Feuergesicht« das Thema Grenzüberschreitung und Pubertät. Diese Improvisation muss jedoch gut vorbereitet werden. Man muss Vorübungen schaffen, damit sich die Teilnehmer Elemente erarbeiten, mit denen sie in der Improvisation weiterarbeiten können. Ich gebe ästhetische Versuchsanordnungen vor, die etwas mit dem spezifischen Regie- und Spielansatz des Stückes, um das es geht, zu tun haben.

Nachdem sich die Workshopteilnehmer ein Thema selbst erarbeitet haben, erleben sie die Theatervorstellung als Zuschauer sehr viel intensiver, da ihnen die ästhetischen Grundprinzipien und das Thema durch die eigene Theaterarbeit näher sind. Sie können das, was sie auf der Bühne sehen, mit ihren Ideen vergleichen und einen Bezug, ein Verhältnis herstellen. Für mich ist es immer spannend zu sehen, wenn es zum Beispiel in einem Stück wie »Merlin« um Utopien geht, was für Utopien Jugendliche heute haben. Ich erfahre dabei vieles, was ich in das Theater zurückgeben kann.

Inwiefern ist Kulturvermittlung ein ›kreativer Tauschhandel‹?
Ich stelle Ruderboot und Ruder zur Verfügung – wohin die Teilnehmer rudern, bleibt ihnen überlassen. Das, was die Teilnehmer aus meinen Impulsen entwickeln mit der Freiheit, jetzt rudern zu können, ist der Gewinn für mich als Vermittlerin und der Gewinn für die Institution, die es nun mit einem produktiven, ihr verbundenen Publikum zu tun hat, mit einem verstehenden Publikum, das sie mit begleitet, reflektiert und auch neue Wege mitgeht.

Welchen Stellenwert hat die Theaterpädagogik innerhalb der Schaubühne?
Für die neue Intendanz war es von Anfang an ein Anliegen, in lebendigem Austausch zu stehen, weil man nicht in der Schönhauskapsel an der hintersten Ecke des Kurfürstendamms versauern wollte. Wir wollen nicht als geschlossene Auster ab und zu die Perle Kunst präsentieren, sondern ein offenes Laboratorium sein. Zeitgenössische Dramatik ist der Versuch, all das auf die Bühne zu bringen, was virulent und problematisch ist, aktuelle Fragen aufzuwerfen, wie Welt wahrgenommen und menschliche Beziehungen analysiert werden. Dazu gehört das Anliegen, auch Leute ins Theater zu bringen, die normalerweise nicht ins Theater gehen, bzw. mit den Leuten im Austausch zu sein, für die man Theater macht. Das gehört in unserem Theaterverständnis zusammen.

Jede Kultureinrichtung muss sich als Laboratorium verstehen, zu dem möglichst vielen Menschen Zugang verschafft werden sollte. Die Kulturvermittler erleichtern diesen Einstieg von außen nach innen. Ich stehe als Theaterpädagogin in direktem Austausch mit dem Publikum, bekomme viel vom Zeitgeist mit, sowohl im Umgang mit jungen Menschen, als auch in der Auseinandersetzung mit älteren Zuschauern, und kann dementsprechend auch Rückmeldung geben, was die Leute gerade bewegt.

Es ist notwendig, dass Kulturvermittler innerhalb einer Institution in den Leitungsgremien sitzen, um relevante Entscheidungen mit zu treffen und damit den Entscheidungsprozess mit ihren Erfahrungen rückzukoppeln. Ich bin im Unterschied zu anderen Bühnen in Berlin, an denen die Theaterpädagogen weniger Einfluss haben, Mitglied der Schauspielleitungssitzung, des wichtigsten Gremiums an dieser Bühne. Ich sitze mit der künstlerischen Leitung, der Dramaturgie, der Leitung Öffentlichkeitsarbeit, Produktionsleitung und Ausstattungsleitung in einem Zimmer und rede über die Spielplangestaltung in der nächsten Spielzeit. Auch wenn es um Verlängerung geht, werde ich nach meiner Einschätzung gefragt. Es ist elementar wichtig, dass jemand, der so viel mit dem Publikum zu tun hat, auch mitsprechen kann. Das heißt nicht, dass wir nur Sachen machen, die dem Publikum gefallen. Auch wenn eine Inszenierung nicht so erfolgreich ist, entscheiden wir manchmal, dass sie weiter gespielt wird, weil wir von ihrer Ästhetik überzeugt sind. Dann geht es darum, diese Inszenierung in besonderer Weise zu vermitteln.

Ich trage als Kulturvermittlerin ein Stück Wirklichkeit und Öffentlichkeit in die Entscheidungsgremien des Theaters hinein, gebe dem anonymen Publikum ein Gesicht und gebe Rückmeldung, was die Menschen, vor allem Jugendliche, bewegt. Das Rücktransportieren ist ein wichtiger inhaltlicher Impuls für Dramaturgen und Regisseure und insofern sind sie extrem neugierig auf das, was ich zu berichten habe. In der Auseinandersetzung mit den unterschiedlichen Gruppen bekommt auch die Kultureinrichtung frische Impulse, kann sich verändern, erneuern, wachsen, vital bleiben. Die Kulturvermittler erleichtern somit auch die Öffnung von innen nach außen.

Inwiefern ist Theaterpädagogik Öffentlichkeitsarbeit?
Ich begreife mich als Schnittstelle zwischen Öffentlichkeit und Theater. Ich sitze auf der Membran und transportiere die Themen in beide Richtungen. Das heißt, ich bin Teil der Öffentlichkeitsarbeit, sitze deswegen auch in dieser Abteilung und bin diejenige, die nicht über den ästhetischen, sondern über den inhaltlichen Auftritt nach außen geht. Ich stelle Kontakt zu Schulen, Universitäten und anderen Gruppen her, um dieses Theater zu verbreiten. Ich lade Lehrer ein, regelmäßig an einem ›jour fixe‹ teilzunehmen, bei dem sie einmal im Monat einen Workshop mit didaktischen Anregungen bekommen, um sich für Theaterspiel an der Schule fortzubilden, oder ich biete konzeptionelle Einführungen an, zu denen ich den Bühnenbildner und den Dramaturgen einer neuen Premiere einlade, damit sie ihr Konzept vorstellen. Ich schreibe Professoren an, wenn sie gerade ein Seminar anbieten, welches eine inhaltliche Verbindung zu einem Theaterstück hat und organisiere interne Publikumsgespräche. Ich gestalte Aktionen im Rahmen des Festivals der Internationalen Dramatik, ich spreche politische Gruppen an und versuche sie zu involvieren. Ich moderiere Publikumsgespräche und arrangiere Sonderveranstaltungen zu den Themen unserer Stücke wie etwa eine Diskussionsveranstaltung mit den Leuten von *attac*.

Ein wichtiger Teil meiner Arbeit besteht darin, neue Wege zu finden, wie wir zu unseren potentiellen Zuschauern gelangen, was wir ihnen anbieten können, wie wir den Kontakt zu ihnen verstetigen. Theaterpädagogen an Theatern haben die Aufgabe, durch positive Erfahrungen Menschen an das Theater zu binden und kompetenter Ansprechpartner für Multiplikatoren zu sein. Das ist eine Gradwanderung. Die Menschen sollen nicht den Eindruck haben, mit einer Verkaufsmaschine verbunden zu sein, sondern mit jemandem, der ihnen inhaltlich weiterhelfen kann und auch mal von einer Inszenierung abrät. Grundsätzlich empfände ich es als unproduktiv, wenn ich einen Anruf vom Intendanten bekäme, der sagt, die Vorstellung ist leer, jetzt organisiert mal ein paar Schulkassen. Als Raumfüller betrachtet, würden sich die Menschen nicht ernst genommen fühlen. Im Kontrast dazu verstehen die Schaubühnen-Direktion und die künstlerische Leitung meine Arbeit als Bildungsangebot, als notwendigen und selbständigen Teil des öffentlichen Auftritts unseres Theaters.

Wie lässt sich der Stellenwert von Vermittlung in den traditionellen Kulturinstitutionen steigern?
Es ist notwendig, Kulturvermittlung als unverzichtbar zu zeigen. Die Schauspieler bei uns machen etwa in Publikumsgesprächen die Erfahrung, dass die vorangegangene inhaltliche Vermittlung ihnen als Feedback zugute kommt und sie es mit einem wirklich interessierten Publikum zu tun haben. Das zeigt ihnen über ihren normalen Theateralltag hinaus, dass sie Leuten etwas mitgeben können und diese ihnen dankbar sind dafür, und das erleben sie als sehr erfüllend. Die Schauspieler bei uns erleben das Publikum als wirklich interessiert. Wenn das Publikum die aktive Auseinandersetzung mit der Kunst als bereichernd empfindet und die Kunstschaffenden ihrerseits die Auseinandersetzung mit dem Publikum als Bereicherung begreifen, dann hat die Kulturvermittlung einen originären und wichtigen Beitrag zum Theater als sozialer Institution geleistet.

Die Kulturvermittlung ist ja nicht nur für Künstler und Publikum beglückend, sondern bietet auch für die beteiligten Vermittler glückliche Momente, wenn man erlebt, wie man Erfahrungen weiter geben kann. In diesen Momenten, wo ich meinen Kollegen, oftmals gegen anfängliche Widerstände, solche Erfahrungsräume ermögliche, erfahren sie, was für ein Geschenk es ist, zu vermitteln. Dadurch, dass sie diesen Außenblick wahrgenommen haben, schätzen sie auch die Person, die ihnen dies ermöglicht hat.

Wichtig ist auch das Selbstbild des Theaterpädagogen. Als Theaterpädagoge muss man sich trauen, seine Arbeit mit immer neuen Aktionen und Projekten sehr offensiv in alle Bereiche des Theaters einzubringen. Grundsätzlich darf man sich nicht in einer kleinen Nische einrichten und damit zufrieden sein, sondern man muss immer wieder gegen Gewohnheiten und Denkmuster vorgehen, nicht nur des Publikums, sondern auch die einer Institution, die sich in bestimmten Dingen einfährt. Eingriffe von außen werden oft als Störung empfunden. Um mich trotzdem durchzusetzen, ist die eigene Haltung sehr wichtig: meine Überzeugung vom Wert meiner Arbeit, dass ich selbst so begeistert bin von dem was ich tue, dass ich auch Begeisterung ausstrahlen kann. Notwendig ist außerdem Kontinuität, denn die Früchte der Arbeit erntet man im Prinzip erst nach zwei bis drei Jahren.

Doch natürlich ist es vor allem auch notwendig, dass Vermittlung strukturell und finanziell in der Institution fest verankert ist. Die Kulturpolitik in Deutschland sollte dies, ähnlich wie etwa in Großbritannien, als Kriterium für die Förderung von Kulturinstitutionen bestimmen. Als besonders förderungswürdig sollten solche Kulturinstitutionen gelten, in deren Konzepten sich die Vermittlungsbemühungen nicht allein auf die Tätigkeit eines Kulturvermittlers beschränken. Alle Mitarbeiter einer Kultureinrichtung sollten in ihrem Arbeitsgebiet den Anspruch der Vermittlung von Kultur berücksichtigen und verwirklichen.

Jede Kultureinrichtung kann sich neben ihrer Existenz als Ort der Kunst-Produktion gleichzeitig auch als soziale Institution im grundlegenden Sinne begreifen: als Ort der Begegnung, an dem die Mitglieder einer Gemeinschaft die Bedingungen eben dieser gemeinsam erfahren und reflektieren. Unter diesem Aspekt liegt es im genuinen Interesse der Kultureinrichtung, für möglichst viele Menschen zugänglich zu sein.

Geglückte Kulturvermittlung befreit von Hemmungen, die zwischen potentiellem wie realem Publikum einerseits und Kultureinrichtungen andererseits bestehen – und zwar Hemmungen auf beiden Seiten. Darüber hinaus baut Kulturvermittlung aber auch Schranken ab, die Menschen von ihrer eigenen Kreativität fernhalten. Sie schafft als Lern – und Spielort Möglichkeiten, die in anderen Zusammenhängen, im Alltags-/Berufs-/Familienleben fehlen oder ignoriert werden.

Uta Plate, geboren 1968. Nach ihrem Diplom-Studium »Kulturpädagogik« in Hildesheim übernahm sie die Regie der afrikanisch-deutschen Theatergruppe »Rangi Moja«. Ihre Publikation »Fremd bleiben« beschreibt die interkulturelle Theaterarbeit (Koautorin Wiebke von Bernstorff, IKO-Verlag, 1997). Im Jahre 1996 ging sie zum *Theater Nordhausen*, um dort das Projekt »Theater im Knast« in Kooperation mit dem Justizministerium Thüringen aufzubauen. Zweieinhalb Jahre entwickelte und inszenierte sie Stücke mit inhaftierten Jugendlichen der JSA Ichtershausen. Zudem veranstaltete sie Theaterwerkstätten mit Kindern im Asylbewerberheim und Senioren im Altenheim. Seit der Spielzeit 1999/2000 gehört sie zum Ensemble der *Schaubühne am Lehniner Platz*. Sie vermittelt dem Publikum einen inhaltlichen

Einstieg in das Laboratorium Schaubühne. Zudem leitet sie die Jugendtheatergruppe »DIE ZWIEFACHEN«, mit denen sie jedes Jahr ein Stück entwickelt und am Haus sowie auf Festivals zeigt.

→ »Der Autor schaut direkt in die Kamera
(und damit dem Zuschauer in die Augen)«
Über alte und neue Formen der
Literaturvermittlung
Stephan Porombka

I.

Als im März 2005 die erste DVD präsentiert wurde, auf der kleine Filmchen mit sprechenden Dichtern zu sehen waren,[1] gab es gleich noch ein Manifest dazu. »Poetry Clips«, so stellten die Berliner Bastian Böttcher und Wolfgang Hogekamp als Produzenten und Herausgeber der DVD fest, »machen die Live-Literatur ›transportabel‹«. Und ganz selbstironisch wurde hinzugefügt: »Wer Bühnen-Literatur erleben möchte, muss sich nicht mehr nachts in verrauchte Clubs begeben. – Unabhängig von Ort und Zeit kann nun der ›lyrische Augenblick‹ der Sprech-Dichtung genossen werden«. (Böttcher/Hogekamp 2005)

Die Dichter, die auf der DVD vorgestellt werden, sind tatsächlich fast alle nur »nachts« und »in verrauchten Clubs« aufgetreten. Sie gehören nicht zum literarischen Establishment, sie werden nicht im Feuilleton der großen überregionalen Tageszeitungen besprochen und sind nur selten auf den Podien der Literaturhäuser zu sehen. Rekrutiert hat man sie fast alle aus einer Szene, die aus den USA das Etikett »Slam« übernommen hat, und die ihre Literatur wie die amerikanischen Vorbilder live an den Mikrofonen präsentiert, die vornehmlich in Clubs oder Bars an große Lautsprecher angeschlossen sind (vgl. Preckwitz 1997). Einen Slam zu ›performen‹, (wie man in der Szene sagt), das heißt, auf die Bühne zu gehen und innerhalb von fünf Minuten einen Text zu präsentieren, der die Jury überzeugt, die manchmal aus dem gesamten Publikum, manchmal aus zufällig ausgewählten Besuchern der Veranstaltung besteht. Hier gewinnt nicht unbedingt der beste Text. Sieger des Abends wird, wer die beste Performance abliefert und damit das Publikum am besten unterhält. Das ist der Qualität der Slam-Literatur nicht unbedingt zuträglich. Und weil gemäß den Regeln jeder lesen oder sprechen darf, der sich zu Beginn einer Veranstaltung gemeldet hat, gibt es nicht einmal die Garantie, dass die Performance wirklich gut ist. Es gibt viele Abende, die derart stark vom dilettantischen Aktionismus einiger Spontan- und Selbsterfahrungsautoren dominiert werden, dass selbst die wohlwollendsten Veranstalter verzweifeln. ›Buh‹ zu rufen reicht dann schon nicht mehr, viele verlassen lange vor dem Ende die Lokalität oder suchen Trost an der Bar.

---

1 Poetry Clip (Vol.1), Berlin 2005. Zu bestellen unter: www.spokenwordnet.de.

Solchen Trost kann man jetzt allerdings auch über die DVD bekommen. Insofern ist der Hinweis, dass man »sich nicht mehr nachts in verrauchte Clubs begeben« muss, von einiger Wichtigkeit für Leute, die Slam-Veranstaltungen mittlerweile meiden. Und genau so wichtig ist die Feststellung der Produzenten und Herausgeber, dass für die DVD »eine Auswahl« getroffen worden ist, die eine gute Unterhaltung garantieren soll:

»Es gibt [...] nur wenige Akteure mit gleich bleibend hoher Textqualität. Die Poetry Clip DVD liefert einen umfassenden Überblick über wichtige Stimmen der bundesweiten Szene.« (Böttcher/Hogekamp 2005)

II.

Die Poetry Clips wären allerdings kaum interessant, würde sich ihre Bedeutung darin erschöpfen, der Szene einen Spiegel zu bieten, in dem sie sich bewundern kann. Poetry Clips sind mehr. Wie der Slam mit der so erfolgreichen Idee, Literatur als Serie kurzer Auftritte an ungewöhnlichen Orten unter Wettbewerbsbedingungen und in der direkten Interaktion mit dem Publikum zu präsentieren, so weisen auch die Clips in ihrer Bedeutung weit über die Szenekultur hinaus (vgl. Porombka 2000). Denn wie der Slam als Veranstaltungsprinzip bündeln die Clips als neue mediale Inszenierung von Literatur auf avantgardistische Weise Tendenzen, die den Literaturbetrieb und den Kulturbetrieb im Ganzen erfasst haben. Und sie bieten zugleich ein Format, von dem aus sich über alte und neue Formen der Literatur- und Kulturvermittlung nachdenken lässt (Porombka 2005).

Um dieses Nachdenken aber überhaupt möglich zu machen, muss das Verständnis von dem, was Kulturvermittlung im Allgemeinen und Literaturvermittlung im Besonderen bedeutet, erst einmal ausgeweitet werden. Stehen bislang immer noch die pädagogischen Aspekte im Vordergrund und ist immer noch die dringendste Frage, wie man mit Hilfe der alten Formel »Unterhalten und Belehren« vor allem junge Leute ins Museum, ins Theater oder zum guten Buch bringen kann, so gilt für die neuen Formen der Kultur- und Literaturvermittlung vor allem eins: dass man weniger von der Pädagogik und mehr vom Marketing lernen muss, wenn man verstehen will, wie eine effektive Kulturförderung betrieben werden kann. Zwar gibt es immer noch Vorbehalte, Kulturgüter als Waren zu verstehen, die auf dem Markt platziert werden müssen. Doch lässt sich kaum ignorieren, dass der Kulturbetrieb längst dabei ist, sich selbst immer stärker über Rückmeldungen vom Markt zu beobachten und seine neuen Strategien in Reaktion auf diese Zahlen entwickeln. Wie das Kulturmanagement bei diesen Strategieentwicklungen auf ein Verständnis von Management zurückgreift, das weit »über die betriebswirtschaftliche Idee der wirtschaftlichen Effizienz und technischen Effektivität hinaus[geht]« und es »in Fragen der Steuerung, der Grenzsetzung und der wachsamen Selbstbeobachtung« übersetzt, »die sich in dieser Form auch für Behörden, Kirchen, Universitäten, Fußballspiele oder individuelle Biographien stellen« (Baecker 2003: 336f.), so kann auch die Kulturvermittlung mit einem erweiterten Begriff von Kulturmarketing operieren: Marketing ist dann nämlich nicht mehr (unbedingt) an betriebliche und wirtschaftliche Kontexte gebunden, sondern eine generellere Kategorie, mit der sich ganz umfassend Strategien entwickeln lassen, mit deren Hilfe bestimmte ›Produkte‹ zu bestimmten ›Kunden‹ kommen – und das heißt: ›Kultur‹ zu den ›Rezipienten‹ oder zum ›Publikum‹. Mit Hilfe dieser Ausweitung lässt sich Kulturvermittlung als eine Form des Kulturmarketing verstehen. Und es lässt sich besser prüfen, was man eigentlich tut, wenn man Kultur vermittelt, wie man es tut – und ob man es, angesichts der Ziele, die man sich setzt (z.B. »Kultur für alle«) auf die richtige Weise tut. Im Folgenden soll das in Bezug auf alte und neue Formen der Literaturvermittlung und damit im Hinblick auf alte Entwicklungen und neue Tendenzen im Literaturbetrieb passieren. Kehren wir deshalb – nach dieser kurzen Rückversicherung – zur Dichtung auf DVD und ihren vielfältigen Implikationen für das Literaturmarketing zurück.

III.

Die Poetry Clips, wie sie Bastian Böttcher und Wolfgang Hogekamp präsentieren, konzentrieren sich bei ihrer Art der Literaturvermittlung auf einen Aspekt, über den in den letzten Jahren kontrovers debattiert worden ist: Die markt- und medienkompatible Inszenierung des Autors. »Die Dauer eines Poetry Clips sollte fünf Minuten möglichst nicht überschreiten«, so hat Bastian Böttcher das Clip-Format definiert.

»Der Autor spricht seinen Text selber. Der Autor schaut direkt in die Kamera (und damit dem Zuschauer in die Augen). Der Text wird direkt für die Kamera inszeniert. Es gibt keine sichtbaren Mikrophone, in die hineingesprochen wird und keine Bücher, aus denen vorgelesen wird. Poetry Clips sollen die Performance des Poeten möglichst authentisch wiedergeben.« (Böttcher 2004: 15)

Interessanterweise hat zeitgleich mit der Veröffentlichung der DVD mit Poetry Clips der Literaturkritiker Hubert Winkels moniert, dass im Feuilleton die »unterhaltsamen personenbezogenen Darstellungsformen« an Dominanz gewinnen: Interview und Porträt rücken die Autoren in den Vordergrund, während die Auseinandersetzung mit dem literarischen Werk oft ganz aus dem Blick gerät (Winkels 2005: 50). Die Journalistik kann diese Einschätzung nur bestätigen:

»Die totale Personalisierung scheint zu funktionieren, bringt Einschaltquoten und Verkaufszahlen. [...] Personalisierung steuert der Verunsicherung entgegen, sie liegt deshalb im Trend.« (Egli von Matt/Peschke/Riniker 2003: 11)

Diesem Trend entsprechen die offenen Bekenntnisse zu Strategien der Selbstinszenierung, die sich im Literaturbetrieb seit Beginn der 1990er Jahre gehäuft und auch die Werbung für Literatur maßgeblich beeinflusst haben: Nicht nur sind (vor allem junge) Autoren als Models für Modefirmen aufgetreten, auch wurden sie in den Programmkatalogen der Verlage und in den Zeitungsannoncen wie Models in Szene gesetzt. Noch nie wurden die Autorenbilder so stark an den ›Images‹ orientiert, die nicht aus der Literatur selbst, sondern aus den Bereichen Mode, Film und Popmusik stammen. Diese Übernahme hat allerdings gerade bei den jüngeren Autoren keineswegs nur affirmative Züge. Sie zielt immer auch auf die Reflexion der eigenen Rolle als Schriftsteller in der Medienkultur. Bis tief hinein in die Texte wird diese Reflexion sichtbar. Durchgeführt wird sie in den oft ironischen Auseinandersetzungen mit den Medienformaten, den Konsumgewohnheiten, den mehrfach codierten Gegenständen der Popkultur und den Verhaltensregeln in der Spaßgesellschaft (Baßler 2002; Schumacher 2002).

Mit der Forcierung dieser Strategien erinnern die Autoren daran, dass die literarische Öffentlichkeit (und das heißt dann auch immer: der Literaturmarkt) nicht allein von Texten lebt. Markt und Öffentlichkeit greifen seit dem 18. Jahrhundert auf das ›kultifizierte‹ Image des Schriftstellers zurück. Goethe ist einer der ersten, der dieses Kultmarketing mit sich und an sich selbst vollzieht – durch die ästhetische Totalisierung des autobiographischen Prinzips (vgl. Witte 1978; Holdenried 2000) – und mit sich und an sich vollziehen lässt (vom Physiognomen Lavater, der aus dem Profil des Dichters das Genie herausliest, bis zum Aufnahmegerät namens Eckermann, der getreulich mitschreibt, was der Meister spricht).

Porträt und Gespräch gehören seither in den kulturjournalistischen Formenkanon, und sie werden – auch das bereits im Falle Goethes – meist aufmerksamer konsumiert als die viel komplexeren literarischen Werke. Die Literaturgeschichtsschreibung hat sich ganz in den Dienst des personenzentrierten Goethe'schen Kultmarketing gestellt, ihr Storymanagement folgt den Skripten, die in Weimar vorformuliert worden sind (Loebbert 2003; Link 1983). Als im Frühjahr 2005 zeitgleich mit der Veröffentlichung der Poetry-DVD und der Diagnose von Hubert Winkels der 200. Todestag von Schiller gefeiert wurde, der mit Goethe zusammen die Kultmarke »Weimarer Klassik« begründet hat, geschah das nicht zufällig mit einer Welle biographischer Porträts, in denen der Klassiker als Mensch und der Mensch als Klassiker präsentiert wurde: Personalisierung pur (Damm 2005; Safranski 2005).

IV.

Die moderne Literatur lässt sich ohne diese säkulare Kultifizierung des Schriftstellers kaum denken. Sie ist nicht nur eine Begleiterscheinung der zunehmenden Medialisierung der Gesellschaft. Vielmehr ist sie konstitutiv für eine Literatur, die sich aus der repräsentativen Öffentlichkeit der Fürstenhöfe herauslöst und sich an ein anonymes Publikum wenden muss. Der Auftritt der Literatur (und des Literaten) jenseits des Buches, in Zeitungen, Berichten, Briefen, Gerüchten und Debatten wird zur Pflicht für alle, die erfolgreich sein wollen. Die literarischen Kultmarken des 19. Jahrhunderts sind nicht zufällig in enger Verbindung mit dem Journalismus entstanden. Spätestens die großen Kultautoren der ersten Hälfte des 20. Jahrhunderts sind Medienexperten, die sich selbst in Szene zu setzen wissen und die immer wieder von den neuen und alten Medien in Szene gesetzt werden: Thomas Mann, Bertolt Brecht, Johannes R. Becher, Gottfried Benn, nicht zuletzt Egon Erwin Kisch mit dem direktesten Draht zu den Zeitungen. Sie alle haben dem Literaturbetrieb nicht nur Texte geliefert, sie haben Autoren-Marken kreiert, mit denen – wie mit allen erfolgreichen Marken – ein ganzer Lifestyle verbunden wird. Dafür haben sie in Studios für Photographen und Kameramänner posiert, sie haben Autogrammkarten signiert, sie waren große Vortragende, sie haben im Radio gesprochen und gelesen, von ihnen sind Aufnahmen auf Schallplatte überliefert, die der literarischen Öffentlichkeit das geben, was auf dem berühmten Etikett der Grammophon in Bild und Slogan gebracht ist: »His masters voice«.

Noch das heutige Hör-›Buch‹, für das der Autor seinen eigenen Text liest (oder von einer Stellvertreterstimme, die wie sein Image klingen soll, sprechen lässt), steht in der Tradition dieser Medienpraxis. Durch sie wird für das Publikum kompensiert, was Druckschrift allein nicht bieten kann: die sinnliche Erfahrung. Dass Literatur bis zur Einführung des Buchdrucks immer auch unmittelbar mit dem Ton, dem Klang, dem Rhythmus des Dichters verbunden war, ist eine Einsicht, die nicht erst heutige Medientheoretiker haben. Sie wurde zeitgleich mit der Einführung der Schrift festgehalten und seit Einführung des Buches immer wieder vorgebracht. Die Druckschrift löst die Aura des Mündlichen, Klanglichen und Eigentlichen auf und anonymisiert die Beziehung von Autor, Text und Publikum. Im Falle des Buches wird dafür, sozusagen im Gegenzug, der Autorname als Signatur etabliert. Auch werden von Seiten der Autoren stilistische Eigenarten als persönliche Kennmarken entwickelt. Und für die Leser werden phantastische Vorstellungswelten eröffnet, die ohne die anonyme, verfügbare Druckschrift nicht zu haben wären. Aber weil man sich das durch anstrengende Lektüre erarbeiten muss, hat es das Buch von Beginn an schwer. Vor allem hat es Schwierigkeiten, seit es sich bei den Konsumenten gegen Medien durchzusetzen hat, die Töne und Bilder gratis mitliefern. Deshalb gilt für das Buch schon seit langem: Wenn es mit Audio und Video konkurrieren will, müssen Strategien entworfen werden, mit denen die Defizite kompensiert und die Möglichkeit zur sinnlichen Erfahrung wieder eingeführt werden können.

In diesem Sinn steht das heutige Hör-›Buch‹ in der Tradition einer von der Lese-Anstrengung entlastenden, re-auratisierenden Praxis, von der die moderne Literatur ebenfalls von Beginn an unterstützt wird – gemeint ist die Lesung, der Auftritt des Autors vor Publikum. Durch die Lesung wird die sinnliche Erfahrbarkeit der Literatur eingeholt, die ihr durch den Druck verloren geht. So wird das, was auf dem Buchmarkt sonst auseinander fällt, in einer Art Ritual für kurze Zeit wieder verbunden: Autor, Werk und Leser. Der Autor ist körperlich anwesend, man kann ihn sehen, vielleicht kann man ihn sogar berühren; das Publikum kann seine Stimme hören, eben das Organ, durch das der tote Buchstabe lebendig wird und der Sinn oder Geist seine Auferstehung feiert; und der Autor hält dabei (meist) das gedruckte Buch in der Hand, das im Anschluss an die Lesung zuerst vom Hörer gekauft und dann vom Autor signiert wird, als Beglaubigung, dass dieses eine Exemplar ein persönliches ist, mit dem das Band zwischen dem einen Autor und dem einen Leser trotz Massenproduktion und anonymem Markt direkt geknüpft wird.

Dieses Konzept hat Erfolg. Heute hat es sogar mehr Erfolg als je zuvor. Lesungen werden nicht nur von denen besucht, die sich für Literatur interessieren, sondern auch von jenen, für die das Bücherlesen eigentlich viel zu anstrengend ist und die deshalb eigentlich lieber ins Kino oder auf Konzerte gehen. Die Zahlen sprechen für sich. Zeitgleich mit der Veröffentlichung der Poetry-Clip-DVD, zeitgleich mit Hubert Winkels Bedenken gegenüber den Personalisierungstendenzen im Literaturbetrieb und zeitgleich mit der Eröffnung der Feierlichkeiten zum Schiller-Kult-Jahr fand im März 2005 die Leipziger Buchmesse statt. Während dafür als Begleitprogramm insgesamt 1500 Lesungen organisiert wurden, veranstaltete man in Köln zum fünften Mal die *Lit.Cologne*. »Stille Orte«, so berichteten die Korrespondenten von dort, »gab es in dem vergangenen fünf Tagen nur wenige, überall wurde vorgelesen, vorgetragen, hörgespielt und diskutiert«. Knapp 50.000 Besucher kamen zu 80 Veranstaltungen, »87 Prozent aller Karten gingen schon im Vorverkauf weg. Mitunter standen die Leute bereits eine Stunde vor Beginn der Lesungen Schlange, um gute Sitzplätze zu ergattern.« So gehört auch das Schlangestehen zu einer sinnlichen Erfahrung, die das Buch allein nicht bieten kann (Süddeutsche Zeitung vom 24.3.2005).

V.

Liest man die Literaturgeschichte so, wie es in den letzten Abschnitten vorgeschlagen wurde, dann stellt sich heraus, dass sich seit dem 18. Jahrhundert ganz unterschiedliche Medien und Formen der Literaturvermittlung etabliert haben, deren Ziel es ist, den Text mit Bildern, Geschichten und sinnlichen Erfahrungsmöglichkeiten anzureichern. Der Text, so ließe sich aus der Perspektive des Marketings sagen, wird dabei als Kernprodukt verstanden, das – um auf dem Markt erfolgreich zu sein – eine gute Begleitstory braucht, eine gute Verpackung, eine gute Präsentation und insgesamt eine Aura, die ihm die Qualitäten eines Kultproduktes verleiht: von der Titelgebung bis zum Klappentext und zum Buchdesign, vom Autorenfoto bis zur Mythe rund um die Entstehung des Buches, von der Platzierung in der Programmvorschau bis zur Markteinführung, von der Buchpremiere bis zur Lesereise, von der Lesung des Autors beim Festival bis zum Interview für die Sonntagsbeilage und den Auftritt in der ›Late-Night-Show‹.

Zur Literaturgeschichte der letzten zehn, fünfzehn Jahre gehört, dass mit diesen Formen der Literaturvermittlung offener, abgeklärter und selbstbewusster umgegangen wird. Zwar werden sie zuweilen im Feuilleton immer noch als ›Eventisierung‹ beklagt, und beschworen wird der Niedergang der Literatur in einer von den Gesetzen des Grellen und Schnellen dominierten Kulturindustrie (Porombka 2003). Doch ist selbst diesen Kritikern klar, dass sich Literatur und Markt nicht wirklich auseinander dividieren lassen.

Konstatiert werden muss vielmehr, dass sich die Literaturvermittlung in den letzten Jahren zunehmend professionalisiert hat – oder zumindest unter Professionalisierungsdruck geraten ist. Nicht nur wird den Marketingabteilungen der Verlage mehr Aufmerksamkeit geschenkt, die Marketingspezialisten übernehmen mittlerweile die Rolle von Schamanen, die mit immer neuen Ideen und Zauberformeln den Blindflug des neuen Verlagsprogramms durch den Buchmarkt steuern sollen (Erben 2005). Der Merchandising-Bereich, also die Konzeption, die Herstellung und der Vertrieb von Begleitprodukten zu literarischen Veröffentlichungen, wird immer lukrativer. Auch wächst der Presse- und Öffentlichkeitsarbeit eine immer größere Bedeutung zu – und das nicht nur in Bezug auf die neuen Selbstdarstellungsformen der Verlage in und mit den neuen Medien. Reichte es früher noch hin, für Lesungen einen Tisch, ein Mikrofon und ein Glas Wasser zu organisieren, so muss man sich heute Gedanken über den Ort der Lesung, über die Kulisse, über das Beiprogramm und über den Ablauf der Veranstaltung machen. Vor allem muss man all das auf den Autor, das Buch und natürlich das Image des Verlages so zuschneiden, dass für die Besucher der Lesung Buch, Autor und Verlag als Markeneinheit erlebbar werden. Zunehmend sind in diesem Bereich die Qualitäten von Eventmanagern gefragt. Und nachgedacht wird, ob man die Organisation von Veranstaltungen wie Lesungen und Buchpräsentationen nicht lieber Profis überlässt, die nicht im Verlag ansässig sind und stattdessen Erfahrung im Showbusiness haben (Wegmann 2003: 121-136; Kemper 2001; Porombka/Vaihinger 2005: 45-63).

Den etablierten Literaturhäusern geht es in dieser Hinsicht nicht anders. Auch sie müssen neue Strategien für ihre Programme und ihre Öffentlichkeitsarbeit entwickeln, nachdem sie über Jahre das Monopol für die öffentliche Verwaltung von Literatur innehatten. Durch die Literaturfestivals, die mittlerweile fast in jeder Stadt veranstaltet (und von professionellen Eventmanagern begleitet) werden und die in der Regel mehr Publikum als die klassischen Lesungen anziehen, sind sie verstärkt unter Legitimationsdruck geraten. Ihre Programme und Veranstaltungen müssen sich, wenn sie noch weiter öffentliche Gelder beziehen wollen, definitiver von denen der Festivals unterscheiden, aber mindestens genauso erfolgreich sein. Folgerichtig werden die leitenden Stellen der Literaturhäuser zunehmend mit jüngeren Leuten besetzt, die nicht nur Kenner der Literatur sind, sondern die sich mit der Medienkultur ebenso gut auskennen wie mit den komplexen Marktmechanismen. Vor allem sollen sie avancierte Ideen für eine neue Literaturvermittlung entwickeln, die kontinuierlich wirkt und ohne den temporären ›Hype‹ des Festivals auskommen.[2] Dazu gehören mittlerweile immer auch Projekte, die im Internet und für das Internet entwickelt werden, mit denen sich neue Formen der Literaturvermittlung erproben lassen sollen.[3]

Die Literaturvermittlung erlebt aber nicht nur in den Verlagen, in den Literaturhäusern und den Organisationskomitees der Literaturfestivals einen Professionalisierungsschub. Mit den Literaturagenturen hat sich in den 1990er Jahren eine ganze Branche etabliert, die sich professionell dem Prinzip Literaturvermittlung widmet (Fischer 2001). Für Autoren ist es mittlerweile üblich, mit Agenturen zusammenzuarbeiten. Denn nicht nur bieten die Agenten Manuskripte bei den Verlagen an, sie handeln auch Verträge aus und kontrollieren die vertraglich geregelten Verlagsaktivitäten, die dem Buch zugute kommen sollen. Wo sich die Zusammenarbeit für beide Seiten erfolgreich gestaltet, ergeben sich zuweilen so enge Beziehungen zwischen Autor und Agent, wie sie früher für das Verhältnis von Autor und Lektor üblich waren. Von den Verlagen wird diese Verschiebung natürlich mit Argwohn betrachtet, und die Lektoren beklagen, dass sie zur eigentlichen Beziehungsarbeit mit Text und Autor gar nicht mehr kommen und sich als bloße ›Produktmanager‹ fühlen, die von der Programmarbeit aufgefressen werden (Schneider 2005; Siblwski 2005). Nicht zuletzt deshalb verlassen sie sich trotz der

---

2 Exemplarisch Thomas Böhm, Programmleiter des Literaturhauses in Köln, der an einer Theorie und Geschichte der literarischen Lesung arbeitet. Vgl. als Vorstudie Thomas Böhm: »Für ein literarisches Verständnis von Lesungen«. In: *Auf kurze Distanz. Die Autorenlesung: O-Töne, Geschichten, Ideen*, hrsg. von T. Böhm, Köln 2003, S. 170-185.

3 Vgl. www.lesungslabor.de; www.lyrikline.org.

Ressentiments immer mehr auf das Urteil der Agenten, die aus einer unabsehbaren Menge unverlangt eingesandter Manuskripte eine Vorauswahl treffen, begutachten und sie dann den Lektoren anbieten.

Dass es mittlerweile eigene Institute und Studiengänge für die Autorenausbildung gibt, ist ein weiterer Hinweis auf die zunehmende Professionalisierung der Literaturvermittlung. Die Einübung ins literarische Schreiben wird nicht länger den Volkshochschulen und den therapeutischen Selbsterfahrungsgruppen überlassen. Im Studiengang »Kreatives Schreiben und Kulturjournalismus« an der Universität Hildesheim und am Literaturinstitut in Leipzig geht man davon aus, dass mit »Schriftsteller« ein Beruf gemeint ist, den man – wenn man, wie in anderen Berufszweigen, Künsten und Sportarten auch, das notwendige Talent mitbringt – erlernen kann. Das heißt nicht, dass man die Studierenden, die als »Schriftsteller« ausgebildet werden, auf die Gesetze des Buchmarktes einschwört, um aus ihnen Bestseller-Autoren oder niedere Angestellte der Kulturindustrie zu machen. Stattdessen versucht man, ihre künstlerischen Fähigkeiten zu optimieren und ihnen parallel ein Bewusstsein davon zu geben, dass sie sich nicht in einem ätherischen Kunstraum jenseits der Gesellschaft, sondern immer auch auf einem Markt bewegen (Ortheil 2003; Haslinger/Treichel 2004).

Dass die Autoren im Zuge all dieser Entwicklungen auf Podien, in Interviews, in essayistischen und literarischen Texten verstärkt über Fragen der Selbstinszenierung, der Selbstvermarktung und der künstlerischen Optimierung nachdenken, kann nicht verwundern. Die Zunahme von Homepages im Netz, auf denen sich Autoren wie in hypertextuell geknüpften Imagebroschüren vorstellen, ist Ausdruck eines neuen Selbstbewusstseins. Zugleich ist es Ausdruck des (manchmal tragischen) Bewusstseins, dass sie sich zunehmend selbst vermarkten müssen. Folgerichtig verstehen sich viele Autoren bereits als Unternehmen, das primär für die Produktion und Vermittlung der eigenen Literatur zuständig ist und das dafür mit anderen Unternehmen kooperiert. Aus dieser Perspektive erscheinen die Verlage als temporäre Geschäftspartner, Lektoren werden zu ›Coaches‹, die beim nächsten Projekt wieder ausgetauscht werden können, und der Literaturagent fungiert als eine Art Unternehmensberater, der für die Schnittstellen zu den Verlagen zuständig ist und zugleich die eigene schriftstellerische Entwicklung fördern soll.

VI.

Die DVD mit den Poetry Clips ist in den letzten Abschnitten nur scheinbar aus dem Blick geraten. Denn wenn zu Beginn behauptet wurde, dass die Clips auf avantgardistische Weise die Tendenzen bündeln, die den Literaturbetrieb und den Kulturbetrieb im Ganzen erfasst haben, dann wird jetzt deutlicher, welche Tendenzen damit gemeint sind: Starkult, Medialisierung, Re-Auratisierung, Eventisierung, Professionalisierung. Und deutlicher wird, dass die Poetry Clips Strategien der Literaturvermittlung (und Kulturvermittlung) radikalisieren, die auf die Inszenierung der Literatur in anderen Medien angelegt sind, um sie sinnlich erfahrbar zu machen und dadurch ihren Kultwert zu steigern. Übernommen werden dafür die Formatvorgaben und Regeln des Popvideos und der Popmusik-Fernsehkanäle, mit denen sich die Musikindustrie in den 80er Jahren aus einer Absatzkrise herauskatapultiert hat (Neumann-Braun 1999). Die erfolgreiche Marketingidee war, mit den Clips die Songs zum Leben zu erwecken und mit ihnen die Bilder für einen Lifestyle zu entwerfen, die zum weiteren Konsum von Popmusik animieren sollten. So verstanden, dienten die Musikvideos der Re-Kultifizierung einer Branche, die zusehends an Kultpotential verloren hatte.

Dasselbe Ziel verfolgt der Poetry Clip. Der Autor, der »in die Kamera (und damit den Zuschauern in die Augen)« schaut und dabei die eigenen Texte spricht, stellt sich als auratische Medienfigur vor, die mit dem Betrachter in direkten Kontakt tritt. Mit dieser Inszenierung wird die Anonymität des Marktes aufgehoben. Der Zuschauer kann den Autor als Person in Aktion sehen, sein Gesicht, seine Art zu sprechen, seine Kleidung, seine Bewegungen, seine Umgebung, seine ganze Art und Weise mit der Literatur und mit der Mediensituation umzugehen. Ziel jedes einzelnen Clips ist damit die Präsentation eines Image, das den inszenierten Autor von allen anderen Autoren und seine Texte von allen anderen Texten unterscheiden soll. In diesem Sinn kann der Poetry Clip (wie der Videoclip in der Musikindustrie) durchaus auch als Werbeclip eingesetzt werden, mit dem der Zuschauer animiert werden soll, sich das Buch zum Filmchen (oder einfach nur das neue Buch des Autors) zu kaufen. Das nennt man dann Kultmarketing.

So wird mit den Poetry Clips die Professionalisierung der Literaturvermittlung probeweise auf die Spitze getrieben. Und es wird ein Format vorgestellt, dessen Brauchbarkeiten und Einsatzmöglichkeiten in der Literaturvermittlung noch gar nicht geklärt sind und über die überhaupt erst einmal nachgedacht werden müsste: von den Spezialisten aus den Marketingabteilungen der Verlage, von den Spezialisten aus der Presse- und Öffentlichkeitsarbeit, von den Literaturhäusern, von den Agenten, von den Schreibschulen und nicht zuletzt von den Autoren selbst.

Beim Nachdenken darüber sollte man sich nicht von Katastrophenbildern blockieren lassen. Poetry Clips führen mit großer Wahrscheinlichkeit ebenso wenig zum Untergang der Literatur wie es die ersten Grammophonaufnahmen von Lesungen, die Autogrammkarten von Autoren oder die Hochkonjunktur von Interview und Porträt im Kulturjournalismus getan haben. Viel eher reichern sie die Literatur mit neuen Erlebniswerten an. Und unter Umständen schaffen sie es – wie die Videoclips in der Popmusikbranche auch –, im Literaturbetrieb einen ganz eigenen Bereich mit ganz eigenständigen künstlerischen und wirtschaftlichen Eigenarten, Gegebenheiten und Gesetzmäßigkeiten zu etablieren. Doch muss man gar nicht den Erfolg oder Misserfolg der Clips abwarten, um mit ihrer Hilfe neue Strategien der Vermittlung zu entwickeln. Allein die Vermutung, dass es sich hier um neues Format handelt, mit dem die Literatur neu erlebbar gemacht werden kann, reicht schon aus, sie in den Trendbericht für eine Kulturvermittlung aufzunehmen, die sich eben nicht damit begnügt, die alten pädagogisch unterfütterten Formen des »Unterhaltens und Belehrens« neu aufzulegen, sondern bereit ist, sich von neuen Produkten und Strategien fortwährend irritieren zu lassen.

Literatur

Baecker, Dirk (2003): *Organisation und Management*, Frankfurt/Main, S. 336f.
Baßler, Moritz (2002): *Der deutsche Pop-Roman. Die neuen Archivisten*, München.
Böttcher, Bastian (2004): *Poetry Clips (Vol. 1) Eine Diplomarbeit*. Bauhaus-Universität Weimar, Fakultät Medien, Fachbereich Mediengestaltung.
Böttcher, Bastian/Hogekamp, Wolfgang (2005): Poetry Clips (Vol. 1) = draußen, Pressemitteilung vom 10.3.2005.
Damm, Sigrid (2005): *Das Leben des Friedrich Schiller*, Frankfurt/Main.
Egli von Matt, Sylvia/Peschke, Hans-Peter/Riniker, Paul (2003): *Porträt*, Konstanz.
Erben, Tom (2005): »Marketing«, In: E. Schütz/S. Porombka et al. (Hg.), *Das BuchMarktBuch. Der Literaturbetrieb in Stichworten*, Reinbek bei Hamburg.
Fischer, E. (Hg.) (2001): *Literarische Agenturen – Die heimlichen Herrscher im Literaturbetrieb?* Wiesbaden.
Holdenried, Michaela (2000): *Autobiographie*, Stuttgart.
Kemper, K (Hg.) (2001): *Der Trend zum Event*, Frankfurt/Main.
Link, Jürgen (1983): »Die mythische Konvergenz Goethe – Schiller als diskurskonstitutives Prinzip deutscher Literaturgeschichtsschreibung im 19. Jahrhundert«. In: B. Cerquiglini/H.U. Gumbrecht (Hg.): *Der Diskurs der Literatur- und Sprachhistorie. Wissenschaftsgeschichte als Innovationsgeschichte*, Frankfurt/Main, S. 225-242.
Loebbert, Michael (2003): *Storymanagement. Der narrative Ansatz für Management und Beratung*, Stuttgart.
Neumann-Braun, K. (Hg.) (1999): *Viva MTV! Popmusik im Fernsehen*, Frankfurt/Main.
Ortheil, Hans-Joseph (2004): »Schreiben unterrichten«. In: J. Haslinger/H.U. Treichel (Hg.): *Kursbuch 153*, September 2003, S. 46-56.

Porombka, Stephan (2000): »Slam, Pop und Posse. Literatur in der Eventkultur«. In: M. Harder (Hg.): *Bestandsaufnahmen. Deutschsprachige Literatur der neunziger Jahre aus interkultureller Sicht*, Würzburg, S. 27-42.

Porombka, Stephan (2003): »Vom Event-Event zum Non-Event-Event und zurück. Anmerkungen zum notwendigen Zusammenhang von Literatur und Marketing«. In: T. Böhm (Hg.): *Auf kurze Distanz. Die Autorenlesung: O-Töne, Geschichten, Ideen*, Köln, S. 125-138.

Porombka, Stephan (2005): »Poetry Clips«. In: E. Schütz/S. Porombka u.a. (Hg.): *Das BuchMarktBuch*, Reinbek bei Hamburg.

Porombka, Stephan/Vaihinger, Dirk (2005): »Der Verlag als Agentur kollektiver Kreativität«. In: *Jahrbuch Kulturwissenschaften & Ästhetische Praxis*, Tübingen, S. 45-63.

Preckwitz (1997): *Slam Poetry. Nachhut der Moderne*, Hamburg.

Safranski, Rüdiger (2005). *Friedrich Schiller oder Die Erfindung des Idealismus*, München.

Schneider, Ute (2005): *Der unsichtbare Zweite. Die Berufsgeschichte des Lektors im literarischen Verlag*, Göttingen.

Schumacher, Eckard (2002): *Gerade Eben Jetzt. Schreibweisen der Gegenwart*, Frankfurt/Main, S. 7-56.

Siblwski, Klaus (2005): *Die diskreten Kritiker. Warum Lektoren schreiben – vorläufige Überlegungen zu einem Berufsbild*, Aachen.

Wegmann, Thomas (2002): »Zwischen Gottesdienst und Rummelplatz. Das Literaturfestival als Teil der Eventkultur«. In: E. Schütz/T. Wegmann (Hg.): *literatur.com. Tendenzen im Literaturmarketing*, Berlin, S. 121-136.

Winkels, Hubert (2005): *Gute Zeichen. Deutsche Literatur 1995-2005*, Köln.

Witte, Bernd (1978): »Autobiographie als Poetik. Zur Kunstgestalt von Goethes ›Dichtung und Wahrheit‹«. In: *Neue Rundschau* 89, S. 384-401.

Dr. Stephan Porombka, geb. 1967, Juniorprofessor für Literatur und Kulturjournalismus an der *Universität Hildesheim*; Promotion 1999; bis 2003 wissenschaftlicher Mitarbeiter an der *FU Berlin* und wissenschaftlicher Assistent an der *HU Berlin*.

Zahlreiche wissenschaftliche, journalistische und literarische Veröffentlichungen. Ausgewählte Bücher: »Hypertext. Zur Kritik eines digitalen Mythos«, München 2001; »Felix Krulls Erben. Die Geschichte der Hochstapelei im 20. Jahrhundert«, Berlin 2001; »Böse Orte. Stätten nationalsozialistischer Selbstdarstellung – heute«, Berlin 2005 (mit H. Schmundt); »Das BuchMarktBuch. Der Literaturbetrieb in Stichworten«, Reinbek bei Hamburg 2005 (mit E. Schütz u.a.).

→ Ausser Controlling.[1]
Künstlerinnen in der Kunstvermittlung
Carmen Mörsch

Als Ausgangspunkt für meine Überlegungen wähle ich ein Projekt, das ich im Rahmen meiner Forschungsarbeit zu Künstlerinnen[2] in der Kunstvermittlung in England begleitet habe. Das Projekt fand in der Whitechapel Art Gallery in London im Rahmen des Programms »Creative Connections«[3] statt. Darin arbeitet jeweils eine Schulklasse für den Zeitraum von zwölf Monaten mit einer Künstlerin zusammen. Die Kooperation beginnt mit einem Besuch der Klasse im Atelier der Künstlerin, damit die Schülerinnen ihre Arbeitsweise kennen lernen und zu den weiteren Projektaktivitäten in Beziehung setzen können. Es folgen Besuche von zwei Ausstellungen der Galerie, die von der Künstlerin angeleitet werden. Im Anschluss an jeden Ausstellungsbesuch führt sie in der Schule fünftägige Workshops durch, in denen sie mit den Schülerinnen praktisch arbeitet und dabei eine Beziehung zur Ausstellung herstellt. Weiterhin realisiert sie im Rahmen des Projektes eine Arbeit, mit der sie auf die Schulsituation reagiert und die in der Schule bleiben wird. Sowohl die Workshopergebnisse der Schülerinnen als auch die Arbeit der Künstlerin werden zum Ende des Projektjahres in der Galerie ausgestellt.

Rückblende: Winter 2003

Zum Zeitpunkt meines Forschungsaufenthaltes zeigt die *Whitechapel Art Gallery* eine Retrospektive von Mies van der Rohe – eines Architekten, der zum Kanon der westlichen Architekturgeschichte des 20. Jahrhunderts gehört. Die Galerie hat diese Ausstellung vom MoMA übernommen. Mit der Übernahme

---

1 Unter Controlling versteht man die betriebswirtschaftliche Unterstützung bei der Planung, Steuerung und Kontrolle von Organisationen, Prozessen oder Projekten sowie die Bereitstellung der dafür erforderlichen Informationen. Das Controlling ist in seinem Kern eine führungsunterstützende Querschnitts- und Koordinations-Funktion mit dem Ziel, die Wirtschaftlichkeit in allen betrieblichen (Teil-)Bereichen zu sichern. Quelle: wikipedia.org.
2 Aus Gründen der einfacheren Lesbarkeit benutze ich die weibliche Form und bezeichne damit alle Geschlechter. Dies liegt besonders bei dem zu verhandelnden Thema nahe, da das Arbeitsfeld der Kunst- oder Kulturvermittlung weiterhin weiblich dominiert ist – auch wenn sich das gerade in Großbritannien durch die zunehmende soziale Aufwertung des Sektors zur Zeit ändert.
3 Informationen zum Programm »Creative Connections« unter http://www.whitechapel.org/content676.html.

verändern sich temporär einige Regeln in der Galerie. Der Raum, in dem sonst hauptsächlich Gegenwartskunst zu sehen ist, wirkt musealer als sonst. Während der Eintritt in die Galerie für gewöhnlich frei ist, müssen die Besucherinnen bei dieser Ausstellung bezahlen. Zusätzlich zur Eintrittskarte bekommen sie kreisrunde Aufkleber für ihre Mäntel und Jacken, die sie schon von weitem für das Aufsichtspersonal als zahlende Gäste optisch legitimieren. Überall sind die verschiedenfarbigen Kleber zu sehen, die sich deutlich von der gedeckten Winterkleidung abheben. Es ist in dieser Zeit auch ein besonderes Publikum in der Galerie. Es sind Leute, die die ökonomischen Voraussetzungen und ein ausreichend großes Interesse am Thema mitbringen, um das nicht unerhebliche Eintrittsgeld zu entrichten. Vor allem Architektinnen und Architekturstudentinnen möchten die visionären Entwürfe sehen, deren Einfluss in den urbanen Landschaften der Gegenwart abzulesen ist. Das Publikum erscheint – unter anderem durch seine strengen Kleidungscodes, aber auch durch sein Weißsein und seinen bürgerlichen Habitus – noch homogener als sonst in dieser Institution, die sich seit Beginn des 20. Jahrhunderts kontinuierlich um »soziale Inklusion« und um die ›Nutzbarmachung‹ von Kunst für Bildungsangelegenheiten bemüht.[4]

Die Galerie liegt im Osten der Stadt, einer Gegend, in der seit dem Beginn ihrer Besiedlung unterschiedliche migrantische Gruppen leben. Den Gründerinnen der Galerie ging es bereits im Jahr 1901 darum, durch die Ausstellungstätigkeit zwischen den verschiedenen ethnischen Gruppierungen zu vermitteln: Toleranz gegenüber den jeweils »Fremden« zu fördern und gleichzeitig deren Assimilierbarkeit zu behaupten. Ähnlich wie die Formensprache Mies van der Rohes schreibt sich auch dieser Diskurs der Integration bis in die Gegenwart fort und produziert seine spezifische Sichtbarkeit. Sie artikuliert sich im Ausstellungsraum durch die kaum unterbrochene Präsenz von Gruppen mehrheitlich britisch-asiatischer Jugendlicher in Schuluniformen. Ihre Anwesenheit verdankt sich dem Engagement des *Education Departments* der Galerie, das mit einem Großteil der Schulen, Bildungseinrichtungen, Vereinen und sozialen Initiativen des Bezirks zusammenarbeitet und unter anderem dafür sorgt, dass möglichst jede lokale Schulklasse wenigstens einmal eine der Ausstellungen besucht und an einem damit verbundenen Workshop teilnimmt. Alle Aktivitäten des *Education Departments* -»Creative Connections« ist eine davon – werden bereits seit den 1980er Jahren gemeinsam mit Künstlerinnen konzipiert und durchgeführt.

---

4 http://www.whitechapel.org.

Atelierbesuch

Der erste Atelierbesuch bei Lottie Child[5], der Künstlerin, deren Projekt ich begleite, wird bereits die erste große Herausforderung für Schülerinnen und Lehrerin. Denn Lottie hat eine weitgehend immaterielle künstlerische Praxis. Sie setzt sich zusammen aus dem Betreiben von Netzwerken, einem Atelierhaus und einer Performancegruppe, aus »reclaim the street«-Aktionen wie zum Beispiel dem Klettern auf Gebäude, deren Besteigung illegalisiert ist und aus eben jenen Bildungsprojekten, wie sie zum Beispiel im Rahmen von »Creative Connections« möglich sind. Die Besucherinnen aus der Schule fühlen sich zuerst frustriert ins Leere laufen, als im Atelierhaus keine Bilder und Skulpturen auf sie warten. Im Laufe der Diskussion schildert Lottie viele Beispiele, aus denen deutlich wird, dass es eine künstlerische Praxis sein kann, in bestehende soziale Kontexte zu intervenieren und darin kleine Verschiebungen vorzunehmen – zum Beispiel Beschränkungen oder Besitzverhältnisse im öffentlichen Raum sichtbar zu machen.

Wie ich aus mehreren Interviews mit Lottie Child erfahren habe, begreift sie das Zusammenspiel ihrer verschiedenen Tätigkeitsfelder – und dazu gehört auch die Bildungsarbeit – als politisch motivierte künstlerische Praxis. Sie hat ein kritisches Verhältnis zum Kunstsystem und analysiert seine Ein- und Ausschlussmechanismen. Die offensive und programmatische Verortung ihrer Produktion in einem Zwischenraum von Kunst und Vermittlung geschieht in Abgrenzung zu diesen offenbaren Zwangsläufigkeiten. Doch auch das Feld der Bildungsarbeit und die damit verbundenen Zurichtungs- und Disziplinierungsverhältnisse werden von ihr reflektiert.

Ausstellungsbesuch

Mit Blick auf den Ausstellungsbesuch problematisiert Lottie die Tatsache, dass die Schülerinnen, mit denen sie die Modelle des Mies van der Rohe in der Galerie betrachten wird, weit von diesen entfernt sind: Die Häuser, in denen sie leben, sind weit weg von Mies' Architektur, die eindeutig für an puristischen Stilformen orientierte Besitzerinnen großer Grundstücke entworfen wurde. Ihr Alltag ereignet sich weit weg von den territorialen und ökonomischen Verhältnissen, die eine solche Architektur erst ermöglichen. Die Räume, aus denen sie kommen, erscheinen weit weg von dem Raumprogramm und dem sozio-historischen Kontext, welche die Galerie, in der die Ausstellung stattfindet, selbst verkörpert. Und, schließlich und endlich, befinden sie

---

5 Informationen zur Arbeit von Lottie Child unter http://www.twenteenthcentury.com.

sich in dieser Situation vermutlich weit weg von ihren persönlichen Interessenlagen – dies ist der Besuch einer Schulklasse, und was hier geschieht, ist Unterricht. Die Künstlerin ist sich auch darüber im Klaren, dass sie bei dem Ausstellungsbesuch neben der Lehrerin die einzige Weiße in der Gruppe sein wird, und dass dies die viktorianische und philanthropische Tradition fortschreibt, in der das Phänomen des Bildens durch Kunst in der Galerie historisch begründet ist.

Im Eingangsbereich der Galerie, der dem Ausstellungsraum vorgelagert ist, erhalten die Schülerinnen ihre Aufkleber. Als Schulklasse müssen sie zwar auch in dieser Ausstellung keinen Eintritt zahlen, doch der Marker ist wichtig, damit das Aufsichtspersonal sie als legitimierte Besucherinnen der Galerie identifizieren kann. Die Schülerinnen werden ermahnt, die Aufkleber gut sichtbar an ihren Schuluniformen anzubringen. Sie leuchten hellgelb auf den schwarzen und blauen Stoffen.

Die Künstlerin hat für den Besuch der Schülerinnen ein Arbeitsblatt entwickelt, auf dem Fragen stehen, die sie beim Durchstreifen der Galerie beantworten sollen. »Benutze deine eigene Wahrnehmung als Anleitung, um etwas über Architektur zu lernen. Beginne mit diesem Raum – der Kunstgalerie« steht als Kopfzeile auf dem Blatt. Die darauf folgenden Fragen funktionieren wie ein Leitfaden, zum einen zum Erschließen des Werkes des Architekten, vor allem aber zur Wahrnehmung und zur kritischen Reflexion des Galerieraumes selbst. Mit Fragen wie »Wie nimmst Du die Atmosphäre wahr, was macht diesen Raum zu dem, was er ist?« werden die Schülerinnen zu einer dichten Beschreibung aufgefordert: Sie sollen die Atmosphäre des Galerieraums, seine architektonischen Details und ihre Selbstwahrnehmung im Raum erfassen. Gleichzeitig bekommen sie von der Künstlerin eine Videokamera überantwortet, um die Architekturmodelle und die Räume der Galerie aus ihrem Blickwinkel aufzunehmen. Das ist ein Privileg, denn eigentlich ist das Filmen und Fotografieren in der Ausstellung verboten.

Da dies eine Unterrichtsstunde ist, beginnen die Schülerinnen mit dem Ausfüllen der Arbeitsblätter. Doch die Geste konzentrierten Gehorsams hält nicht lange an. Die schriftlichen Antworten auf den Fragebögen fallen zunehmend knapper aus. Die Schülerinnen mischen sich unter das Publikum, kichern über sich und andere und scheinen vor allem darauf zu warten, dass der Aufenthalt in der Galerie zu Ende geht. Nur ein Mädchen, das die Kamera bekommen hat, ist inzwischen noch mit der ihm aufgetragenen Tätigkeit beschäftigt. Offenbar ist sie fasziniert von den durch das Objektiv ausgeschnittenen Details der Modelle und vor allem vom Gebrauch des Gerätes selbst. Nach einer Weile merken die anderen ihre Versunkenheit. Eine von ihnen zieht den gelben Aufkleber der Galerie von ihrem Mantel ab und klebt ihn dem Mädchen mit der Kamera in die Haare. Das Mädchen bemerkt ihn nicht, denn seine Haare sind sehr dicht und lang. Der Aufkleber wirkt darin wie ein wertvoller Schmuck. Schnell spricht sich der Streich unter den Schülerinnen herum. Nach und nach reißen alle ihre Aufkleber von den Kleidern und kleben sie heimlich in die Haare. Die Kontrollaufkleber verwandeln sich dabei fortwährend in Konfetti und Goldmünzen und wieder zurück. Irgendwann sieht das Mädchen mit der Kamera vor den Augen ihre lachenden Mitschülerinnen, die sich im Glas eines Bilderrahmens spiegeln. Sie entdeckt die gelben Punkte in ihren Haaren. Doch anstatt sich zu ärgern (wie ich es erwartet hatte), beginnt auch sie zu lachen und dreht sich bewundernd vor dem Spiegel. Sie löst ihren eigenen gelben Aufkleber von der Uniform und fügt ihn den anderen in ihren Haaren hinzu. Die Aufkleber-Verwandlungsaktion wird außer von mir auch von einem fest angestellten Aufseher der Galerie beobachtet. Der sonst grundsätzlich schlecht gelaunt dreinblickende Mann lacht bei dieser Gelegenheit Tränen. In der verbleibenden halben Stunde sind alle Schülerinnen ohne Aufkleber in der Galerie unterwegs. Doch keine von ihnen wird vom Aufsichtspersonal deswegen zurechtgewiesen.

Meine These ist, dass sich die Schülerinnen durch ihre Aktion, die die festgelegten Bewegungs- und Verhaltensweisen im Galerieraums gleichzeitig offen legte und unterlief, in Praxis der Künstlerin, die sie beim Atelierbesuch kennen lernten, einschrieben. Auf ihre Weise kamen sie dem im Arbeitsblatt implizierten Aufruf zu einer kritischen Lesung der Galerie nach. Sie gingen dabei noch einen Schritt weiter, indem sie die Sichtbarkeit des Aktes institutioneller Legitimierung und Kontrolle, dem ihre eigene Anwesenheit unterlag, demontierten, ihrer Interessenlage gemäß umdeuteten (vom Eintrittsaufkleber zum Schabernack an einer Mitschülerin, zum festlichen Haarschmuck, zum Konfetti bzw. zwischen all dem oszillierend) und damit ›durchkamen‹. Natürlich ist es empirisch schwer zu belegen, ob die Praxis der Künstlerin oder die Fragen auf dem Arbeitsblatt die Schülerinnen zu dieser Aktion inspiriert haben. Fest steht, dass sie in einem strenger strukturierten und klarer auf die Reproduktion vorhandenen Wissens abzielenden ›Setting‹ nicht hätte stattfinden können.

Schulworkshops

Lottie hat vor, in den an die Ausstellung anschließenden Workshops mit den Schülerinnen eine Analyse ihres eigenen Schulgebäudes zu unternehmen, ähnlich derer, mit der sie im Galerieraum und angesichts der Modelle von Mies' Häusern vorgegangen waren. Sie träumt davon, als Praxisteil einen Kletterworkshop für die Schülerinnen anzubieten. Doch in der Schulsituation kann diese Ebene der Auseinandersetzung mit Architektur nicht durchgehalten werden. Die – sehr offene und in der Kooperation mit Künstlerinnen erfahrene – Lehrerin interveniert. Das Vorgehen der Künstlerin wird ihr in dem

Moment unheimlich, wo eine kritische Betrachtung des Schulhauses ansteht. Sie argumentiert mit Rahmenplänen und damit, dass das Erlernen von Klettertechniken nicht in den Kunstunterricht gehöre, sie artikuliert die Befürchtung, den Unmut der Schulleitung auf ihre Aktivitäten zu ziehen und damit weitere Projekte in der Zukunft zu erschweren.

Lottie lenkt an dieser Stelle ein, da sie merkt, dass sie – um in der architektonischen Terminologie zu bleiben – gegen eine institutionelle Wand rennt, die nicht zu überwinden ist. Sie erlebt den Konflikt, einerseits Gefahr zu laufen, Schule und Schülerinnen für die Paradigmen ihrer eigenen künstlerischen Praxis zu instrumentalisieren und andererseits (der eigenen und äußeren Erwartung entsprechend) eine Praxis in die Schule hineinzutragen, die sich vom in der Schule üblichen Kunstunterricht unterscheidet. Der Konflikt ist für sie nicht auflösbar. Sie entscheidet sich dafür, die Schulworkshops zur Vermittlung von Gestaltungskompetenzen und zum experimentellen Umgang mit Materialien zu nutzen und die inhaltliche Dimension im dritten Teil von »Creative Connections« – das Auftragswerk, das sie für die Schule entwickeln soll – fortzusetzen.

Die Arbeit, die Lottie in den folgenden Monaten entwickelt, ist ein virtueller Plan der Schule, der auf einem Feldforschungsprozess basiert, den sie in der Schule unternommen hat. Sie schreibt dazu:

»Die Karte zeigt die emotionale Topografie der Central Foundation School, wie ich sie durch meine Interaktionen mit Schülerinnen und Lehrerinnen verstanden habe. Die Darstellung gebraucht die Formensprache einer Wetterkarte, um zu zeigen, wie an verschiedenen Orten unterschiedliche Emotionen manifest sind. In den roten Bereichen ist der Druck intensiver, in den gelben geringer. In den Bereichen mit geringem Druck beschäftigen sich die Schülerinnen mit kreativen Handlungen an den Grenzen dessen, was in der Schule erlaubt ist. Ich habe Fotos gemacht und mit den Schülerinnen darüber gesprochen, wie sie die Orte benutzen. Damit wollte ich den Prozess der persönlichen Aneignung dieser Räume durch die Schülerinnen dokumentieren. Die Schülerinnen haben mir gezeigt, wo sie sich verstecken, welche Treppengeländer sie herunterrutschen, welche Geländer sie überklettern und vieles andere. Ich betrachte diese Handlungen als gültige, noch nicht vorformulierte, schulische Aktivitäten, die das offizielle Curriculum sinnvoll ergänzen.«

Von der Karte existieren zwei Versionen: die offizielle, die jede von Ihnen im Netz aufrufen kann,[6] und eine inoffizielle, die Aktivitäten aufführt, die die Grenze zur Illegalität überschreiten. Während der Herstellung der Arbeit stellte sich heraus, dass die Produktion von Sichtbarkeit der durch die Schülerin-

---

6 http://www.mapbureau.com/usersites/lottie/terrimap.

nen praktizierten »Kunst des Handelns« (de Certeau 1988) eben auch die Möglichkeiten zur Kontrolle dieser Aktivitäten erhöht. Daher bleibt das Wissen um die Inhalte der inoffiziellen Seite den beteiligten Schülerinnen und der Künstlerin vorbehalten.

Zwischen kritischer Praxis und Optimierungsstrategie

In Großbritannien hat die Arbeit von Künstlerinnen in der Kunstvermittlung eine mittlerweile 30-jährige Tradition. Die Produktivität solcher Kooperationen für alle Beteiligten – Lehrende, Lernende und Institutionen – wurden vor allem von »New Labour« erkannt: Bildungsarbeit – »Education« – ist gegenwärtig das wichtigste Förderkriterium im künstlerischen Feld Großbritanniens. Künstlerinnen sind aus dieser Perspektive Expertinnen für »Creative Learning« – für die Vermittlung sozialer Kompetenzen, kritischer Reflexivität, verknüpfenden Denkens und Handelns und kreativer Problemlösungsstrategien.[7] Seit 1997 ist so ein gut vernetztes Arbeitsfeld für Künstlerinnen entstanden,[8] das mehr und mehr an Professionalisierung und Reputation gewinnt. In diesem Feld gibt es einen grundsätzlichen Konsens über die Sinnfälligkeit des Einsatzes von Künstlerinnen in der Vermittlung. Gleichzeitig wird eine Kontroverse darüber geführt, inwieweit die spezifischen Qualitäten der Künstlerinnen in einem neoliberalen, deregulierten Wirtschaftssystem als Optimierungsstrategie instrumentalisierbar sind.[9] Denn von Seiten der Regierung entsteht ein zunehmender Druck zur Evaluation und Zertifizierung der Wirksamkeit und Nützlichkeit von künstlerischen Bildungsprojekten. Doch die notwendige Standardisierung solcher Bewertungsverfahren – wie differenziert und qualitativ sie auch sein mögen – steht tendenziell im Gegensatz zur Singularität, die gerade die Qualität dieser Projekte ausmacht. Zurzeit fließen daher viele Mittel in die Begleitforschung des Arbeitsfeldes, um neue Weisen der Beschreibung und Bewertung dieser Arbeit zu entwickeln. An der Forschungsarbeit sind Künstlerinnen und bei den besseren Beispielen auch die anderen Akteurinnen der Vermittlungssituation beteiligt.

Der Widerspruch, der in der Absicht liegt, künstlerische Prozesse einem Controlling zu unterziehen, wird auch in Deutschland in Zukunft virulent werden – zumindest für den Fall, dass das Arbeitsfeld hierzulande politisch gewollt wäre und wachsen würde. Denn es scheint, dass hier die Legitimation von Kulturvermittlung schon an die Zertifizierung von darin erworbenen

---

7   Eine Studie zu den spezifischen Potentialen von Künstlerinnen in edukativen Settings bietet Pringle 2000.
8   Vergleiche die Arbeit des Netzwerk »Engage« unter www.engage.org.
9   Siehe hierzu auch Mörsch 2003.

»Schlüsselkompetenzen« geknüpft wird, noch bevor es überhaupt ein mit Großbritannien vergleichbar etabliertes Praxisfeld gibt. Dies birgt die Gefahr der Deduktion, die auch in Großbritannien im Raum steht: Statt sich die Arbeit der Künstlerinnen in der Vermittlung anzusehen und von da aus zu schließen, wo die Chancen und Risiken liegen, wird über Zuschreibungen ein Legitimations- und Optimierungsinstrumentarium hergestellt, dem die Künstlerinnen dann zu entsprechen haben.

Ich habe das Projekt von Lottie Child in der *Whitechapel Art Gallery* zur Beschreibung ausgewählt, weil es mir in Bezug auf die Dynamisierungsprozesse, die durch Künstlerinnen in der Bildungsarbeit ausgelöst werden können, beispielhaft erscheint und gleichzeitig auch den Konflikt dieser Arbeit aufzeigt. Es wäre schwierig, den Schülerinnen im Anschluss an ihre Aktion in der Galerie die dabei erworbenen Kompetenzen zu zertifizieren.[10] Die Beschränkung auf die Beschreibung ihrer »evidenten« Lerngewinne bedeutete eine Komplexitätsreduktion, die im Rückschluss wiederum die Frage nach der Spezifizität von künstlerischen Strategien im Bildungs-Setting evozieren würde. In der Zukunft sollte es daher darum gehen, sowohl den Einsatz von als auch die Forschung zu Künstlerinnen in der Kulturvermittlung zu fördern, um zu angemessenen Methoden der Begleitung und Beschreibung der von ihnen ausgelösten Prozesse und Effekte zu gelangen.

Literatur

de Certeau, Michel (1988): *Kunst des Handelns*, Berlin.
Mörsch, Carmen (2003): »Socially Engaged Economies: Leben von und mit künstlerischen Beteiligungsprojekten und Kunstvermittlung in England«. In: *Kurswechsel, Zeitschrift für gesellschafts-, wirtschafts- und umweltpolitische Alternativen* 4 (gekürzte Fassung in *Texte zur Kunst* 53, 2004).
Pringle, Emily (2000): *We did stir things up. The role of the artist in sites for learning*. In: URL: http://www.artscouncil.org.uk/information/publication_detail.php?rid=0&browse=recent&id=241.

---

10 Um keinen verzerrten Eindruck von diesem Kunstvermittlungsprojekt entstehen zu lassen, soll zusätzlich erwähnt werden, dass die Schülerinnen bei dem Galeriebesuch auch viel über Arbeit und Person des Architekten Mies van der Rohe lernten.

Carmen Mörsch, Kunststudium an der *GH Kassel* und der *Facultad de Bellas Artes,* Universidad de Salamanca, Spanien. Postgraduiertenstudium der Kunstvermittlung und Kulturarbeit am Institut für »Kunst im Kontext« der *UdK Berlin.* Seit 1993 Kunstprojekte im In- und Ausland; seit 1994 Projekte in der schulischen und außerschulischen Kulturellen Bildung. Neben Lehraufträgen an der UdK Berlin seit 1998 Konzeption und Begleitforschung internationaler partizipatorischer Kunstprojekte, u.a. »KONTEXT/KUNST/VERMITTLUNG« (2000/2001) und »KunstKur« (1999-2002). 2000-2002 Stipendium der Heinrich-Böll-Stiftung für das Dissertationsprojekt »Arbeiten im Zwischenraum: KünstlerInnen in der Kunstvermittlung«. Seit November 2003 Juniorprofessur an der *Carl von Ossietzky-Universität Oldenburg.* Forschungsschwerpunkte: Künstler/-innen in der Bildungsarbeit; Kunstvermittlung; angelsächsische Modelle künstlerisch-edukativer Settings; Partizipation in der Kunst; Interdependenz von Kulturwissenschaft und Didaktik; Didaktik materieller Kultur unter der Perspektive der Transkulturalität und Geschlechterdifferenz; Medienpädagogik.

→ Neue Medien als Herausforderung für die Kulturvermittlung. Der Modellversuch »sense & cyber«
Burkhard Sievers

»Es geht nicht darum, ob die Kunst-Pädagogik nun die Neuen Medien in den Unterricht holen will oder holen kann. Andersherum. Die neuen Medien sind schon drin [...]. Und die Kunstpädagogik wurde überhaupt nicht gefragt«, schreibt Torsten Meyer von der Universität Hamburg, der für den *Landesverband der Kunstschulen Niedersachsen* das medienpädagogische Modellprojekt »sense & cyber« begleitet hat, in Bezug auf die Kunstpädagogik (Meyer 2004: 281).

Genau so ging es mir, als ich vor einigen Jahren die Leitung der Kunstschule in Meppen übernahm und das Projekt »sense & cyber« gerade beginnen sollte.

Die neuen Medien schienen eher eine Herausforderung als eine Chance zu sein, der man sich stellen muss, weil sie schon im Raum steht. Tatsache ist, dass die Neuen Medien nicht nur in unserer Alltags- und Arbeitswelt, sondern auch in Kunst und Kultur rasend schnell Einzug gehalten haben. Sie verändern dabei nicht nur die Erscheinungsformen von Kunst und Kultur, sondern auch unsere Wahrnehmungsgewohnheiten und die der Rezipienten von kulturellen Angeboten.

Zwei herausfordernde Fragen stellen sich daher demjenigen, der in der Kulturvermittlung oder Kulturpädagogik tätig ist und mit den Neuen Medien zu tun hat:

1. Wie schaffe ich die Voraussetzung beim Rezipienten für einen kompetenten Umgang mit den Neuen Medien? (Diese betrifft eher die kulturelle Bildung.)
2. Wie gestalte ich die Medien so, dass ich aus ihnen einen größtmöglichen Nutzen für die Vermittlung meiner Inhalte ziehe? (Diese bezieht sich primär auf Vermittlungsbereiche wie die Museumspädagogik.)

Nun kann man diese Fragen sicherlich nicht pauschal beantworten, denn die Anwendungsbereiche und Erscheinungsformen der Neuen Medien sind vielfältig. Doch sollten sie uns im Hinterkopf präsent sein, wenn wir mit den Neuen Medien arbeiten. Denn viel zu häufig verfehlt das eingesetzte Medium die anvisierte Zielgruppe oder der Medieneinsatz wird zur reinen Effekthascherei, statt der Vermittlung von Inhalten zu dienen.

Digitale Medien ermöglichen die virtuelle Rekonstruktion zerstörter Gebäude und Welten, die Gestaltung und Erkundung digitaler Datenräume, die Integration entfernter oder digitaler Räume in Museen und Ausstellungen und die Entwicklung neuer spielerischer, interaktiver und kommunikativer Vermittlungsstrategien.[1]

Ein entscheidender Aspekt der Neuen Medien ist ihre Vernetzung. Diese bietet vor allem Möglichkeiten für das Marketing von Kultureinrichtungen. So publiziert mittlerweile auch die kleinste Kultureinrichtung ihr Programm auf der eigenen Homepage.

Ein Beispiel für die Möglichkeit der Vernetzung und Verzahnung mit dem Ziel von Anschaulichkeit und Marketing ist das Projekt »Damals in der DDR«. Als Kooperation von mehreren Fernsehsendern mit dem »Zeitgeschichtlichen Forum« im *Haus der Geschichte*, Leipzig, entstand eine Ausstellung, eine vierteilige TV-Dokumentation, eine DVD-Edition, Begleitbuch und ein Hörbuch zur Serie und ein begleitendes interaktives Internetprojekt »www.damals-in-der-ddr.de«.

Ein weiterer bedeutsamer Aspekt ist die Interaktion. Bei CD-Roms und Computerterminals in Museen bietet sich die Möglichkeit, die Wiedergabe von Inhalten für den Betrachter beeinflussbar zu machen. Er wird zum aktiven Handeln aufgefordert, kann sich die für ihn relevanten Informationen aussuchen und an bestimmten Punkten tiefer in die Materie eintauchen. Für die Kulturvermittlung muss sich hier die Frage stellen, wie Informationen strukturiert und visualisiert werden müssen, um sie verständlich und nachvollziehbar zu machen. Eine Strategie ist die Entwicklung spielerischer Vermittlungsstrategien.

Sowohl bei der Nutzung des Vernetzungsaspektes als auch bei der Entwicklung interaktiver Elemente scheinen die Museen die Führungsposition unter den Kultur vermittelnden Einrichtungen übernommen zu haben.

Ein Beispiel ist die *Kunsthalle Schirn* in Frankfurt. Hier gibt es für die Ausstellung »Yves Klein« komplette Unterrichtseinheiten für Lehrer, Informationsmaterialien für den Ausstellungsbesuch und auch das Spiel zur Ausstellung zum Download von der Website.

Durch die *Neue Gemäldegalerie Berlin* kann man wie durch zahlreiche andere Museen einen virtuellen Rundgang machen. Leider lässt sich aufgrund der geringen Auflösung der Bilddateien häufig nicht viel von den Exponaten erkennen, so dass die Internetseite bestenfalls zum tatsächlichen Besuch des Hauses anregt.

Das *Fraunhofer Institut für Software- und Systemtechnik*, das *Deutsche Historische Museum* in Berlin und das *Haus der Geschichte der Bundesrepublik Deutschland* in Bonn präsentieren unter der Bezeichnung »LeMO« (Le-

---

[1] Zschocke, Nina/Blome, Gabriele/Fleischmann, Monika: »Cultural Heritage. Kulturvermittlung mit digitalen Medien«. In: *netzspannung.org*, in: URL: http://netzspannung.org/media-art/cultural-heritage. Letzte Aktualisierung: 30.08.2004.

bendiges virtuelles Museum Online) gemeinsam im Internet deutsche Geschichte vom 20. Jahrhundert bis zur Gegenwart: Bei der virtuellen Zeitreise werden 3D-Animationen sowie Film- und Tondokumente mit den musealen Objektbeständen und Informationstexten (HTML) verknüpft und vermitteln so ein umfassendes Bild von Geschichte.

Dieses Projekt scheint mir eines der vorbildlichsten zu sein. Durch die hypertextuelle Struktur nutzt es die Möglichkeiten des Mediums aus und verbindet dabei multimedial Texte, Fotos, Tondokumente und Filme und macht so die Archive der Museen zugänglich.

Ein weiterer breiter Anwendungsbereich in der Kulturvermittlung mit neuen Medien wird als »Cultural Heritage« bezeichnet. Hier geht es um die digitale Speicherung, Archivierung und Rekonstruktion von Kulturgütern. So werden beispielsweise historische Gebäude vermessen, um sie virtuell zu animieren, und sie auf diese Weise der (Nach-)Welt zugänglich zu machen. Oder aber zerstörte Gebäude werden mittels Computertechnik rekonstruiert, um etwa einen virtuellen Rundgang zu ermöglichen oder das Gebäude neu zu errichten.

Die Ausstellung »The mysterious bog people« im *Drents Museum Assen* (NL) über das Leben unserer Vorfahren im Moor ließ gar eine als »Roter Franz« bekannt gewordene Moorleiche mittels Computertechnik auferstehen.[2]

Bei der Bewahrung kulturellen Erbes mit Neuen Medien ist jedoch vor allem der Erhalt der Medien selbst ein Thema. Der Archivierungsexperte Jeff Rothenberg beschreibt den Verfall, der durch die rapide technische Entwicklung bedingt ist, in Fünfjahreszyklen und stellt fest: »Digital information lasts forever – or five years, whichever comes first«.[3]

Wiederum zu einem ganz anderen Bereich der Medien in der Kulturvermittlung kommen wir, wenn wir über die kulturelle Bildung mit Medien sprechen. Hier werden die Medien selbst und der Umgang mit ihnen zum Thema und zum Gegenstand der Vermittlung.

Ein Beispiel dafür ist das Modellprojekt »sense & cyber«, in dem der Einsatz der neuen Medien in der Kunstschulpraxis erprobt wurde. Inwieweit ästhetische Kompetenz und Medienkompetenz ein Gegensatzpaar oder ein Bedingungspaar sind und wie Kunst zu Qualifikationen in diesen Bereichen führen kann, waren Kernfragen des Projektes, an dem sich vier niedersächsische Kunstschulen mit sehr unterschiedlichen Ansätzen beteiligten.

Schon der Begriff »sense & cyber« implizierte die Dialektik zwischen Al-

---

2 Vgl. *www.bogpeople.org*.
3 Jeff Rothenberg, Senior Researcher, RAND Corporation, Santa Monica, CA, http://aic.stanford.edu/meetings/archives/2000/rothenberg.html.

ten und Neuen Medien, materieller Sinnlichkeit und Virtualität, analog und digital – »Sinnenreich und Cyberspace«, wie Wolfgang Zacharias es formuliert hat (Zacharias 2000: 50ff.).

Für »sense & cyber« in Meppen waren beide zu Beginn des Beitrags gestellten Fragen relevant. Auf der einen Seite sollten durch die künstlerische Arbeit mit den Medien die Medienkompetenz der Schüler in praktischer Handhabung, Erweiterung des Ausdruckspotenzials und Beurteilung medialer Inhalte gefördert werden, auf der anderen Seite stellte sich den Kunstschulmitarbeitern die Frage, wie sich komplexe Thematiken und Techniken auf Grund- und Vorschulniveau herunter brechen lassen.

Die Meppener Kunstschule widmete sich inhaltlich vor allem der Entstehung von Abstraktion. Innerhalb der Projektteile wurde ein vergleichendes Nebeneinander einer möglichst großen Vielfalt klassischer und neuer, analoger und digitaler Medien angestrebt. Dabei galt es zu untersuchen, inwieweit ästhetische und mediale Kompetenzen für den Umgang mit den neuen Medien förderlich sein können, welche Wechselwirkungen entstehen und welche Erweiterungen des Ausdruckspotentials durch die neuen Medien erschlossen werden können.

Meppen nahm unter den beteiligten Kunstschulen in Bezug auf zwei Merkmale eine besondere Rolle innerhalb des Modellprojekts ein. Zum einen arbeitet die Kunstschule hauptsächlich mit Kindern aus dem Grund- und Vorschulbereich, während sich die übrigen Kunstschulen eher auf die Arbeit mit Jugendlichen konzentrierten. Zum anderen wurde in Meppen der Versuch unternommen, das vorhandene Lehrpersonal in der Anwendung der neuen Medien zu schulen, statt mit Fachleuten aus dem Medienbereich zu arbeiten.

Seit der Beteiligung der Kunstschule im Meppener Kunstkreis am Modellprojekt »Ästhetisches Lernen« orientiert sich die Kunstschule in Theorie und Praxis an der »Reggiopädagogik«, die das experimentelle, prozessorientierte und ganzheitliche Arbeiten postuliert (vgl. Dreier 1993: 88ff.). In der »Reggiopädagogik« wird versucht, alle Ausdrucksformen von Kindern miteinander zu verbinden. Das Gestalten am Computer als Neuem Medium sollte dementsprechend als ein Experimentierfeld in das Repertoire der bereits zur Verfügung stehenden klassischen Medien aufgenommen werden.

Kinder sammeln Informationen mit allen Sinnen, und nur durch diese explorative Tätigkeit entwickeln sie innere Vorstellungen und Bilder von der Welt, die sie auf diese Art und Weise begreifen. Unter der Bezeichnung »sensomotorische Entwicklung« hat Jean Piaget die enge Verknüpfung von Wahrnehmung und Exploration hervorgehoben.

Erst der ästhetische Gestaltungsprozess – auch im Rahmen einer handlungsorientierten Medienarbeit – führt dazu, hinter die Erscheinung der Dinge zu schauen, zum Wesen der Dinge vorzudringen (vgl. Gerlach 1995).

Der Philosoph Wolfgang Welsch hat in seinen Aufsätzen wiederholt darauf hingewiesen, dass Bilder und Töne nicht nur die ästhetische Wahrnehmung stärken und schulen, sondern dass es ebenso bedeutsam sei, die mit dem Übermaß an Bildwelten einhergehende Bilderflut zu thematisieren, da ein Verlust, eine Verringerung oder gar Unmöglichkeit von Sensibilität nicht auszuschließen sei. Der von Welsch befürchteten ›Anästhetik‹, der Empfindungslosigkeit, lässt sich durch handlungsorientierte Medienarbeit ebenso begegnen wie durch das Wechseln des Mediums.

In der Meppener Kunstschularbeit steht die Arbeit mit den neuen Medien neben der mit den alten. Um Anschluss an Inhalte laufender Kurse herzustellen, wurden häufig analoge Schülerarbeiten digital fotografiert und auf den Computer exportiert, um dort digital weiterverarbeitet zu werden. Dabei stand der Vergleich zwischen klassischem Gestalten anhand analoger Medien und den Möglichkeiten der Gestaltung am Computer im Mittelpunkt reflektierender Gespräche mit den Kindern.

Ein Beispiel für das analog-digitale ›Crossover‹ ist das Vorgehen in einem Kurs, der sich aufbauend auf surrealistische Verfahren der Verfremdung und Transformation von Gegenständen widmete. Schülerinnen des dritten bis fünften Schuljahres wählten zunächst die Methode des Verpackens eines Gegenstandes, wie hier ein Bügeleisen, den sie danach mit verschiedenen Materialien wie Farbe, Draht, Stoff, Wolle und Abfallmaterialien zu einem neuen Objekt gestalteten. So entstand aus dem Bügeleisen zunächst eine Maus. Anschließend wurde das Objekt mittels einer Digitalkamera fotografiert und die digitale Reproduktion am Computer weiter verfremdet. Mit einer Bildbearbeitungssoftware wurde collagiert, verzerrt und bemalt. In einem reflektierenden Gespräch verglichen die Schüler zwischen den jeweiligen analogen und digitalen Verfahren sowie den daraus entstandenen Ergebnissen.

Was wir mit diesem Verfahren versucht haben zu erzielen ist, für die relevante Zielgruppe eine Möglichkeit für einen kreativen Umgang mit Medien zu schaffen, die Medien und die Medialität verständlicher zu machen und dabei eine möglichst enge Anbindung an Inhalte und Lehrmethoden für Lehrende und Lernende der Kunstschule herzustellen.

Die Medien, die wir noch als ›neue Medien‹ bezeichnen, sind für einen Großteil gerade der jüngeren Gesellschaft eigentlich schon wieder alt oder zumindest selbstverständlich. Es darf jedoch nicht unberücksichtigt bleiben, dass hier eine Teilung der Gesellschaft im Vollzug ist – in diejenigen, die in der Lage sind, mit Medien kompetent umzugehen, aus der Informationsflut qualitativ zu selektieren, und die anderen, die sich berieseln lassen, desensibilisiert werden für Bilder und Texte – oder technisch schlicht und ergreifend nicht in der Lage sind, die Medien zu bedienen.

Die daraus resultierenden Aufgaben für die Kulturvermittlung heißen Anwenderfreundlichkeit in der Vermittlung kultureller Inhalte und möglichst früh ansetzende Qualifikation zum kreativen Anwender.

Wir können heute die neuen Medien nicht mehr wegreden, sondern wir müssen uns der Herausforderung stellen und die vielfältigen Möglichkeiten, die sich aus ihnen ergeben nutzen und diese kreativen Möglichkeiten auch in der kulturellen Bildung vermitteln. Meine Erfahrungen mit dem Modellprojekt haben auch gezeigt: Es entstehen neue Impulse, neue Erfahrungen auch für die Mitarbeiter in den Einrichtungen und so sind die neuen Medien vielleicht doch eine Chance zur Weiterentwicklung und zum Blick über den Tellerrand.

Literatur

Dreier, Annette (1993): *Was tut der Wind, wenn er nicht weht? Begegnung mit der Kleinkindpädagogik in Reggio Emilia*, Berlin.
Gerlach, Franz (1995): »Ästhetische Handlungsfelder in der Medienarbeit mit Kindern«. In: Dieter Baacke/Franz-Josef Röll (Hg.): *Weltbilder, Wahrnehmung, Wirklichkeiten. Bildung als ästhetischer Lernprozeß*. Opladen.
Meyer, Torsten (2004): »Bilden im Neuen Medium: mit Kunst«. In: Landesverband der Kunstschulen (Hg.): *Bilden mit Kunst*, Bielefeld: S. 281.
Zacharias, Wolfgang (Hg.) (2000): *Interaktiv. Medienökologie zwischen Sinnenreich und Cyberspace*, München.

Burkhard Sievers, geboren 1971; Lehramt- und Kulturpädagogikstudium an der Universität Hildesheim. Nach Tätigkeiten in den Bereichen Museumspädagogik, Veranstaltungsmanagement und Ausstellungskonzeption zunächst Mitarbeiter im Bereich Veranstaltungslogistik der »Expo 2000«. Anschließend Aufbau des Jugend- und Kulturgästehauses Koppelschleuse Meppen für das Deutsche Jugendherbergswerk. Planung und Realisierung von Kunstschul-Projektbeiträgen im Rahmen des niedersächsischen Modellprojektes »sense&cyber«.
Seit Dezember 2001 Leitung der Kunstschule im Meppener Kunstkreis e.V. und Koordination der Zusammenarbeit von Meppener Kunstkreis, Ausstellungszentrum für die Archäologie des Emslandes, Stadt Meppen, Jugend- und Kulturgästehaus und Stichtig van Gogh & Drenthe im Kulturnetzwerk Koppelschleuse Meppen.
Stellvertretender Vorsitzender des Landesverbandes der Kunstschulen Niedersachsen.

→ Kulturpädagogische Projektarbeit und Schule am Beispiel von AKKI Düsseldorf
Christoph Honig

AKKI gründete sich 1982 als ein gemeinnütziger Zusammenschluss junger Kunsterzieher, die in anderer Weise mit Kindern Kultur machen wollten, als dies in den restriktiven Schulformen möglich ist. AKKI (Aktion und Kultur mit Kindern) verfügt inzwischen über ein eigenes Gelände inmitten des Düsseldorfer Volksparks mit künstlerischen Werkstätten, einem professionellen Videostudio, einer flexiblen Veranstaltungshalle für Mitmachausstellungen, Theater und Showprogramme, einem Kinder-Skulpturengarten.

Bekannt wurde AKKI vor allem durch seine Ferienaktionen unter dem Titel »Düsseldörfchen«, in denen bis zu 300 Kinder eine Woche lang ihre eigene Stadt errichten und bespielen. Darüber hinaus macht AKKI überregional auf sich aufmerksam mit interaktiven Mitmachausstellungen zu verschiedensten Themen, die zunächst von und für AKKI Düsseldorf gemacht werden und danach deutschlandweit auf Tournee gehen. Seit kurzem kooperiert AKKI mit zwei Grundschulen.

Was macht AKKI an der Schule?

Die nunmehr eineinhalbjährige konstruktive und erfolgreiche Zusammenarbeit mit zwei Duisburger Grundschulen im Rahmen der offenen Ganztagsschule gibt Anlass, eine kleine Zwischenbilanz zu ziehen und Fragen zu stellen, die grundsätzlicher Natur sind. Kann AKKI in der Schule die typischen Qualitäten kulturpädagogischer Projekte realisieren? Kann eine außerschulische Kultureinrichtung Ziele und Intentionen innerhalb von Schule und offenem Ganztag auf der operationalen Ebene tatsächlich erreichen?

Der Kontrast könnte nicht größer sein

Auf der einen Seite gibt es Methoden und Ziele, die für kulturpädagogische Projekte typisch sind: Es werden themenzentrierte, zeitlich begrenzte Lernräume geschaffen, die Einblicke in den Zusammenhang von Ursache und Wirkung eigener Entscheidungen, Könnerschaften und inhaltlicher Kausalitäten bieten. Die kulturpädagogisch inszenierten Lernräume bieten Gelegenheiten, mit allen Sinnen Sinn zu konstruieren, individuelle Fiktionen mit Fakten abzugleichen, durch Erfahrungslernen Erkenntnisse zu gewinnen. Das pädagogische Personal, mitspielend, Impuls gebend, organisierend und persönlich engagiert, ist Teil der gesamten Inszenierung, Teil des kulturpädagogischen *Settings*.

Kulturelle Bildung braucht die freiwillige Teilnahme, braucht ein eigenes

Interesse, individuelle Motive, ohne die Lernprozesse in Eigenverantwortung nicht denkbar sind. Schließlich sind Kinder bekanntlich die Akteure ihrer eigenen Entwicklung und Bildung. Kulturpädagogische Projekte haben das Ziel, multidimensionale und komplexe Gelegenheiten für diese Selbstbildung zu schaffen, angereichert mit Material, Personal und verfügbaren Ressourcen, die für die Konkretisierung des Themas hilfreich sind. Kulturpädagogische Lernräume sind komplexe, inhaltlich vernetzte Lernmilieus, die dynamische, nicht planbare Abläufe und Lernprozesse initiieren.

Sie handeln von Kunst aller Arten, von Hochkultur, kulturellen Medien und Alltagskultur, von Lebenswelten, von Alltagserfahrungen, Kulturtechniken und kulturellen Kompetenzen und nutzen dafür die Komplexität informeller Bildungsprozesse.

Auf der anderen Seite steht die Schule und sie ist in erster Linie anders.

Als Rechtsraum mit Schulpflicht und dem Recht auf Bildung findet der Schulbesuch nicht freiwillig statt. Formalisierte Bildung bestimmt die Lernformen, -methoden und -inhalte. Fremdgesetzte Zeiten, Themen, Räume, Regelwerke und Personen kennzeichnen den Schulalltag aller Schüler. Ursprünglich vernetzte Inhalte werden zugunsten einer Schulfach-Systematik isoliert, elementarisiert, didaktisiert und der selbst erlebbaren Wirklichkeit als Modell entgegengestellt. Lernen findet vorwiegend als kognitiver Erkenntnisprozess statt, abstrahiert vom Kontext, vom Verwendungszweck und unmittelbarem Nutzen. Da Schule für alle gleich ist und Vergleichbarkeit anstrebt, kann sie ihre Selektionsaufgabe wahrnehmen und alles klassifizieren und zertifizieren: Leistung, Kompetenz und Persönlichkeit.

Was macht also AKKI an der Schule?

Im dreigliedrigen Schultag des offenen Ganztags – vormittags Schule, mittags Mittagessen und Hausaufgabenzeit, nachmittags Kultur und Bewegungsangebote – übernehmen wir die nachmittäglichen Bildungs- und Betreuungsarbeit: montags bis donnerstags, jeweils von 14 bis 16 Uhr, das ganze Schuljahr hindurch als verlässlicher Partner zweier Grundschulen in Duisburg.

Um unsere Stärken und Qualitäten auf schulische Verhältnisse übertragen zu können, stellen wir das Schuljahr unter ein Leitthema, entwickeln künstlerische Workshops dazu, in denen die unterschiedlichen Aspekte des Themas erarbeitet werden können. Wir etablieren intensive künstlerische und alltagskulturelle Kleinprojekte, die in einer Werkschau vor Publikum enden und am Schuljahresende eine bilanzierende Rückschau ermöglichen. Sie wechseln sich ab mit offenen Werkstätten, in denen thematisch ungebundene Spiele und offene Gestaltungsanlässe das Angebot bestimmen.

Unser Programm wird umgesetzt in eigens bereitgestellten Räumen: Eine

Werkstatt, ein Bewegungsraum, ein Spielraum und bei Bedarf und Wetterlage zusätzlich die Turnhalle oder der Schulhof. Die Räume erinnern inzwischen nicht mehr an Schule: Tafeln wurden abgebaut, Schulmöbel rausgeräumt. Der Bewegungsraum erhielt einen Vorhang, einen Wand füllenden Spiegel und Bühnenelemente für die Theaterarbeit. Die Werkstatt bekam ein großes offenes Materialregal, Werkbänke und eine Lagerstelle für Werkzeuge und sieht inzwischen aus wie ein kleines Atelier.

Auf zehn Kinder kommt ein Kulturpädagoge. Das Betreuungsverhältnis von 1 zu 10 gilt für beide Schulen mit jeweils 30 oder 50 und im zweiten Jahr mit 50 und 70 Kindern. Jede Schule hat eine Standortbetreuerin, die Kontakt zu Schule und AKKI hält, das kulturpädagogische Angebot vor Ort im Detail plant und koordiniert und die zahlreiche Kommunikationsanlässe, Konferenzen und Teamsitzungen offensiv nutzt und gestaltet: AKKI ist fest eingebunden in die Schule und schulische Abläufe.

AKKI experimentiert

Im ersten Jahr realisieren wir mit den Schülern und den beiden Schulen gemeinsam eine Schul-Revue. In vier intensiven Workshop-Phasen paaren wir bewegungsorientierte Kunstsparten, (Tanz, Akrobatik, Theater u.a.), mit eher handwerklichen Gestaltungsaufgaben (Bühnenbild, Requisite, Kostüme u.a.). Für die Mitwirkung in den gleichzeitig angebotenen Arbeitsgruppen entscheiden sich die Kinder täglich neu. Sie haben Zeit, ihre Interessen und Fähigkeiten herauszufinden. Die Arbeitsgruppen einer Workshop-Phase teilen sich die Aufgaben. Die Tanzgruppe bestellt oder näht Kostüme in der Kostümwerkstatt, die Musiker lassen Instrumente bauen während der Requisitenwerkstatt, und die Theatergruppe malt ihre eigene Kulisse, wenn der Bühnenbildner seinen Workshop anbietet. In der zweiten Jahreshälfte werden die bisher erarbeiteten Bühnenbeiträge, Requisiten und Ausstattungen weiter ausgestaltet, konkretisiert, verfeinert. Während der Generalproben-Woche auf der großen Profi-Bühne der Stadthalle erhalten die einzelnen Beiträge ihren letzten Schliff. Das Jahresthema und Projektziel durchzieht alle Workshops und Probenarbeiten wie ein roter Faden und löst sich ein in einer zweistündigen Bühnenschau, die vor begeistertem Publikum präsentiert wird.

Zweites Experiment

Im zweiten Jahr heißt das Schwerpunktthema »Stadtteil«. Für die Durchführung können wieder zahlreiche Künstler und Künstlerinnen gewonnen werden, die sich in den fünf künstlerischen Workshop-Phasen dem Thema mit eigenen Sichtweisen und Ideen interdisziplinär und kooperativ nähern. Der Workshop wird zum in sich geschlossenen Mini-Projekt. Im Gegensatz zum ersten Jahr wird es in diesem Jahr kein großes abschließendes Finale geben, auf das alle Workshops hinarbeiten. Jeder Workshop ist eine Kooperation der beteiligten Künstler/-innen mit den Kindern. Gemeinsam realisieren sie eine Projektidee, die mit dem Stadtteil im engen oder weiteren Sinn zusammenhängt. So entsteht durch das Schuljahr führend eine kleine Reihe von Miniprojekten, die sich dem Thema aus ganz unterschiedlichen Richtungen nähert. Es entstehen Skulpturen auf dem Schulweg, Zirkusaufführungen für den benachbarten Kindergarten oder kleine Theaterstücke, die im Stadtteil gezeigt werden können. Exkursionen, Gäste und Untersuchungen der schulischen Nachbarschaft runden das Projekt ab. AKKI bemüht sich zunehmend um die Einbeziehung der konkreten Lebensumwelt der Kinder im Stadtteil, betreibt die Öffnung von Schule hin zum Stadtteil und zur Stadt.

AKKI macht neue Erfahrungen

So gut die Ergebnisse auch sind und so erfolgreich die bisherige Zusammenarbeit mit den beiden Grundschule in Duisburg verläuft: Die Arbeit von AKKI in diesen beiden Schulen ist nicht vergleichbar mit der sonstigen AKKI-Arbeit: Wir arbeiten kontinuierlich Tag für Tag, eingebunden in Schule als verlässlicher Partner in der Begleitung von Kindern, die zwar mit wachsendem Interesse teilnehmen, aber leider nicht freiwillig. Da fällt es schwer, neben den notwendigen Organisationsritualen spannende Akzente zu inszenieren, Highlights zu setzen und durch Außergewöhnlichkeiten Aufmerksamkeit zu wecken.

Wir arbeiten in einem Zeitfenster von täglich zwei Stunden, am Ende eines langen Schülertages. Da ist wenig Zeit, um intensiv ins Thema einzusteigen und länger daran zu arbeiten. Und oft steht den Kindern zurecht der Sinn nach Spielen, Toben und Tun, was sie wollen, im pädagogenfreien Raum.

Und wir arbeiten in Räumen, die wir zwar zur primären Nutzung zur Verfügung haben, die jedoch Teil der Schule, Teil des Rechtsraumes und Teil des ›Konzepts Schule‹ sind. Als könnte es nichts Richtiges im Falschen Ganzen geben, so lassen sich auch die Räume nicht dem Sog der Schule entziehen und in ihrer Wirkung gänzlich umdrehen. Als neuartige Werk- und Bewegungsstätten werden sie, aus der Sicht der Schüler, einverleibt vom ›Apparat Schule‹, der sich mitunter bleiern auf die Schultern und den Verstand legt.

Und mit dieser durch Regelhaftigkeit geprägten Raum-, Zeit- und Organisationsstruktur ändert sich auch – schleichend – die Rolle des Kulturpädagogen, der Betreuer/-innen und Künstler/-innen. Neben ihrer Fähigkeit, ein künstlerisches Thema spielerisch und für Kinder erreichbar umzusetzen und mit viel Organisationsgeschick, Einfühlungsvermögen, kultureller Kompetenz und persönlicher Glaubwürdigkeit voranzutreiben, Ideen zu vernetzen und Potenziale zu eröffnen wird es im Tagesgeschäft immer notwendiger, Grundwerte sozialen Miteinanders zu vermitteln, Schuhe zu schnüren, Disziplinierungsmaßnahmen zu erfinden, individuelle Entwicklungsdefizite zu bearbeiten, Eltern- und Lehrergespräche zu führen und die Materialausgabe zu rationieren. Während sich der Kulturpädagoge durch den Alltag wandelt zum Sozialpädagogen, zum Erzieher oder zum Kunstlehrer, macht er sich unbeabsichtigt kompatibel zu Raum, Zeit und Regelhaftigkeit der ›Anstalt Schule‹. Er verliert sein kulturelles Anliegen aus dem Blick und mit den ursprünglichen Zielen auch den ›Möglichkeitssinn‹.

Es ist schwer, in der Schule nicht zur Schule zu werden, nicht eine Pädagogik zu praktizieren, die im ›Top-Down‹-Verfahren Inhalte vermittelt und sich selber zu Vorsteher eines Mangel-Raumes macht: Mangel an Sinn, Anschaulichkeit, Überprüfbarkeit, Verfügbarkeit, Mitsprache, Eigenverantwortung, Mangel an Raum, Zeit, Material, Ideen, Lebendigkeit und Utopie. Bleiben wir bei der Utopie. Was müsste sich ändern, wenn die Qualitäten kulturpädagogischer Projektarbeit verlustfrei in Schule übertragen werden sollen?

Die Räume müssen sich ändern

Sie müssen mit dem Thema, mit den Inhalten zu tun haben und wandelbar sein für Inszenierungen. Sie sollen Einmischungen und Veränderungen ermöglichen. Sie müssen gestaltbar sein und Spuren tragen vom Umgang mit Kunst und Kultur aller Art, mit Mathematik, Sprache, Geografie, und wie die Fächer alle heißen – und nicht nur ein Raum oder zwei, sondern gleich die ganze Grundstruktur des Hauses. Die Räume des Lernens müssen so dynamisch sein, wie das Lernen selbst.

Die Zeiten müssen sich ändern

Nicht mehr zwei Stunden am Tag Freiraum, der keiner ist. Stattdessen ganze Tage mit zeitgleichen, unterschiedlichen Ateliers, Werkstätten, Studios und Labors, die um ein Thema kreisen, arbeitsteilig Aufgaben und Verantwortlichkeiten übernehmen. Ganztägig können Kinder die Entscheidung treffen, wann und wie lange sie sich einlassen, sich auseinander setzen wollen und können. Tage, die nicht gleich ablaufen, sondern unterschiedliche Abläufe haben und deren Rhythmus einer Dynamik des Lernens folgt.

Aber es gibt vielleicht auch kleinere, umsetzbare Möglichkeiten, die Qualitäten der Kulturpädagogik an und in der Schule umzusetzen. So ließe sich z.B. drei Wochen lang eine Spielstadt wie »Düsseldörfchen« oder »Mini-München« bauen mit allem, was dazugehört. Diese Projekte werden mit Schülern und Lehrern gemeinsam realisiert, dauern täglich acht Stunden und beinhalten all jene Komponenten, die der offene Ganztag bisher auch bietet: Regelunterrichts-Inhalte werden Teil des Stadtspieles. Mathe, Deutsch, Geografie usw. lassen sich nahtlos mit Verwendungszusammenhängen zur Bewältigung der Aufgabe anwendungsorientiert einbetten als Stadtkasse, Zeitung oder Reisebüro. Die Mittagsverpflegung könnte von Kindern im Restaurant »Zur munteren Schule« angeboten werden und das nachmittägliche Spiel- und Kulturangebot findet sich wieder im Stadttheater, in der Kunstakademie oder im Sportverein. Ein ganztägiges Stadtspiel als von allen gemeinsam realisiertes Großprojekt bietet durch seine Komplexität und Multidimensionalität ein Vielfaches an informeller Bildung, die sich in schulischer Bildungsarbeit ebenso gut vor- und nachbereiten ließe wie in einer kulturpädagogisch konzipierten Nachmittagsbetreuung.

Eine weitere Idee ist denkbar

Warum ist die kulturelle Bildung im offenen Ganztag primär in der Schule verortet und dort nur für die angemeldeten Kinder? Wäre es denn nicht möglich, sich zu öffnen für alle Kinder eines Stadtteils und die Kulturprojekte dort zu realisieren, wo die Alltagskultur passiert und die Kulturtechniken und Erfahrungen entstehen und gebraucht werden?

Warum nutzen wir diese Orte nicht temporär und intensiv? Es wäre doch möglich, Räume zu nutzen, Orte zu mieten, in denen vormittags und nachmittags Kulturarbeit organisiert wird, die mit dem Ort zu tun hat, ihn vielleicht neu füllt, offensiv gestaltet und von dem ausgehend Schüler und Schule sich einmischen in den Stadtteil, Erfahrungen zu Lerninhalten machen und eine Rolle spielen in der Stadt, in der sie leben.

Die offene Ganztagsschule ist eine politische Entscheidung, die sich leicht hinterfragen und kritisieren lässt. Aber das Ziel »Haus des Lernens« hat seine interessanten Qualitäten und bietet eine große Chance für die Kulturpädagogik. Es ist noch ein langer Weg bis dahin und erfordert viel Fantasie über Machbares und Mögliches, aber auch viel Mut, neue Methoden und neue Strukturen auszuprobieren. Erst recht, wenn das Haus des Lernens zum Ort des Lernens wird. Denn der kann überall sein, also auch dort, wo die Kinder und die kulturellen Inhalte sind.

Christoph Honig, Jahrgang 1954, Kunstlehrer, seit 1985 Gründung und Leitung von AKKI – Aktion & Kultur mit Kindern e.V., Düsseldorf. AKKI ist eine außerschulische Institution kultureller Bildung, die sich auf die Planung und Realisierung von methodenvielfältigen Kulturprojekten für Kinder und Jugendliche spezialisiert hat. Zu den Arbeitsfeldern und Angebotsformen von AKKI zählen: interdisziplinäre Kulturprojekte mit Kindern, interaktive Ausstellungen, die Medienwerkstatt

»Clipper«, das Kulturprojekt »offene Ganztagsschule« in Duisburg, ein Kostümfundus, Service für pädagogische Einrichtungen sowie Seminare, Tagungen und Publikationen. – 1996 erhielt AKKI einen Sonderpreis des Deutschen Kulturpreises, München.

→ Den Strand unterm Pflaster entdeckt, die Sterne aufs Parkdeck geholt ... »Nigihaven na der Zen« – ein Sommerprojekt mit offenem Ausgang
Wiebke Richert

Frühsommer 2001. Vaihingen an der Enz, eine kleine Stadt mit historischem Stadtkern am Fluss, nordwestlich von Stuttgart, knapp 30.000 Einwohner. Ein Sandstrand am Rathaus, ein Campingplatz auf dem Parkdeck, nächtliche Urlaubsdias auf den Hauswänden in der verdunkelten Stadt. Dies sind nur einige von vielen Aktionen des Projekts »Nigihaven na der Zen – eine Stadt spielt Stadt«. Initiiert vom städtischen Kulturamt sollte es der Stadt Impulse zur eigenständigen Veränderung geben, indem der öffentliche Raum zum Experimentierfeld seiner Bewohner eröffnet wurde.

»Nigihaven na der Zen« ging zurück auf das überregionale Projekt »Offene Räume: Leere I Limit I Landschaft«, das zwischen 1999 und 2001 unter der künstlerischen Leitung von Jochem Schneider von 21 Kommunen der Kultur-Region Stuttgart e.V. gemeinsam realisiert wurde. Auf der Suche nach der kulturellen und sozialen Dimension von Architektur und Stadtplanung hatten sich auch in Vaihingen an der Enz offene, d.h. diskussions- und handlungsbedürftige innerstädtische Räume herauskristallisiert: der Marktplatz, der nach Ladenschluss tot und leer in der Stadtmitte liegt; die Grabenstraße, ein zentraler Busbahnhof, in dessen Nischen sich bereits eine gewisse Kleinkriminalität etabliert hatte; schließlich das Areal Köpfwiesen an der Enz, das den Zugang zum Fluss mehr verhindert denn ermöglicht.

Ein international besetzter Workshop mit Architekten, Planern und Künstlern im Oktober 1999 brachte Ideen und Konzeptionen für alle beteiligten Kommunen hervor, die in einer großen Ausstellung im Mai 2000 in Stuttgart präsentiert wurden. Hier wurde das Projekt »Nigihaven na der Zen – Eine Stadt spielt Stadt« von den Architekten und Künstlern Jürgen Mayer H. (Berlin), Ulrich Pantle (Ludwigsburg) und Markus Wetzel (Zürich/New York) als Architektur-Kunst-Katalysator für die Innenstadt von Vaihingen an der Enz entwickelt.

»Nigihaven na der Zen – eine Stadt spielt Stadt«. Der Titel des vierwöchigen Experiments ist ein Anagramm aus den Buchstaben von Vaihingen an der Enz und zugleich Programm: er verweist zum einen auf das Thema des Verschiebens von Gewohntem und zum anderen auf seinen spielerischen Charakter.

Thema des Projekts waren die sozialen Treffpunkte und damit die Frage, warum manche Orte wie z.B. Marktplatz und Köpfwiesen als gemeinsame Anlaufstellen verloren gehen, während andere, wie der Busbahnhof – wenn auch mit eher negativer Dimension – angenommen werden. Angesichts der festgefahrenen Situation sollten die Räume in einem anderen Licht erscheinen, Gewohnheiten hinterfragt und Bräuche auf ihre Brauchbarkeit überprüft werden.

Neue, ungewohnte oder durchaus unrealistisch anmutende Situationen an den betroffenen Orten sollten in einer Vielzahl von Programmpunkten und Aktionen mit der Stadt und ihren Bewohnern erprobt werden. Gemeinsames Merkmal der Aktionen war eine spielerische und zeitlich begrenzte Erscheinungsform. Aus einem jurierten Wettbewerb, an dem sich jeder, also Vereine, Initiativen, Firmen und Privatleute, beteiligen konnte, gingen 14 Aktionen hervor, die in fast 50 Einzelveranstaltungen während der vier Projektwochen mündeten. 80 Prozent der Ideen kamen so bereits im Vorfeld aus der Bürgerschaft selbst. Die Bewohner wurden auf diese Weise zu Akteuren und Zuschauern zugleich.

Mit der Umfunktionierung von öffentlichen Orten war aber nicht eine Sammlung von alltäglichen Gestaltungsvorschlägen gewollt. Vielmehr wurden die Beteiligten zu kreativen, skurrilen, auch abseitigen ›Maßnahmen‹ im täglichen Leben herausgefordert.

Aktionen und Veranstaltungen

Neben Dauereinrichtungen wie einem Sandkasten, der den Marktplatz zu zwei Dritteln bedeckte oder einer in einem sanierungsbedürftigen Haus eingerichteten Tresenkneipe namens »Havenbar« fanden hauptsächlich ein- bis dreitägige Aktionen statt, die zum Teil wöchentlich wiederholt wurden.

Die Veränderungen im Stadtraum waren durchweg sehr einfach und gerade dadurch bestechend: Am Diaabend für Senioren und bei mehreren Kinovorstellungen saß man im alten Autoschlauch unter freiem Himmel. Ohne erklärtes Ziel wurde einen Sonntag lang mit der ausgedienten Straßenbahn gefahren – unter stimmgewaltiger Begleitung des Männergesangvereins. In »Nigihaven by night« liefen Hunderte von Menschen durch die verdunkelte Innenstadt und freuten sich an Urlaubsdias und Experimentalvideos, die von Bewohnern an die Hauswände projiziert wurden. Die wöchentliche »Suppenküche« und das öffentliche Frühstück in der »Havenbar« vereinte Beamte und Zeitungsmenschen, Friseure und Architekten, Kinder und Buchhalter zu interessanten Tischgemeinschaften. Die urbanen Pendler entdeckten ein Stück städtischer Lebensart zwischen Sandstrand, Bar und Kino. Einzelne Bürger organisierten kurzfristige Angebote wie Frühsport oder Sandburgen- und Boulewettbewerbe. Sand, Wasser und Sonne verschmolzen am Marktplatz zu einer augenfälligen Urlaubsatmosphäre für drei Generationen.

Durch die Projektleitung wurde ein Internetauftritt mit einer Webcam eingerichtet, um den Besuchern und Beteiligten von Nigihaven die Möglichkeit zur schnellen und unkomplizierten Kommunikation nicht nur vor Ort, sondern auch im virtuellen Raum zu ermöglichen. Mittels einer am Rathaus installierten Webcam konnten auch Nicht-Vaihinger jederzeit die Situation am Sandkasten in der Innenstadt beobachten. Die Homepage *www.nigihaven.de* wurde von zwei Studierenden der *Universität der Künste Berlin* gestaltet und gepflegt. Ein integriertes Gästebuch wurde als Forum für Gedankenaustausch und Kritik, sowie kreativ, beispielsweise durch selbstverfasste (Wortversetz-) Rätsel und persönliche Beschreibungen des Erlebten, genutzt. Im Gegensatz zu sonstigen Gästebüchern auf Internetseiten war hier tatsächlich eine produktive Auseinandersetzung mit dem Geschehen und seinen Wirkungen zu beobachten.

Wirkungen: Künstlerische und soziale Dimension und ihre Relevanz für die Kulturvermittlung

Wesentlich für den Erfolg der Aktionen von »Nigihaven na der Zen« war ihre Platzierung im städtischen Alltag. Es wurden Angebote geschaffen, die für eine breite Schicht jederzeit abzufragen waren, für die es wenig Verbindlichkeiten gab, und die doch so präsent waren, dass trotz für kleinstädtische Begriffe fast anarchischer Zustände die gegenseitige Kontrolle im Großen und Ganzen funktionierte.

Das Projekt hatte durch seine Verortung im städtischen Alltag zudem ein hohes Identifikationspotenzial. Gleichzeitig forderte der Name des Projekts, der auch Programm war und sich sofort herumgesprochen hatte, viele Bürger positiv heraus. Die Möglichkeit, seinem Spieltrieb mehr als sonst freien Lauf lassen zu können, hat dies noch verstärkt. Ein weiterer Faktor war die erhöhte Zugänglichkeit, nicht nur durch die Nähe von Angeboten vor Ort im öffentlichen Raum, sondern auch durch Abkürzung von Genehmigungsprozessen im Rahmen eines sanktionierten Experimentierfeldes.

Wie aber kam es angesichts derartiger Unwägbarkeiten dazu, dass ein solches Experimentierfeld überhaupt vom Gemeinderat beschlossen werden konnte? Im Vorfeld war die Ergebnisoffenheit, eines der zentralen Charakteristika des Projekts, eher hinderlich, ebenso wie die schwierige Zuordnung zu einem fachlichen Feld. Würde das nun Architektur oder Kunst werden? Städteplanung oder Stadtmarketing? Möglicherweise alles gleichzeitig? Die fehlende Festlegung auf ein Terrain wurde bei der Kommunikation nach außen, beispielsweise in der Fachpresse, geradezu zur Schwäche des Projektes. Der interdisziplinäre, offene Ansatz führte zwar zu erhöhter Kreativität vor Ort, erschwerte aber gleichzeitig seine Darstellung nach außen.

Andererseits war die Überschaubarkeit und zeitliche Begrenzung für die politischen Gremien eine wesentliche Voraussetzung, das Experiment »Nigihaven« ohne Beschädigung genehmigen zu können. Ausschlaggebend für die Umsetzung des Projektes war letztlich die Einmütigkeit, mit der seitens der

Kommune das Projekt trotz aller Klassifizierungsprobleme unterstützt wurde. Vor dem Hintergrund häufig vorhandener, kommunalpolitischer Interessenskämpfe war »Nigihaven na der Zen« eines der wenigen der 21 entwickelten Projekte in der Region, welches tatsächlich realisiert wurde, weil die Stadträte sich vom qualitativen Potenzial des Projekts vorab überzeugen ließen.

»Ein wesentlicher Gewinn ist jetzt schon die spürbare Verbesserung der innerstädtischen Atmosphäre [...]. Alte und Junge, eher fortschrittlich Gesinnte aber auch konservativ Gestimmte fühlen sich offenbar gleichermaßen von den neuen Spielräumen angezogen. [...] Und das könnte dann auch der große Gewinn für die Stadt sein [...]. Dass aus den Freiräumen auch geistige Freiräume werden und man sich weder das Denken noch das Spinnen selbst verbieten muss [...].« (Vaihinger Kreiszeitung vom 5.07.01)

Mit diesem Projekt machte die Stadt Vaihingen die Erfahrung, dass man Veränderungen in einer Stadtgemeinschaft aus eigener Kraft gestalten, mit den Bürgern erproben und solche Probeläufe als Ideenschmieden nutzen kann. Der Ansatz ging über eine bloße ›Belebung‹ des Stadtraums durch Veranstaltungen weit hinaus. Hier konnten geliebte und ungeliebte Orte umgedeutet werden. Auch wenn manche Aktionen banaler ausfielen, als ursprünglich von den künstlerischen Leitern erwünscht, so hatten einige der entwickelten Raumgestaltungen an unerwarteter Stelle durch ihren subversiv-künstlerischen Charakter im Alltag eine große Wirkung auch über das Projekt hinaus. Der Sandstrand mitten auf dem historischen Marktplatz wird als öffentliche Kultur- und Familienaktion seit 2001 alle zwei Jahre in einer finanziell von der Stadt völlig unabhängigen Bürgeraktion wiederholt. Außerdem wurde er in mehreren Städten kopiert.

»Nigihaven na der Zen« zeigte zudem die uneigennützigen Facetten bürgerlichen Engagements auf. Das liegt daran, dass das Projekt nicht nur eine soziale, sondern auch eine ausgeprägte künstlerische Dimension hatte. Es wurde ein Freiraum eröffnet, der nur durch die Dauer und wenige Regeln (Kommunikation ermöglichen und zwar zwischen verschiedensten Gruppen, Orte umnutzen) begrenzt war. Jeder musste sich mit einem Maximum an Toleranz auch auf ungewohnte Situationen und Sichtweisen anderer einlassen. Gerade das nicht Verordnete, Zweckfreie der »Idee Nigihaven« hat erstaunliche Kräfte provoziert und Barrieren abgebaut. So mancher Bürger Vaihingens sehnt sich noch heute nach der Unkonventionalität und Subversivität vieler Situationen des Projektes, die er nur als »Nigihavener« so gewagt hat. Interessanterweise waren die Aktionen mit dem höchsten Grad an Flüchtigkeit und zugleich Nutzbarkeit wie z.B. die »Havenbar«, der Diaabend bei ausgeschalteter Straßenbeleuchtung oder der Sandstrand die erfolgreichsten. Die Flüchtigkeit und die Virtualität gerade dieser Aktionen haben die Vaihinger nicht nur aus der Reserve gelockt, sondern sie haben ihnen obendrein das Gefühl vermittelt: Mein Leben kann sich auch ganz anders anfühlen.

Gleichzeitig handelt es sich hier um eine Erfahrung jedes Einzelnen, die sich nur schwer im städtischen Alltag konservieren lässt. Alltag ist per se banal. Ein Ansatz wäre es, kommunale Kulturarbeit verstärkt unter dem Aspekt eines permanent möglichen Perspektivenwechsels zu betreiben. Aufgabe des städtischen Kulturamtes ist es, Nähe mit Aufbruch, d.h. städtische Normalität mit künstlerischer Qualität zu konfrontieren.

Von zentraler Bedeutung für das Gelingen war der künstlerische Eingriff in den Stadtraum als Handlungsimpuls für die eigene Kreativität der Bürger. Erst die künstlerische Dimension von Kulturprojekten kann den Bürger aus seiner Reserve locken.

»Nigihaven na der Zen« ging von der Annahme aus, dass ein öffentlicher Raum erst durch Handlung zum sozialen Raum wird. »Kultur für alle« bedeutet aus diesem Blickwinkel nicht nur, Treffpunkte zu schaffen und Beteiligung zu ermöglichen. Es gilt, Anschübe zu geben, damit die Menschen einer Gemeinschaft Lust haben, andere Perspektiven auszuprobieren. Kulturelle Stadtidentität kann sich nur dann herausbilden, wenn die Bürger bereit sind, das Unerwartete als unverzichtbaren Bestandteil ihres Lebens zu betrachten.

Wiebke Richert, geboren 1965, 1985-1992 Studium der Kulturpädagogik an der *Universität Hildesheim*; 1992-2005 Kulturamtsleiterin in Vaihingen an der Enz.

Seit 2005 Leiterin des Fachbereichs »Kunst und Kultur« der Stadt Ludwigsburg mit dem Arbeitsfeld: Fortentwicklung des Städtischen Kulturprofils mit Förderung der Institutionen Kunstzentrum Karlskaserne, Ludwigsburger Schlossfestspiele, Städtisches Museum, Scala-Theater, der Vereine und Initiativen. Konzeption und Fortentwicklung des Kultur- und Kongresszentrums *Forum am Schlosspark* unter künstlerischen und wirtschaftlichen Gesichtspunkten.

Seit 2004 Sprecherin des Hauptausschusses der KulturRegion Stuttgart e.V.

→ SPACEWALK – Kunst als Trainingsraum
Markus Kissling

»art makes life more interesting than art«

Irgendwann Anfang der 90er Jahre hatte der Schauspieler und Regisseur Markus Kissling genug vom herkömmlichen Theaterbetrieb. Die gewohnten Methoden schienen ihm immer zweifelhafter: Zu sehr widersprachen sich der politische und aufklärerische Anspruch und die tatsächliche Arbeitsweise. Hinzu kam, dass im Theater Probleme und Themen unabhängig von den Menschen abgehandelt wurden und werden, die tatsächlich betroffen sind. Aus dieser Bestandsaufnahme schälten sich neue Überlegungen und Ziele für eine zukünftige Arbeit heraus: Menschen nicht nur als Rezipienten und Konsumenten von Kunst anzusprechen, sondern sie am Arbeitsprozess zu beteiligen, sie zu aktivieren, mit Hilfe von Kunst ihre eigene Sache zu vertreten.

Bei der Entwicklung dieser Gedanken war eine Reihe von Begegnungen hilfreich und wichtig. Vom Regisseur und Drehbuchautor Stefan Julián Neuschäfer kam die Ermutigung, mit Laien zu arbeiten und ihnen zuzuhören. Der senegalesische Griot und Tänzer Nago Koité brachte sein Talent und seinen fremden Blick auf die westlich-europäische Kultur mit ins Spiel. Volker Eschmann (Ethnologe/Tänzer) und Peter Grünheid (Soziologe) erwiesen sich nicht nur als findige und unermüdliche Organisatoren, sondern auch als kompetente Ratgeber und Gesprächspartner. Durch die Begegnung mit der Erziehungswissenschaftlerin Conny Neumann bekam die Arbeit den notwendigen pädagogischen Unter- und Überbau, ohne den SPACEWALK heute nicht so erfolgreiche erzieherische und persönlichkeitsbildende Arbeit leisten könnte. Unterschiedlichste Personen, wie der Physiker Christian Blöss, die japanische Schauspielerin Yoshie Marouka, der Schweizer Bühnenbildner Copi Remund oder der slowakische Musiker Peter Machajdik stehen für eine Reihe von Menschen, die bei SPACEWALK ständig oder immer wieder mitarbeiten. Allen gemeinsam ist, dass sie die geschützten Nischen ihres Berufsfelds verlassen und sich auf eine Reise ins Neue gewagt haben. Diese Vielfalt der Interessen und Fähigkeiten erlaubt es SPACEWALK, in einer Vielzahl von Bereichen tätig zu werden.

Die Methode von SPACEWALK verbindet also künstlerische, philosophische und wissenschaftliche Arbeits- und Denkmodelle und ist zugleich philosophisch, experimentell, sinnlich und erzieherisch.

SPACEWALK, ein Netzwerk von mehr als 30 Künstlern, Wissenschaftlern und Pädagogen, entwickelt und realisiert seit 1993 Kunst- und Kulturprojekte in verschiedenen Ländern in Europa. SPACEWALK nutzt Methoden und Mittel aus dem künstlerischen Bereich und geht damit in individuelle oder gesellschaftliche Spannungsfelder. Die Probleme werden dabei nicht direkt angegangen, vielmehr wird in dem jeweiligen Spannungsfeld ein Kulturprojekt entworfen, das allen Akteuren einen individuellen Zugang ermöglicht. Die in diesem neutralen Trainingsraum entwickelten und eingeübten Inhalte und Strukturen werden auf die Problemsituation übertragen. Mit diesem Ansatz gelang es SPACEWALK, in verschiedenen gesellschaftlichen Feldern neue Impulse in schwierigste Situationen zu bringen:

Realisierte Projekte

In Wolfsburg-Westhagen, einer vorwiegend von Migranten aus 55 Nationen, einem hohen Anteil an Arbeitslosen und Sozialhilfeempfängern bewohnten Trabantenstadt, arbeitet SPACEWALK drei Jahre lang. Das Ziel: Neben der Entwicklung eines städtebaulichen Rahmenplanes unter breiter Beteiligung der Bewohner/-innen gilt es, Gemeinschaftsgefühl, soziale Verantwortung, Infrastruktur und das Lebensgefühl verbessernde Maßnahmen zu entwickeln.

Mit buntem Frack und Zylinder ziehen ›Glücksforscher‹ zunächst von Wohnung zu Wohnung und befragen die Bewohner des Stadtteils, was für sie persönlich Glück ist, sammeln Zitate und Fotos, die sie zur Weihnachtszeit als überdimensionale weithin leuchtende Collagen aus Bildern und Worten, unterlegt von sphärischer Musik, an die Hochhauswände projizieren. Zum Eröffnungsfest kommen Tausende von Menschen, jeden Abend stehen Menschentrauben, auch aus anderen Stadtteilen, auf dem Platz. In einem temporären Zirkuszelt wird anschließend gefeiert. Erstmalig sind alle sozialen Einrichtungen, Schulen und die vormals vereinzelten Bewohner des Stadtteils zusammen gebracht. Die auch nach außen ausstrahlende Aktion ist Initialzündung für eine neue, positive Form von Aufmerksamkeit, für Kooperationen, Nachbarschaftshilfe, für Gemeinschaftlichkeit. Ein basisdemokratisches Gremium wird aufgebaut und entwirft einen konkreten Maßnahmenplan für die Entwicklung des Stadtteils.

Auch in Forst (Lausitz), einer schrumpfenden Stadt in der Niederlausitz, geht es um Stadtentwicklung. Die Bewohner werden über einen Zeitraum von zwei Jahren durch die Integration städtischer Vereine, Verbände, Schulen, Geschäfte in unterschiedlichen, von SPACEWALK initiierten künstlerischen Workshops und Aktionen dazu befragt, wie sie sich die Zukunft ihrer Stadt wünschen. Als übergreifendes Gemeinschaftsprojekt wird die Idee des »Forster Tuchs« entwickelt. Alle Bewohner sind aufgefordert, ein Stück eines riesigen Tuches zu gestalten als ein gesamtstädtisches Kunstwerk, das an die Tradition der Stadt als früheres Zentrum der Textilindustrie anknüpft: »Über dieses Tuch entsteht in der ganzen Stadt ein Diskurs über Gegenwart und Zukunft, und dieser Diskurs wird weit ideenreicher geführt, als wenn er von der Stadtverwaltung geführt worden wäre«, so schreibt der Vorsitzende des Deutschen Kulturrates (PUK, No./Dez. 2004).

In Stendal entwickelt SPACEWALK das grenzüberschreitende Jugendtheaterprojekt »Einhorn«, das mit insgesamt 2000 Beteiligten pro Jahr das größte Jugendkulturprojekt Ostdeutschlands ist. Die Jugendlichen entwickeln gemeinsam mit professionellen Künstlern herausragende künstlerische Projekte an ungewöhnlichen Orten wie etwa in der Ruine eines stillgelegten Atomkraftwerkes und gewinnen damit nicht zuletzt wieder Vertrauen in ihre eigene Gestaltungsfähigkeit.

In Zürich betreibt SPACEWALK erfolgreich ein *Training für arbeitslose Jugendliche*. In einem zwölfwöchigen Workshop entwickelt jeder Teilnehmer einen Videofilm über ein zentrales Thema seines Lebens. Am Ende stehen nicht nur sehr professionelle Filme, sondern auch nachhaltige Erfahrungen in der Konzeption, Organisation, der Teamarbeit und nicht zuletzt auch in der Öffentlichkeitsarbeit in eigener Sache. 50 Prozent der Jugendlichen, die an der Maßnahme teilnehmen, finden danach eine Arbeit.

»Die Aufgabe, ein Video zu drehen, ist überschaubarer als die verflochtenen Wege der Stellensuche. Also zuerst die einfacheren Aufgaben anpacken, um danach mit mehr Wissen, Sicherheit und Schwung höhere Hürden zu überspringen. Die Suche nach dem Thema eines Videofilms ist mit einer persönlichen Standortbestimmung und Zieldefinition vergleichbar. Die Produktion des Videos hat Ähnlichkeiten mit Maßnahmenplanung und deren Umsetzung. Und das Vorgehen bei einer gelungenen Produktpräsentation erinnert stark an Bewerbungssituationen. Immer müssen wir zuerst definieren, welche Schritte wir unternehmen wollen und auf welche Fähigkeiten wir zurückgreifen können.« (»der faktor«, Magazin des Arbeitsamtes der Stadt Zürich, Mai 1999)

So ist in der Ankündigung für die Trainings zu lesen. Das von SPACEWALK entwickelte Basistraining gilt als die erfolgreichste Weiterbildungsmaßnahme für die am schwierigsten zu vermittelnde Gruppe der Erwerbslosen des Arbeitsamtes Zürich.

Messbarkeit der Arbeit

Der Erfolg der Projekte darf nicht nur ein individueller Erfolg für die Teilnehmer sein, sondern er muss in Zahlen messbar und für die Auftraggeber transparent gemacht werden können. Das ist notwendig für Projekte der Größendimension, die jeweils über einen langen Zeitraum mit entsprechend großen Budgets durchführt werden. Zu Beginn der Projekte steht immer die Vereinbarung konkreter Ziele mit den Geldgebern. SPACEWALK hat bislang bei seinen Projekten die vereinbarten Zahlen etwa für die Erhöhung der Bürgerbeteiligung, die Anzahl neu entstandener städtischer Kooperationsprojekte oder die Anzahl der in den ersten Arbeitsmarkt Vermittelten weit übertroffen. Worin liegt der Erfolg der ›Methode SPACEWALK‹ begründet?

Eine Methode schafft Räume – die Arbeitsweise von SPACEWALK

Grundlage für die Entwicklung einer nachhaltigen künstlerischen Idee für ein Projekt ist eine umfassende Recherche vor Ort. Die Projekte orientieren sich in Struktur und Inhalt an den spezifischen Bedingungen und beziehen die Teilnehmenden und ihre Lebenswelt in den Gestaltungs- und Organisationsprozess mit ein. Jedes Projekt von SPACEWALK wird durch die spezifische Planung und seine Teilnehmenden einmalig.

Die Arbeitsweise SPACEWALKs basiert auf der Überzeugung, dass jeder Mensch das Potenzial hat, eigene Ideen zu entwickeln, die er auch umsetzen kann. Die Aufgabe von SPACEWALK ist es, die notwendigen Räume, Zeiten und Rahmenbedingungen zu schaffen, in denen Menschen ihre Ideen entwickeln können. SPACEWALK ermutigt die Projektteilnehmenden, ›Agenten in eigener Sache‹ zu werden.

Die Bedeutung der künstlerischen Dimension für das Glücken der Projekte

Der besondere Ansatz von SPACEWALK basiert auf der künstlerischen Herangehensweise an unterschiedliche gesellschaftliche Problemfelder. Kern der Projekte ist das Initiieren eines künstlerischen Prozesses. Kunst wird nicht verstanden als ein Produkt für einen kleinen Kreis von Kennern, sondern als ein jedem, entsprechend seinen Voraussetzungen, zugänglicher Prozess, dessen Ziel es ist, Menschen nicht für die Kunst, sondern für das Leben zu interessieren.

Die Auseinandersetzung mit Kunst und Kultur verändert und schult den Menschen und seine Wahrnehmung. Kunst und Kultur sind Mittel, den eigenen Standpunkt zu finden und zu artikulieren. Auf dieser Basis ist das Verständnis des anderen erst möglich. In diesem Sinne ist Kunst gesellschaftliche Arbeit. Sie setzt gesellschaftliche Potenziale frei.

Kunst bietet einen besonderen, vom Alltagshandeln entlasteten Raum, ein neutrales Trainingsfeld, in dem alle gleich sind. SPACEWALK macht Menschen zu temporären Künstlern, die selbst entscheiden, worum es ihnen geht – und dies in eigener Gestaltung umsetzen. Die künstlerisch hergestellte Modellsituation kann auf reale Handlungsfelder übertragen werden.

Durch die Beteiligung von professionellen Künstlern an den Projekten erhalten die Menschen professionelle Ausdrucksmittel für ihre Ideen. Die Künstler setzen diese Ideen in Szene und bringen sie zum Strahlen. So werden etwa die Präsentationen und Inszenierungen wie die Projektion der Glückszitate an den Hochhäusern immer von renommierten Künstlern unterstützt. Lichtdesigner, Filmemacher oder Komponisten entwickeln und verdichten das gesammelte Material weiter und geben den Ideen starke Ausdruckskraft. Diese zusätzliche Dimension verleiht dem Projekt über die kognitiven Inhalte hinaus eine besondere Emotionalität, die vorhandene Kräfte verstärkt.

Das denkende Netzwerk – die Philosophie von SPACEWALK

SPACEWALK betreibt künstlerische, kulturelle und ästhetische Arbeit im gesellschaftlichen Raum. Dabei bezieht sich SPACEWALK auf eine Reihe von Konzepten, die sich ergänzen und in ihrer Begrifflichkeit aufeinander beziehen. Dieses Bezugssystem ist eine Art angewandte Philosophie, die sich in der Arbeitspraxis als brauchbar und flexibel erwiesen hat. Die Konzepte sind im einzelnen:

Der erweiterte Kulturbegriff, der die Unterscheidung von repräsentativer Hochkultur und Populärkultur hinter sich lässt und alle Bereiche des menschlichen Zusammenlebens, der menschlichen Produktion und Gesellschaft als Teil der Kultur versteht. Kultur bietet Mittel zur Kommunikation und entwirft Perspektiven für die gesellschaftliche Zukunft.

Der erweiterte Kunstbegriff fußt auf der pädagogischen Arbeit von Joseph Beuys. Jeder Mensch verfügt über Kreativität, die durch eine entsprechende Schulung für die Gesellschaft produktiv gemacht werden kann. Wenn Beuys sagt, dass jeder ein Künstler ist, meint er, dass jeder auf seinem Gebiet kreativ sein kann und so zu einer besseren Gesellschaft beitragen kann. Lange bevor Wirtschaft und Politik dies verkündet haben, stellte Beuys die Gleichung »Kreativität = Volksvermögen = Kapital« auf.

Beide Ansätze sind der Moderne und der Pluralität verpflichtet. Der Begriff der Ästhetik, wie er in der Arbeit von SPACEWALK verwendet wird, geht auf die postmoderne Philosophie zurück. Aus der Erfahrung heraus, dass es keine verbindlichen Wahrheiten gibt und dass in der Gesellschaft eine Vielfalt von gleichwertigen Weltwahrnehmungen und Lebensentwürfen entstanden sind, bedarf es veränderter, spielerischer und experimenteller Mittel zur Verständigung. In der Auseinandersetzung mit der Kunst und ihren vielfältigen Wahrnehmungsweisen kann der Umgang mit der Pluralität und Vieldeutigkeit eingeübt werden, und durch Querverbindungen, die wiederum ein Netz bilden, können neue Diskussionen und Diskurse entwickelt werden. Dieser Ansatz verabschiedet sich von endgültigen Wahrheiten und ersetzt sie durch eine Vielfalt von Kombinationsmöglichkeiten.

Die Grundhaltung ist die des Künstlers und Philosophen, der eine existentielle Frage, eine Krise, ein Problem hat, das es durch produktive Reflexion zu lösen gilt.

In der Arbeit von SPACEWALK ist das Spiel ein entscheidendes Element. Es ist der wichtigste Bestandteil im Prozess, der auf das Ziel zuläuft, und verweist im Kern schon auf das Ziel. Ein Spiel verläuft nach Regeln. Es bringt

Menschen zusammen, eröffnet Möglichkeiten und schafft Kommunikation. Ein Spiel ist nicht der Ernstfall, aber es übt ›nebenbei‹ Fertigkeiten für den Ernstfall ein. Friedrich Schiller schreibt in den »Briefen zur ästhetischen Erziehung des Menschen«: »Der Mensch spielt nur, wo er in voller Bedeutung des Wortes Mensch ist, und er ist nur da ganz Mensch, wo er spielt.«

In den SPACEWALK-Projekten schaffen die Beteiligten virtuelle, das heißt mögliche Welten, Spielwelten. In diesen ›neutralen Trainingsräumen‹ entwickeln die Mitspieler Material, Haltungen und Sichtweisen, die sie in der Realwelt verwenden können. Die Erfahrung in den virtuellen Welten verändert die Wahrnehmung der Realwelt und macht sie veränderbar. Dabei findet die Arbeit von SPACEWALK im Allgemeinen an einem realen Ort, in einem realen Raum statt. Dieser Ort ist aber zugleich ein ideeller Ort. So wie beispielsweise ein Fußballfeld ein realer Ort ist, aber gleichzeitig Ort einer eigenen, abgeschlossenen Spielwelt.

SPACEWALK als Netzwerk, das Verbindungen schafft

Ein Netzwerk ist ein Verbund von Möglichkeiten, deren Summe größer ist als die Anzahl seiner Mitglieder. Hier kommen Erfahrungen zusammen, die ein einzelner Mensch nicht haben kann. Was das SPACEWALK-Netzwerk ausmacht, setzt sich in seiner Arbeit fort: ein stetiger Prozess des Gebens und Nehmens. Stadtplaner, Soziologen, Physiker, Akrobaten, bildende Künstler, Komponisten, Filmemacher arbeiten zusammen. Das Netzwerk lebt davon, dass die unterschiedlichsten Mitstreiter mit den unterschiedlichsten Kompetenzen und persönlichen Fähigkeiten zusammen wirken. Dabei muss jeder sein eigenes Unterprojekt bestimmen und konkrete Zielvereinbarungen erstellen. Was allen gemeinsam ist, ist das persönliche Involviertsein. Die Arbeit lebt davon, dass man sich auf das Projekt einlässt, mit den unterschiedlichsten Menschen vor Ort persönliche Kontakte aufbaut.

SPACEWALK als Kulturvermittlung

Versteht man unter Kultur nicht den Zuckerguss des Lebens für einen Teil der Bevölkerung, sondern die Gestaltung der Umwelt: räumlich, politisch, wirtschaftlich und gesellschaftlich, dann ist zum Beispiel auch die Stadtentwicklung an sich ein Kulturprojekt. Die Aufgabe besteht dann darin, möglichst viele an dem, was alle angeht, zu beteiligen.

Mitgestalten will gelernt sein, erst recht die Beteiligung an einem so komplexen Prozess wie der Entwicklung einer Stadt oder eines Stadtteils. An dieser Stelle ist »Kulturvermittlung«, im Sinne von Entwicklung von kultureller Kompetenz, von fundamentaler Bedeutung. Sie macht Mitgestalten und ernst gemeinte Partizipation erst möglich. Sie kann im wahrsten Sinne des

Wortes den Boden für Beteiligung bereiten (»Kultur«: etym.: »Pflege des Bodens«).

Kulturvermittlung als eigenständige Disziplin steht noch am Anfang. Für eine weitere Professionalisierung müssen Aufgaben, Aufgabenfelder, Methoden und notwendige Qualifikation weiter definiert, differenziert und entwickelt werden. Das gestaltet sich schwierig, weil sich die dafür notwendigen Begriffe, sowohl »Kunst« wie auch »Kultur«, eindeutigen oder zumindest allgemeingültigen Definitionen entziehen.

Eine mögliche Differenzierung bietet die Unterscheidung zwischen Kunstvermittlung und Kulturvermittlung. Unter Kunstvermittlung wäre dann eher der Zugang zu bestimmten, sehr spezialisierten Werken und Prozessen des menschlichen Ausdrucks zu verstehen – der Kunst.

Sehr viel weiter und grundsätzlicher lässt sich unter Kulturvermittlung die Vermittlung von Beteiligung an allen von Menschen gestalteten Bereichen verstehen. Weit über die Kunst hinaus beinhaltet dieser Kulturbegriff Werke, Konzepte, Systeme, Methoden, Techniken, Institutionen im privaten, sozialen und wirtschaftlichen Bereich.

Dieser anthropologisch geprägte Kulturbegriff sieht Kultur als Gegensatz zur Natur und menschliches Schaffen (theoretisch wie praktisch) grundsätzlich als kulturell: »Kultur als Natur des Menschen«. Das heißt, jede/r »hat Kultur«, und Kulturvermittlung ist Vermittlung und Entwicklung von kultureller Kompetenz. Kulturvermittlung heißt Zugänge zur eigenen Gestaltungsfähigkeit zu vermitteln.

Kunst und ihre Instrumente und Methoden sind hervorragende Mittel zur Entwicklung von kultureller Kompetenz. Dabei geht es nicht darum, die Menschen an der Kunst, sondern am Leben und den eigenen Gestaltungsmöglichkeiten zu interessieren: »art makes life more interesting than art«.

Markus Kissling, Regisseur, Schauspieler, Unternehmer. Seit 1992 Entwicklung und Umsetzung von Modellprojekten in unterschiedlichen gesellschaftlichen Spannungsfeldern: Gründer und Leiter von »Projekt Einhorn«, Jugend-Kulturprojekt in Sachsen-Anhalt; »Jednorocez«, Kulturprojekt Tschechien-Deutschland; SPACEWALK – Basistraining für Erwerbslose in Zürich; SPACEWALK – Stadtteilmanagement Wolfsburg-Westhagen; »Das Forster Tuch«, Forst (Lausitz).

→ Um den heissen Brei.
Kulturvermittlung als Dienstleistung,
Konzertbüro Köln

Bernhard König

»Kulturvermittlung als Dienstleistung« – dazu zählt, ich kann es nicht verhehlen, auch eine gewisse Selbstdarstellungsroutine. Je besser das Geschäft läuft, desto häufiger begegnet man der Bitte um »ein paar Zeilen zu Ihrer Arbeit«. Je mehr solcher Zeilen irgendwo abgedruckt werden, desto besser läuft das Geschäft. Je mehr Zeilen und je mehr Geschäft, desto knapper wird allerdings auch das pro Zeile verfügbare Zeitbudget, so dass das routinierte Kompilieren von Textbausteinen mitunter eine schlichte Überlebensnotwendigkeit ist.

Im Falle des vorliegenden Textes freilich hat mich diese Routine im Stich gelassen. Der Teufel steckte in der Fragestellung: Es interessiere, so war von der Herausgeberin zu hören, eine Diskussion über die unternehmerische Seite von Kulturvermittlung. Ob wir nicht darstellen könnten, was denn die Vorteile selbstständiger Arbeit und frei initiierter Projekte seien, ohne Anbindung an eine feste Institution.

Ich wollte mich also routiniert ans Werk machen, doch wie auch immer ich das Thema aufzurollen versuchte, ich bekam es nicht zu fassen, die ganze Fragestellung löste ein diffuses Unbehagen bei mir aus und dieser Widerstand wuchs so lange, bis mir irgendwann gewahr wurde, dass in eben dieser vermeintlichen Schreibblockade wichtige Hinweise zu meinem Thema verborgen waren. So sei also, um zu dessen Kern vorzudringen, zunächst ein wenig um den Brei herumgeredet: Einige selbstdarstellerische Irrwege im Überblick.

Erster Irrweg: Die Erfolgsstory

Wer professionelle Selbstdarstellung betreibt, der berichtet zuvörderst über Gelungenes. Der Glaubwürdigkeit halber kann es zwar ratsam sein, mitunter auch ein Quäntchen Selbstkritik beizumengen, doch sollte die Dosierung sparsam genug sein, um die eigentliche Zielsetzung – das eigene Tun in möglichst erfolgreichem Licht dastehen zu lassen – nicht ernsthaft zu gefährden.

›Unternehmerische‹ Erfolgsstorys konstruieren im Idealfall so etwas wie einen Firmenmythos: vom Hobbykeller bis zum weltumspannenden Imperium. Die Geschichte unseres Kölner »Büros für Konzertpädagogik« böte für einen solchen Mythos durchaus geeigneten Stoff – war doch der Begriff »Konzertpädagogik« hierzulande zum Zeitpunkt unserer ›Firmengründung‹ noch weitgehend unbekannt, stießen wir doch in den ersten Jahren mit unserer ›Geschäftsidee‹ auf viel Stirnrunzeln und Achselzucken, während wir uns nun, einige Jahre später, plötzlich mitten in einer Art ›mainstream‹ wiederfinden, in einem ›Marktsegment‹ mit rasantem Wachstum, in dem sich mittlerweile viele der einstigen Stirnrunzler und Lächlerinnen tummeln. Wir könnten uns also getrost als so etwas wie Pioniere darstellen, als Konzertpädagogen der ersten Stunde, die kommende Strömungen vorausgeahnt haben und auch gegen äußere Widerstände an ihrer Mission festhielten.

Das Unbehagen an dieser Firmenstory drückt sich in den Gänsefüßchen aus: ›Marktsegment‹, ›Firmengründung‹, ›Geschäftsidee‹ – das sind Vokabeln, die mir nur schwer in die Tastatur wollen. Darin, unsere Unternehmensvita als ›inhaltliche‹ Erfolgsgeschichte zu beschreiben, bin ich geübt: Gelungene Festivals, künstlerisch beglückende Momente, pädagogische Nachhaltigkeit, intensive Gruppenprozesse – davon erzählt man gerne. Die gleiche Entwicklung hingegen als ›geschäftlichen‹ Erfolg zu beschreiben, löst Blockaden aus. Warum?

Zweiter Irrweg: Der Blick in die Werkstatt

Über das »Unternehmen Kulturvermittlung« zu schreiben, das könnte auch heißen: praktische Tipps zu geben; aus dem Nähkästchen zu plaudern; anhand der eigenen Arbeit darzustellen, wie man erfolgreich Projekte akquiriert und Netzwerke aufbaut, welche Gesprächsstrategien sich bewährt haben und welche nicht, wie man zwischen künstlerischen, pädagogischen und imagebezogenen Interessen vermittelt und aus einem Bündel solcher unterschiedlicher Zielsetzungen maßgeschneiderte Konzepte entwirft. – Und wie man, *last not least*, im Laufe der Zeit allmählich ein Gespür für den eigenen Marktwert entwickelt und diesen zu stabilisieren oder gar zu verbessern sucht. Eine solche praxisorientierte Herangehensweise würde vielleicht sogar – gerade unter Neueinsteigern – den einen oder die andere dankbare(n) Leser/-in finden. Das Problem wäre bloß: Dort, wo die Empfehlungen wirklich hilfreich und nicht bloß oberflächlich wären, wären sie für uns selbst ein Stück weit selbstmörderisch – und würden damit von eher minderer unternehmerischer Klugheit zeugen.

Es sei also, anstelle eines ganzen Leitfadens, der interessierten Leserschaft an dieser Stelle nur ein einziger Ratschlag ans Herz gelegt: Wer als freiberuflicher Kulturvermittler überleben möchte, der sollte sich nicht allzu tief in die Karten gucken lassen!

Dritter Irrweg: Das Lamento

Dann vielleicht den entgegengesetzten Weg einschlagen? Und, statt von Erfolgen und Erfolgsrezepten zu erzählen, ein Lamento anstimmen? Denn Tatsache ist ja: Legt man rein wirtschaftliche Kriterien an, dann mischt sich in die

Erfolgsstory des Kulturvermittlungsunternehmers ein kräftiger Schuss Ernüchterung. Ein Stück permanenten Scheiterns scheint in den Strukturen solcher Arbeit fest verankert zu sein: ein Scheitern bereits an den selbstverständlichsten Grundlagen und Binsenweisheiten eines halbwegs betriebswirtschaftlichen Denkens.

Denn natürlich wissen auch wir vom Büro für Konzertpädagogik, dass ›Erfolg im unternehmerischen Sinn‹ bedeuten würde: die Arbeit, die man tatsächlich leistet, solide finanziert zu bekommen – einschließlich der täglichen Büropräsenz, der internen Selbstorganisation, der telefonischen ›mal-eben-zwischendurch‹-Beratung für den Hilfe suchenden Musiklehrer oder des Smalltalks mit der Ministeriums-Sachbearbeiterin. Natürlich wissen wir, dass ›Erfolg‹ daneben auch ganz schlicht bedeuten müsste: Von dem, was man tut, anständig leben zu können – einschließlich der notwendigen Rücklagen für Steuer, Flautezeiten und der eigenen Alterssicherung.

Und natürlich verfehlen wir diese Form von Erfolg mit unschöner Regelmäßigkeit. Denn natürlich ist auch unsere Arbeit – wie die so vieler Kollegen – nur möglich auf Grundlage eines hohen Maßes an Selbstausbeutung und Unsicherheit. Natürlich gibt es neben den Erfolgen auch Phasen des wirtschaftlichen Schlingerns – sei es aufgrund vorübergehender Auftragsflauten, sei es aufgrund säumiger Auftraggeber oder sei es schlicht, weil das Finanzamt mal wieder vor der Tür steht (dessen Forderungen, dies scheint eine Art Naturgesetz zu sein, sich stets antizyklisch zur aktuellen Auftragslage zu verhalten scheint – Murphy lässt grüßen!).

In solchen Zeiten der Unsicherheit hilft einem auch die Einsicht nicht weiter, dass diese Form des chronischen unternehmerischen ›Scheiterns‹ recht typisch für unsere Branche zu sein scheint und man sich ihrer nicht zu schämen braucht; dass es allen anderen Kollegen auch so geht – und dass überall dort, wo Kulturvermittlung sich scheinbar rechnet und auf einer scheinbar soliden wirtschaftlichen Grundlage stattfindet, letztlich irgendein Grundstock an subventionierten Betriebskosten mit im Spiel ist.

Und es tröstet in solchen Zeiten auch nur wenig, sich zu sagen, dass es doch immerhin schon ein Erfolg sei, so lange auf dem freien Markt überlebt zu haben; dass die stiftungsfinanzierte *Education*-Abteilung eines voll subventionierten Spitzenorchesters wohl kaum in der Lage wäre, auch nur ein halbes Jahr lang kraft ihrer eigenen künstlerischen und pädagogischen Arbeit die eigenen Betriebskosten zu erwirtschaften.

Anlass zum Klagen gibt es also reichlich, und anders als die unternehmerische Erfolgsstory ist das Lamento über knapper werdende Mittel eine unter Kulturschaffenden recht beliebte Literaturform. Sobald es knapp wird, scheint Geld kein Tabuthema mehr zu sein. Unternehmerisch im engeren Sinne wird freilich auch hier nicht argumentiert. Selten ist in solchen Lamentos von Arbeitsplätzen oder von Wettbewerbsfähigkeit die Rede. Stattdessen wird das Streichen von Fördermaßnahmen schnell als Liebesentzug umgedeutet, die Abwicklung eines Festivals als Ausdruck kultureller Barbarei, die Etatkürzung als Vorbote des kulturellen Werteverfalls.

Innerhalb eines Diskurses, der sich auf ästhetische, kulturelle oder pädagogische Inhalte bezieht, der eine Grundversorgung mit Hochkultur jenseits aller Einschaltquoten oder Profitinteressen als Wert anerkennt und sich für deren Fortbestand einsetzt, macht diese Form des Lamentos Sinn. Ist der Blickwinkel hingegen von der Frage nach dem Unternehmertum bestimmt, dann erhält das Klagen einen schalen Beigeschmack. Lobbyismus droht in Larmoyanz umzukippen: Wenn sich die Existenz als freier Kulturunternehmer so wenig rechnet, so beginnt man sich selbst zu fragen – warum macht man's dann? Die Antwort wird wohl in der Regel lauten: Natürlich nicht in erster Linie um des reinen Broterwerbs willen. Freier Kulturvermittler wird man – legt man unternehmerische Maßstäbe an – nicht *wegen*, sondern eher *trotz* der finanziellen Verdienstmöglichkeiten.

So führt also auch der negative Zugang, ebenso wie zuvor schon die Erfolgsstory, letztlich zu einem blinden Fleck: Wir sind Unternehmer, ohne es so richtig sein zu wollen. Uns fehlt das unternehmerische Selbstverständnis.

Der blinde Fleck

In ihrer März-Ausgabe 2004 (S. 4-17) beschrieb die Zeitschrift »Theater Heute« die berufliche Situation von Schauspielern und Schauspielerinnen als Musterbeispiel für die Figur des so genannten ›Arbeitskraftunternehmers‹, wie er Ende der 90er Jahre vor allem von den beiden Sozialwissenschaftlern G.G. Voß und H.J. Pongratz als Leittypus für den künftigen Arbeitsmarkt postuliert wird. Dieser Arbeitskraftunternehmer zeichne sich durch ein hohes Maß an Eigenverantwortlichkeit und Selbstorganisation aus: Der räumlich und zeitlich flexibilisierte Arbeitsmarkt brauche nicht mehr »Arbeit-Nehmer«, deren tägliche Arbeit durch Anweisung von oben dirigiert wird, sondern »Auftrag-Nehmer«, die die eigenen Fähigkeiten aktiv vermarkten und projektbezogen einsetzen.

Die Autoren des besagten Artikels sehen nun viele dieser Bedingungen im Berufsalltag von Schauspielern idealtypisch verwirklicht: eine fast grenzenlose Bereitschaft, die konkrete Arbeitszeitgestaltung immer wieder für eine gewisse Zeit zu flexibilisieren und den beruflichen Erfordernissen unterzuordnen (»Alles dreht sich ums Projekt«); einen hohen Stellenwert von Vernetzung und »Vitamin B« als »sozialem Kapital« und dementsprechend eine hohe Krisenanfälligkeit, bei der Zwischenmenschliches und Berufliches einander durchdringen; und ein starkes Zurücktreten von Familie und Privatleben gegenüber dieser raumgreifenden beruflichen Existenz.

Zweifellos dürften die beschriebenen Phänomene über die im Artikel untersuchte Sphäre des Theaters hinaus auch auf andere künstlerische Genres zutreffen. Auch von Kulturvermittlern – und dort besonders von den freiberuflichen – dürften sie in der Diagnose als zutreffend empfunden werden. Befragt man aber Kollegen und Kolleginnen nach einer Bewertung dieser Diagnose, dann löst die Tatsache, dass die Sozialwissenschaft das eigene Tun als einen Leittypus für die Zukunft beschreibt, interessanterweise nicht etwa Stolz oder Bestätigung aus, sondern eher Unbehagen, Befremden oder Sarkasmus.

Auch und gerade wer sich künstlerisch durchaus gerne zu irgendeiner Form von Avantgarde gezählt wissen möchte, fühlt sich in ›dieser‹ Avantgarde alles andere als gut aufgehoben: als Vorbild dafür, wie es sich in der künftigen globalisierten und flexibilisierten Arbeitswelt überleben lässt. Auch hier lässt sich also das Phänomen eines eher unterentwickelten unternehmerischen Selbstverständnisses beobachten und die »Theater-Heute«-Autoren selbst benennen genau dieses Phänomen, wenn sie darauf hinweisen, dass »Einkommen«, »Marktwert« oder »bewusste Karriereplanung« innerhalb der Theaterszene nach wie vor tabuisiert seien. Status messe sich an künstlerischer Qualität und nicht am Erschließen von Märkten. Und wertvolle Kontakte würden von Kulturschaffenden in der Regel nicht als ein Ergebnis gezielter Karriereplanung dargestellt, sondern als ein Resultat ›zufälliger‹ Begegnungen und Freundschaften.

Wird da der prosaische Charakter von Künstlerkarrieren bewusst oder unbewusst verschleiert? Oder sind Kulturschaffende tatsächlich blind für das eigene Unternehmertum? Und was bedeutet dieser blinde Fleck für Kulturvermittler, die ja in einem noch engeren Sinn Dienstleistende sind?

Institutionelle Autonomie

Als sich Mitte der Neunziger aus sporadischer freiberuflicher Tätigkeit allmählich unser »Büro für Konzertpädagogik« zu formieren begann, da hatten zwei der drei Gesellschafter/-innen soeben als frischgebackene ›Diplomkomponisten‹ die Musikhochschule verlassen. Sie hatten dort ein Studium absolviert, das sich ganz und gar an ästhetischen Inhalten orientiert und in dessen Verlauf Fragen der Verwertbarkeit und Vermarktung keine Rolle gespielt hatten. Beim Abschlussexamen konnte es einem geschehen, dass man zum Abschied von einem der Professoren freundlich gefragt wurde, was man denn nun beruflich so zu machen gedenke. Die Antwort »Komponist« wäre wohl – zu Recht – als reichlich naiv gewertet worden.

Als ›gelernte‹ Komponisten sind wir – wie viele andere Kollegen aus der Kulturvermittlungsbranche – von einem Berufsverständnis und einer Ausbildung geprägt, die ganz und gar in der Tradition des staatlich subventionierten Kulturbetriebs bundesrepublikanischer Prägung steht. Jahrzehntelang hatte in diesem System die Utopie einer nahezu uneingeschränkten künstlerischen Autonomie eine ökonomische Entsprechung und Grundlage gefunden und war auf diese Weise ein Stück weit Realität geworden: Die Finanzierung von Hochkultur war in Nachkriegsdeutschland Sache der öffentlichen Hand gewesen, um ihre Verbreitung hatten sich der öffentlich-rechtliche Rundfunk und die staatlich subventionierten Theater gekümmert, der Künstler oder die Künstlerin hatte sich – überspitzt formuliert – ausschließlich um die Inhalte zu kümmern und brauchte sich um Einschaltquoten, Öffentlichkeitsarbeit und Publikumsrekrutierung nicht zu scheren.

Mittlerweile boomt hierzulande die Kulturvermittlung, und dieser Boom verdankt sich zu großen Teilen einer tief greifenden Krise dieses Subventionssystems: Was schon lange vor sich hin schwelte – sei es in Form von fehlender Publikumsakzeptanz, sei es in dem immerwährenden Vorwurf des Elitären oder sei es in den Sinnkrisen und ästhetischen Brüchen so mancher Künstlerbiographie –, das wurde spätestens mit den ausgehenden 90er Jahren zu einer unausweichlichen Bedrohung. Mit dem Ende der alten Bundesrepublik und mit der allgemeinen wirtschaftlichen Stagnation hatte sich für die Kulturszene der äußere Druck der Einschaltquoten und der leeren Kassen spürbar zu erhöhen begonnen, die Kuluretats wurden enger, der Verteilungswettbewerb und Legitimationsdruck stieg.

Viele Kulturvermittler sind selbst ›Opfer‹ dieser Krise des Subventionssystems, weil für sie – von Haus aus selbst Kulturschaffende – unter diesen gewandelten Bedingungen eine Karriere als freier Künstler, als Regisseurin oder Komponist nicht erstrebenswert war oder sich als nicht realisierbar erwies und sie sich deshalb einen theater-, museums- oder konzertpädagogischen Broterwerb suchten. Sie sind aber zugleich auch Profiteure dieser Krise, weil erst sie es war, die diesen Broterwerb zum Wachstumssektor macht.

Zweierlei scheint sich im Kulturvermittlungs-Boom auszudrücken: Der Versuch, den drängenden Spar- und Legitimationszwängen ein Bemühen um junges, zukünftiges, bislang nicht zu den Stammnutzern gehörendes Publikum entgegenzusetzen; Und, jenseits der ökonomischen Zwänge, der Wunsch, als Künstlerin oder Künstler die hermetische gesellschaftliche Position der Vergangenheit zu verlassen und eine in die Sackgasse geratene Autonomieästhetik mit neuen Sinngebungen anzureichern. Die belebenden Auswirkungen des zweiten Beweggrundes sind – zumindest in meinem Metier, der »Neuen Musik« – handgreiflich. Ob die Vermittlungsbemühungen darüber hinaus auch in Hinblick auf die äußeren, ökonomischen Krisensymptome erfolgreich oder vielleicht doch bloß illusionär sind, wird sich wohl erst von künftigen Generationen entscheiden lassen: Nachhaltigkeit lässt sich naturgemäß nur langfristig bewerten.

Kulturvermittlung ist also eine Antwort auf das partielle Scheitern des alten Subventionssystems – und dennoch dürften viele Kulturvermittler als

Kinder dieses Systems in ihrem Selbstverständnis stärker vom Bild des autonomen Künstlers geprägt sein als vom Unternehmertum. Auch in der Kulturvermittlung gilt: »Alles dreht sich ums Projekt« – und nicht primär um den Verkauf einer Dienstleistung. Wo immer es möglich ist, wird ein Höchstmaß an Autonomie angestrebt, wobei von künstlerischer Autonomie im herkömmlichen Sinn nur eingeschränkt die Rede sein kann: Bevor er sich in einem konzert- oder theaterpädagogischen Projekt als Künstler frei entfalten kann, hat der Kulturvermittler eine Vielzahl von äußeren Zwängen zu beachten, muss und darf er sich als Pädagoge, als Animateur und Moderator dialogischer Prozesse betätigen.

Doch wie kann sich die angestrebte Autonomie dann ausdrücken, wenn nicht in Form von künstlerischer Gestaltungsfreiheit? Genau an dieser Stelle kommt nun für mich als Konzertpädagoge der eigentliche, im wörtlichen Sinn ›unbezahlbare‹ Wert eines freien Unternehmertums zum Tragen: Es ist meine »institutionelle Autonomie«, die es mir ermöglicht, meinen realen Status als Dienstleistenden mit meinem Selbstverständnis als freier Künstler in Einklang zu bringen. Für mich selbst bedeutet institutionelle Autonomie: Nicht auf Dauer im Namen und im Auftrag eines einzigen Opernhauses oder Konzertveranstalters zu arbeiten, sondern in der Summe – bei aller Loyalität gegenüber dem jeweiligen Auftraggeber – letztlich im eigenen Namen; mir die Kontexte und Schwerpunkte meiner Arbeit frei auswählen und zur Not auch einmal einen Auftrag ablehnen zu können; Nicht zum Experten für eine einzige Zielgruppe zu werden – seien es Kinder oder Altenheimbewohner, Opernsänger oder Kirchenmusiker –, sondern ein Experte für das Erfinden von und Suchen nach Musik zu bleiben, der durch die Vielfalt der Begegnungen immer wieder neue Anstöße für die eigene Arbeit erhält und den eigenen Horizont erweitern kann.

Aber auch für meine Auftraggeber kann diese institutionelle Autonomie ein Gewinn sein. Der Blick von außen, die Rolle des ›Exoten‹, der eben nicht als Lehrer das Klassenzimmer betritt, sondern als Komponist, der eben nicht als Dirigent vor dem Orchester steht, sondern als Gesprächspartner und Pädagoge – alles dies verstehe ich häufig als Teil meines expliziten Auftrages und alles dies versetzt mich in die Lage, Gruppenprozesse anstoßen und Auseinandersetzungen anregen zu können, die ich als Angehöriger der Institution in dieser Form weder führen könnte noch dürfte.

Der Kinofilm »Rhythm is it« hat diesen ›Exoten-Bonus‹ in mehreren Situationen anschaulich illustriert, indem er verdeutlicht hat, wie ein Choreograph als Gast von außen in der Arbeit mit Schülern psychische und physische Grenzen verschieben kann, die anzutasten nicht nur die Kompetenzen, sondern vor allem auch den verantwortbaren Wirkungsbereich einer Lehrerin im normalen Schulalltag bei weitem überschreiten würde.

Ähnliche Prozesse dürften viele Kulturvermittler aus ihrer Arbeit mit Schülerinnen und Schülern kennen und ähnliche Chancen eröffnen sich auch in der Begegnung mit erwachsenen Fortbildungs- oder Workshopteilnehmern. Auch hier lässt sich häufig beobachten, wie sich verhärtete Strukturen oder Denkweisen durch die unkonventionelle Herangehensweise eines außenstehenden ›Exoten‹ in einer Weise aufweichen und hinterfragbar werden, die ›von innen‹, aus der Institution heraus, kaum denkbar wären: Wann schlüpfen schon einmal hochkarätige Orchestermusiker aus freien Stücken in die Rolle von Schülern ohne musikalische Vorbildung, wann kämen Sonderschullehrer von selbst auf die Idee, die Lautäußerungen ihrer geistig behinderten Schützlinge zum Ausgangsmaterial einer vokalen Improvisation zu machen?

Indem man gemeinsam, eher spielerisch als problematisierend, eher beiläufig als verbissen fokussierend, um den heißen Brei herumtanzt, nimmt man ihm den Schrecken.

»Institutionelle Autonomie« kann also eine Chance und Bereicherung für alle Beteiligten sein, und letztlich ist sie es, die mich – und mit mir wohl auch viele meiner Kollegen – aus vollster Überzeugung alle ökonomischen Nachteile eines freien Unternehmertums in Kauf nehmen lässt.

Womit ich also zum Ende hin nun doch wieder in sicherem Fahrwasser gelandet wäre: Bei der pädagogischen Nachhaltigkeit, den intensive Gruppenprozessen, den künstlerisch beglückenden Momenten; bei all dem eben, wovon die berufliche Selbstdarstellung eines Kulturvermittlungsunternehmers üblicherweise so zu handeln pflegt. Mehr dazu, routiniert getextet, unter *www.konzertpaedagogik.de*!

Bernhard König, 1967 geboren, studierte Komposition bei Mauricio Kagel und Claus Kühnl. Neben seiner Arbeit als freier Komponist, Autor und Hörspielmacher ist er seit 1994 als Konzertpädagoge tätig. In Kompositionsworkshops für Kinder und Jugendliche, in Begegnungen mit geistig behinderten Musikern oder Altenheimbewohnern, im Dialog mit den Bewohnern einer Hochhaussiedlung oder den Schulen und Musikschulen einer ganzen Region entwickelt König Kompositionen und Musiktheaterprojekte, die dem Ausdruckspotential der jeweiligen Mitwirkenden Rechnung tragen.

1998 gemeinsam mit Anke Eberwein (Kulturpädagogin) und hans w. koch (Komponist) Gründung des Kölner Büros für Konzertpädagogik. Bundesweite Referenten- und Beratungstätigkeit, Konzeptentwicklung und Projektdurchführung für verschiedenste Konzertveranstalter, Ensembles und Festivals.

Zu den größeren konzertpädagogischen Projekten der letzten Jahre zählen beispielsweise das Schloss-Spektakel »Hotel Bellevue« für den Amtssitz des Bundespräsidenten, bei dem Jugendliche von sechs Schulen die Fassade und den Park des Berliner Schlosses Bellevue in eine Simultanbühne verwandelten, sowie das viertägige Non-Stopp-Konzert »rheinwärts«, bei dem über 1700 Mitwirkende eine Melodie wie ein olympisches Feuer Tag und Nacht von Bonn bis Duisburg den Rhein entlang wandern ließen.

→ Arthur Berlin: Eigene Wege gehen
Anne Krause, Tanja Schomaker, Lena Ziese

Arthur Berlin wurde Anfang 2003 von Tanja Schomaker und Lena Ziese als Plattform für Kulturvermittlung konzipiert und gegründet, im Oktober 2003 kam Anne Krause dazu.[1] Unser Schwerpunkt liegt in der Vermittlung von zeitgenössischer Kunst und aktuellen Kulturproduktionen sowie den damit verbundenen Kontexten und Diskursen an unterschiedliche Zielgruppen.

Arthur versteht sich als Ergänzung zu anderen institutionellen sowie privatwirtschaftlichen Angeboten in der Kulturvermittlung und damit als flexibler Kooperationspartner in vielfältigen Betätigungsfeldern. Als freie Kulturvermittlerinnen richten wir uns an Privatpersonen, Firmen sowie Kultur- und Bildungsinstitutionen. Wir entwickeln transdisziplinär angelegte thematische Rundgänge durch Berliner Museen, Galerien und den Stadtraum. Das Angebot wird von interessierten Privatgruppen wahrgenommen sowie von Veranstaltern, die ihren Gästen die Führungen als kulturelles Rahmenprogramm, z.B. für Kongresse und Tagungen, anbieten. Durch die Kooperation mit mehreren Berliner Kulturinstitutionen hat *Arthur* die Möglichkeit, verschiedenste Ausstellungsorte miteinander zu verknüpfen.[2]

Darüber hinaus konzipiert *Arthur* Ausstellungen begleitende Besucher/-innendienste[3] und wird perspektivisch an Ausstellungs- und Symposiumspublikationen arbeiten. Als Besucher/-innendienst entwickelt *Arthur* maßgeschneiderte Vermittlungsformate, die künstlerische und kuratorische Konzepte transparent machen. Unser Anliegen ist es, komplexe Sachverhalte auf die jeweilige Zielgruppe zugeschnitten zu kommunizieren. Dabei berücksichtigen wir die individuellen Kompetenzen der Teilnehmer/-innen und deren alltägliche Erfahrungen, um mögliche Zugänge zu künstlerischen Arbeiten zu eröffnen.

---

1 Darüber hinaus verfügt *Arthur* über ein Netzwerk an freien Mitarbeiter/-innen aus den unterschiedlichsten geistes-, sozial-, naturwissenschaftlichen und angewandten Disziplinen.

2 Von *Arthur* entwickelte »Museums- und Stadtspaziergänge« wurden 2003 und 2004 als Kooperationsveranstaltung mit der Akademie der Staatlichen Museen zu Berlin durchgeführt.

3 So z.B. für die Ausstellungen »Schrumpfende Städte« (4.9.-7.11.2004, im Rahmen des gleichnamigen Initiativprojekts der Kulturstiftung des Bundes, KW Institute for Contemporary Art, Berlin), »Zur Vorstellung des Terrors: Die RAF-Ausstellung« (30.1.-16.5.2005, KW Institute for Contemporary Art, Berlin) und die 4. berlin biennale für zeitgenössische kunst (25.03.-28.05.2006, KW Institute for Contemporary Art und andere Orte).

Konzept Arthur

Voraussetzung für unsere Art der Kulturvermittlung ist es, mit zeitgenössischer Kunst und der damit verbundenen Ausstellungspraxis sowie gegenwärtigen Ansätzen der Geistes- und Sozialwissenschaften vertraut zu sein, um kunstwissenschaftliches und kunstpraktisches Fachwissen mit spezifischen Kompetenzen in anderen wissenschaftlichen Disziplinen und Bereichen verbinden zu können.

Die Auseinandersetzung mit Kunst ist eine Möglichkeit, alltägliche Erfahrungen zu reflektieren und den Selbstverständlichkeiten unserer Gegenwart kritisch zu begegnen. Kulturvermittlung bedeutet für uns die Förderung von Fähigkeiten, die jedem Menschen eigen sind: Fragen stellen, neuartige Zusammenhänge erkennen, Wahrnehmungen verdichten oder Dinge einfach nur anders betrachten, als wir es gewohnt sind. Wir sehen Vermittlung ganz grundsätzlich als Initiierung und Gestaltung von Kommunikationsprozessen. Dabei können diese Kommunikationsprozesse ganz unterschiedliche Formen annehmen und verschiedenste Wissensbereiche miteinander verschränken. Uns ist wichtig, künstlerische und kulturelle Äußerungen nicht als singuläre, abgeschlossene Phänomene zu behandeln, sondern sie stets in Wechselwirkung mit anderen Kontexten zu betrachten. Mögliche Rezeptionsweisen von Kunst sollen thematisiert werden, ohne einer zu starken Festschreibung zu verfallen. Vielmehr geht es darum, die in künstlerischen Arbeiten angelegten Denk- und Wahrnehmungsprozesse produktiv zu machen.

»Bei der künstlerischen Wissensproduktion geht es also um Kreativität, die sich mit dem befasst, was der Gedankengang nicht denkt, womit das normale Denken nicht umzugehen weiß, dem es nicht gewachsen ist, und was es als andersartig und ihm fremd ausschließt.« (Maharaj 2002: 94)

Für die Vermittlung von Kunst stellt sich die Frage, wie es gelingen kann, das mit zu berücksichtigen, »womit das normale Denken nicht umzugehen weiß«. Wir legen die Mechanismen künstlerischer Arbeit offen, um aufzuzeigen, wie intellektuelle und intuitive Aspekte ineinander greifen. Genauso wie Intellekt und Intuition Bestandteile der künstlerischen Arbeit sind, sind sie Bestandteile der Vermittlung. Wir verstehen Kulturvermittlung auf der einen Seite als Ort gelenkter intellektueller Auseinandersetzung, auf der anderen Seite als Freiraum, in dem ›Nicht-Planbares‹ entsteht. Fragen zu formulieren und ihnen nachzugehen ist eine Möglichkeit, Denkprozesse aufzudecken und Inhalte nachvollziehbar zu machen.

Dieser Ansatz ist auch für Schulen interessant, die neue Wege der Unterrichtsgestaltung und Wissensvermittlung erproben wollen. Denn dabei steht häufig die Frage im Mittelpunkt, inwiefern sich künstlerische Arbeitsweisen in

Unterrichtssituationen übertragen lassen und damit offene Lernprozesse gestaltet werden können.

Innerhalb einer Führung oder eines Workshops vermitteln wir kulturelle Kompetenzen und schaffen ein Bewusstsein für den Transfer künstlerischer Praktiken in andere Lern- und Arbeitsbereiche, indem wir verschiedene künstlerische Strategien eruieren und deren Inhalte diskutieren. Die an Museen und größere Ausstellungshäuser angebundene Kunstvermittlung reagiert häufig nicht auf die ganze Bandbreite der Ausstellungsbesucher/-innen: Akademiker/-innen und Fachleute zum Beispiel werden oftmals weitgehend vernachlässigt. Unsere Erfahrungen haben gezeigt, dass gerade auch dieses Publikum an einer professionellen Kunstvermittlung interessiert ist. Deshalb wollen wir dem ganzen Spektrum von kulturell interessierten Personen eine anspruchsvolle Kulturvermittlung in verschiedenen Zusammenhängen anbieten. Nach unserer Kenntnis und Analyse[4] gibt es momentan kein vergleichbares Angebot in Berlin, das sich auf eine transdisziplinäre Kunst- und Kulturvermittlung spezialisiert hat und zudem thematische Führungen durch verschiedene Berliner Kulturinstitutionen durchführt.

Arthur organisieren

Neben der rein inhaltlichen Erarbeitung und Durchführung der Vermittlungsformate sind die organisatorischen Aufgaben ein wesentlicher Teil der Tätigkeit. Bereiche wie Marketing, Angebotserstellung und Kalkulation sowie Kommunikation, Presse- und Öffentlichkeitsarbeit werden ebenfalls von *Arthur* durchgeführt. *Arthur* muss sich und das eigene Vermittlungsangebot an die Öffentlichkeit kommunizieren, Kooperationspartner gewinnen, Kontakte pflegen, Kunden betreuen und den Kundenstamm erweitern. Grundsätzlich sind für selbstständige Kulturvermittler/-innen ästhetische Kompetenzen und Vermittlungskompetenzen sowie soziale Kompetenzen und Managementkompetenzen gleichermaßen wichtig.

Nach dem Erstellen eines umfassenden Businessplans haben wir mit einer Künstlerin das Corporate Design für *Arthur* entwickelt. Für den Flyer und die Webseite wurden Texte produziert, beide sollen Idee und Konzept von *Arthur* visuell wie sprachlich kommunizieren. Zeitgleich haben wir inhaltliche Konzepte und exemplarische Touren entwickelt, um *Arthur* vorzustellen. Somit konnten Kooperationen zu Berliner Kulturinstitutionen aufgebaut werden, die es uns ermöglichen, durch Museen, Kunstvereine und Galerien zu führen. Durch Mailings, telefonische Akquise, persönliche Gespräche und Koopera-

---

4 Schomaker, Tanja/Ziese, Lena: *Businessplan. Arthur – Agentur für Kunst- und Kulturvermittlung*, Berlin, 2002.

tionen knüpfen und pflegen wir Kontakte, um unseren Kundenkreis langfristig zu halten und zu erweitern.

Während der Zusammenarbeit mit kleineren Kulturinstitutionen und kulturellen Projekten wird deren Besucher/-innendienststruktur von *Arthur* häufig erst aufgebaut und über die gesamte Ausstellungs- und Projektdauer betreut. Dazu gehört zum einen die Entwicklung des Vermittlungskonzepts in Absprache mit den Kurator/-innen bzw. der Institution.[5] Durch die enge Zusammenarbeit erhalten wir unmittelbare Einblicke in aktuelle Ausstellungspraktiken und setzen uns mit den verschiedensten künstlerischen Strategien auseinander. Je nach Umfang der Ausstellung, das heißt Anzahl der teilnehmenden Künstler/-innen und Komplexität des kuratorischen Konzepts, veranschlagen wir eine mehrmonatige Konzeptionsphase zur kontinuierlichen inhaltlichen Einarbeitung.

Zum anderen ist *Arthur* für den organisatorischen Ablauf des Besucher/-innendienstes verantwortlich. Dieser beinhaltet alle anfallenden Aufgaben von der Beratung der Besucher/-innen über die Entgegennahme und Verwaltung von Buchungsanfragen, die Koordination der Führungen in der Ausstellung bis hin zur Abrechnung.

Da in Absprache mit den jeweiligen Institutionen und Projekten zusätzliche Marketing- und Kommunikationsstrategien für das Vermittlungsangebot entwickelt werden müssen, kommunizieren wir im Vorfeld die entsprechenden Inhalte an die Presseabteilung. Dazu formulieren wir Texte für Flyer, die Webseite und die Presse sowie Anschreiben für Mailings. Die Finanzierung hierfür übernimmt der Kooperationspartner. Da *Arthur* namentlich erwähnt wird und der Besucher/-innendienst in der Regel in allen Publikationen zur Ausstellung erscheint, ist dies ein wichtiger Teil unserer Öffentlichkeitsarbeit.

Für die mehrmonatige Konzeptionsphase erhält *Arthur* ein durch öffentliche oder private Gelder finanziertes Honorar. Die Führungseinnahmen gehen je nach Vertrag entweder vollständig an uns oder sie werden mit dem Kooperationspartner geteilt. Insofern erhält *Arthur* einen Teil des Geldes auch direkt von den Ausstellungsbesucher/-innen.

In der Vermittlung von künstlerischen Arbeiten an die Besucher/-innen verbindet *Arthur* Theorie mit Praxis und kann gesellschaftsrelevante Themen öffentlich diskutieren, deren Reflexion ansonsten selten den akademischen Kontext verlässt. Zudem arbeitet *Arthur* an der Schnittstelle zwischen Aus-

---

5 Bei Übernahme der Ausstellung durch eine andere Institution wird auch unser Vermittlungskonzept angeboten, dessen Inhalte *Arthur* dann vor Ort an das jeweilige Vermittlungsteam vermittelt. So z.B. für die Ausstellung »Zur Vorstellung des Terrors: Die RAF-Ausstellung« (26.6.-28.08.2005, Neue Galerie Graz am Landesmuseum Joanneum).

stellung und Ausstellungsbesucher/-innen und übernimmt somit einen wichtigen Teil der Öffentlichkeitsarbeit für Projekte und Institutionen. Im Gegenzug sind Kooperationspartner immer auch Multiplikatoren, die unsere Arbeit auf unterschiedliche Weise unterstützen.

Perspektiven für Arthur

Auch wenn sich die Anwendung von Vermittlungsstrategien in der zeitgenössischen Kunstproduktion seit geraumer Zeit etabliert hat,[6] Institutionen Ausstellungen realisieren, die vermittelnde Formate wie Informations- und Archivräume enthalten und es seit einigen Jahren auch bei uns eine verstärkte Diskussion über zeitgenössische Kunst- und Kulturvermittlung gibt,[7] ist diese im institutionellen Rahmen noch lange keine Selbstverständlichkeit – anders als zum Beispiel in Großbritannien, wo die Vergabe von staatlichen Fördergeldern an die Durchführung von »Gallery Education« gebunden ist.

Da Kulturvermittlung als immaterielle Arbeit weniger produkt- sondern viel mehr prozessorientiert ist, wird sie, obwohl zeit- und personalintensiv, vielfach nicht entsprechend entlohnt. Dabei darf nicht vergessen werden, dass institutionelle Vermittlungsarbeit sowohl Bildungs- als auch Öffentlichkeitsarbeit ist und die Möglichkeit bietet, Besucher/-innen langfristig an eine Institution zu binden.

Für Institutionen kann das »Outsourcing« des Vermittlungsbereichs verschiedene Vorteile haben. Zum einen bleiben die Kosten für die Institution geringer als bei fest angestellten Mitarbeiter/-innen. Zum anderen kann sich der externe Partner den ›Außenblick‹ bewahren und trotzdem über eine längerfristige Zusammenarbeit Strukturen schaffen, die das Profil des Hauses an verschiedene Öffentlichkeiten kommunizieren.

Auch über den institutionellen Rahmen hinaus können wir kulturelle Kompetenzen vermitteln. Dazu gehört unter anderem ein Bewusstsein zu schaffen für den Transfer künstlerischer Praktiken und Wahrnehmungen in andere, beispielsweise unternehmerische, Tätigkeitsbereiche: Strukturen

---

6 Z.B. Arbeiten von Künstler/-innen wie Andrea Fraser, Rikrit Tirivanija, Adrian Piper etc. Zudem gab es unter anderem in den 90er Jahren verschiedenste künstlerische Initiativen, die vermittelnd im sozialen bzw. gesellschaftlichen Raum wirkten, s. hierzu: Babias 1995.

7 Z.B. die von der AdKV in Zusammenarbeit mit der NGBK Berlin veranstaltete Tagung »Kunstvermittlung zwischen partizipatorischen Kunstprojekten und interaktiven Kunstaktionen« im Juni 2002 in Kassel oder »The Educational Complex. Vermittlungsstrategien von Gegenwartskunst« im Oktober 2002 im Kunstmuseum Wolfsburg.

quer denken und anders kombinieren lernen ist immer auch wesentlich für die Entwicklung von neuen Strategien und Konzepten.

Da Kultur ein Spiegelbild von Gesellschaften ist, bietet die Auseinandersetzung mit zeitgenössischer kultureller Produktion zudem eine Möglichkeit, vorherrschende gesellschaftliche Strömungen und Entwicklungen zu erkennen und zu verstehen. Kulturvermittlung ist eine Methode, sich diesen komplexen Fragestellungen auf unterschiedlichen Wegen anzunähern und kann somit zu einem differenzierteren Verständnis der Welten, in denen wir leben, beitragen.

Mit *Arthur* wollen wir inner- und außerhalb des institutionellen Rahmens agieren und uns so im Sinne unseres transdisziplinären Ansatzes zwischen verschiedenen Orten, Prozessen und Formaten bewegen. Mit zahlreichen Museen, Sammlungen, Kunstvereinen, Galerien, Künstler/-innenateliers und unabhängigen Ausstellungsprojekten sowie seiner geschichtlichen Bedeutung liefert Berlin ein einzigartiges Umfeld für Kulturvermittlung und schafft langfristig sehr gute Perspektiven für unsere Tätigkeit. Hier kommt es stark darauf an, sich durch ein individuelles Profil zu etablieren.

Zusammenfassend lassen sich drei Strategien festhalten, um auf dem Markt der Kulturvermittlungsunternehmen zu bestehen:

1. Man muss seine spezifische Nische, sein Alleinstellungsmerkmal finden, um sich von den anderen Anbietern deutlich abzusetzen.
2. Man muss sich Kooperationspartner suchen und beständig daran arbeiten, sich mit immer neuen möglichen Partnern zu vernetzen. Nur mit einem dichten Netzwerk gelingt es, auf dem Kulturmarkt zu bestehen.
3. Man muss die Erwartungen seiner Kunden übertreffen, damit man von diesen weiter empfohlen wird. Dies gelingt vor allem in personalen Vermittlungsprozessen, wenn nicht nur ›Wissen‹ vermittelt wird, sondern die Teilnehmer/-innen in ihren Erfahrungen und Wahrnehmungen eingebunden werden und neue Erkenntnisse gewinnen, die über die spezifischen künstlerischen Arbeiten hinausgehen.

Weitere Informationen unter: *www.arthur-berlin.de*.

Literatur

Babias, Marius (1995): *Im Zentrum der Peripherie. Kunstvermittlung und Vermittlungskunst in den 90er Jahren*, Dresden.
Maharaj, Sarat (2002): »Fragen an die kartesianische Logik«. In: *Kunstforum International*, Bd. 161.

Anne Krause, geb. 1975, hat Kulturwissenschaften in Hildesheim und Liverpool studiert. Seit 1996 ist sie für verschiedene Projekte und Institutionen, vor allem im Bereich zeitgenössischer Kunst, tätig und arbeitet als freie Autorin sowie seit 2002 als Kulturvermittlerin.

Tanja Schomaker, geb. 1972, hat Kulturwissenschaften in Hildesheim und Bildende Kunst in Hannover und Berlin studiert. Seit 1993 ist sie für verschiedene Kunstprojekte und Kulturinstitutionen tätig und arbeitet seit 2002 als Kulturvermittlerin.

Lena Ziese, geb. 1970, war, nach einem Studium der Bildenden Kunst sowie der Politikwissenschaften in Kassel und dem Referendariat an einem Berliner Gymnasium, mehrere Jahre als Bildende Künstlerin tätig. Seit 2001 arbeitet sie sowohl im Bildungsbereich als auch in der Kulturvermittlung.

Die Neuerscheinungen dieser Reihe:

Sonja Vandenrath
**Private Förderung
zeitgenössischer Literatur**
Eine Bestandsaufnahme
Oktober 2005, ca. 250 Seiten,
kart., ca. 25,80 €,
ISBN: 3-89942-417-4

Lutz Hieber, Stephan Moebius,
Karl-Siegbert Rehberg (Hg.)
Kunst im Kulturkampf
Zur Kritik der deutschen
Museumskultur
Oktober 2005, 210 Seiten,
kart., zahlr. Abb., 24,80 €,
ISBN: 3-89942-372-0

Birgit Mandel (Hg.)
**Kulturvermittlung – zwischen
kultureller Bildung und
Kulturmarketing**
Eine Profession mit Zukunft
Oktober 2005, 270 Seiten,
kart., 19,80 €,
ISBN: 3-89942-399-2

Udo Liebelt,
Folker Metzger (Hg.)
Vom Geist der Dinge
Das Museum als Forum für
Ethik und Religion
Oktober 2005, ca. 200 Seiten,
kart., ca. 24,80 €,
ISBN: 3-89942-398-4

Sabiene Autsch,
Michael Grisko,
Peter Seibert (Hg.)
**Atelier und Dichterzimmer in
neuen Medienwelten**
Zur aktuellen Situation von
Künstler- und Literaturhäusern
Oktober 2005, ca. 350 Seiten,
kart., ca. 27,80 €,
ISBN: 3-89942-314-3

Hartmut John,
Ira Mazzoni (Hg.)
**Industrie- und
Technikmuseen im Wandel**
Perspektiven und
Standortbestimmungen
September 2005, 302 Seiten,
kart., 27,80 €,
ISBN: 3-89942-268-6

Franziska Puhan-Schulz
**Museen und
Stadtimagebildung**
Amsterdam – Frankfurt/Main –
Prag. Ein Vergleich
Juli 2005, 342 Seiten,
kart., zahlr. Abb., 27,80 €,
ISBN: 3-89942-360-7

Leseproben und weitere Informationen finden Sie unter:
www.transcript-verlag.de

Die Neuerscheinungen dieser Reihe:

Tiziana Caianiello
Der »Lichtraum (Hommage à Fontana)« und das »Creamcheese« im museum kunst palast
Zur Musealisierung der Düsseldorfer Kunstszene der 1960er Jahre
April 2005, 262 Seiten, kart., zahlr. Abb., 26,80 €, ISBN: 3-89942-255-4

Kathrein Weinhold
Selbstmanagement im Kunstbetrieb
Handbuch für Kunstschaffende
März 2005, 320 Seiten, kart., 25,80 €, ISBN: 3-89942-144-2

Beatrix Commandeur, Dorothee Dennert (Hg.)
Event zieht – Inhalt bindet
Besucherorientierung von Museen auf neuen Wegen
2004, 196 Seiten, kart., 22,80 €, ISBN: 3-89942-253-8

Peter J. Bräunlein (Hg.)
Religion und Museum
Zur visuellen Repräsentation von Religion/en im öffentlichen Raum
2004, 248 Seiten, kart., zahlr. Abb., 23,80 €, ISBN: 3-89942-225-2

Hartmut John, Jutta Thinesse-Demel (Hg.)
Lernort Museum – neu verortet!
Ressourcen für soziale Integration und individuelle Entwicklung. Ein europäisches Praxishandbuch
2004, 202 Seiten, kart., 23,80 €, ISBN: 3-89942-155-8

Uwe Christian Dech
Aufmerksames Sehen
Konzept einer Audioführung zu ausgewählten Exponaten
2004, 164 Seiten, kart., zahlr. Abb., 19,80 €, ISBN: 3-89942-226-0

Jana Scholze
Medium Ausstellung
Lektüren musealer Gestaltung in Oxford, Leipzig, Amsterdam und Berlin
2004, 300 Seiten, kart., 25,80 €, ISBN: 3-89942-192-2

Alexander Klein
EXPOSITUM
Zum Verhältnis von Ausstellung und Wirklichkeit
2004, 220 Seiten, kart., 24,00 €, ISBN: 3-89942-174-4

Leseproben und weitere Informationen finden Sie unter:
www.transcript-verlag.de